Alexandra Bleyer

1848

ALEXANDRA BLEYER

1848

Erfolgsgeschichte einer gescheiterten Revolution

RECLAM

Dieses Werk wurde vermittelt durch
Aenne Glienke | Agentur für Autoren und Verlage,
www.AenneGlienkeAgentur.de.

2022 Philipp Reclam jun. Verlag GmbH,
Siemensstraße 32, 71254 Ditzingen
Druck und buchbinderische Verarbeitung:
GGP Media GmbH,
Karl-Marx-Straße 24, 07381 Pößneck
Printed in Germany 2022
RECLAM ist eine eingetragene Marke
der Philipp Reclam jun. GmbH & Co. KG, Stuttgart
ISBN 978-3-15-011281-6

Auch als E-Book erhältlich

www.reclam.de

MIX
Papier aus verantwortungsvollen Quellen
FSC® C014496

Inhalt

Revolution! Revolution?

Was braucht es, um Menschen zum Protest auf die Straße zu treiben? Durch Missernten ausgelöste Hungersnöte? Eine verheerende Seuche unklarer Herkunft, die in Wellen wiederkehrt und gegen die es keinen Schutz zu geben scheint? Wirtschaftskrise, Landflucht und hohe Arbeitslosigkeit? Das bedrohliche Gefühl, dass die Zeiten immer schlimmer werden und es stetig bergab geht? Regierungen, die als Krisenmanager versagen und durch Korruptionsskandale Vertrauen verlieren? Krieg, gegen den sich eine Friedensbewegung formiert?

Nicht jede Krise führt zwangsläufig zu einer Revolution, bei der sich oft über Jahrzehnte aufgebauter Druck für viele dann doch überraschend in einer gewaltigen Eruption entlädt. Es müssen viele Faktoren zusammenspielen. Aber was genau ist eine Revolution? Ursprünglich beschrieb *revolutio* (lat.) im physikalischen Sinn eine Zurück- oder Umwälzung, bevor der Begriff in der Frühen Neuzeit politisch aufgeladen wurde und sich fortan auf einen meist gewaltsamen Umsturz mit tiefgreifendem Wandel der bestehenden politischen und sozialen Verhältnisse bezog.

Ein entscheidendes Merkmal ist, dass sich Revolutionen innerhalb einer Gesellschaft abspielen: Ein Teil derselben kämpft gegen einen anderen. Sind es einmal wütende Arbeiter und Angehörige der sozialen Unterschichten, die Festungen stürmen und Monarchen stürzen, können in einem anderen Fall Intellektuelle oder Adelige als Träger der Revolution agieren. Ein bekanntes Beispiel für eine Revolution von oben liefert die jüngere Geschichte: Michail Gorbatschow wollte in den 1980er Jahren die Sowjetunion zur Demokratie umgestalten und leitete eine folgenreiche Wende ein. Neben *Perestroika* (Umstrukturierung) spielte als Schlüsselbegriff *Glasnost* (Offenheit, Transparenz) eine große Rolle, denn Presse- und Meinungsfreiheit gehören nicht von ungefähr zu den Grundpfeilern einer Demokratie. Somit werden sie auch als Erstes von Machthabern auf ihrem Weg in die Diktatur attackiert.

Und 1848? Es lässt sich darüber philosophieren, ob es 1848 eine Revolution gab und wenn ja, wie viele? Für den Historiker Adam Zamoyski gab es zwischen Januar 1848 und Mitte 1849 »eine Reihe zweckopportunistischer Aufstände aus den unterschiedlichsten Beweggründen«. Aber »ob die zahlreichen Unruhen sich tatsächlich zu etwas summiert haben, das man eine Revolution nennen könnte«, ist für ihn doch sehr fraglich, zumal diese nicht viel verändert hätten; außer in Frankreich, wo ausgerechnet die liberalste Monarchie Europas gestürzt wurde, machte die Revolution beispielsweise in den deutschen Staaten meist vor den Thronen Halt.[1] Die Zeitgenossen allerdings bezeichneten die Ereignisse klar als Revolution, und auch für die Mehrheit der Historiker handelt es sich um ein Revolutionsjahr. Zamoyski liefert mit seiner pointierten Formulierung jedoch einen Gedankenanstoß: Wie revolutionär muss eine Revolution denn ablaufen, um das Etikett zu verdienen?

Man stellt sich unter einer Revolution meist blutige Barrikadenkämpfe vor oder einen Sturm auf die Bastille. Doch die meisten 1848er Revolutionäre – und das klingt jetzt fast paradox – wollten das politische System in Zusammenarbeit mit den alten Eliten umgestalten. Allerdings gab es auch radikalere Kräfte: Nicht nur in Frankreich wurde die Republik ausgerufen, sondern auch in Rom, Venedig und gleich mehr als einmal im Großherzogtum Baden. Dass diesen Umstürzen und Neuanfängen – der Definition nach Revolutionen – keine lange Dauer beschieden war, steht auf einem anderen Blatt.

Handelte es sich nun um eine oder viele Revolutionen? Auf unterschiedlichen Schauplätzen fanden parallel wie zeitversetzt eigenständige Aktionen statt. Dass in der Geschichtsschreibung trotzdem mehrheitlich von *einer* Revolution die Rede ist, erklärt sich daraus, dass es trotz der regionalen Unterschiede Gemeinsamkeiten und Verbindungen gab: Zu den Auslösern zählen ähnliche Problemlagen wie Reformstau, repressives und unflexibles politisches System sowie eine Agrar- und Gewerbekrise im unmittelbaren Vorfeld, welche die soziale Frage verschärfte. Die von den revolutionären Kräften erhobenen sogenannten *Märzforderungen* stimmten im Kern ebenso überein.

Bezieht man die revolutionären Vorbeben wie den Schweizer Sonderbundskrieg mit ein, so handelte es sich um »die an Teilnehmern zahlreichste, geographisch ausgedehnteste und gewaltsamste politische Bewegung im Europa des 19. Jahrhunderts«.[2] Und dennoch galt sie lange Zeit als »gescheitert«, da viele unmittelbare Ziele wie beispielsweise die nationale Einigung Deutschlands nicht erreicht wurden. Doch das Bild hat sich gewandelt: Heute wird die Revolution als Teil eines unumkehrbaren und anhaltenden Modernisierungsprozesses gewürdigt. Sie war ein entscheidender Schritt auf dem langen und holprigen Weg zur modernen Demokratie, ein »demokratiepolitisches Versuchslabor«.[3] Grundrechte, politische Mitbestimmung über das Wahlrecht und auf Presse- und Meinungsfreiheit basierender öffentlicher Diskurs sind nicht selbstverständlich; vieles wurde 1848 erstmals erkämpft.

Es war ein »tolles« Jahr, wie es die Zeitgenossen bezeichneten, ein Jahr, in dem viel in Bewegung kam. Verkrustete Strukturen wurden aufgebrochen, und man lotete aus, inwieweit Veränderungen etabliert werden konnten. Das war für die Gesellschaft wie auch für einzelne Personen mit teils schmerzhaften Lernprozessen verknüpft. Es gibt nicht nur *die eine* Geschichte, sondern viele subjektiv geprägte Erzählungen. Ein und dasselbe Ereignis wird – je nach individuellem Standpunkt – unterschiedlich bewertet. 1848 konnte als Chance oder Katastrophe wahrgenommen werden; die Revolution wurde unterstützt, bekämpft oder ignoriert. Im vorliegenden Buch wird sie daher nicht streng chronologisch und flächendeckend nachgezeichnet, sondern ich möchte mit Mut zur Lücke Entwicklungen und Episoden herausgreifen. Dabei werde ich verschiedenen Protagonisten über die Schultern schauen, um der Multiperspektivität der historischen Realität einigermaßen gerecht zu werden.

Vor dem Sturm

Vormärz. Der Epochenbegriff für die Zeit vom Ende des Wiener Kongresses 1815 bzw. im engeren politischen Sinn von der Julirevolution 1830 bis zur Revolution ist insofern etwas problematisch, als dass er die Jahre vor der Märzrevolution auf eine Vorlaufzeit reduziert. An deren Anfang stand – wieder einmal – Napoleon; besser gesagt: der Sieg über den Kaiser der Franzosen und die auf dem Wiener Kongress ausgehandelte Neuordnung Europas, zu deren Leitmotiven der Erhalt des monarchischen Prinzips sowie das Gleichgewicht der Großmächte zählten. Die Wiener Ordnung galt ihren Architekten als Garant für Friede und Stabilität in Europa. In der Generation des österreichischen Staatskanzlers Clemens Wenzel Lothar Fürst von Metternich lässt sich eine fast panische Revolutionsfurcht bemerken. Aber kann man es den Zeitgenossen wirklich verdenken? Sie hatten ja miterlebt, wie die Französische Revolution ihre vertraute Welt auf den Kopf stellte und wie in Paris die Köpfe rollten. Wie seit 1792 ein Krieg nach dem anderen Europa verheerte – Kriege, die insgesamt bis zu fünf Millionen Tote gefordert hatten.

An den konservativ-reaktionären Höfen Europas standen Innen- und Außenpolitik unter der Prämisse der Revolutionsabwehr. Dazu gehörte die Unterdrückung liberaler und nationaler Bewegungen, die als Keimzelle neuer Umstürze gedeutet wurden. Im Deutschen Bund – der Staatenbund wurde auf dem Wiener Kongress gegründet und ersetzte das auf Druck Napoleons 1806 erloschene Heilige Römische Reich – traten neben intellektuellen Vordenkern teils militant agierende Burschenschafter als Speerspitze der liberalen und nationalen Ideen auf. Nach dem Wartburgfest 1817 verfasste der Student Heinrich Riemann mit seinem Zimmernachbarn die *Grundsätze und Beschlüsse des 18. Oktober*, in denen vorsichtshalber »allzu scharfe Sätze« durch Professorenhand gestrichen wurden. Diese sogenannten *Wartburgbeschlüsse* enthielten typische frühliberale Forderungen:

konstitutionelle Erbmonarchie, Gleichheit vor dem Gesetz, Schutz des Eigentums, öffentliche Gerichte, Rede- und Pressefreiheit sowie die nationale Einigung Deutschlands. War das Wartburgfest schon ein Alarmsignal für die Herrschenden, wurde zwei Jahre später die Ermordung des Schriftstellers und russischen Generalkonsuls August von Kotzebue durch den Studenten Karl Ludwig Sand als Teil einer groß angelegten Verschwörung interpretiert.

Die Reaktion folgte prompt: Die *Karlsbader Beschlüsse* sahen im Deutschen Bund die Überwachung der Universitäten, das Verbot der Burschenschaften und die Entlassung verdächtiger Professoren vor. Eine Vorzensur kontrollierte nun Schriften von unter 20 Druckbogen (320 Seiten) Länge; eine »Central-Untersuchungs-Commission« in Mainz sollte revolutionäre Umtriebe in den deutschen Staaten untersuchen. Verschwörungen, wohin man sah (oder sehen wollte): In England lieferten die ebenfalls zu beobachtenden sozialen Unruhen, Massendemonstrationen sowie ein Attentat auf die Kutsche des Prinzregenten und künftigen König Georg IV. die Begründung für die *Six Acts*, die »Karlsbader Beschlüsse auf ›englisch‹«.[1] In Frankreich führte u. a. die Ermordung des Thronfolgers Charles Fernand, Herzog von Berry, 1820 zu einem Kurswechsel Richtung Reaktion.

Die Angst vor revolutionären Umwälzungen beschränkte sich nicht auf den eigenen Staat. Auch die Vorgänge in anderen Ländern wurden argwöhnisch beobachtet, da man aus leidvoller Erfahrung wusste: Revolutionen sind ansteckend. England, Russland, Österreich und Preußen hatten im Kampf gegen Frankreich zu einem Bündnis zusammengefunden, das sie über den Sieg hinaus fortsetzen wollten. Als sogenanntes Europäisches Konzert wollten die Großmächte – Frankreich wurde 1818 in den Kreis aufgenommen – ihre Politik auf Monarchenkongressen und Botschafterkonferenzen koordinieren, die Wiener Ordnung verteidigen und Konflikte diplomatisch statt durch Krieg lösen. Während die 1815 auf Initiative Zar Alexanders I. begründete Heilige Allianz, ein Feindbild der Gegenseite, kaum praktische Bedeutung erlangte, bewies das Europäische Konzert seine Effizienz, als ab 1820 eine revolutionäre Welle über Südeuropa schwappte. Auf den Kongressen von Troppau, Laibach und Verona einigte man sich darauf, die Revolutionen niederzuschlagen.

Doch das aufstrebende (Bildungs-)Bürgertum rief immer lauter nach politischer Mitsprache und Reformen, konkret nach einer Verfassung. Am Beispiel des Deutschen Bundes zeigt sich, wie unterschiedlich die Entwicklung nach 1815 in den einzelnen Staaten verlief. Der preußische König Friedrich Wilhelm III. wollte von seinen Verfassungsversprechen der Befreiungskriege nichts mehr wissen; für den erzkonservativen österreichischen Kaiser Franz II./I., der Veränderungen scheute wie kaum ein anderer, war eine solche ohnehin kein Thema. Im Gegensatz dazu setzten viele süddeutsche Regierungen ihren Reformkurs der napoleonischen Ära fort und entwickelten sich zu konstitutionellen Monarchien. Innerhalb von fünf Jahren erhielten Sachsen-Weimar, Baden, Bayern, Württemberg sowie Hessen-Darmstadt Verfassungen.

Diese sind nicht allein als Zugeständnis an die dort recht starken liberalen Kräfte zu sehen; einheitliche Gesetze und Normen sollten vielmehr die durch Gebietszugewinne neu hinzugekommenen Untertanen in den Staat integrieren und dessen Legitimität besiegeln. Der Monarch blieb Träger der Souveränität, seine Macht wurde allerdings durch die Verfassung beschränkt. Die Volksvertretung erfolgte in einem Zweikammersystem, wobei die alten Eliten im Oberhaus ihren Einfluss bewahren konnten; in die Zweite Kammer wurden Abgeordnete gewählt. Freilich durfte nicht jeder wählen: Frauen blieb die Mitbestimmung verwehrt, und das Zensuswahlrecht schloss jene Männer aus, die weder einen gewissen Besitz noch die geforderte Mindeststeuerleistung vorweisen konnten.

Das war ganz im Sinne der bürgerlichen Liberalen, die zwar von einer Gleichheit der Menschen ausgingen, aber »keine Demokraten im modernen Sinn«[2] waren. Sie wollten keine Revolu-

In der ersten Hälfte des 19. Jahrhunderts bildeten sich die bis heute wirksamen politischen Hochideologien Liberalismus, Demokratismus, Konservativismus, politischer Katholizismus sowie Sozialismus bzw. Kommunismus heraus. Der Liberalismus wurzelte als gesamteuropäische Bewegung in der Aufklärung und war von den Ideen von 1789 geprägt; Ziel der Liberalen bzw. Konstitutionellen war der Verfassungs- und Rechtsstaat.

Das demokratische Lager, auch »bürgerlicher Radikalismus« genannt, spaltete sich etwa in den 1830ern vom Liberalismus ab; die Grenzen waren in dieser Ausbildungsphase politischer Strömungen noch fließend. Die Demokraten vertraten das Prinzip der Volkssouveränität und wollten einen National- und Verfassungsstaat mit allgemeinem Wahlrecht für Männer; Vorbild waren u. a. die USA. Sie setzten sich stärker als die Liberalen für soziale und gesellschaftliche Reformen ein und nahmen teilweise sozialistische und kommunistische Ideen auf. Aus diesem Lager erwuchsen später die Sozialdemokraten.

Freilich gab es innerhalb der jeweiligen Lager viele Abstufungen und Übergänge; so näherte sich der linke Flügel der Liberalen in manchen Positionen den Demokraten an, während umgekehrt keineswegs alle Demokraten auch Republikaner waren.

Im späteren Vormärz drangen aus Frankreich, das in der ersten Jahrhunderthälfte »wichtigster Impulsgeber für soziale Bewegungen und Revolutionen«[3] war, neue Ideen und Begriffe in die Diskussion ein, darunter der Sozialismus (antirevolutionär, wollte durch eine neue Sozialwissenschaft gesellschaftliche Harmonie erreichen) und der Kommunismus (revolutionär, dieser knüpfte an republikanische Gleichheitsvorstellungen an). Frühformen dieser Ideologien entwickelten sich vorrangig in Geheimgesellschaften und Vereinen.

Der politische Katholizismus stützte sich auf etwa 400 meist während der 1848er Revolution gegründete Piusvereine und konzentrierte sich auf kirchenpolitische sowie soziale Themen.

Der Konservativismus entwickelte sich in Europa in der Auseinandersetzung mit bzw. Abwehr der Französischen Revolution und ihren Idealen. Er wollte das bestehende System – der Monarch herrschte von Gottes Gnaden, der Landtag war ständisch gegliedert – bewahren.

tion, sondern Reformen im Einvernehmen mit den Fürsten. Das einfache Volk war ihrer Meinung nach für die politische Teilhabe noch nicht reif und gebildet genug.

Wo deutlich wurde, dass sich die Reformziele nicht mit, sondern nur gegen den Willen der Monarchen erreichen ließen, wo oppositionelle Stimmen unterdrückt und Gegner des bestehenden politischen Systems gnadenlos verfolgt wurden, blieb oft nur der Weg ins Exil oder in den Untergrund. Auch wenn die Geschichte der vormärzlichen Geheimgesellschaften keine Erfolgsgeschichte ist, zeigt sie, welches politische Klima herrschte. Für viele Protagonisten der 1848er Revolution war sie eine wichtige Schule, beispielsweise für den Italiener Giuseppe Mazzini.

Die Mitgliedschaft in einem Geheimbund konnte im Vormärz allerdings hoffnungsfrohe Karrieren beenden, bevor sie begonnen hatten, wie die Biographie des Philosophen und Verlegers Arnold Ruge zeigt. Der auf Rügen geborene Sohn eines Gutsverwalters war finanziell nicht besonders gut gestellt, weshalb ihm der Vater zum Studium der Rechtswissenschaften riet. Aber er hatte seinen eigenen Kopf und wollte nicht nur für den Broterwerb studieren, sondern das, was ihn faszinierte: Philosophie. Ruge wollte eine umfassende Reform der politischen Zustände in den deutschen Staaten, schloss sich dem *Jünglingsbund* an und nahm 1822 an einer Delegiertenversammlung desselben teil, bei der man sich für eine deutsche Republik aussprach. 1824 wurde er verhaftet und wegen der Teilnahme an einer verbotenen Verbindung, die Hochverrat plante, verurteilt. Er wurde auf der Festung Kolberg eingesperrt, wobei er die Zeit zur akademischen Weiterbildung nutzte. Anfang 1830 wurde er vorzeitig entlassen – gerade zur rechten Zeit: Die 1830er Revolution hätte Ruge nur ungern verpasst.

»Daß wir es noch einmal erleben würden, was vor 40 Jahren Paris, Frankreich und darauf ganz Europa in Bewegung setzte, hätte ich nicht geglaubt«, schrieb der jüngere Bruder des preußischen Königs, Prinz Wilhelm, am 3. August an seine Schwester Charlotte. Zur russischen Zarin Alexandra Fjodorowna geworden, blieb sie auch in der Ferne seine Vertraute, der er sowohl seinen Liebeskummer als auch seine Gedanken zur Politik mitteilte. Der französische König Karl X. war Ende Juli innerhalb von nur drei Tagen, welche die Glorreichen genannt wurden (*Les Trois Glorieuses*), gestürzt worden, nachdem er verfassungswidrig die Zensur wiedereingeführt und den Wahlzensus erhöht hatte. Dagegen protestierten bürgerliche Liberale und Journalisten, aber auch Handwerker, Studenten und Arbeiter liefen gegen die geplante Auflösung des Parlaments Sturm. Karl dankte ab; mit Louis-Philippe von Orléans kam ein entfernter Neffe auf den Thron; unter dem »Bürgerkönig« erfolgte ein behutsamer Kurswechsel Richtung Liberalismus.

Wilhelm – er machte als zweitgeborener Sohn in der preußischen Armee Karriere und sah darin die beste Waffe der Monarchen gegen Umsturzversuche – befürwortete eine militärische Unterstützung für Karl, aber sein Vater und andere Monarchen Europas hatten (ein wenig) aus der Geschichte gelernt: Schon einmal hatte man versucht, eine französische Revolution durch Truppen niederzuschlagen. Ja, es war schockierend, dass in Paris das Prinzip der Volkssouveränität das Gottesgnadentum ablöste. Ein kleiner Trost für die Fürsten war, dass die Monarchie als solche erhalten blieb. Es hätte schlimmer kommen können.

Doch Revolutionen sind ansteckend. Belgien sagte sich von den Niederlanden los und wurde von den Großmächten als unabhängig anerkannt; die neue Verfassung des Landes galt in Europa als vorbildlich. Im November brach in Polen der Kampf gegen die russische Fremdherrschaft aus, wobei Militärkadetten eine führende Rolle spielten; gerade einmal sechzehn Jahre alt war Fähnrich Ludwik Mierosławski, der als Sohn einer französischen Mutter und eines polnischen Offiziers in Frankreich geboren wurde. Die Revolutionäre konnten auf Sympathien des Westens zählen, aber nicht mit militärischer Hilfe rechnen. Die Truppen des Zaren schlugen den Aufstand im nächsten Jahr nieder. Viele polnische Kämpfer flohen ins Exil; auch Mierosławski kehrte nach Frankreich zurück, wo er sich als Schriftsteller versuchte. Er schloss sich wenig später dem *Jungen Polen* an und dient als Paradebeispiel für jene polnischen Emigranten, die als »Sturmvögel der Revolution« auf fast jedem europäischen Revolutionsschauplatz anzutreffen waren.

In Italien griff ein Aufstand im Kirchenstaat auf Parma und Modena über, wurde aber von österreichischen Truppen niedergeschlagen. Mazzini sah sich von der *Carboneria* enttäuscht; er wurde kurz verhaftet, danach ging der Jurist ins Exil nach Marseille, wo er das *Junge Italien* (*Giovine Italia*) gründete. Das »Jung« legte er großzügig aus: nicht älter als 40 Jahre. Er wollte Studenten, Akademiker, Handwerker und Gesellen gewinnen. Waren junge Männer leichter zu begeistern? Zum Idealismus kam bei vielen wohl eine Portion Abenteuerlust.

Dieses Gefühl mag auch zwei Neffen Napoleons dazu getrieben haben, sich in Mittelitalien in die revolutionären Unruhen zu stürzen. Die Brüder entstammten der unglücklichen Ehe, die Napoleon zwischen seinem Bruder Louis und seiner Stieftochter Hortense-Eugénie de Beauharnais gestiftet hatte. Das Paar trennte sich im September 1807. Louis-Napoleon kam im folgenden April auf die Welt; Napoleon-Louis war vier Jahre älter. Während Letzterer bei seinem Vater in Rom lebte, wuchs Louis-Napoleon bei seiner Mutter im Schloss Arenenberg in der Schweiz auf, das sie als Kultstätte für Napoleon gestaltete. Louis-Napoleon fühlte sich zu Großem geboren, er entwarf für sich »das Ideal des romantischen Revolutionärs«. Unter diesem Aspekt ist laut Klaus Deinet seine Beteiligung an den Aufständen 1830/31 zu sehen: als »selbstauferlegte Bewährungsprobe«[4] und weniger als Ausdruck einer republikanischen Gesinnung.

Die Aufständischen wurden jedoch von überlegenen päpstlichen und österreichischen Truppen zerstreut. Die Brüder wollten sich nach Polen durchschlagen und dort gegen die Russen kämpfen, doch in Forli erkrankte Napoleon-Louis an Masern und starb am 17. März 1831. Louis-Napoleon drohte verhaftet zu werden, aber Mutter Hortense eilte ihm mit falschen Pässen zu Hilfe und ermöglichte ihm die Flucht nach England.

Im Deutschen Bund rumorte es ebenfalls. In vier Staaten kam es zu Aufständen, die zur konstitutionellen Monarchie führten. In Braunschweig wurde von Herzog Karl II. die Einberufung der Landstände gefordert; als er sich weigerte, wurde sein Schloss gestürmt. Er floh in die Schweiz; die Regierung übernahm sein Bruder Wilhelm, der einer zeitgemäßen Verfassung zustimmte. In Kurhessen musste Wilhelm II. seinen Untertanen eine liberale Verfassung gewähren, bevor er sich mit seiner Mätresse auf seine Schlösser nach Hanau begab und das Regieren seinem Sohn überließ. Auch in Sachsen, dessen König abdankte, sowie in Hannover wurden Verfassungen durchgesetzt. Auffällig war, dass bei den Ausschreitungen im Deutschen Bund nun »stärker als zuvor [...] die sozialen Unterschichten in Bewegung gesetzt wurden und ganz wesentlich zu der revolutionären Grundstimmung beitrugen«;[5] beispielsweise folgten in Leipzig Handwerksmeister, Gesellen und Fabrikarbeiter dem Pariser Vorbild. Traten zuvor überwiegend einzelne Intellektuelle, als Demagogen verfolgte Professoren und Studenten als Vorkämpfer liberaler und nationaler Ideen in Erscheinung, zeigt sich, dass die Bewegung gerade auch in den deutschen Staaten nach der Julirevolution erkennbar an sozialer Breite und Tiefe gewann. Das ist eine wichtige Entwicklung, die im Hinblick auf 1848 nicht unterschätzt werden sollte.

Die Signalwirkung der Julirevolution auf die europäischen Gesellschaften war groß. Die Machthaber standen vor der brennenden Frage: Was tun? »Wer erst den Finger hingegeben hat, muß bald die ganze Hand nachreichen«, fürchtete Wilhelm. Nur keine Schwäche zeigen! Entschieden auf seiner Linie verharrte Metternich, obwohl selbst sein langjähriger Weggefährte Friedrich »von« Gentz einsah, dass sich die Zeiten geändert hatten und man nicht länger gegen das konstitutionelle Prinzip ankämpfen könnte. Gentz war dafür, den bürgerlichen Liberalen Konzessionen zu gewähren; anderen gegenüber urteilte er Ende 1831, dass »Fürst [Metternich] seiner Zeit nicht mehr gewachsen« sei.

Reformen würden Revolutionen den Nährboden entziehen. Das erkannte auch der Aachener Textilkaufmann David Hansemann, der in einer Denkschrift im Dezember 1830 forderte, Friedrich Wilhelm III. solle in Preußen sein überfälliges Verfassungsversprechen einlösen und dem Bürgertum mehr Mitsprache im Staat einräumen. Doch damit stieß er auf taube Ohren.

Das sture Beharrungsvermögen der Regierenden konnte selbst brave Beamte zum Verzweifeln bringen und dazu führen, dass sie sich von diesen abwandten. Der Karlsruher Amtsrevisor Carl Theodor Obermüller war, wie seine Tochter Henriette zu berichten wusste, freisinnig und übte sich im kleinen Protest: »Obgleich er Staatsdiener war, gieng er Nie an Neujahr oder am Geburtstage zum Großherzog, um dort seinen Namen einzuschreiben.« Er sorgte dafür, dass Henriette wie ihre Brüder eine gute Bildung erhielt, Fächer wie Naturwissenschaften und Altphilologie gehörten für ihn dazu. Obermüller selbst zeigte seine Ablehnung des Regierungskurses zwar nur in leisen Aktionen; doch seine politische Haltung prägte die Kinder: »Wir wurden von ihm im Fürsten- und Pfaffenhaß groß gezogen.« Aus solchen Kinderstuben kommen, wie sich noch zeigen wird, Revolutionäre sowie mit Henriette eine politisch interessierte Frau, von der wir noch einiges hören werden.

Zu radikaleren Schritten entschloss sich Philipp Jakob Siebenpfeiffer. Der Sohn eines Schneiders begann vierzehnjährig eine Schreiberlehre im Verwaltungsdienst; seine Vorgesetzten in der Finanzverwaltung in Freiburg im Breisgau erkannten seine Talente, und mit Hilfe eines Stipendiums konnte er an der dortigen Universität Jura studieren. 1818 wurde er »Landcommissär« (Landrat) in Homburg an der Saar – damals Teil der nach dem Wiener Kongress Bayern zugesprochenen rheinpfälzischen Gebiete. Bei der Verwaltung von knapp 80 Gemeinden entwickelte er einen scharfen Blick für soziale Missstände in einer Region, die wie so viele andere noch unter den Folgen der Napoleonischen Kriege sowie der Missernten litt. Siebenpfeiffer wurde publizistisch tätig und förderte den Ausbau der Infrastruktur sowie die Errichtung von Schulen. Und er bombardierte seine Vorgesetzten bis hinauf zum bayerischen König mit Reformvorschlägen. Vergebens. Die Folge? »Der engagierte Beamte verwandelte sich in einen frustrierten Reformer, der frustrierte Reformer in einen demokratischen Revolutionär.«[6]

Siebenpfeiffer engagierte sich in der Pfalz immer stärker in der liberalen Opposition und gab Zeitungen wie *Den Boten aus dem Westen* heraus, wobei das Thema Pressefreiheit – das liberale Kernthema schlechthin – auch für ihn den größten Stellenwert besaß: Er forderte die Abschaffung der Zensur, damit die öffentliche Meinung größeren Einfluss auf die Politik nehmen könne. Anfang 1832 war er an der Gründung des Preß- und Vaterlandsvereins beteiligt, der sich den Kampf für Pressefreiheit sowie die nationale Einigung Deutschlands auf die Fahnen schrieb. Ein weiteres Vorstandsmitglied war der Jurist und Journalist Johann Georg August Wirth.

Siebenpfeiffer regte eine Massenkundgebung an, um die von ihnen verfolgten Ziele einem großen Publikum näher zu bringen. Allerdings waren politische Versammlungen strikt verboten. Aber wo ein Wille ist, findet sich ein Weg: Man lud Männer sowie ausdrücklich auch Frauen vom 27. bis 30. Mai 1832 zu einem Weinfest bei der Ruine des Hambacher Schlosses ein; mit einem solchen fiel man in der Weinbauregion ja nicht weiter auf.

Was den Behörden durchaus auffiel, war, dass bis zu 30 000 Teilnehmer kamen. Damit war das Hambacher Fest die erste demokratisch-nationalistische Massenkundgebung Deutschlands; die oppositionellen Kräfte gewannen sichtbar an Breite und Tiefe. Es waren zudem nicht nur Studenten, die zur Schlossruine wanderten. Vertreten waren mit Juristen und Publizisten, Ärzten, Kaufleuten, Bierbrauern und Winzern auch die Spitzen der bürgerlichen Gesellschaft; die Masse der Teilnehmer kam jedoch aus dem Kleinbürgertum und aus der ländlichen Bevölkerung, also aus den Mittel- und Unterschichten.

Wie viel die Besucher von den über dreißig Reden demokratisch-republikanischer Ausrichtung verstanden – Lautsprecher gab es ja noch nicht –, bleibt offen. Man drückte Sympathien für

Der starke Zustrom zum Hambacher Fest überraschte sogar die Organisatoren, die mit weit weniger Publikum gerechnet hatten.

die Polen und ihren Wunsch nach nationaler Wiedergeburt aus und sang neben der *Marseillaise* Freiheitslieder wie *Noch ist Polen nicht verloren*. Wirth sprach von seiner Vision der »vereinigten Freistaaten Deutschlands« im Rahmen eines »konföderierten republikanischen Europa«; Siebenpfeiffer forderte, dass die Frau »freie Genossin des freien Bürgers« sein sollte.

Seine Eindrücke vom Hambacher Fest hielt ein Augenzeuge, der Journalist und Revolutionär Jakob Venedey, in seinen *Reise- u. Rasttagen in Deutschland* fest. »Es war hier das erste Mal, daß klar u. frei der Name Republik in Deutschland vor Tausenden ausgesprochen wurde. Ein Wort, das bis jetzt nur Freunde, wenn sie zu zweien oder dreien waren, zu nennen gewagt. Zum ersten Male schallte in Deutschlands Gauen das Hoch der Republik aus dem Munde von Tausenden wieder, und hallte durch Europa. [...] Nur Republiken können Europa retten! [...]

Andere Redner hatten sich einen Tisch oder eine Bank zur Tribüne gewählt und sprachen zum Volke. Oft hörte man an verschiedenen Stellen zugleich den Beifallsruf des Volkes, und bald hier, bald dort schallte das Hoch Deutschlands. Hoch der Freiheit, Hoch dem Völkerbund und Fluch allen großen und kleinen Tyrannen! Hier stand ein Pfarrer, dort ein Student, u. hier ein Handwerker, und dort ein Advocat, und das Volk horchte freudig auf ihre Reden und sah in eine bessere Zukunft. Vielleicht fehlte es nur an einem Worte, und der Tag der Freiheit, der Tag des Kampfes für die Freiheit hätte begonnen.«

Republik? Fluch den Tyrannen? Das Hambacher Fest schreckte die reaktionären Regierungen auf wie zuvor das Wartburgfest. Wirth und Siebenpfeiffer wurden kurz darauf verhaftet; noch im Juni 1832 wurden mit den *Sechs Artikeln* zur Aufrechterhaltung der Ordnung die Karlsbader Beschlüsse verschärft, und zwei Jahre später sollten es auf der Wiener Ministerialkonferenz insgesamt *60 Artikel* werden.

Aber war Deutschland denn schon reif für eine Revolution? Um das herauszufinden, schickte der Preß- und Vaterlandsverein einen Emissär in den Norden: Jakob Venedey. Der war schon am Gymnasium in Konflikt mit der Schulleitung geraten, da er zu freiheitlich gesinnt und noch dazu Teil der verbotenen Turnerbewegung war. Er musste die Schule verlassen und wurde privat unterrichtet. Später studierte er an den Universitäten Bonn und Heidelberg Jura und schloss sich der Burschenschaft an. Nach der Julirevolution engagierte er sich in Köln u. a. in einem »politisch radikaleren« Debattier- und Lesezirkel, was das Misstrauen der preußischen Behörden weckte, woraufhin er – laut Birgit Bublies-Godau handelte es sich um eine reine Disziplinierungsmaßnahme – trotz eines vorangegangenen gegenteiligen Bescheides für den Militärdienst tauglich erklärt wurde. Vor der Einberufung floh er im April 1832 mit falschen Papieren in die Pfalz. Die Erkundungsreise in den Norden nutzte er eigenen Worten nach dazu, »für die demokratische Sache zu werben« und »die Fäden zu einer grösseren politischen Verbindung zu knüpfen«. Was das revolutionäre Potential betraf, fiel seine Einschätzung jedoch ernüchternd aus: Zwar klagten die Bewohner Norddeutschlands über die schlechten Verhältnisse, aber für politisches Handeln reichte es (noch) nicht.

Eine kleine Gruppe Hambacher wollte es trotzdem wissen und plante einen Anschlag auf den Bundestag, das höchste Gremium des Deutschen Bundes in Frankfurt. Mit dabei waren Wilhelm und Theodor Obermüller, Letzterer war erst 18 Jahre alt, wie ihre Cousine Henriette Obermüller berichtet. Am 3. April 1833 gelang es ihnen, die Hauptwache zu besetzen und Sturm zu läuten – aber Bürger und Bauern ignorierten die Möchtegernrevolutionäre, was nicht nur in der Familie Obermüller beklagt wurde.

Die Obrigkeit zog wiederum nach: Noch im selben Jahr nahm in Frankfurt eine Bundeszentralbehörde politische Ermittlungen auf, und mit der *Mainzer Zentralpolizei* wurde darüber hinaus »der erste institutionell selbstständige, als Behörde organisierte, zentralisierte Nachrichtendienst auf deutschem Boden«[7] geschaffen, der – wie es sich für einen Geheimdienst gehört – im Verborgenen operierte.

Der liberale Zeitgeist ließ sich dennoch nicht aufhalten, und viele Regierungen beugten sich ihm – ein wenig. In England wurde 1832 eine Wahlrechtsreform durchgeführt, zwei Jahre später wurde in Spanien durch ein »königliches Statut« der Absolutismus abgeschafft. Ebenso schritt in den deutschen Staaten die Konstitutionalisierung voran.

Es gab jedoch auch reaktionäre Fürsten, welche die Uhr zurückdrehen wollten. 1837 endete mit dem Amtsantritt von Königin Victoria die Personalunion zwischen den Monarchien Großbritannien und Hannover, wo nun der 66-jährige erzkonservative Ernst August I. auf den Thron kam. Er hob das von seinem Vorgänger erst 1833 verabschiedete liberale Staatsgrundgesetz auf mit der Begründung, es sei auf »völlig ungültige Weise« zustande gekommen und damit nicht bindend. Stattdessen wollte er zur alten ständischen Verfassung zurückkehren. Das Staatsgrundgesetz hatte Friedrich Christoph Dahlmann ausgearbeitet: ein früher Anhänger der deutschen Nationalbewegung, aber alles andere als ein Revolutionär. Dieses Mal waren es keine jungen

Burschen oder vor jugendlicher Kraft überschäumende Kadetten, die gegen den Akt des neuen Königs rebellierten, sondern anerkannte, meist schon ältere Professoren der renommierten Göttinger Universität. Sie fühlten sich ihrem geleisteten Eid auf das Staatsgrundgesetz verpflichtet und unterschrieben am 18. November 1837 eine Erklärung, für die sich anschließend die Bezeichnung *Protestation* einbürgerte. Diese wurde über Nacht überregional bekannt. Die *Göttinger Sieben* hatten zwar keine Veröffentlichung geplant, aber eine der wenigen Abschriften gelangte in die Hände von Studenten. In Gruppen zu etwa zehn Personen – einer diktierte, die anderen schrieben, und vermutlich alle stärkten sich mit Bier – gingen diese ans Werk und schickten die angefertigten Kopien auch an auswärtige Zeitungen. Der erboste König entließ die Professoren Wilhelm Eduard Albrecht, Georg Heinrich Ewald, Wilhelm Eduard Weber, Wilhelm und Jacob Grimm, Georg Gottfried Gervinus sowie den Wortführer der kleinen Gruppe, Dahlmann. Die letzten drei wurden zudem vor die Wahl gestellt, innerhalb von drei Tagen Hannover zu verlassen oder sich einem Strafverfahren zu stellen.

Nur auf den ersten Blick gewann Ernst August den Machtkampf gegen das »Federvieh der Tintenkleckser«, wie er sie nannte. Die Vorgänge in Hannover erregten im Deutschen Bund größtes Aufsehen, und die öffentliche Meinung fiel klar zugunsten der Entlassenen aus. Ihre Rechtfertigungsschriften waren heißbegehrt; um diese in Göttingen zu erwerben, mussten Käufer allerdings eine polizeiliche Erklärung abgeben, warum sie die Schrift kaufen wollten. Manche antworteten kurz und ehrlich: »Um sie zu lesen.«

Von Ereignissen wie dem Hambacher Fest und Verfassungskämpfen mit den nachfolgenden Debatten ging eine enorme Wirkung aus: Sie machten Forderungen und Ziele des Liberalismus über den zuvor recht überschaubaren Kreis von Professoren und Studenten hinaus bekannter. Beeindruckend war die Unterstützung der *Göttinger Sieben*: Für sie wurde eifrig gespendet, damit sich die nun einkommenslosen Professoren über Wasser halten konnten. In Leipzig gehörte Robert Blum zu den ersten Unterzeichnern einer Initiative, die Geld für sie sammelte. Als Dahlmann am 20. Dezember 1837 dort ankam und 2000 Taler (heute rund 60 000 Euro) entgegennehmen durfte, trat Blum zum ersten und nicht letzten Mal als Redner in Erscheinung.

Blum war in vielem das Gegenteil von Dahlmann und dessen Kollegen der Göttinger Universität; er sollte auch später in der von Akademikern dominierten Paulskirche als einer der wenigen Nichtakademiker eine Ausnahmeerscheinung bleiben. Er war und blieb ein Mann aus dem einfachen Volk, der im Gegensatz zu juristisch geschulten Mitstreitern redete, wie ihm der Schnabel gewachsen war; gerade das dürfte zu seiner Popularität beigetragen haben. Blum entstammte einer einfachen Kölner Familie und erlebte u. a. die Hungerjahre 1816/17 leidvoll mit. Obwohl er überaus begabt war und einige Jahre mit Hilfe eines Stipendiums das Jesuitengymnasium besuchen konnte, musste er aus Geldmangel die Schule abbrechen, worunter er sein Leben lang litt. Er versuchte sich an drei Handwerkslehren, bevor er für einige Jahre bei einem Laternenfabrikanten angestellt wurde. Da das Unternehmen kriselte, musste er sich 1830 beruflich umorientieren und entdeckte die Liebe zum Theater. Von Köln folgte er dem Theaterdirektor Friedrich Sebald Ringelhardt nach Leipzig, wo er sich vom Mädchen für alles hinaufarbeitete. Mittelfristig war er mit seiner Stellung aber wenig zufrieden, zu sehr interessierte er sich für Politik und Zeitgeschehen. Nicht bereit, Missstände schweigend hinzunehmen, war und blieb er bis zu seinem Tod ein Revoluzzer.

Im Exil

Metternichs *Mainzer Zentralpolizei* hatte in jenen Jahren mehr als genug zu tun, um verdächtigen Umtrieben nachzuspüren. Die Spione agierten aber nicht nur auf dem Gebiet des Deutschen Bundes, sondern auch in Hotspots wie Paris und Zürich:

1833 trafen sich Mazzini und Garibaldi zum ersten Mal, und Garibaldi schloss sich dem *Jungen Italien* an.

Diese Städte waren bevorzugte Aufenthaltsorte Oppositioneller, die vor der Verfolgung geflohen waren, und es galt herauszufinden, mit wem sie sich trafen und was sie planten. Denn dass sie aktiv waren, stand außer Frage.

Einer der bekanntesten Exilanten war der Genueser Advokat Giuseppe Mazzini; für Metternich wurde er so etwas wie der Staatsfeind Nr. 1, obwohl die Bilanz seiner Aktionen durchwachsen ausfällt. Mazzini hatte sich bereits als Gymnasiast an regimekritischen Protesten beteiligt und sich in Genua dem Geheimbund der *Carboneria* angeschlossen, der einen radikalen Republikanismus vertrat. Später sollte er sich über deren sektiererischen Charakter lustig machen; doch in diesem Bund sammelte der Jurist wertvolle Erfahrungen und konnte über die Organisation überregionale Kontakte knüpfen. Überzeugungskraft besaß er durchaus, denn seinem Savoyerzug im Februar 1834 schlossen sich u. a. Polen, Franzosen und Deutsche an. Allerdings endete dieses Unternehmen wie auch andere Aufstandsversuche in einem Desaster, weil Mazzini zwar ein kluger Kopf war, von militärischen Planungen jedoch wenig Ahnung hatte.

Früh an seiner Seite war der künftige italienische Nationalheld Giuseppe Garibaldi, der als Handelskapitän viel herumkam. Nach dem Savoyerzug verschlug es Letzteren nach Südamerika, wo er sich zum romantisch verklärten Banditenführer wandelte und an verschiedenen Revolutionen teilnahm. In Brasilien lernte er die achtzehnjährige, mit einem anderen verheiratete Ana Maria de Jesus Ribeiro da Silva (genannt Anita) kennen und brannte mit ihr durch. Schwangerschaften und Geburten hielten sie nicht davon ab, sein abenteuerliches Leben zu teilen, inklusive Gefangenschaft und Flucht. Nach dem Tod ihres ersten Mannes konnten die beiden 1842 heiraten. Über Garibaldis Zeit in Südamerika ist nicht viel bekannt, zumal seine Erinnerungen als Quelle alles andere als zuverlässig sind. Mazzini verfolgte dessen Abenteuer aufmerksam, denn er war überzeugt, dass er Italien noch gute Dienste leisten würde.

Nach dem Savoyerzug ging Mazzini in die Schweiz und versuchte seine Vision des Miteinanders in die Praxis umzusetzen: Da die nach Freiheit strebenden Völker Europas dieselben Ziele hatten, sollten sie sich zusammenschließen. Am 15. April 1834 unterzeichneten er und Vertreter deutscher sowie polnischer Exilanten einen Akt der Verbrüderung (*Atto di Fratellanza*). Unter dem Wahlspruch »Freiheit, Gleichheit und Humanität« schufen sie das *Junge Europa*; Länderorganisationen wie das bereits genannte *Junge Polen* und das *Junge Deutschland* bildeten Unterorganisationen. Metternich befürchtete das Schlimmste. Auf energischen diplomatischen Druck hin wies die Schweiz die Führungsmitglieder aus; nur zwei Jahre später gab Mazzini das *Junge Europa* auf.

In London wartete er nun auf die Chance, seinen Traum einer italienischen Republik zu verwirklichen. Er konzentrierte sich auf den Aufbau eines internationalen Sympathisantennetzwerkes, zugleich erhob er Garibaldi publizistisch zum Hoffnungsträger des künftigen Freiheitskampfes. Helden wurden schließlich gebraucht.

Mazzini war einer von Tausenden Italienern, die nach den Revolutionswellen von 1820/21 und 1830/31 ins Exil gingen. Beliebt waren große Städte wie London, Zürich, Genf und Brüssel in Ländern, die als relativ liberal galten und politische Flüchtlinge aufnahmen. Das Zusammenkommen so vieler Exilanten aus verschiedenen Ländern erleichterte deren Vernetzung, aber man darf sich die Exilgemeinschaft nicht als harmonische große Familie vorstellen. Es trafen unterschiedliche Sichtweisen aufeinander, man stritt über das Vorgehen, persönliche Animositäten sowie Rivalitäten spielten ebenfalls hinein.

Paris war ein bevorzugter Ort der Zuwanderung, an den nicht nur politisch Verfolgte kamen. Als Weltstadt mit Flair übte die französische Hauptstadt schon lange einen magnetischen Reiz aus, so auch auf Alexander von Humboldt. Er traf 1804 nach seiner fünfjährigen Forschungsreise durch Südamerika in Paris ein und war sicherlich überrascht, nicht mehr eine Republik vorzufinden, sondern ein Land, in dem sich Ende des Jahres Napoleon selbst die Kaiserkrone aufsetzen würde. Dennoch fühlte er sich in Paris ebenso wohl wie im Regenwald; ins kalte Berlin wollte er nicht dauerhaft zurück.

Zur Freude Friedrich Wilhelms machte der berühmteste Preuße seiner Zeit 1805 dann doch einen kleinen Abstecher nach Berlin, woraufhin der König ihn zum Kammerherrn ohne Verpflichtungen, dafür mit einem großzügigen Einkommen, ernannte. Erst 1826 bestand der Monarch darauf, dass Humboldt zumindest einige Monate im Jahr seine höfischen Verpflichtungen erfüllte. »Humboldt war seine Beziehung zum Hof peinlich«,[8] zumal es manche Beobachter schockierte, wie unterwürfig der bekannte liberal und revolutionär gesinnte Universalgelehrte sich dem König gegenüber verhielt. Ein Lichtblick: Er durfte weiterhin einige Monate jährlich Forschungsurlaub nehmen und zurück in sein geliebtes Paris, wo die Zahl der deutschsprachigen Einwanderer bis zur Jahrhundertmitte auf rund 100 000 Personen anstieg.

Handwerker, Arbeiter, Tagelöhner und Dienstmädchen bildeten die größte Gruppe unter ihnen. Kein Wunder, dass sich dort auch die Anfänge der deutschen Arbeiterbewegung finden. Im Deutschen Bund waren politische Vereine verboten, in Paris aber entstanden erste Handwerkervereinigungen. 1832 gründeten Handwerksgesellen und radikale Intellektuelle den Deutschen Volksverein, aus dem zwei Jahre später der frühsozialistische Bund der Geächteten hervorging. Mit dabei war Jakob Venedey, der die Zeitschrift *Der Geächtete* herausgab. Im August 1832 war er in Mannheim verhaftet worden, konnte aber entkommen. Er würde erst nach Ausbruch der 1848er Revolution nach Deutschland zurückkehren.

Vom Bund der Geächteten spaltete sich bald der Bund der Gerechten ab. Ein Mitglied in Letzterem war Stephan Born (ursprünglich Simon Buttermilch). Sein Vater Meir Buttermilch gehörte zu jenen jüdischen Bewohnern Lissas, einer Kleinstadt im preußischen Großherzogtum Posen, die ihre Söhne nicht in die Talmudschulen, sondern ins Gymnasium schickten, damit sie weltliches Wissen erwarben. Bildung hatte für ihn hohen Stellenwert, aber er konnte sich, seit der ältere Bruder David in Berlin Medizin studierte, das Schulgeld für Stephan nicht mehr leisten. Stephan begann also eine Schriftsetzerlehre in Berlin, nutzte aber jede freie Stunde, um sich mit Büchern und bei Vorlesungen an der Universität weiterzubilden. Stephan Born trat einem Handwerkerverein bei – in seinen Erinnerungen nannte er diesen eine »Bildungsstätte für heranwachsende Revolutionäre« – und öffnete sich sozialistischen Ideen. 1846 ging er nach Paris und trat dem Bund der Gerechten bei.

Dieser veranstaltete im Juni 1847 in London einen Kongress und änderte seinen Namen in Bund der Kommunisten ab. Mit höchstens fünfhundert Mitgliedern blieb er recht überschaubar, und wie in vielen Vereinen jener Zeit waren die Führungspositionen durch Bildungsbürger besetzt. In diesem Fall standen mit Karl Marx und Friedrich Engels »ein verhinderter Philosophieprofessor und ein wohlhabender Fabrikantensohn«[9] an der Spit-

Lieber ins Exil, als weiterhin der verhassten Arbeit im Familienbetrieb nachgehen zu müssen: Zu dieser Ansicht gelangte Friedrich Engels, der am 20. Januar 1845 an Marx schrieb: »Der Schacher ist zu scheußlich. Wuppertal ist zu scheußlich, die Zeitverschwendung ist zu scheußlich, und besonders ist es zu scheußlich, nicht nur Bourgeois, sondern sogar Fabrikant, aktiv gegen das Proletariat auftretender Bourgeois zu bleiben. Ein paar Tage auf der Fabrik meines Alten haben mich dazu gebracht, diese Scheußlichkeit, die ich etwas übersehen hatte, mir wieder vor die Augen zu stellen. Ich hatte natürlich darauf gerechnet, nur solange im Schacher zu bleiben, wie mir passte, und dann irgend etwas Polizeiwidriges zu schreiben, um mich mit guter Manier über die Grenze drücken zu können, aber selbst bis dahin halte ich's nicht aus. Genug, Ostern gehe ich hier fort.«

Im Februar organisierte Engels eine Reihe von Vorträgen in Elberfeld, die der Polizei auffielen, woraufhin sie weitere kommunistische Veranstaltungen untersagte. Ein Gang ins Exil erschien damit begründet.

ze. Die beiden selbst noch recht neuen Mitglieder erhielten den Auftrag, eine Programmschrift auszuarbeiten: das *Manifest der Kommunistischen Partei.* Es erschien im Februar 1848, entfaltete zu diesem Zeitpunkt aber, da sich die politischen Ereignisse überstürzten, kaum Wirkkraft.

Marx und Engels sind wohl die zwei prominentesten Exilanten. Sie waren sich bereits im November 1842 im Büro der *Rheinischen Zeitung* in Köln begegnet, wo Marx arbeitete; nach dem Verbot der Zeitung bot Arnold Ruge ihm an, als Redakteur für seine geplanten *Deutsch-Französischen Jahrbücher* nach Paris zu kommen. Die Aussicht auf ein sicheres Einkommen erlaubte es Marx, im Juni 1843 seine Langzeitverlobte Jenny von Westphalen zu heiraten. Dann ging es nach Paris, wo Ruge dem Paar ein gelebtes »Stück Communismus« – eine Wohngemeinschaft zusammen mit Emma und Georg Herwegh – vorschlug, was jedoch nicht zustande kam; auch die Jahrbücher wurden schnell wieder eingestellt.

Dafür verfestigte sich in Paris die Freundschaft zwischen Marx und Engels. Als Marx 1845 auf preußischen Druck ausgewiesen wurde und nach Brüssel ging, folgte Engels nach. Dort lebten sie Tür an Tür, genossen feuchtfröhliche Nächte mit Gleichgesinnten aus der Emigrantenszene wie Stephan Born und legten den Grundstein zu einer lebenslangen, fruchtbaren Arbeitsgemeinschaft und Freundschaft. Jenny Marx nahm an Diskussionen im Bund der Gerechten teil, war eine politische Mistreiterin ihres Mannes und unterstützte ihn auch in späteren Jahren bei seiner Arbeit, indem sie u. a. dessen »Sauklaue« in lesbaren Text verwandelte. Nach Ausbruch der Februarrevolution wiederholte sich das Spiel in umgekehrter Richtung: Als bekannter Revolutionär wurde Marx verhaftet und an die französische Grenze gebracht; dort nahm er die Einladung der neuen Pariser Regierung an.

Wie aber waren die Herweghs nach Paris gekommen? Emma Charlotte Siegmund stammte aus einem reichen, liberalen Elternhaus – ihr Vater Johann Gottfried Siegmund war Kaufmann, Hoflieferant und vom Judentum zum Protestantismus übergetreten – und genoss eine ausgezeichnete private Ausbildung; auch überließen ihr die Eltern die Wahl des Ehemannes. Sie sprach Englisch, Französisch, Russisch, Polnisch und Italienisch, zudem war sie sportlich, sie turnte, ritt und übte sich im Schießen. Sie rauchte gelegentlich, und das keineswegs heimlich. Während das bei Frauen aus den sozialen Unterschichten nicht ungewöhnlich war, galt ein solches Verhalten bei einer Tochter aus großbürgerlichem Haus nahezu als skandalös. Frühe Feministinnen wie Louise Aston zeigten sich demonstrativ in Männerkleidung und mit der Zigarre in der Hand, um gegen die Geschlechterrollen zu rebellieren. Emma sah partout nicht ein, warum sie als Frau schlechter gestellt sein sollte als ein Mann, und schrieb 1841 in ihr Tagebuch, dass es ihr oft vorkomme, »als glaubten die Männer, wir wären nur zum Vergnügen in der Welt, zum Spaß für sie, und das ist der Punkt, der mich rasend machen könnte«. Sie war kein Spielzeug, sondern besaß einen eigenen

Kopf, was sie in dem von ihrer Familie geführten Salon immer wieder bewies, wo sie selbstbewusst mitdiskutierte und eigene Ansichten entwickelte. Georg Herwegh hatte rasch festgestellt: »Das Mädchen ist noch rabiater als ich und ein Republikaner von der ersten Sorte!«

Herwegh war mit seinen im Vorjahr veröffentlichten (und von der Zensur gleich verbotenen) *Gedichten eines Lebendigen* zum Starautor geworden. 1842 kam er zur Bewerbung eines neuen Zeitschriftenprojektes nach Berlin und traf Emma. Der Sohn eines Gastwirtes, der sein Studium abgebrochen hatte und von seiner Schriftstellerei lebte, war keine standesgemäße Partie. Aber das kümmerte sie nicht. Nur wenige Tage nach ihrem Kennenlernen verlobten sie sich, und Emma versprach: »Schatz, wenn Krieg wird, zieh' ich mit, mein Reiten soll mir zu statten kommen, das soll eine Schlacht werden!«

Die Hochzeit musste auf Distanz geplant werden. Schuld daran war ein Streit mit dem preußischen König Friedrich Wilhelm IV., der Herweghs aktuelles Zeitschriftenprojekt *Der deutsche Bote aus der Schweiz* untersagte; daraufhin verfasste der Gekränkte einen empörten Brief an den König – und Abschriften davon an seine Freunde. Wenig überraschend landete das Schreiben in der Presse, und nun war es am König, beleidigt zu sein. Er ließ den Poeten ausweisen. Dank Emmas reicher Mitgift konnten sie in Paris ein sorgenloses Leben führen. Ihr Salon wurde ein Treffpunkt für Intellektuelle und kritische Geister wie Marx, den Anarchisten Mikhail Bakunin, Louis Blanc und Heinrich Heine. Sprachbegabt, wie sie war, übersetzte Emma unter anderem sozialistische Aufrufe ihrer polnischen, russischen und italienischen Freunde. Auf persönlicher Ebene wurde sie von Georg enttäuscht: Schon kurz nach der Hochzeit, als sie hochschwanger war, hatte er eine Affäre. Es sollte nicht die letzte sein.

Emma Herwegh war eine von vielen Frauen, die ihre Ehemänner ins Ausland begleiteten, weil diese von der Obrigkeit verfolgt wurden. Ausnahmefälle stellten jene Geschlechtsgenossinnen dar, die aufgrund eigener politischer Aktivitäten ins

Exil gehen mussten, wie beispielsweise Cristina Trivulzio di Belgiojoso. Sie engagierte sich in ihrer norditalienischen Heimat für einen liberalen Nationalstaat und lebte seit 1831 in Paris, wo die »steinreiche Patrizierin«[10] und führende Intellektuelle des *Risorgimento* (der Begriff, wörtlich ›Wiedergeburt‹, bezeichnet die um 1815 entstandene Bewegung mit dem Ziel der nationalen Einigung Italiens) einen Salon zur Netzwerkbildung unterhielt und Exilanten finanziell unterstützte. Als Journalistin berichtete sie in der liberalen Zeitschrift *Constitutionnell* über die Zustände in Italien.

Viele kamen als Verfolgte nach Paris. Ein junger Mann, der den größten Teil seines Lebens außerhalb Frankreichs verbracht hatte, wollte jedoch im Triumph in der Stadt einziehen: Louis-Napoleon. Voller Vertrauen auf den elektrisierenden Namen seines Onkels plante er, dessen »Adlerflug« zu kopieren; darunter versteht man den umjubelten Marsch Napoleons nach Paris, nachdem er am 1. März 1815 von seinem Exil auf der Insel Elba nach Frankreich zurückgekehrt war. Da die französischen Truppen, die man ihm zu seiner Verhaftung entgegensandte, überliefen, konnte er den französischen Thron kampflos – wenngleich nur für kurze Zeit – wiedererlangen. Was für ein Vorbild! 1836 versuchte sein Neffe Louis-Napoleon mit einer Handvoll Verschwörern, als ersten Schritt die Garnison in der Grenzstadt Straßburg für sich zu gewinnen – und legte eine Bruchlandung hin. Louis-Napoleon hatte Glück im Unglück: Die Regierung in Paris wollte keinen Märtyrer schaffen, tat die Aktion als Lausbubenstreich ab und setzte ihn auf ein Schiff nach Amerika.

Hartnäckigkeit kann man ihm nicht absprechen: Das beachtliche Vermögen, über das er nach dem Tod seiner Mutter Hortense verfügte, opferte er seinem großen Ziel. 1840 sollte eine vergnügliche Bootsfahrt vorgeblich von London nach Hamburg führen; das wahre Ziel Louis-Napoleons war Boulogne-sur-Mer, wo 1804/05 Napoleon I. seine Invasionsarmee gegen England gesammelt hatte, die dann aber im Dritten Koalitionskrieg auf dem Festland eingesetzt wurde. Eine (heute noch bestehende) Säule der Grande-Armée erinnert an das Militärlager.

Dem zweiten Putschversuch war ebenso wenig Erfolg beschieden wie dem ersten Unternehmen: Wiederum überschätzte Louis-Napoleon die Bereitschaft der Garnison zum Überlaufen, auch die Stadtbewohner belächelten die Verschwörer in ihren nachgeschneiderten Uniformen. Zuerst wollten sie sich noch an der Napoleon-Säule zum Kampf stellen, doch nach den ersten Schüssen stoben sie auseinander und versuchten, schwimmend oder auf Fischerbooten ihr Schiff zu erreichen. So manchen von ihnen – darunter Louis-Napoleon – fischte man klatschnass aus dem Meer.

Jetzt wurde ihm der Prozess gemacht, und er wurde zu lebenslanger Haft in Ham verurteilt, wobei die Bedingungen recht moderat waren und er auch Besucher empfangen konnte. Die Festung Ham war nicht St. Helena. Napoleon war es nicht gelungen, seinem Gefängnis auf der fernen Atlantikinsel zu entkommen; sein Neffe hingegen legte im Mai 1846 eine geradezu filmreife Flucht hin: Er nutzte Bauarbeiten, um in Maurerkleidung, mit Perücke und Pfeife zu türmen. Sein Arzt Dr. Conneau half ihm mit einer im Bett des Gefangenen platzierten Attrappe. Sein größtes Abenteuer aber stand ihm noch bevor; bald würde Paris reif für Louis-Napoleons großen Auftritt sein.

Europa in der Krise

Die Anhängerschaft von Liberalismus und Radikalismus wäre in den einzelnen Ländern vielleicht auf jeweils ein paar Tausend Intellektueller beschränkt geblieben. Doch die Unzufriedenheit mit dem herrschenden politischen System wuchs und trieb viele in die Arme der Opposition. Denn die Regierungen schienen nicht in der Lage, die drängenden Herausforderungen und Krisen zu meistern; und derer gab es im Vormärz viele. Die Epoche war eine Zeit des Wandels, der von den Zeitgenossen große Anpassungsleistungen erforderte und teils als bedrohlich wahrgenommen wurde. Pessimisten könnten den Eindruck gewonnen haben: Es fing schon schlecht an; dann ging es steil bergab. Dass die Lage sich nach der Jahrhundertmitte bessern würde, konnten sie nicht vorausahnen.

Der Vormärz begann 1815 nach mehr als 20 Jahren Krieg mit einer wirtschaftlichen Depression. Die meisten Staatshaushalte waren hochverschuldet und mussten sparen, wo es nur ging. Viele konnten erst Mitte der 1840er Jahre aufatmen – und dann folgte, wie sich noch zeigen wird, die nächste große Krise. Nicht, dass es zuvor an solchen gefehlt hätte. Der Ausbruch des Vulkans Tambora auf der Insel Sumbawa (Indonesien) im April 1815, bei dem Asche und Schwefeldioxid in die Stratosphäre geschleudert wurden, die sich wie ein dunkler Schleier zwischen Sonne und Erde legten, war auch in Europa 1816/17 schmerzlich zu spüren: Er bewirkte einen starken Temperaturabfall, verheerende Unwetter mit Überschwemmungen, Ernteausfälle und Hungersnöte.

Als ob das nicht schon genug wäre, erreichte die von Ostasien ausgehende Cholera 1830 Europa; im Jahr darauf drang sie bis auf die britischen Inseln vor. Auf der anderen Seite der Welt, beispielsweise in Kanada, versuchte man sie mit strengen Quarantänemaßnahmen für einlaufende Schiffe abzuwehren, doch die Ausbreitung der Pandemie ließ sich nicht verhindern. Für die mit dieser neuen Seuche konfrontierten Menschen war sie ein erschreckender Anblick, denn sie verursachte starken Durchfall, Erbrechen und Krämpfe. Wer am Abend noch gesund erschienen war, konnte am nächsten Tag bereits im Sterben liegen. Niemand wusste, wie man sich vor der Cholera schützen oder sie behandeln konnte; erst um die Jahrhundertmitte wiesen der britische Arzt John Snow und der Mikrobiologe Arthur Hill Hassall nach, dass sie durch verseuchtes Wasser verbreitet wurde. Im Verlauf des 19. Jahrhunderts kam es in Europa immer wieder zu Choleraepidemien.

Der Breslauer Arzt Johann Jacoby gehörte zu den ersten preußischen Ärzten, welche 1831 die in Polen ausgebrochene Cholera genauer untersuchen sollten, um geeignete Vorsichts- und Gegenmaßnahmen treffen zu können. Im russischen Teilungsgebiet tobte aber gerade der Aufstand gegen den Zaren; die Begegnung mit polnischen Freiheitskämpfern – er versorgte auch Verwundete – hinterließ bei Jacoby bleibende Eindrücke. Als die Cholera im Juli auch seine Heimatstadt Königsberg erreichte, machte er sich um den Kampf gegen die Seuche verdient. Allerdings wies ihn der ostpreußische Oberpräsident darauf hin: »Einen Orden, eine Auszeichnung, wissen Sie, können Sie nicht bekommen. Sie sind Jude!«

Die Diskriminierung von Juden war freilich kein Einzelfall. Ein weiteres prominentes Beispiel ist der Hamburger Gabriel Riesser. In seiner Kindheit genoss er zwar in der von den Franzosen annektierten Stadt noch die von Napoleon dekretierte Gleichberechtigung: Die französischen Revolutionäre hatten 1791 die volle (staats-)bürgerliche Gleichstellung der Juden eingeführt, was dann auf deutsche Gebiete unter napoleonischer Herrschaft wie das Königreich Westfalen sowie Hamburg, Lübeck und Bremen ausgedehnt wurde. Emanzipationsgesetze (jedoch ohne vollständige Gleichstellung) wurden in den mit Napoleon verbündeten süddeutschen Staaten Württemberg, Baden und Bayern erlassen. In der Auseinandersetzung mit dem übermächtigen Kaiser der Franzosen regte auch die Seite der

Gegner Reformen an, beispielsweise in Preußen. Berlin zog 1812 mit der rechtlichen Gleichstellung der Juden nach, wobei aber manche Einschränkungen erhalten blieben; beispielsweise waren sie weiterhin vom Staatsdienst ausgeschlossen, und das Gesetz wurde 1815 nicht auf die neuen Territorien ausgedehnt. Als Trier preußisch wurde, hatte Karl Marx' Vater Heinrich deshalb nur die Wahl, sich taufen zu lassen oder seinen Beruf als Rechtsanwalt aufzugeben.

Es war ein schmerzhaftes Versäumnis des Wiener Kongresses, dass dort keine bundesweite Regelung der (staats-)bürgerlichen Stellung der Juden beschlossen worden war. In der Bundesakte hieß es lediglich schwammig, dass die Bundesversammlung »in Berathung ziehen [würde], wie auf eine möglichst übereinstimmende Weise die bürgerliche Verbesserung der Bekenner des jüdischen Glaubens in Deutschland zu bewirken sey [...] jedoch werden den Bekennern dieses Glaubens bis dahin die denselben von den einzelnen Bundesstaaten bereits eingeräumten Rechte erhalten.« Nicht nur in Hamburg kam es statt zu Fortschritten zu bitteren Rückschlägen.

»Die jüdische Emanzipation nahm einen Verlauf, den man als Zickzackkurs bezeichnen kann, und er verlief parallel zum Zickzackkurs von Fortschritt und Rückschritt bei der Reform Deutschlands insgesamt.«[1] Im Geist der Aufklärung forderten viele Liberale um 1800 immer lauter Toleranz und Religionsfreiheit sowie die gesellschaftliche Integration ihrer jüdischen Mitmenschen, wobei oft die Rede von deren »bürgerlicher Verbesserung« und »Erziehung« war: Quasi als Vorbedingung für ein Ende der Diskriminierungen und die Gleichstellung in Staat und Gesellschaft sollten Juden ihre religiösen und soziokulturellen Eigenarten aufgeben und sich an die Mehrheitsgesellschaft anpassen. In Bezug auf die Öffnung gegenüber und Annäherung an die (bürgerliche) Umwelt lässt sich seit dem ausgehenden 18. Jahrhundert durchaus ein Wandel auch im jüdischen Selbstverständnis bemerken, wozu die jüdische Aufklärung (*Haskala*) mit ihrem Zentrum in Berlin rund um Moses Mendelssohn viel beitrug: Während das orthodoxe Judentum der Politik traditionell weiterhin fernblieb, trat die Haskala für Bildung und eine wohldosierte Anpassung an die soziale Umwelt ein, *ohne* dabei die jüdische Identität aufzugeben. »Dieser Prozess der Adaption soziokultureller Werte und Verhaltensweisen, in der älteren Forschung lange Zeit mit dem Begriff ›Assimilation‹ belegt, wird mittlerweile zunehmend als ein sich wechselseitig beeinflussendes Verhältnis beschrieben, das sich treffender mit dem Begriff der ›Akkulturation‹ fassen lässt.«[2]

Das jüdische Bürgertum übernahm Normen und bürgerliche Verhaltensweisen seiner Umwelt, prägte diese aber entscheidend mit. Eine wichtige Rolle spielten dabei die von geistreichen Jüdinnen wie Rahel Levin in Großstädten wie Berlin geführten literarischen Salons, die gebildeten Männern und Frauen ungeachtet ihrer Religion und ihrer Standeszugehörigkeit offen standen. Während sich die meisten bürgerlichen Organisationsformen wie Vereine und Freimaurerlogen Juden verschlossen, konnten an solchen Orten Gedanken ausgetauscht und politische Fragen diskutiert werden. Und dennoch ließ sich auch die wohlhabende und bekannte Salonnière Rahel Levin taufen, bevor sie 1814 den weit jüngeren Diplomaten Karl August Varnhagen von Ense heiratete.

Gabriel Riesser hatte in Kiel und Heidelberg Rechtswissenschaften studiert und sein Studium 1826 *summa cum laude* beendet, aber als Jude durfte er sich nicht habilitieren. In Hamburg verweigerte man ihm darüber hinaus die Zulassung zur Advokatur und zum Notariat. Die Taufe als »Entrebillet zur europäischen Kultur« (Heinrich Heine) bzw. zur bürgerlichen Mehrheitsgesellschaft lehnte er ab, obwohl er das war, was man einen »Dreitage-Juden« nannte – er war nicht tiefreligiös, sondern besuchte nur an hohen Feiertagen die Synagoge. Stattdessen wurde er »einer der prominentesten Sprecher der Juden in Deutschland Mitte des 19. Jahrhunderts«[3]. 1830/31 forderte er in *Ueber die Stellung der Bekenner des Mosaischen Glaubens in Deutschland* die bedingungslose Gleichstellung der Juden und den Zugang zu öffentlichen Ämtern, zur Landwirtschaft und bestimmten Handwerksberufen, ohne dafür die eigene Religion verraten zu müssen. Religionsfreiheit gehörte immerhin zum liberalen Forderungskatalog, als bürgerlicher Liberaler verstand sich Riesser als »Deutscher jüdischer Konfession«.

Seit 1832 gab er die Zeitschrift *Der Jude* heraus, deren provokanter Titel bewusst gewählt war. Darin publizierte er immer wieder kommentierte Debatten aus Volksvertretungen wie in Bayern und Baden. Zusammen mit Salomon Heine verfasste er 1834 eine Denkschrift, die dem Hamburger Rat übergeben wurde und in der eine Verbesserung der »bürgerlichen Verhältnisse« der Hamburger Juden verlangt wurde wie deren Aufnahme in Handwerksinnungen und die Zulassung zur Advokatur. Zwar wurde daraufhin ein »Comité zur Erörterung der Verhältnisse der hiesigen Israeliten« eingerichtet, aber es kam auch zur Gewalt gegen Juden und zu demonstrativer Diskriminierung – beispielsweise verlangte der Wirt der Hamburger Alsterhalle von seinen jüdischen Gästen weit höhere Preise als von Christen. Angesichts der Ausschreitungen wurde das Comité aufgelöst. Riesser zog für einige Jahre nach Bockenheim (heute ein Stadtteil von Frankfurt am Main), kehrte aber 1840 nach Hamburg zurück, da er sich dort nun dank einer Ausnahmeregelung als Advokat niederlassen durfte. Weiterhin setzte er sich energisch für die Rechte der Juden ein.

Auch Johann Jacoby kämpfte entschieden für die Freiheit und die politische Gleichheit aller Menschen, unabhängig von ihrer Religionszugehörigkeit. 1841 publizierte er (zuerst noch anonym) die Schrift *Vier Fragen, beantwortet von einem Ostpreußen*, in der er eine »echte Teilnahme des Volkes an der Politik« und eine konstitutionelle Monarchie verlangte. Friedrich Wilhelm IV. war empört und wollte Jacoby wegen Hochverrats und Majestätsbeleidigung am liebsten zum Tode verurteilt sehen, jedoch wurde Jacoby vom Berliner Kammergericht, vor dem er Berufung einlegte, freigesprochen und bot – ganz radikaler Demokrat – dem preußischen König weiterhin Paroli, wo er nur konnte.

Doppelt traf es Jüdinnen, die sowohl aufgrund ihres Glaubens wie auch ihres Geschlechts benachteiligt wurden, wie Fanny Lewald beklagte. Sie hatte schon als Jugendliche gegen die Schranken der bürgerlichen Mädchenerziehung aufbegehrt und dagegen protestiert, dass ihr die Bildung, die für ihre Brüder selbstverständlich war, verwehrt blieb. In ihren Romanen thematisierte sie als »Schriftsteller« – sie bestand auf der männlichen Form, weil sie anerkannte Literatur und nicht »Frauenliteratur« schreibe – in Werken wie *Jenny* (1843) die Diskriminierung der jüdischen Bevölkerung. Wer sich wie sie taufen ließ, gewann im Gegensatz zu Männern in derselben Lage aber nur bedingt mehr Freiheiten – war die Rolle der christlichen Frau doch ebenfalls stark eingeschränkt.

Vor 1848 kam es in keinem deutschen Staat zur völligen Emanzipation der Juden; Debatten darüber befeuerten sogar heftige antijüdische Ausschreitungen wie die Hep-Hep-Unruhen im Jahr 1819, die in Würzburg ihren Ausgang nahmen; weitere Städte wie Darmstadt, Hamburg, Heidelberg, Leipzig und Dresden, aber auch ländliche Gegenden in Franken, Baden, Kurhessen, Westfalen und im Rheinland wurden ebenfalls zu Schauplätzen gewalttätiger Krawalle. »Eine säuberliche Trennung der religiösen, sittlich-moralischen und ökonomisch-sozialen Motive ist selbst dort nicht ohne weiteres möglich, wo christliches Konkurrenzdenken und berechnender Eigennutz hinter den Beschuldigungen klar hervortreten«,[4] schreibt Stefan Rohrbacher zu den Motiven der gewalttätigen Exzesse, kommt jedoch zu der Ansicht, dass es bei diesen ebenso vorrangig um »die spezielle Frage der Emanzipation der Juden« ging, die beispielsweise in der bayerischen Ständeversammlung und (weit polemischer) in den Medien und der Öffentlichkeit debattiert wurde.

In den 1830er und 1840er Jahren schob sich jedoch ein anderes Problem in den Vordergrund: die »soziale Frage«. Die europäische Gesellschaft befand sich (mit regionalen Zeitverschiebungen) in der Übergangsphase von der ständisch-feudalen zur bürgerlich-kapitalistischen Gesellschaft. Die Veränderungen brachten Verunsicherung und Ängste mit sich; viele sahen sich als Modernisierungsverlierer. Die Zeitgenossen waren mit einem rasanten technischen Fortschritt konfrontiert – sichtbarster Ausdruck dessen war die Eisenbahn, die das Gefühl für Raum und Zeit veränderte. Konkret erlebten sie im Beruf, dass Maschinen Menschen ersetzten. In der Landwirtschaft wurden dank neuer Technologien ebenfalls weniger Arbeitskräfte benötigt, was die ländlichen Unterschichten bei gleichzeitig zunehmender Auflösung der feudalen Bindungen in eine zunehmend prekäre Situation brachte; viele zogen auf Arbeitssuche in die großen Städte. Dort sah es jedoch nicht besser aus, weshalb als oft letzter Ausweg die Auswanderung nach Übersee gewählt wurde.

Die Industrie in Mitteleuropa hinkte der Entwicklung in England hinterher – nur auf der britischen Hauptinsel kann man laut Osterhammel von einer Industriellen Revolution sprechen, »alles andere sollte man ›Industrialisierung‹ nennen«.[5] Sie konnte nur einen Bruchteil der Arbeitsuchenden aufnehmen, die aufgrund der seit Mitte des 18. Jahrhunderts anhaltenden Bevölkerungszunahme immer zahlreicher wurden. Das traditionelle Handwerk – betroffen waren beispielsweise Schuster, Schneider und Tischler – war Ende der 1830er Jahre überlaufen; Gesellen hatten kaum Aussicht, es zum selbstständigen Meister zu bringen, und Meister klagten ihrerseits über den Geschäftsrückgang. Das protoindustrielle Heimgewerbe geriet in eine Krise. Selbst wer fleißig arbeitete, konnte mit seinem Einkommen kein Auskommen mehr finden.

Ein abgeschlossenes Studium war kein Garant für eine halbwegs sichere Anstellung wie im Staatsdienst, dennoch drängten viele auch in der Hoffnung auf sozialen Aufstieg an die Universitäten. Das preußische Kultusministerium warnte 1836 in einem Rundschreiben an die Gymnasien vor den Risiken eines Universitätsstudiums. Wer sich nicht davon abhalten ließ, riskierte, sich als *Proletarier der Geistesarbeit* durchs Leben schlagen zu müssen. Wilhelm Heinrich Riehl zählte 1853 u.a. »Beamtenproletariat, Schulmeisterproletariat, perennirende Predigtamtscandidaten, verhungernde akademische Privatdocenten, Literaten, Journalisten, Künstler aller Art« zu dieser Kategorie.

Viele Gebildete waren froh, wenigstens als Hauslehrer unterzukommen, wobei das Abhängigkeitsverhältnis von den Dienstherren oft als drückend empfunden wurde. Benjamin Kewall, aus der böhmischen Kleinstadt Polna stammend, war in Wien über zwölf Jahre lang Erzieher und Lehrer; seine letzte Stelle trat er Anfang 1847 beim k.-k. Hofpferdelieferanten Markus Mayer Strass an. Er unterrichtete dessen Nachwuchs im Alter von fünf bis fünfzehn Jahren in Hebräisch, Deutsch, Italienisch, Französisch, Englisch und Latein, aber auch Mathematik – und ärgerte sich über ungezogene Kinder sowie den Geiz seiner Arbeitgeberin. Am 11. September 1848 vertraute er seinem Tagebuch an, »mit meiner gegenwärtigen Lage unzufrieden« zu sein: »Einen unbedeutenden Gehalt, erbärmliche Kost und dazu die Anforderungen, vom frühen Morgen bis Abend alle nur möglichen Wissenschaften zu unterrichten. Lohnt zum Beispiel mein Nachtmahl, ein Stückchen Butterbrod, die Langeweile, die ich zwei Stunden lang dafür ertragen muß.« Aber er hatte zumindest zu essen sowie ein Dach über dem Kopf und damit mehr als viele andere.

Pauperismus – das Schlagwort der Zeit – bezeichnet diese neue Form der Massenarmut, die zur Verelendung großer Bevölkerungsteile führte und spätestens seit den 1830er Jahren als ernsthaftes Problem erkannt wurde. Entsetzlich war sie nicht nur für die Betroffenen, sondern auch für die Besitzenden, die sich von den verarmten Massen bedroht fühlten. Die Bekämpfung der Massenarmut lag daher im Interesse des Mittelstandes, zumal Teile davon selbst vom Abstieg bedroht waren. Die Regierungen schienen unfähig, das Problem in den Griff zu bekommen. Die Armenfürsorge oblag überwiegend den Gemeinden. Auf Hungerunruhen und lokale Aufstände reagierte die Obrigkeit mit der Entsendung von Truppen, was die Armee in den Augen der Bevölkerung erst recht zum Feindbild machte.

Und die Opposition? Die hatte ebenfalls keine Antwort auf die soziale Frage zur Hand. »Ein großes Defizit der liberalen Position war es, über keinerlei Vorstellungen zu verfügen, wie man der Notlage der Unterschichten beikommen könne.«[6] Etwas naiv hofften Liberale wie Demokraten (wobei sich Letztere tendenziell mehr für die Not der Unterschichten einsetzten und diese über das allgemeine Wahlrecht in Entscheidungsprozesse einbinden wollten) darauf, dass mit der Erfüllung ihrer politischen Forderungen alle von der damit einhergehenden Modernisierung profitieren würden; das Problem Pauperismus würde sich von selbst erledigen, wenn die Unterschichten im Zuge des allgemeinen Aufschwungs in den Mittelstand aufgestiegen wären.

Sollte man die Massenarmut also achselzuckend hinnehmen und auf bessere Zeiten warten? Einfach wegschauen? Das war nicht jedermanns Sache. Kritische Intellektuelle und Künstler zeigten die Problemfelder auf und verstanden es, über die emotionale Darstellung menschlicher Schicksale aufzurütteln. »Wenn die reichen Leut' nit wieder reiche einladeten, sondern arme Leut', dann hätten alle was zu essen.« Mit diesen Worten brachte der Sänger, Schauspieler und Dramatiker Johann Nestroy 1835 die Kluft zwischen arm und reich in seinem Stück *Zu ebener Erde und erster Stock* ins Theater. Die Wiener Bühne ließ er zweiteilen, um dem Publikum vor Augen zu führen, wie oben geschlemmt wird und unten die Kinder um Essen betteln. Die pessimistische Grundaussage seines Stücks bleibt jedoch, dass Geld alle ohne Unterschied verdirbt.

Bekannt ist Friedrich Engels' publizistisches Engagement für die Arbeiter. Rückblickend schrieb er bescheiden, dass er gern hinter dem Genie Marx die »zweite Violine« gespielt habe, doch in der Forschung der letzten Jahre haben Engels und seine Werke eine deutliche Aufwertung erfahren. Er wuchs im rheinländischen Barmen im Wuppertal auf. Obwohl er weiter in die Schule gehen und Jura studieren wollte, musste er auf Wunsch seines Vaters eine kaufmännische Ausbildung in dessen Textilunternehmen absolvieren; eine Station seiner Ausbildung war eine Zigarren- und Kaffeegroßhandlung in Bremen. Der neunzehnjährige Fabrikantensohn Engels kritisierte 1839 in den *Briefen aus dem Wuppertal* die Schattenseiten des Kapitalismus und die elenden Lebens- und Arbeitsbedingungen der Arbeiter. Damit begehrte Engels auch gegen die Autorität des Vaters auf, aber um seine Familie (noch) nicht völlig vor den Kopf zu stoßen, erschienen seine Artikel im *Telegraphen für Deutschland* unter dem Pseudonym Friedrich Oswald.

Sein einjähriger Militärdienst führte ihn nach Berlin, wo er Lesezimmer und Kneipen besuchte, in Kontakt mit radikalen Intellektuellen wie Arnold Ruge kam und Philosophievorträge an der Universität hörte. Nach seiner Rückkehr war der pietistische Vater schockiert über den Atheismus des Sohnes; er kannte dessen Neigungen zum Extremen und schickte ihn 1842 nach Manchester, aufgrund der dortigen Baumwollfabriken auch »Cottonopolis« genannt. Die harte Arbeit in der Firma Ermen & Engels sollte dem Junior die Flausen austreiben. Manchester, das als Ausgangspunkt der industriellen Revolution galt, machte mit den Slums und dem Massenelend größten Eindruck auf den jungen Mann. Von 1842 bis 1844 schloss er zwar wie vom Vater gewünscht seine kaufmännische Ausbildung ab, doch er »radikalisierte sich vom demokratischen Republikaner zum Kommunisten«[7]. Zurück in Barmen, wurde er politisch aktiv, organisierte kommunistische Veranstaltungen in Elbersfeld und weigerte sich, weiter im Familienbetrieb zu arbeiten. Sein Vater tat, was viele Väter in seiner Lage taten: Er strich dem Sohnemann den Unterhalt. Mittellos und allein in seiner Stube »ein wahres Hundeleben« führend, schrieb Engels *Die Lage der arbeitenden Klasse in England*, ein Werk, das der Öffentlichkeit die Schrecken einer modernen Industriestadt vor Augen führte. Die sonst so strenge preußische Zensur erhob keine Einwände: Es wurde ja nur England kritisiert.

In den deutschen Staaten gab der schlesische Weberaufstand 1844 einen wichtigen Impuls für Künstler, sich mit der sozialen Frage zu befassen. Lohnkürzungen führten Anfang Juni in Peterswaldau zu Ausschreitungen und Plünderungen seitens der in Heimarbeit tätigen Weber. Der Aufstand konnte durch das

Auf die soziale Frage hatten die Obrigkeiten im Vormärz keine Antwort – Hungerrevolten wurden mit Gewalt niedergeschlagen.

Militär rasch besiegt werden – doch das Echo in den Medien und in der Literaturwelt war enorm. »Weberlyrik« boomte: Im Pariser Exil verfasste beispielsweise der Dichter Heinrich Heine das Gedicht »Die armen Weber«. Maler wie Carl Wilhelm Hübner zeigten, dass sich die Kunst ihrer Zeit keineswegs auf biedermeierliche Idylle reduzieren ließ, wie wir sie von Carl Spitzweg kennen. Sein Gemälde »Die schlesischen Weber« hatte den Zweck, das Publikum über deren Notlage aufzuklären. Es wurde bei der Ausstellung in Berlin geradezu umlagert.

Geschichten, die sich mit der sozialen Frage befassten und menschliche Tragödien beschrieben, erschienen häufig als Fortsetzungsroman in Zeitungen. Das Leben von Arbeitern und das Leid der Kinder waren bevorzugte Themen dieses Genres, das seine Ursprünge in England hatte, wo beispielsweise Charles Dickens' Roman *Oliver Twist* ein großer Erfolg wurde.

Louise Otto stammte aus einer begüterten, mittelständischen Meißener Familie und verfasste schon mit zwölf Jahren ihr erstes Gedicht. Dem Elend der Arbeiterinnen begegnete sie mit offenen Augen und beklagte in ihrem Roman *Schloss und Fabrik* (1846) – er durfte nur zensiert erscheinen – die geteilte Gesellschaft. Vor allem die Benachteiligung der Arbeiterinnen ging der Tochter eines Juristen, die sich zur Demokratin und unermüdlichen Vorkämpferin für Frauenrechte entwickelte, nahe. »Unter den arbeitenden Klassen ist jetzt das Weib viel schlimmer daran als der Mann. Es kann sich tagelang abmühen und wird doch kaum halb soviel verdienen als er.«

Die Wirkung sozialkritischer literarischer Werke ist nicht zu unterschätzen. Tragische Einzelschicksale trafen mitten ins Herz, sensibilisierten ein breites Publikum für die Probleme und konnten durchaus zu Problemlösungen – zumindest in ersten Ansätzen – führen, wie die Entstehungsgeschichte des preußischen *Regulativs über die Beschäftigung jugendlicher Arbeiter in Fabriken* (1839), des ersten Gesetzes zum Arbeitsschutz von Kindern in Kontinentaleuropa, zeigt. Der Fabrikant und Abgeordnete des rheinischen Provinziallandtages Johannes Schuchard, der wie Engels aus Barmen stammte, hatte Ende März 1837 im *Rheinisch-Westphälischen Anzeiger* die Geschichte eines zwölfjährigen Mädchens publiziert, das sich in die Wupper gestürzt hatte: Es hatte schreckliche Angst vor einer Strafe der Eltern gehabt, da ihm vom Lohn ein paar Groschen abgezogen worden waren. Schuchard forderte den Staat auf, zu handeln; der Provinzialtag griff das Thema Kinderarbeit auf, es wurde eine Petition an den König gerichtet, und das Gesetz kam zustande.

Auch Aurore Dupin de Francueil wollte nicht nur Bücher schreiben, sondern eine politische Rolle spielen. Im Alter von 26 Jahren brach sie aus ihrer unglücklichen Ehe aus. 1831 zog sie nach

George Sand stellte ihre Feder 1848 in den Dienst der Revolution; danach wandte sie sich enttäuscht von der Politik ab.

Paris, um endlich ihren intellektuellen Neigungen freien Lauf zu lassen und Schriftstellerin zu werden. Zusammen mit ihrem Liebhaber Jules Sandeau verfasste sie den Roman *Rose et Blanche* unter dem Pseudonym Jules Sand; mit *Indiana* erschien 1832 ihr erster eigener Roman, für den ein neues Pseudonym nötig wurde: George Sand. Ein unglaublich schöpferisches Autorinnenleben folgte.

Bis heute ist sie vor allem für ihre Affären mit Intellektuellen und Künstlernaturen – u. a. lebte sie viele Jahre mit dem jüngeren Komponisten Frédéric Chopin zusammen – bekannt, sowie für ihr rebellisches Auftreten, in praktischer Männerkleidung und Zigarren rauchend. Doch auch ihre politische Einstellung und ihr Engagement sind in die Geschichte eingegangen. Seit 1830 bezeichnete sie sich selbst als Republikanerin, konzentrierte sich aber vorerst auf ihre Karriere. Ihr politisches Erwachen erfolgte 1835, als rund 120 Seidenwebern aus Lyon sowie ihren republikanischen Verbündeten der Prozess gemacht wurde.[8]

In der Julimonarchie des »Bürgerkönigs« Louis Philippe kam es anfangs immer wieder zu Aufstandsversuchen sowohl der royalistischen Rechten wie auch der demokratischen Linken; nachdem Guillaume Guizot als Regierungschef die Zügel in die Hand genommen hatte, stabilisierte sich ab 1840 das System. Es stützte sich auf eine schmale, großbürgerliche Schicht, die ihre Position unter dem Schlagwort *Enrichissez-vous!* (›Bereichert euch!‹) auszunutzen verstand; liberale Strömungen wurden unterdrückt. »Guizot folgte den gleichen Prinzipien der Stabilität um jeden Preis wie Metternich im Deutschen Bund.«[9] Auch in Frankreich gelang es der Regierung nicht, adäquat auf soziale und wirtschaftliche Veränderungen zu reagieren. Es kam zu häufigen Streikwellen, unter denen die Aufstände der Seidenweber (*canuts*) in Lyon in den frühen 1830er Jahren landesweit für Aufsehen sorgten. Die *canuts* forderten einen festgelegten Mindestlohn für ihre Arbeit, was ihnen verweigert wurde. Die folgenden Streiks und Massendemonstrationen eskalierten zum Aufruhr, bei dem es den Seidenwebern gelang, zeitweise die Herrschaft über Lyon zu übernehmen, bevor Truppen aus Paris anrückten.

George Sand schlich sich als Mann verkleidet in den Gerichtssaal, in dem viele der Aufständischen zu harten Strafen verurteilt wurden, und begegnete dabei deren Verteidigern Alexandre Ledru-Rollin und Michel de Bourges, der für kurze Zeit ihr Liebhaber wurde. Nach 1835 tendierte sie zu den Sozialisten und stand u. a. mit dem sozialistischen Theoretiker Louis Blanc in Verbindung, der in seinem Hauptwerk *Organisation der Arbeit* (*L'organisation du travail*) das Recht auf Arbeit sowie die Errichtung staatlich geförderter Produktionswerkstätten forderte. Der Philosoph und Sozialist Pierre Leroux inspirierte Sand mit seinem radikalen Egalitarismus; sie unterstützte ihn finanziell bei zwei Zeitungsprojekten.

Neben ihren Romanen verfasste George Sand Artikel für liberale Zeitschriften, wobei soziale Gerechtigkeit zu einem wichtigen Thema für sie wurde. Mit Freunden wie Emma und Georg

Herwegh sowie der sozial engagierten Schriftstellerin Bettina von Arnim, geb. Brentano, diskutierte sie persönlich wie brieflich Gesellschaftstheorien.

Von Arnim veröffentlichte 1843 anonym ein Buch, das als Titel die Widmung *Dies Buch gehört dem König* trug. Darin prangerte sie die desaströsen Wohnverhältnisse der Unterschichten in den frühen Berliner Mietskasernen an, die in den 1820er Jahren im Nordwesten vor den Toren der Stadt (»Vogtland«) errichtet wurden. Winzige Einraumwohnungen, katastrophale sanitäre Zustände – die Unterkünfte waren ein einziger Infektionsherd. Bettine von Arnim stützte sich dabei auf den Bericht des Schweizer Lehrers Heinrich Grunholzer, der 33 dieser Stuben besucht hatte, und sie appellierte an die Bessergestellten, ihren Wohlstand mit Armen zu teilen. Demokratische Radikale bejubelten ihr Werk; Konservative waren empört. Ein geplanter zweiter Band erhielt keine Druckgenehmigung.

Ebenso meinungsstark und entschieden vertrat George Sand in ihren Romanen ihre Ansichten, was ihren Verleger François Buloz schlaflose Nächte bereitete; zu offenkundig sympathisierte sie 1841 in ihrem Roman *Horace*, der zur Zeit der Julirevolution 1830 spielte, mit den Revolutionären und deren Forderung nach der Republik. Sie weigerte sich, auch nur eine Zeile zu ändern: »Sie werden kein Buch von mir finden, in dem ich die Ungleichheit und die Privilegien (und das Geld ist das wichtigste aller Privilegien) nicht anprangere.« Damit endete die Zusammenarbeit. Sands Gesinnung war bekannt; daher ist verständlich, dass Louis-Napoleon auch ihr eine Kopie seines 1844 publizierten Essays über *Die Ausrottung des Pauperismus* zukommen ließ; sie tauschten sich brieflich darüber aus. Dass ausgerechnet der selbsterklärte Thronprätendent sich mit diesem Thema befasste, erstaunte bereits die Zeitgenossen. Dass er selbst mittellos war, nachdem er das Erbe seiner Mutter für gescheiterte Putschversuche verpulvert hatte, reicht als Erklärung dafür wohl nicht aus. Vom Publikum wurde der Aufsatz aus der Feder eines Bonaparte ebenso gut aufgenommen. Der Sozialist Blanc sah darin gar eine Geistesverwandtschaft und besuchte Louis-Napoleon an mehreren Tagen im Gefängnis in Ham.

Nachdem Louis-Napoleon 1846 die Flucht gelungen war, führte er in London, gereift und dank dem Erbe des mittlerweile verstorbenen Vaters finanziell wieder gutgestellt, ein mondänes Leben, wobei er in der besseren Gesellschaft durch sein Zusammenleben mit der jungen Harriet Howard für so manche Irritation sorgte. Sie unterstützte ›ihren‹ Prinzen nicht nur emotional, sondern war auch bereit, ihre eigene Erbschaft für seine ambitionierten Pläne einzusetzen. Denn ein echter Napoleon gibt seine Träume nicht so einfach auf. Von vorschnellen Hauruckaktionen nahm Louis-Napoleon jedoch Abstand; er hatte in Ham gelernt, auf die passende Gelegenheit zu warten.

Und das war nur eine Frage der Zeit. Viele Zeitgenossen fühlten, dass der Druck stieg. »Wir tanzen hier auf einem Vulkan«, schrieb Heinrich Heine für die Anfang Februar 1842 erschienene Augsburger *Allgemeine Zeitung*, »aber wir tanzen. Was in dem Vulkan gärt, kocht und brauset, wollen wir heute nicht untersuchen.«

Vulkanausbrüche

Für Metternich war die Demokratie »der Vulkan, der erstickt werden muss«. Wenn wir bei diesem Bild bleiben, helfen Humboldts Erkenntnisse weiter, um die Ursachen und den Verlauf der Revolution zu verstehen. Der Naturforscher, der in Südamerika seine Leidenschaft für Vulkane entdeckt hatte, ging davon aus, dass die Erde durch katastrophale Ereignisse wie Erdbeben und Vulkanausbrüche gebildet worden sei. Und unter der Oberfläche sei alles miteinander verbunden wie »ein einziger vulkanischer Heerd«.

Bei der Revolution 1848 war es ähnlich. Mehrere Faktoren, die für sich allein nicht ausgereicht hätten, um einen Umsturz herbeizuführen, mussten dazu miteinander verschmelzen: eine Agrar- und Gewerbekrise, die weite Teile der Bevölkerung ins Elend stürzte oder zumindest Abstiegsängste auslöste; Regierungen, deren Legitimität bröckelte, da sie keine tragfähigen Problemlösungen bieten konnten, und entschlossene politische Akteure, die einen gesellschaftlichen und politischen Wandel herbeiführen wollten.

Zur Agrarkrise trug der aus den USA eingeschleppte Pilz *Phytophthora infestans* bei, der die sogenannte Kartoffelkrankheit oder -fäule auslöste. In Irland zerstörte diese zwischen 1845 und 1849 mehrere Ernten und löste dort die »Große Hungersnot« aus. Es starben etwa eine Million Menschen, noch weit mehr wanderten – sofern sie es sich leisten konnten – aus. Ebenfalls noch 1845 erreichte die Kartoffelkrankheit Nordwesteuropa und trat großflächig in den meisten Staaten des Deutschen Bundes auf, wo sie zu erheblichen Ernteausfällen führte. Noch konnte man auf Vorräte zurückgreifen, doch im Jahr darauf wurde die Nahrungskrise gefährlich, zumal ein trockener Sommer auch beim Getreide zu Ernteausfällen führte.

Export- und Spekulationsgeschäfte heizten die Preise zusätzlich an; im Mai 1847 waren Kartoffeln und Roggen in Preußen doppelt so teuer wie vor der Krise.

In Frankreich stellte sich die Lage nicht viel anders dar; dort fiel die Ernte 1845/46 ebenfalls schlecht aus und der Brotpreis kletterte nach oben. Vor allem Angehörige der Unterschichten litten – mit regionalen Unterschieden – Hunger, da sie schon in guten Zeiten bis zu drei Viertel ihres Einkommens für Nahrung ausgeben mussten; die Kaufkraft für andere Güter sank. 1847 fiel die Ernte besser aus, die Preise fielen langsam.

Aber die Not blieb, wie der Regierungspräsident aus dem norddeutschen Minden im Februar 1848 an seinen Vorgesetzten meldete: »Dem Wohlstande der kleinen Grundbesitzer und Heuerlinge sind durch die beiden verflossenen Nothjahre zu tiefe Wunden geschlagen, als daß derselbe schon jetzt wieder aufblicken könnte. [...] Die gemachten Schulden sind indessen zu groß, als daß dieselben nach einer Erndte, wenngleich die letzte sehr günstig war, gedeckt werden können.« Die Agrarkrise ging fließend in eine erste konjunkturelle, frühindustrielle Wirtschaftskrise über; hinzu kam Ende des Jahres eine internationale Banken- und Börsenkrise. Davon waren große Teile des Mittelstandes betroffen, die ihrerseits den Abstieg in die bittere Armut fürchteten. Die Zeitgenossen waren sich sicher: So ein Elend war noch nie dagewesen! Denn obwohl die Ernte 1847 wieder besser ausfiel und die Preise für Kartoffeln wie Getreide sanken, ging die Wirtschaftskrise weiter. Im Textilgewerbe und auch im Maschinenbau – also in den wichtigsten Industriezweigen jener Zeit – kam es zu einem Absatz- und Produktionsrückgang.

Von einer sozialen Absicherung, wie wir sie heute kennen, war man Mitte des 19. Jahrhunderts weit entfernt. Die Regierungen folgten dem wirtschaftspolitischen Kurs des *Laisser-faire* und wollten sich so wenig wie möglich einmischen; immerhin wurden durch Zollpolitik der Getreideimport gefördert und der -export erschwert. Die Unterstützung Armer und Hungernder blieb Sache der Gemeinden und privater Hilfsvereine, die Suppenküchen einrichteten. In Weyerbusch im Westerwald etwa gründete der Bürgermeister Friedrich Wilhelm Raiffeisen mit wohlhabenden Bürgern »Brodvereine« und genossenschaftliche Darlehenskassen.

Die Hilfsangebote reichten nicht aus; es kam zu zahlreichen Hungerunruhen und regionalen Aufständen. In der norditalienischen Stadt Varese plünderte eine große Bauernschar im Februar 1847 die Karren von Schweizer Händlern. Im Deutschen Bund erreichte die Protestwelle im April/Mai ihren Höhepunkt. In Berlin kam es zur »Kartoffelrevolution« mit Plünderungen und Ausschreitungen; auch in Stuttgart gab es Anfang Mai Brotkrawalle. Gerade wenn es um Lebensmittel und die Ernährung von Familien ging, waren Frauen aus den Unterschichten vorne mit dabei. In Stuttgart rief eine Wäscherin, als die aufgebrachte Menge das Haus einer reichen Kaufmannsfamilie stürmen wollte: »So, jetzt wird es sich wenden! Jetzt werdet ihr Frauen waschen und putzen müssen, und wir werden in euer Haus einziehen!«

Hungerrevolten schürten im Bürgertum Angst vor Plünderungen – schon jetzt kam es teilweise zur Bildung von Bürgerwehren – und vor dem »roten Gespenst«, dem »Gespenst des Kommunismus«, von dem Marx und Engels 1848 im ersten Satz ihres *Kommunistischen Manifests* berichten sollten. Dabei zielten die Proteste gar nicht auf einen sozialen Umsturz ab: Die verarmten, hungernden Menschen wollten lediglich Brot, faire Arbeitsbedingungen und einen Lohn, von dem sie (über)leben konnten.

Die Agrar- und Gewerbekrise sollte als Ursache der Revolution weder über- noch unterschätzt werden, aber sie trug entscheidend dazu bei, dass das Vertrauen in die Regierungen und ihre Problemlösekompetenzen schwand: »Ohne die Wirtschaftskrise von 1845–48, in der das alte System offensichtlich versagte und sich daher diskreditiert sah, so unsere These, hätte es eine hinreichend ›kritische Masse‹ nicht gegeben.«[1] Die Regierungen wussten sich oft nicht anders zu helfen als mit Gewalt. Wie bei den aufständischen Seidenwebern in Lyon und den schlesischen Webern reagierten die Obrigkeiten auf Hungerrevolten mit der Entsendung von Truppen. Die zugrundeliegenden Probleme wurden dadurch nicht gelöst, sondern die Erbitterung wuchs, und das Militär wurde als verlängerter Arm der Regierungen zum Feindbild.

Allerdings sind es in der Regel nicht die sogenannten Massen, die Ideologien und Programme für Revolutionen entwerfen. Als Organisatoren und Anführer derselben finden sich zumeist die Mitglieder »einer emporsteigenden, aber noch nicht auf zu wichtigen Herrschaftspositionen angelangten Sozialgruppe«, die die »Spitze einer Elite *in statu nascendi*« darstellen, wie Christian Giordano schreibt. »Obwohl es vielleicht heutzutage politisch inkorrekt erscheinen mag [...], lässt sich nicht verleugnen, dass Revolutionen nicht ohne eine strenge Steuerung und Kontrolle von oben denkbar sind.«[2]

Das bestätigte sich 1848. Damals sahen vorrangig langjährige regierungskritische Abgeordnete wie auch Akteure, die im außerparlamentarischen Raum agierten, angesichts der Unzufriedenheit der Massen sowie der offensichtlichen Schwäche der alten Herrschaften ihre Chance gekommen und verstärkten ihre Bemühungen. Dank der Krisen fiel ihre Saat auf fruchtbareren Boden, da nun beispielsweise enttäuschte, verzweifelte Bauern, Handwerker und Angehörige der Unterschichten eher bereit waren, sich ihre Ideen anzuhören und über Alternativen zum bestehenden System nachzudenken. Zudem senkten die teils gewalttätigen Hungerproteste im Vorfeld die Hemmschwelle für Rebellionen.

In Frankreich waren es nicht nur die verarmten, hungernden Unterschichten, die der Regierung ihr Vertrauen entzogen, sondern auch die schmale Schicht der Notabeln, auf die sich die Julimonarchie stützte. Victor Hugo, Schriftsteller und als Pair (Mitglied des parlamentarischen Oberhauses) selbst den Notabeln zuzurechnen, machte sich längst keine Illusionen mehr über die Julimonarchie. Nachdem er in seiner Jugendzeit noch Royalist gewesen war, hatte er liberale Ansichten entwickelt und befasste sich mit der sozialen Frage; in jener Zeit begann er wohl mit der Arbeit an seinem Werk *Les Misérables* (*Die Elenden*, 1862). Infolge von Korruptionsfällen – zwei frühere Minister hatten Bestechungsgelder angenommen, auch Guizot wurde beschuldigt – verlor das System, dessen Arroganz und Selbstbereicherung man zunehmend offen kritisierte, 1847 erneut an Ansehen. Den Ministerpräsidenten Guizot beschrieb Hugo als »anständige Frau«, die ein Bordell führe: Er sei zwar persönlich unbestechlich, regiere jedoch durch Korruption.

Oppositionspolitiker wie der radikale Demokrat Ledru-Rollin und Odilon Barrot organisierten in Paris und Provinzstädten Reformbankette für mehrere Hundert zahlende Teilnehmer (die Subskriptionsgebühr war hoch genug, um arme Arbeiter abzuschrecken) sowie ein Vielfaches an Zuschauern, bei denen das allgemeine Wahlrecht gefordert wurde. Victor Hugo fragte sich in seinen Tagebucheinträgen Mitte Februar gespannt, was mit dem für den 22. Februar in Paris geplanten Bankett geschehen würde. Tatsächlich erwies es sich als Schlüsselmoment: Als die Veranstaltung von den Behörden untersagt wurde, kam es zu Massendemonstrationen; der Rücktritt der Regierung und Reformen wurden gefordert. Louis-Philippe entließ Guizot, konnte sich selbst damit jedoch nicht mehr retten. Am 24. Februar war für ihn die Zeit gekommen, zu gehen, wie Hugo beschrieb: Louis-Philippe legte »die Uniform mit großen Silberschulterstücken« ab und rief nach einem Zylinder sowie einem Gehrock. »Binnen eines Augenblickes saß dort nur noch ein alter Bürger«, der gleich darauf zur raschen Flucht gedrängt wurde. Hugo weinte ihm keine Träne nach.

Wurde wie schon 1789 und 1830 wiederum Paris zum Ausgangspunkt der Revolution in anderen europäischen Ländern? Ja und nein. Die dortige Februarrevolution wirkte zwar als Signal, aber auch wenn der Begriff Märzrevolution dieses Bild einer chronologischen Abfolge verstärkt, bedarf es einiger Nachschärfungen. Während Paris oft als Fanal gewertet wird, werden die Vorbeben in der Schweiz, Italien und Galizien gern als regionale Ereignisse abgetan. Sie sind jedoch wichtiger Bestandteil des Revolutionsgeschehens.

In der Schweiz waren es soziale, politische und religiöse Gegensätze, die den Konflikt zwischen den liberal-radikalen, meist protestantischen und den konservativen, katholischen Kantonen 1847 verschärften. U. a. ging es darum, dass die Liberalen den Einfluss der katholischen Kirche und der Jesuiten zurückdrängen wollten. Sieben konservative Kantone bildeten 1846 innerhalb des Staatenbundes einen eigenen Sonderbund und suchten militärische Unterstützung in Wien, Paris und Turin. Daraufhin beschloss die Tagsatzung als zentrales Bundesorgan, in dem die Liberalen die Mehrheit hatten, im November 1847, den Sonderbund notfalls mit Gewalt aufzulösen und in einer Bundesreform die bisherige Kantonalsouveränität einzuschränken. Der sogenannte Sonderbundskrieg dauerte knapp vier Wochen, danach konnte die Revision der Verfassung in Angriff genommen werden. Die Schweiz wurde zu einem föderalistischen, demokratischen Bundesstaat mit parlamentarischem Zweikammersystem und einem siebenköpfigen Bundesrat als Exekutive. Die neue Verfassung trat am 12. September 1848 in Kraft.

Durch diese Entwicklung ersparten sich die Schweizer im europäischen Jahr der Revolutionen einen solchen Umsturz; zugleich profitierten die Liberalen und gemäßigt Radikalen von den Umbrüchen in anderen Ländern: Der Aufstand in Paris samt Ausrufung der Republik verschaffte den Schweizer Reformkräften in der Revisionskommission Rückenwind; die Revolutionen in Wien und Berlin verhinderten zudem, dass die Ostmächte doch noch zugunsten des Sonderbundes intervenierten. Die Liberalen und Demokraten in den Nachbarstaaten fühlten sich durch den Sieg der Schweizer Kollegen ermutigt, auch wenn die Ereignisse dort nicht als Auftakt einer europäischen Revolutionswelle gedeutet wurden.

Weit komplizierter stellte sich die Lage in Italien dar, was sowohl der territorialen Zersplitterung – so wie sich die meisten Deutschen vorrangig als Bayern, Sachsen oder Preußen betrachteten, identifizierten sich auch die Italiener vorrangig mit ihrer Region und empfanden sich als Venezianer, Römer oder Sizilianer – wie auch den unterschiedlichen Zielsetzungen der politischen Akteure geschuldet war. Beim Amtsantritt von Papst Pius IX. im Juli 1846 sahen viele ihre Gebete erhört und glaubten einen Wechsel von Saulus zu Paulus zu erleben. Denn Pius zeigte sich offen für Reformen des Kirchenstaates. Er gewährte politische Amnestie, lockerte die Zensur und berief 1847 sogar *Moderati* (gemäßigte Liberale) in die Regierung. Sowohl von Anhängern der liberalen als auch der nationalen Bewegung wurde er als Hoffnungsträger bejubelt. Konnte ausgerechnet der ultrakonservative Kirchenstaat zum liberalen Vorreiter werden?

In Italien überlappten sich 1846/47 ebenfalls Krisen der Landwirtschaft und des Handels- und Bankensektors; die Wirtschaftskrise mit einer steigenden Zahl an Arbeitslosen bot auch dort Oppositionsführern die Möglichkeit, Unzufriedene zu politisieren und als Anhänger zu gewinnen. Vom Herbst 1847 bis ins Frühjahr hinein erfolgten erste vorsichtige Zugeständnisse an die liberalen Kräfte. Im Großherzogtum Toskana milderte Leopold II. die Zensur und berief einen liberalen Innenminister. Im Königreich Sardinien-Piemont regierte Karl Albert seit Mitte der 1840er Jahre weniger konservativ. Er lockerte ebenfalls die Zensur, leitete Verwaltungsreformen ein und vernetzte sich mit führenden *Moderati*. Im Dezember 1847 erschien erstmals die von Camillo Benso Graf von Cavour, dem späteren Ministerpräsidenten, gegründete Zeitung *Il Risorgimento*, die der Epoche ihren Namen geben sollte. Ganz uneigennützig handelte Karl Albert freilich nicht, wenn er eine antiösterreichische Haltung zur Schau trug. Er wusste: Ein italienischer Nationalstaat, wie ihn die Liberalen anstrebten, war nur gegen den Widerstand der Habsburgermonarchie durchzusetzen; kampflos würde Wien die Herrschaft über Lombardo-Venetien und die von einer Sekundogenitur (also der zweiten Linie eines Fürstenhauses mit eigenen vererblichen Gebieten) regierten Länder wie die Toskana nicht aufgeben. Und ein solcher Krieg eröffnete immer die Aussicht auf territoriale Zugewinne, auf die Karl Albert hoffte. Wie schön wäre es, wenn er den Österreichern Lombardo-

Venetien abnehmen und ein norditalienisches Königreich begründen könnte?

In den Aufständen der frühen 1820er und 1830er Jahre hatten die italienischen Revolutionäre keine guten Erfahrungen gemacht; sie waren von habsburgischen Truppen niedergeschlagen worden. Doch die Spannungen verschärften sich rasch. »Bereits kurz nach der Wahl Pius' IX. hörte man in Rom den Ruf ›Ausländer raus!‹.«[3] Der Kampf gegen die österreichische Fremdherrschaft erwies sich als einigendes, wenn auch recht lockeres Band zwischen den verschiedenen Parteiungen. Im Herbst 1847 kam es in ganz Italien zu politischen Protesten, die im Königreich beider Sizilien besonders heftig waren, von Ferdinand II. aber mit Gewalt unterdrückt werden konnten, was ihm den Schmähnamen *Re bomba* (Bombenkönig) einbrachte. Doch das neue Jahr brachte neue Aufstände in Sizilien; Mitte Januar übernahmen Revolutionäre die Kontrolle über Palermo. Ferdinand schickte Soldaten auf die Insel, die ihm aber am Festland fehlten, als sich die Revolution auch dort ausbreitete. Er musste nachgeben und seinen Untertanen eine Verfassung gewähren. Die Sizilianer waren damit allerdings unzufrieden: Sie erklärten im April ihre Unabhängigkeit und Ferdinand für abgesetzt.

Das süditalienische Verfassungsbeispiel machte im Norden Schule: Im Großherzogtum Toskana und im Kirchenstaat wurden im Februar und März Verfassungen erlassen. Im Königreich Sardinien-Piemont wurde der im Grunde seines Herzens hochkonservative Karl Albert von seinen Beratern dazu überredet, mit dem revolutionären Strom zu schwimmen; das am 4. März erlassene *Statuto Albertino* legte das monarchische Prinzip fest und war die einzige Verfassung, die das Revolutionsjahr überlebte. Sie sollte 1861 die Grundlage für das Königreich Italien bilden.

Das zu Österreich gehörende Lombardo-Venetien sowie die direkt von Wien abhängigen Herzogtümer Parma und Modena gingen leer aus. Den Aufständischen auch nur den kleinen Finger zu reichen, war für Metternich undenkbar. Der Rechtsanwalt Daniele Manin und der Schriftsteller Niccolò Tommaseo hatten eine Petition eingereicht, in der sie Unabhängigkeit für Lombardo-Venetien forderten; mit Österreich sollte es nur noch in Personalunion verbunden sein. Am 18. Januar wurden die beiden verhaftet. In Mailand, der Hauptstadt der Lombardei, waren die Bewohner in der Auseinandersetzung mit der Habsburgermonarchie inzwischen ebenfalls kreativ geworden und trafen die Wiener Regierung dort, wo es weh tat: bei den Steuereinnahmen. Die Mailänder hielten ihre Neujahrsvorsätze ein und rauchten (zumindest in der Öffentlichkeit) nicht mehr. Darauf reagierten die in der Stadt stationierten österreichischen Soldaten, indem sie besonders provokant rauchten; die Zigarren dafür bekamen sie von der Armee spendiert. Schließlich befand man sich ja irgendwie, aber noch nicht richtig, im Krieg.

Im Königreich Galizien und Lodomerien fand Metternich seinen Generalverdacht, alle Exilanten seien Verschwörer, bestätigt. Jene Territorien waren aus dem österreichischen Anteil an der polnischen Beute – in drei Etappen von 1772 bis 1795 hatten Russland, Preußen und Österreich dem Recht des Stärkeren folgend das polnische Staatsgebiet unter sich aufgeteilt, wobei u. a. die Ukraine an das Zarenreich fiel – gebildet worden und nun Teil der Habsburgermonarchie. Die Erhebung gegen die österreichische Fremdherrschaft wurde von der »Polnischen demokratischen Gesellschaft« im Exil geplant, der Schriftsteller sowie Militärtheoretiker Ludwik Mierosławski wurde zum Oberbefehlshaber auserkoren.

Schon länger mehrten sich in Galizien Hinweise darauf, dass auswärtige Emissäre das Land durchstreiften und einen Aufstand vorbereiteten; durch Spitzel und polizeiliche Ermittlungen war man in Wien bis hinauf zum Polizeipräsidenten Josef Graf Sedlnitzky von Choltic gut über die Lage vor Ort unterrichtet. Der Aufstand brach in der Nacht vom 18. auf den 19. Februar 1846 los. Doch die Sache war verloren, bevor sie richtig begonnen hatte. Die im preußischen Teilungsgebiet Posen versammelten Verschwörer – darunter Mierosławski – wurden, nachdem ihre Pläne verraten waren, verhaftet.

Die polnischen Freiheitskämpfer konnten bei den westeuropäischen Radikalen auf Sympathien zählen. Emma Herwegh zögerte nicht, allein – ihrem Mann Georg war es noch immer verboten, in Preußen einzureisen – in ihre Geburtsstadt Berlin zurückzukehren und sich für die 254 wegen Hochverrates angeklagten Polen einzusetzen. Sie verfasste Petitionen und war derart hartnäckig, dass es ihr sogar gelang, zu den Gefangenen vorgelassen zu werden. Mierosławski nutzte – wozu ihm auch Emma Herwegh geraten hatte – seine Verteidigungsrede, um für die Sache Polens zu werben. Mit sieben anderen wurde er zum Tod verurteilt, aber zu lebenslanger Haft begnadigt.

In Galizien gelang es den landadeligen Gutsbesitzern sowie den überwiegend aristokratisch-konservativen polnischen Emigranten nicht, die Bauern für ein gemeinsames Handeln zu gewinnen, obwohl sie ihnen soziale Verbesserungen in Aussicht stellten. Die Bauern misstrauten den Herren, zu denen sie in einem konfliktreichen, reformbedürftigen Untertänigkeitsverhältnis standen. Statt sich mit ihnen zu verbünden, gingen sie daher auf sie los und attackierten die Aufständischen sowie zahlreiche Gutshöfe; viele Adelige wurden ermordet. Ob die österreichische Regierung oder Lokalbeamte die galizischen Bauern dazu aufgestachelt hatten, lässt sich laut Michal Chvojka jedoch nicht eindeutig nachweisen. 1848 blieb es dort – zumal man die bäuerliche Bevölkerung durch Reformen wie die Befreiung vom Robot (Frondienst) zu besänftigen wusste – weitgehend ruhig.

Auch im Deutschen Bund nahmen die Konflikte zwischen den konservativen Regierungen und den oppositionellen Kräften seit der Mitte der 1840er Jahre deutlich zu. »Die Revolution musste im Frühjahr 1848 nicht erst aus Frankreich importiert werden. Sie war schon lange da.«[4] Immer wieder verstand es die Opposition, Handlungsspielräume auszunutzen und ihren Forderungen Nachdruck zu verleihen, während in der Bevölkerung die Bereitschaft zur Revolution stieg.

Für die Politisierung der (bürgerlichen) Gesellschaft hatten Gesellschaften und Vereine eine große Bedeutung; neben dezidiert politischen Organisationen, die von der Obrigkeit verfolgt wurden und deshalb in den Untergrund oder ins Exil ausweichen mussten, sind scheinbar unpolitische in ihrer Bedeutung nicht zu unterschätzen: Die vielen Männergesangs-, Lese- und Museumsvereine sowie die wiederbelebten Turnvereine, in denen nun berufstätige Männer aus allen bürgerlichen Schichten die Mehrheit bildeten statt wie in der Frühphase Studenten und Schüler, dienten auch dem Austausch von Ideen. Darüber hinaus waren kommerzielle Bibliotheken und Lesehallen bzw. -kabinette wie die Berliner Zeitungshalle, von denen Gesellen und Arbeiter durch die relativ hohen monatlichen Gebühren allerdings meist ausgeschlossen blieben, beliebte Treffpunkte gerade auch für radikale Demokraten, zumal es häufig auch angeschlossene Cafés gab. Viele Vereine wurden zu einer Schule der Demokratie, in der im Kleinen demokratische Verhaltensmuster und Verfahren eingeübt wurden, auf die man 1848 zurückgreifen konnte. Der Obrigkeit blieb das freilich nicht verborgen, und sie versuchte dahinterzukommen, was sich hinter den geschlossenen Türen vorgeblich unschuldiger Gesellschaften tatsächlich abspielte. Die Ende 1846 gegründete Berliner Bürgergesellschaft interessierte sich – so berichtete ein eingeschleuster Spitzel – für den Geschmack des Polizeipräsidenten etwas zu sehr für die soziale Frage und wurde verboten; die Mitglieder trafen sich in offener Form aber weiter zu Vorträgen.

Zu den meisten politisch ausgerichteten Organisationen blieb Frauen der Zugang verwehrt. Anders sah die Lage bei jenen Vereinen aus, deren Schwerpunkt auf der Unterhaltung lag und die auch gesellige Zusammenkünfte organisierten. Denn selbst den konservativsten Männern war klar: Tanztees, Bälle und ähnliche gesellige Veranstaltungen wären ohne Frauen nur halb so lustig. Die lange auch »in der Frauenforschung gängige These, daß ›bürgerliche Öffentlichkeit Frauen ausschloß‹, lässt sich im Hinblick auf die Zeit des Vormärz und der Revolution 1848/1849 in dieser absoluten Form nicht halten«.[5]

Praktische Erfahrungen sammelten Oppositionspolitiker im

Vormärz in der Zweiten Kammer der deutschen Verfassungsstaaten, in die die Abgeordneten mittels Zensuswahlrecht gewählt wurden – und in der sich teils heftige Machtkämpfe mit der Regierung abspielten. »Die Regierung ist um des Volkes willen, nicht das Volk um der Regierung willen da«, stellte Friedrich Daniel Bassermann, der 1841 ins badische Abgeordnetenhaus eingezogen war, selbstbewusst klar. Der erfolgreiche Sohn eines Tuch- und Weinhändlers brachte es in Mannheim mit dem Verkauf von Apotheker- und Kolonialwaren zu einigem Vermögen; er war angesehenes Mitglied der Gesellschaft und in diversen Vereinen integriert. Zudem stand er im Kontakt mit liberalen badischen Politikern. Bassermann entschloss sich, sein Geschäft zu verkaufen und Berufspolitiker zu werden. Da er finanziell abgesichert war, konnte er es sich leisten.

Hingegen waren Beamtenabgeordnete auf bezahlten Urlaub angewiesen, um ihre politische Tätigkeit ausüben zu können. In Baden löste die Regierung, als sie den für die Opposition gewählten Beamten den Urlaub verwehrte, einen Urlaubsstreit aus; sie zog den Kürzeren, als sich die öffentliche Meinung auf die Seite der Opposition stellte. Oft standen Beamte im Vormärz vor der Wahl, entweder auf Regierungskurs einzuschwenken oder den Verlust ihrer Stelle hinzunehmen. Karl Mathys Karriere im badischen Staatsdienst endete bald nach dem Hambacher Fest, an dem er als Zuschauer teilgenommen hatte, zumal er als Journalist kritische Berichte verfasst und politisch verfolgten Freunden zur Flucht verholfen hatte. Mathy musste einige Jahre im Schweizer Exil verbringen, bevor er 1840 nach Baden zurückkehren konnte. Er arbeitete dann weiter als Journalist und wurde 1842 in die Zweite Badische Kammer gewählt, wo er als sachkundiger Kritiker der Regierung auftrat.

»Mit der Radikalisierung von Teilen des Beamtenliberalismus und der Entstehung eines Typus von Intellektuellen, der sich im Konfliktfall bewußt für seine politischen Überzeugungen und gegen die herrschende Gesellschaftsordnung entschied, traten neben die Berufspolitiker, die *für* die Politik lebten, zunehmend diejenigen, die *von* der Politik leben wollten (und häufig mußten).«[6] Während die Mitglieder der ersten Kammer keine Geldleistung erhielten, bekamen die Parlamentarier in den meisten deutschen Staaten Tagegelder – diese orientierten sich am Gehaltsniveau höherer Staatsbeamter – und Reisekostenerstattung. Das Mandat war kein Ehrenamt, wie der Abgeordnete des württembergischen Landtags, Gustav Adolf Riecke, 1850 erklärte: »Wenn wir es aber zu einem Ehrenamte machen, das nicht einmal die nöthige Subsistenz gewährt, so machen wir es zu einem Monopol der Reichen, nicht der Tüchtigsten.«

Bassermann kam aus der Wirtschaft und versuchte, deren Prinzipien auch auf seine Politik zu übertragen. Er wollte die nationale Einheit und trat für eine Steuerreform ein, um eine gerechtere Verteilung der Lasten zu erreichen. Zusammen mit Mathy gründete Bassermann einen Verlag; ab 1847 erschien mit der *Deutschen Zeitung* ein dezidiertes Sprachrohr des bürgerlich-liberalen Lagers, das sich an Leser in ganz Deutschland richtete. Ein Mitherausgeber war einer der *Göttinger Sieben*, Georg Gottfried Gervinus.

Eine weitere zentrale Figur und ebenfalls ein früher Berufspolitiker war der Jurist Johann Adam von Itzstein, der als Beamter 1822 in den badischen Landtag in Karlsruhe einzog und sich im Jahr darauf bei der großherzoglichen Regierung unbeliebt machte, da er zu jenen gehörte, die den Militäretat ablehnten. Die Regierung löste den Landtag auf und sorgte dafür, dass Itzstein nicht wiedergewählt wurde; man wollte den unbotmäßigen Beamten an den Bodensee abschieben. Doch Itzstein gelang es, bei vollen Bezügen seine Pensionierung durchzusetzen. Damit hatte er Zeit und Geld, um eine seiner größten Stärken in die politische Waagschale zu werfen: Er war ein begnadeter Netzwerker. Dabei operierte er von Mannheim und seinem Weingut in Hallgarten im Rheingau aus. Der »gefährlichste Mann der badischen Opposition« – so Metternich – und die Verkörperung ihrer »Schaltzentrale«[7] pflegte Kontakte weit über Baden hinaus. Seit den 1830er Jahren lassen sich politische Treffen in Hallgarten nachweisen. In geselliger Runde dürfte es zu hitzigen Diskussionen gekommen sein, wenn gemäßigte Liberale wie Bassermann, Mathy und Heinrich von Gagern auf radikale Demokraten wie Robert Blum, Johann Jacoby und Friedrich Hecker trafen.

Letzterer hatte in Heidelberg Rechtswissenschaften studiert, wo er u. a. Professor Karl Joseph Anton Mittermaier hörte, der die US-Verfassung als vorbildliches Beispiel für eine bundesstaatlich organisierte Republik lobte. Hecker wollte nach dem Abschluss aber nicht in den Staatsdienst eintreten, sondern ließ sich als freier Rechtsanwalt in Mannheim nieder. Zusammen mit Mathy und Bassermann stand Hecker für eine neue Generation liberaler Politiker. Bei den Wahlen 1842 konnten sie einen deutlichen Erfolg verbuchen, nun zogen auch Hecker und Mathy in die Zweite Badische Kammer ein. Itzstein selbst war bereits 1831 erneut hineingewählt worden.

Während der Radikalismus im übrigen Deutschland keine große Rolle spielte, hatte er im Süden und dort vor allem in Baden Fuß fassen können. Nach Baden kehrte auch Henriette Obermüller wenige Jahre vor der Revolution zurück und fühlte sich im neuen politischen Klima ganz zu Hause. Sie hatte 1837 ihren Cousin Gustav August Obermüller geheiratet und war mit ihm nach Le Havre gezogen, wo er eine Auswanderungsagentur leitete. Dort traf sie u. a. den »Schriftsteller und Flüchtling« Jakob Venedey, der sie beim gemeinsamen Mittagessen tief beeindruckte, bevor er nach Paris zurückkehrte. Sie notierte: »Ich wünschte mir, Gustav möchte von seinen gebildeten Manieren etwas annehmen.« 1845 ließen sich die Obermüllers in Durlach nieder, wo Gustav einen Weinhandel eröffnete.

Die Ehe war nicht besonders glücklich, da vor allem Gustav unter dem ausbleibenden Kindersegen litt, doch eines verband das Paar über all die Jahre: ihre politischen Ansichten. Zusammen unternahmen sie schon 1846/47 Ausflüge nach Karlsruhe, um den Sitzungen der Zweiten Kammer des badischen Landtags beizuwohnen und den hitzigen Wortgefechten zwischen Regierung und liberaler Opposition zu folgen. Gustav sei »Republicaner«, erklärte Henriette. Sie aber wurde zur »Heckerin, so hießen alle Anhängerinnen von Friedrich Hecker, bad. Abgeordneter«. Hecker wirkte volksnah und war charismatisch; er wurde bei öffentlichen Reden umjubelt, bei denen er für ein allgemeines Männerwahlrecht eintrat und auf den Tisch zu hauen verstand: Schon im Januar 1844 hatte ein konservativer Abgeordneter für den schlagfertigen Kollegen ein Kissen beantragt, »damit seine Faustschläge auf dem Pult nicht gehört werden«.

Als Rechtsanwalt hatte Hecker ebenfalls zu tun; beispielsweise vertrat er mehrmals seinen Freund Gustav Struve, der sein Adelsprädikat »von« 1847 ablegte. Struve hatte seine diplomatische Laufbahn aufgegeben und wirkte in Mannheim als Rechtsanwalt und Publizist. In letzterer Funktion vertrat er immer schärfer radikaldemokratische und frühsozialistische Positionen – so dass er wegen Pressevergehen vor Gericht oder gar im Gefängnis landete. Das war nicht nur für ihn eine Herausforderung, sondern auch für seine junge Ehefrau belastend, zumal mehr als einmal der Hausrat gepfändet wurde. Schon im ersten Jahr ihrer Ehe war er fünf Monate lang in Haft.

Amalie Struve, geborene Siegrist, war es jedoch gewöhnt, selbstständig zu sein. Sie war unehelich geboren, und ihre Kindheit war nicht einfach gewesen; immerhin konnte sie in Mannheim ein privates Mädcheninstitut besuchen und danach als Hauslehrerin arbeiten. 1845 lernte sie den fast zwanzig Jahre älteren Gustav von Struve kennen, der seinen Zeitgenossen als sonderlicher Kauz galt, heute aber auf der Höhe der Zeit wäre: Er war Vegetarier, Gegner des Alkohols und des Tabaks und Anhänger einer gesunden Körperkultur. Über ihr erstes Treffen schrieb er: »Ich sah Amalie und mein Herz flog ihr entgegen.« Kurz darauf heirateten sie. Die Ehe lebten sie als Partnerschaft; für ihn war Amalie nicht nur Ehefrau, sondern sie waren zugleich Freunde und Kameraden: »Seit Mitte der 1840er Jahre kann Struve – trotz seiner permanenten Beschwörung des Männlichkeitskultes seiner Zeit – durchaus als früher Vertreter der Frauenemanzipation gelten.«[8] Politisch war er im außerparlamentarischen Raum aktiv und gründete in Mannheim u. a. einen Volkslese- sowie einen Turnverein, in dem unter dem Deckmantel der Geselligkeit Demokratie vermittelt werden sollte. In den Krisenjahren bemühte er sich zusammen mit Hecker, der Not durch Hilfsangebote wie eine Armenspeisung zu begegnen.

In Baden »war schon seit 1845/46 bereits so viel in Bewegung geraten, daß man die Jahre 1846 und 1847 geradezu als ›Vorabend‹ der Revolution bezeichnet hat, ja daß vorgeschlagen worden ist, die deutsche Revolution bereits 1847 beginnen zu lassen«.[9] Dieses Argument hat etwas für sich, zumal auch die Entwicklungen in Preußen und Sachsen zeigen, dass die Opposition in der Auseinandersetzung mit dem Monarchen an Kraft gewann.

In Preußen hatten Liberale große Hoffnungen auf Friedrich Wilhelm IV. gesetzt, der 1840 seinem Vater auf den Thron gefolgt war. Humboldt beschrieb den neuen König im Jahr darauf gegenüber einem Freund als aufgeklärten Herrscher, »der nur einige mittelalterliche Vorstellungen noch loswerden muss«. Doch musste er seinen Irrtum bald erkennen und zugeben, dass der König tue, »was er grade will«. Die Nähe zum Hof bot ihm allerdings die Chance, zugunsten von Kollegen zu intervenieren. Obwohl er von manchen wegen seiner scharfen, oft boshaften Zunge gefürchtet wurde, zeigte er sich sehr hilfsbereit. So riet er dem König, nachdem dieser Ende 1840 mit den Gebrüdern Grimm bereits Mitglieder der *Göttinger Sieben* an die Berliner Akademie der Wissenschaften geholt hatte, auch Friedrich Wilhelm Dahlmann eine Chance zu geben; dieser wurde 1842 an die Bonner Universität berufen.

Ganz und gar nicht erfreut war Wilhelm, der jüngere Bruder des Königs: »Daß ich über Dahlmanns Anstellung sehr verschnupft bin«, wetterte er, »können Sie sich denken!« Der Einfluss des »Kosmopoliten Alexander Humboldt« war ihm schon länger ein Dorn im Auge, zumal derselbe auch vor seinem kürzlich fertiggestellten Palais Unter den Linden nicht Halt machte: Wilhelms bessere Hälfte Augusta von Sachsen-Weimar-Eisenach zeigte sich liberalen Ideen gegenüber weit offener und unterhielt sich gern mit Humboldt. Bereits im Juni 1837 beklagte sich Wilhelm gegenüber seiner Schwester Charlotte über die politischen Differenzen zwischen ihm und seiner Ehefrau: »Bei ihr verleugnet sich keinen Augenblick die moderne Erziehung in politischer Beziehung. Konfusion von Begriffen von Freiheit, Jagd nach falscher Popularität bei den niederen Ständen. Dann aber wieder Stolz, wenn von Beeinträchtigung der höheren Stände die Rede ist und ihrer selbst.« Augusta erfuhr am eigenen Leib, dass man(n) es nicht gern hat, wenn Frauen mitreden. Wilhelm riet ihr dazu, »ihre sehr gereiften Geistesgaben wenigstens dadurch in Einklang mit ihrem Alter und mit ihrem Geschlecht zu halten, daß ihre Äußerungen weniger als ein festes Urteil erscheinen, als vielmehr als eine Meinung«.

Konservative Ängste, dass sich Friedrich Wilhelm IV. zu reformfreudig zeigen könnte, erwiesen sich als unbegründet. Umgekehrt erhofften sich Liberale wie Dahlmann einen fortschrittlichen Kurs, und er begrüßte 1847 die Einberufung des Vereinigten Landtags als ersten großen Schritt in die richtige Richtung. Um diesen kam der König nicht herum, da er zur Finanzierung der geplanten Bahnverbindung nach Königsberg dessen Zustimmung benötigte. Der »Romantiker auf dem Thron« stellte aber gleich zu Beginn klar, dass er zu keinen politischen Zugeständnissen bereit sei: Nie werde er dulden, dass sich ein Blatt Papier – also eine Verfassung – zwischen ihn und sein Volk schöbe.

Allerdings zeigten sich die liberal gesinnten Bürger und Adeligen im Landtag selbstbewusster, als es dem Monarchen recht war. Johann Jacoby – ebenfalls mit von der Partie – kritisierte die »Leisetreterei« der liberalen Abgeordneten, doch im Grunde konnte er zufrieden sein: Mit einer Zweidrittelmehrheit lehnten die Abgeordneten die vom König gewünschten Anleihen ab, solange es keine Gegenleistung gab wie die Periodizität des Landtags, also dessen regelmäßiges Zusammentreten statt einer nur hin und wieder anlassbezogenen Einberufung durch den König. Von David Hansemann – eigentlich ein Befürworter des Eisen-

Mit dem Militär im Rücken stemmt sich Friedrich Wilhelm IV. gegen eine Verfassung.

bahnbaus – stammt das in verschiedenen Versionen überlieferte Zitat dazu: »In Geldsachen hört die Gemütlichkeit auf.« Erbost löste Friedrich Wilhelm den Landtag auf, was Prinz Wilhelm freute. Allein die Einberufung war diesem schon als der gefürchtete Finger erschienen, den man dem politischen Gegner keinesfalls reichen sollte. Die Konfrontation mit dem König blieb nicht ohne Folgen: Sie schweißte auch in Preußen die Opposition im Kampf gegen den gemeinsamen Gegner stärker zusammen. Selbst Dahlmann war ernüchtert. Er wollte keine Revolution, erkannte aber, dass diese immer mehr in den Bereich des Möglichen rückte.

In Sachsen machte sich Robert Blum als radikaler Demokrat einen Namen und erlangte bereits 1845 Berühmtheit, als beim Empfang des sächsischen Thronfolgers Prinz Johann in Leipzig blutige Straßenkämpfe drohten. Blum gelang es, die wütende Menge zu bändigen: »Verlasst den Boden des Gesetzes nicht!«

Daraufhin erhielt er im November bei den Kommunalwahlen über 1000 Stimmen und gehörte nun zu den Stadtverordneten. Ende des Jahres gründete er einen Redeübungsverein, der rasch anwuchs, sich wöchentlich traf und allen Gesellschaftsschichten offen stand.

Nach einem Treffen des Hallgarten-Kreises im Mai 1845 in Leipzig legten »Robert Blum und Genossen« dem sächsischen Landtag eine Petition vor, in der eine zeitgemäße Verfassung für die deutschen Staaten verlangt wurde. Als er im Oktober 1847 das unbesoldete Amt eines Stadtrats antreten sollte, erhob das Innenministerium Einspruch gegen den Oppositionspolitiker. Ein Fehler! Blum stilisierte den Vorfall in seiner *Constitutionellen Staatsbürgerzeitung* zur Staatsaffäre und gewann noch größere Bekanntheit. Im Januar 1848 lenkte das Innenministerium ein.

Am Beispiel des Hallgarten-Kreises wird aber auch die Spaltung der oppositionellen Kräfte in »Halbe« und »Ganze« deutlich, die später zum scharfen Bruch führen sollte. Radikale Republikaner wie Struve stießen gemäßigte Liberale wie Bassermann vor den Kopf; diese wiederum schienen in den Augen der Radikalen auf halbem Weg stehen zu bleiben. Im Herbst 1847 organisierten die beiden Lager getrennte Versammlungen in Offenburg und Heppenheim. Das Treffen im Offenburger Gasthaus Salmen am 12. September war eine Wahlkampfveranstaltung, die öffentlichkeitswirksam sein wollte. Wie ein Polizeispitzel berichtete, waren unter den bis zu 900 Teilnehmern sehr viele Frauen; beispielsweise begleitete Amalie Struve ihren Mann. Er konnte mit seiner Rede aber nicht überzeugen und scheiterte erneut daran, in die Zweite Kammer des badischen Landtags einzuziehen. Hingegen erhielt Hecker stürmischen Applaus.

Ein abschließendes Manifest hielt die erhobenen Forderungen in 13 Artikeln fest: Gesamtdeutsche Volksvertretung, Versammlungs-, Rede- und Pressefreiheit, Volksbewaffnung, Aufhebung der repressiven Karlsbader und Wiener Beschlüsse, »persönliche Freiheit«, Geschworenengerichte, aber auch gerechte Besteuerung auf Basis einer progressiven Einkommenssteuer sowie Bildung für alle durch ein vom Staat finanziertes Schulsystem, um nur die wichtigsten zu nennen. Die *Forderungen des Volkes* wurden als Flugblatt verbreitet und in deutschen Zeitungen abgedruckt. Für die damalige Zeit galten sie als radikal, obwohl das Wort Republik bewusst vermieden wurde.

Am 9./10. Oktober trafen sich auf Initiative von Hansemann und Itzstein gemäßigte Liberale aus Süd- und Westdeutschland, hauptsächlich Landtagsabgeordnete, unter Ausschluss der Öffentlichkeit im Gasthof Halber Mond in Heppenheim. Das »Heppenheimer Programm« zeigte viele Überschneidungen mit jenem der Offenburger, beispielsweise forderten beide Lager u. a. einen Nationalstaat sowie Pressefreiheit, allerdings wurde der sozialen Frage in Heppenheim kaum Bedeutung zugemessen. Zu den Teilnehmern zählten Karl Mathy und Heinrich von Gagern, der in Hessen-Darmstadt zum Wortführer der liberalen Opposition geworden war. Nicht eingeladen wurden bekannte Radikale wie Struve, Hecker sowie Robert Blum, womit die Versammlung ein ganz anderes Gesicht erhielt als jene in Offenburg.

Nicht nur die Radikalen drängten auf Veränderung. Zunehmend verloren auch einige gemäßigt-liberale oppositionelle Abgeordneten angesichts der unnachgiebigen, reformfeindlichen Haltung der Regierung die Geduld. Bassermann drängte am 12. Februar in der Zweiten Badischen Kammer auf eine Verfassung und eine einheitliche nationale Volksvertretung. Mathy klagte in Karlsruhe am 23. Februar 1848, dass die bislang geübte »Zahmheit« keine Erfolge gebracht habe und es vielleicht an der Zeit wäre, »daß man es mit der Wildheit probiert, aber sie darf sich nicht auf den Ständesaal allein beschränken«. Als sich Mathy in der öffentlichen Sitzung für die Abschaffung der Zensur aussprach, nannte er als Vorbild die revolutionären Vorgänge in Italien: »Wenn die deutsche Nation noch länger schlechter sein will als die italienische, nun, so verdient sie die Zensur und hat keinen Anspruch auf die freie Presse.« Dass am nächsten Tag in Paris Louis-Philippe abdanken und die Republik ausgerufen werden würde, ahnte er nicht.

Pariser Funkenflug

Die französische Opposition hatte keineswegs von langer Hand im Februar 1848 einen Umsturz geplant. Bei den Parlamentswahlen vor zwei Jahren hatte sie eine bittere Niederlage einstecken müssen; von einer Erweiterung des Wahlrechts erhoffte sie sich den entscheidenden Stimmenzuwachs, weshalb Männer wie Ledru-Rollin auf Banketten das allgemeine Wahlrecht propagierten. Mit dem Verbot einer solchen für den 22. Februar in Paris geplanten Veranstaltung leitete die Regierung ungewollt ihren eigenen Sturz ein. Es ging Schlag auf Schlag: Bereits am Morgen jenes Tages versammelten sich Menschenmassen und sangen die *Marseillaise*; erste Auseinandersetzungen folgten, wobei deutlich wurde, dass sich die Regierung nicht einmal mehr auf die Nationalgarde verlassen konnte.

Barrot forderte, Guizot wegen Korruption abzusetzen; aber die Mehrheit der Abgeordneten wollte in dieser Phase des Aufstandes die Obrigkeit gar nicht zu sehr schwächen. Es war Louis-Philippe, der Guizot am 23. Februar entließ, um sich selbst auf dem Thron halten zu können. Tatsächlich entspannte sich die Lage ein wenig, bis am Abend desselben Tages ein (unbeabsichtigter?) Schuss fiel und es zu heftigen Kämpfen zwischen Demonstranten und Soldaten kam. Diese forderten mehr als 50 Tote und viele Verletzte.

Der Herausgeber der republikanischen Zeitung *La Presse*, Émile de Girardin, suchte am 24. Februar den König in den Tuilerien auf und drängte ihn zur Abdankung. Das tat Louis-Philippe, allerdings zugunsten seines jungen Enkels. Der König floh – das Volk feierte. Aufgewühlte Pariser drangen in die Tuilerien ein, plünderten die noblen Kleiderkammern und veranstalteten einen Maskenball. Stärken konnten sie sich an den teils noch warmen Speiseresten auf der königlichen Tafel. Vor allem der Thronsessel war begehrt; jeder versuchte, einmal darauf Platz zu nehmen. Nur die Handys für Selfies fehlten damals noch. Der Thron wurde schlussendlich aus dem Fenster geworfen, zur Place de la Bastille getragen und verbrannt. Mit diesem Akt wurde deutlich, was die aufständischen Pariser von der Monarchie hielten.

Jetzt schlug die Stunde des bekannten Dichters Alphonse de Lamartine. Seit 1833 Abgeordneter, hatte er in den letzten Jahren zunehmend demokratische und republikanische Ideen übernommen; er selbst führte das luxuriöse Leben eines *Grand Seigneurs* und war hochverschuldet. Am 25. Februar rief er als Mitglied der selbsternannten provisorischen Regierung vom Balkon des *Hôtel de Ville* die Republik aus. Victor Hugo vermerkte dazu in seinem Tagebuch: »*Alea iacta*, wie Lamartine später gesagt hat.«

Die provisorische Regierung war ein bunt zusammengewürfelter Haufen – Ampelkoalitionen der Gegenwart sind nichts gegen die innere Widersprüchlichkeit, die hier vereint werden wollte. Der gemäßigte Liberale Lamartine wurde Außenminister, der auf der anderen Seite des politischen Spektrums stehende linksradikale Ledru-Rollin übernahm das Amt des Innenministers. Des Weiteren wurden mit Louis Blanc und dem populären Arbeiterführer Alexandre Martin (Albert der Arbeiter genannt), der auf den Barrikaden mitgekämpft hatte, zwei Sozialisten Teil der Regierung. Das von Blanc in der Theorie geforderte Recht auf Arbeit wurde nun als Grundrecht proklamiert; als Vorsitzendem der Luxembourg-Kommission gelang es ihm zusammen mit Martin, in Paris kurz darauf sein frühsozialistisches Konzept zu verwirklichen und mit Nationalwerkstätten einen kleinen Beitrag zur Lösung der sozialen Frage zu leisten.

Von der Februarrevolution überrascht wurde hingegen George Sand; die Bankette davor hatte sie wenig beachtet, da sie private Sorgen um ihre Tochter hatte und zudem ihr Verhältnis mit Chopin in dieser Zeit endete. Doch als die Republik ausgerufen wurde, hielt sie nichts mehr auf ihrem Landsitz in Nohant. Sie eilte nach Paris und traf alte Freunde wie Lamartine und Ledru-Rollin wieder. Blanc persönlich führte sie durch das Palais de Luxembourg. Von der Republik war Sand voll und ganz überzeugt, sie sei die schönste und beste Form einer modernen Gesellschaft. Sie erhoffte sich von ihr die Überwindung des Gegensatzes zwischen Arm und Reich und plädierte dafür, dass in den Departements auch Bauern und städtische Arbeiter gewählt wurden.

Sie nahm nicht nur an Versammlungen und Redaktionssitzungen teil, sondern stellte auch ihre Feder in den Dienst der Provisorischen Regierung. Als Schriftstellerin war ihr die Macht des Wortes nur zu gut vertraut. Sie gründete eine Zeitschrift und veröffentlichte *Briefe an das Volk* (*Lettres au peuple*), in denen sie für ein starkes Bündnis zwischen einfachem Volk und bürgerlichem Mittelstand eintrat; dabei verteidigte sie den Kommunismus, vor dem die Reichen sich nicht fürchten müssten, denn die Kommunisten seien Pazifisten.

Die Februarrevolution in Paris dehnte sich vorerst nicht auf das Land aus; die Bauern blieben größtenteils ruhig, was auch damit zusammenhing, dass die republikanische Regierung ihnen wenig zu bieten hatte: Die Sozialisten und Republikaner machten Politik für die städtischen Arbeiter, auf die sich ihrer Meinung nach die soziale Frage beschränkte. George Sand erkannte, dass die junge Republik in den Provinzen auf wenig Zustimmung stieß, und kehrte nach Nohant zurück, um vor Ort auf die Landbevölkerung einzuwirken und diese von den Vorteilen der Republik zu überzeugen. Allerdings klagte sie Freunden gegenüber bald darüber, wie passiv, misstrauisch und langsam im Denken die Bauern seien, die gegenüber Neuem nicht aufgeschlossen seien. Schon am 21. März war sie zurück in Paris, wo sie sich unter Gleichgesinnten wusste und eifrig schrieb. Dazu gehörten auch Bulletins im Auftrag der Regierung, also Propagandaschriften, in denen sie den Bauern die Notwendigkeit der Steuererhöhung zu erklären versuchte: Es galt, den Staatsbankrott abzuwenden.

Wie wurde diese neuerliche Pariser Revolution in den Nachbarländern aufgenommen? Je nach Standpunkt des Betrachters mit Angst und Sorge oder als ermutigender Impuls. Die größte Sorge vieler war, dass erneut – wie ab 1792 – französische Revolutionsheere über die Grenzen marschieren könnten und ein großer Krieg ausbrechen würde. In Nachbarregionen wie im Süden Deutschlands genügten Gerüchte wie im April der sogenannte »Franzosenlärm«, um Panik auszulösen. Doch den revolutionären Funken trugen 1848 andere weiter. Im Vormärz studierten in Paris etliche Söhne von Bojaren, also Adeligen, aus den Donaufürstentümern Moldau und Walachei und bauten in der Fremde eine Oppositionsbewegung auf. Einer von ihnen war Alexandru G. Golescu, Mitbegründer der Gesellschaft der rumänischen Studenten in Paris; Lamartine war deren Ehrenpräsident. Intellektuelle und Studenten, die nun aus Paris nach Hause zurückkehrten, brachten den Funken der Revolution mit, verbanden sich mit liberalen und radikalen Kräften im Heimatland und veranstalteten in den Hauptstädten Iaşi und Bukarest Massenversammlungen und Bankette, wie sie es aus Frankreich kannten.

Allerdings gelang es dem moldawischen Fürsten mit Hilfe albanischer Söldner rasch, die Opposition zu unterdrücken. Etliche Revolutionsführer flohen nach Czernowitz in der österreichischen Provinz Bukowina, wo sie ein Komitee bildeten und planten, die Donaufürstentümer als Kern eines rumänischen Nationalstaates zu vereinigen. Anders in der Walachei: Dort konnten Golescu und seine Mitstreiter die so wichtige Unterstützung der überwiegend leibeigenen Landbevölkerung gewinnen. Das Revolutionskomitee schickte mehrere Tausend Emissäre in die Dörfer, denen es gelang, die Priester auf ihre Seite zu ziehen; auch ihr Reformprogramm war für die Landbevölkerung attraktiv. Unter dem Druck wütender Bauern, die in die Hauptstadt Iaşi stürmten, gab Fürst Gheorghe Bibescu nach, zumal der britische Generalkonsul von Repressionen abriet. Er akzeptierte eine Verfassung; aus dem Revolutionskomitee ging im Juni eine Revolutionsregierung hervor.

Allerdings standen bald die Truppen eines mächtigen Nachbarn drohend an der Grenze: Im Juli 1848 waren die Russen ins Fürstentum Moldau vorgerückt und schlugen von dort aus im September die Revolution in der Walachei nieder. Das Beispiel

Russland legt besonders gut dar, dass selbst Großmächte, deren Staaten 1848 nicht direkt in den revolutionären Strudel gezogen wurden, von den Ereignissen keineswegs unberührt blieben und ihre Innen- wie Außenpolitik danach ausrichteten.

Anlässe für eine Revolution waren in vielen Ländern gegeben; aber nicht überall brach sie aus. Auf die ersten Nachrichten von der Pariser Revolution hin verstärkte die russische Regierung die Zensur, wies verdächtige Ausländer aus und ließ an der Grenze zum Westen Truppen aufmarschieren. Zwar kam es zu Bauernunruhen, aber die bestehenden konspirativen Zirkel waren zu klein und fanden zu wenig Rückhalt, um das Zarenreich erschüttern zu können; sie wurden unterdrückt. Russland spielte im Revolutionsgeschehen jedoch eine große Rolle: nämlich als Machtfaktor auf Seiten der Gegenrevolution, womit das Zarenreich – aus Angst vor einer Ausbreitung der Revolution – entscheidend zum Sieg der Reaktion beitrug.

Von der Revolution verschont blieb das Vereinigte Königreich von Großbritannien und Irland, um die Mitte des 19. Jahrhunderts in vielerlei Hinsicht das Gegenteil des wirtschaftlich rückständigen, absolutistisch regierten Russlands. Dort war die Industrialisierung schon weit fortgeschritten, und seit Ende 1847 zeichnete sich eine positive Konjunktur ab, die auf dem Kontinent erst später einsetzen sollte. Anders als auf dem europäischen Festland bestanden bereits Presse- und Versammlungsfreiheit; weite Teile des Bürgertums und auch der Arbeiterschaft lehnten Gewalt ab und setzten auf erprobte demokratische Protestformen, um ihre politischen Forderungen zu vertreten. Für den 10. April 1848 meldeten die Chartisten, die für ein allgemeines Wahlrecht eintraten, eine Großdemonstration in London an. Dieser stellte die Regierung als Vorsichtsmaßnahme ein riesiges Aufgebot an Polizeikräften, Soldaten und Freiwilligen gegenüber. Die Chartisten ließen dem Unterhaus eine Petition überbringen, die aber sogleich verworfen wurde, zumal sich herausstellte, dass von den Millionen an Unterschriften viele gefälscht waren.

Was war mit Irland, das wie kein anderes Land unter einer durch die Kartoffelkrankheit ausgelösten Hungersnot litt? Dort hatten sich junge irische Nationalisten Anfang 1847 Mazzinis Vorbild folgend zur Organisation *Young Ireland* zusammengeschlossen, um die nationale Unabhängigkeit von der britischen Oberherrschaft zu erkämpfen. Doch obwohl der Hunger den Hass der Iren gegen die englischen Lords stärkte, die sich als Landeigentümer aus der Ferne meist wenig um die Not ihrer irischen Pächter kümmerten, hatten sie zu wenig Zulauf; viel mehr als 20 000 Mitglieder, vorrangig in den Städten, dürfte die jungen Iren nicht gezählt haben. Schlecht vorbereitete Aufstandsversuche scheiterten, zumal die Londoner Regierung sich – größere Unruhen auf der britischen Hauptinsel blieben ja aus – ganz auf deren Niederschlagung konzentrieren konnte.

In Belgien und den Niederlanden beugten die Staatsführungen mit raschen Reformen und liberalen Zugeständnissen einer Eskalation vor; die Niederlande wurden zur konstitutionellen Monarchie. Auch in Schweden wurde die Regierung umgestaltet, um keinen Grund zur Revolution zu liefern. Spanien war von einer Serie an Revolutionen und Bürgerkriegen in den 1820er und 1830er Jahren erschöpft und der Unruhen müde. Ähnlich sah es in Portugal aus. Ebenso blieb es in Griechenland recht still.

In den deutschsprachigen Gebieten waren die revolutionären Ereignisse recht ungleich verteilt. In der Habsburgermonarchie und in Preußen sollten sie sich relativ isoliert in den Hauptstädten abspielen. Anders im Dritten Deutschland, wo die Opposition vor allem im Süden bereits weiterentwickelt war. Dort hörte man das Signal aus Paris laut und deutlich. Paris galt 1848 als eine Art Hauptstadt Europas und nach den Erfahrungen der vorangegangenen rund sechs Jahrzehnte zudem als Epizentrum von Revolutionen, so dass man die Vorgänge dort besonders aufmerksam beobachtete. Massendemonstration, Rücktritt des Königs, Ausrufung der Republik – und das alles in nur drei Tagen!

Liberale wie radikale Demokraten, die seit langem in ihren eigenen Ländern auf Veränderung drängten, sahen sich durch das Beispiel inspiriert. Auf die Nachricht von den Pariser Ereignissen hin formulierte Dahlmann quasi stellvertretend für die gemäßigten Liberalen das Ziel: »Sofort und alles, was die konstitutionelle Monarchie ausmacht, aber keinen Fußbreit weiter.« (Dass man damit ausgerechnet jenes politische System zum Ziel erklärte, das die Franzosen soeben gestürzt hatten, steht auf einem anderen Blatt.) Friedrich Hecker saß am 26. Februar mit Freunden im Gasthaus Pariser Hof in Karlsruhe, als erste, noch vage Informationen aus Paris eintrafen. »Jetzt rasch ans Werk für Deutschlands Befreiung«, hieß es auch dort.

Ohne eine entschlossene politische Führung wäre es vielleicht auch in den deutschen Staaten bei Unmutsäußerungen und Unruhen wie in den Krisenjahren zuvor geblieben. Inwieweit im Frühjahr 1848 Zeit für gründliche, rationale Überlegungen blieb, bleibt offen; viele gerieten in einen Freudenrausch. Alles schien möglich. Viele Oppositionelle handelten in ihrer Euphorie überstürzt und wogen Risiken wie Chancen ihrer Aktionen nicht erst vorsichtig ab; oft waren nur vage Gerüchte Basis ihrer Entscheidungen. Gustav Struve etwa zögerte nicht und lud bereits am 27. Februar in die Aula des ehemaligen Jesuitengymnasiums ein. Es kamen rund 2500 Personen; Hecker entschuldigte sich mit »Unwohlsein«. Als Struve den »Tag der Freiheit« für angebrochen verkündete, konnte er das druckfrische Thema der Absetzung Louis-Philippes ansprechen; als weitere Beispiele aus der jüngeren Vergangenheit wählte er die Schweizer mit ihrem erfolgreichen Sonderbundskrieg wie auch die Italiener, die sich gerade Verfassungen errungen hatten: »Sollen wir Deutsche allein unter dem Joch der Knechtschaft bleiben?«

Die stürmische Begeisterung der Radikalen war unüberhörbar; gemäßigte Stimmen wie jene Mathys und Bassermanns mahnten hingegen zur Vernunft und warnten eindringlich vor einem »Verlassen des gesetzlichen Weges«. Ergebnis der Versammlung war die von Struve verfasste Petition an den badischen Landtag in Karlsruhe. »Das alte System wankt und zerfällt in Trümmer«, heißt es darin, und es wurden »Wohlstand, Bildung und Freiheit für alle Klassen der Gesellschaft, ohne Unterschied der Geburt und des Standes« verlangt. Als dringendste *Forderungen des Volkes* wurden vier Punkte genannt: Volksbewaffnung mit freier Wahl der Offiziere, unbedingte Pressefreiheit, Schwurgerichte sowie die Herstellung eines deutschen Parlaments. Die Petition wurde in Deutschland rasch verbreitet, die Forderungen als *Märzforderungen* bekannt und in unzähligen Petitionen wiederholt.

Am 1. März zogen viele Teilnehmer dieser Versammlung durch Karlsruhe, um durch ihre Anwesenheit den Forderungen Nachdruck zu verleihen. Zu den Oppositionsführern der Zweiten Kammer gesellten sich Tagelöhner, Handwerker, Fabrikarbeiter, Turner und Studenten; die neue Eisenbahn erwies sich dabei als geeignetes Massentransportmittel. Hecker warnte vor »bubenhaften Exzessen«, da er fürchtete, solche könnten der großherzoglichen Regierung einen Vorwand liefern, die Bewegung niederzuschlagen. Allerdings gab diese unter dem Ansturm rasch nach und bildete ein sogenanntes Märzministerium. Darunter versteht man (nicht zwingend in diesem Monat) unter dem Druck der Revolution durch die Fürsten neu eingesetzte Regierungen, in die oft bekannte Liberale aus den Reihen der Opposition berufen wurden, um durch einen moderaten Kurswechsel den Forderungen entgegenzukommen und den Druck der Straße zu verringern.

Der Ablauf in Baden wiederholte sich vielerorts. In Württemberg, wo die Nachrichten aus Paris sowie die Mannheimer Petition in Gasthöfen und Kaffeehäusern vorgelesen wurden, verkündete die Regierung bereits am 1. März die Aufhebung der Zensur; die kurz darauf gebildete neue Regierung unter dem bisherigen Oppositionsführer Friedrich Römer wurde begeistert aufgenommen. Schon Zeitgenossen bemerkten eine geradezu »karnevalistische Ausgelassenheit« der Revolutionäre. Man hatte allen Grund zum Feiern, Fackelzüge und Böllerschüsse inklusive: Nahezu unblutig hatte man ein Ende des vormärzlichen Repressionssystems erreicht.

Das überraschende Nachgeben der alten Machthaber erklärt sich aus deren Schwäche – sie standen unter Schock und sahen vielleicht schon die Guillotine vor sich. Fürchtete der konservative Herzog Adolph von Nassau einen Sturm wie auf die Bastille, als am 4. März rund 30 000 vorwiegend bäuerliche Demonstranten – viele von ihnen reisten mit der Bahn aus dem Taunus, dem Rheingau und der Mainebene an – vor dem Schloss in Wiesbaden zusammenkamen? Da manche von ihnen mit Arbeitsgeräten wie Dreschflegeln bewaffnet waren, nahm Adolph vom Einsatz seines Militärs Abstand und verkündete: »Alles bewillige ich euch, geht jetzt auseinander und habt dasselbe Zutrauen zu mir, was ich zu euch habe.« In Sachsen drang Blum auf König Friedrich August II. ein, der Anfang März ebenfalls Zugeständnisse machte. Mit Heinrich von Gagern machte im Zuge der Revolution ein weiteres Mitglied des Hallgarten-Kreises Karriere: Er wurde in Hessen-Darmstadt Märzminister.

In Nordwestdeutschland kam ebenfalls einiges in Bewegung; im Herzogtum Braunschweig und im Großherzogtum Oldenburg stimmten die Regenten aus Angst vor weiteren Unruhen Reformen zu. Am 20. März gab in Hannover sogar Ernst August, der sich bis dahin hartnäckig geweigert hatte, nach und berief den Osnabrücker Bürgermeister Johann Carl Bertram Stüve als Innenminister ins Kabinett. Dieser hatte – ähnlich wie die *Göttinger Sieben* – 1837 gegen die Aufhebung der Verfassung durch Ernst August protestiert; nun konnte Stüve die Zensur abschaffen und Verwaltungsreformen durchführen. Im September 1848 erhielt das Königreich Hannover eine neue Verfassung.

Was für ein Gefühl, nach den langen Jahren der Repression endlich Gehör zu finden, mitreden zu können, einen Systemwechsel zu erreichen! Gegen ein bestehendes Herrschaftssystem aufzubegehren, war und ist jedoch immer mit Risiken verbunden; je autoritärer es regiert, umso härter geht es gegen Kritiker und Opposition vor. Wer sich als Regimegegner positioniert, riskiert – wie man auch in der Gegenwart sieht – sein Leben oder muss zumindest damit rechnen, unter fragwürdigen Umständen weggesperrt zu werden. Im Vormärz reagierten die Großmächte auf Revolutionen wie in Spanien und Italien der 1820er Jahre bevorzugt mit Truppeneinsätzen. Dass es Ende 1847/48 weder gegen die Liberalen in der Schweiz noch im Süden Italiens zu einer militärischen Intervention kam, wurde sehr wohl registriert und als Schwäche des sogenannten Systems Metternich bewertet. Dieses Signal machte Mut.

Dennoch waren beispielsweise Preußen und Österreich im Gegensatz zu den deutschen Klein- und Mittelstaaten nicht so schnell bereit, Zugeständnisse zu machen. In Köln waren der Armenarzt Andreas Gottschalk sowie der preußische Ex-Offizier Fritz Anneke treibende Kräfte des Umsturzes. Beide waren Mitglieder des geheimen Bundes der Kommunisten; zusammen mit seiner Frau Mathilde Franziska führte Fritz zudem ein »ästhetisches Kränzchen von lauter Communisten«, an dem auch viele Frauen teilnahmen.

Mathilde war in erster Ehe mit dem wohlhabenden Mülheimer Weinhändler Alfred von Tabouillot verheiratet gewesen; jener hatte die Schulden ihres Vaters übernommen, der das Familienvermögen verspekuliert hatte. Glücklich war die Ehe nicht; aufgrund von Misshandlungen – er dürfte Alkoholiker gewesen sein – ließ sie sich 1840 scheiden. In diesem langjährigen Prozess wurde ihr schmerzhaft bewusst, wie benachteiligt Frauen waren. Mathilde wurde schuldig geschieden, erhielt aber immerhin das Sorgerecht für ihre kleine Tochter. Es gelang ihr, sich als Schriftstellerin zunächst mit religiöser Erbauungsliteratur eine Existenz aufzubauen. Aufgrund ihrer unglücklichen kurzen Ehe dachte sie zudem immer mehr über die Rolle der Frau nach und schloss sich Debattierkreisen an, wo sie den Demokraten Fritz Anneke kennen lernte und ihn 1847 heiratete. Allerdings wurde ihre gemeinsame Zeit wiederholt durch seine Haftstrafen unterbrochen.

Eine davon handelte er sich gleich im März ein. Am 3. März versammelten sich Tausende Menschen vor dem Kölner Rathaus. Gottschalk und Anneke erhoben die üblichen Märzforde-

Die Barrikadenkämpfe in Berlin am 18./19. März waren kurz, kosteten aber mehr als 250 Menschen das Leben.

rungen, verlangten darüber hinaus aber das allgemeine Wahlrecht, den »Schutz der Arbeit« sowie die »Sicherung der menschlichen Bedürfnisse für alle«. Anders als in Paris war eine solch starke Einbeziehung der sozialen Frage in den deutschen Märzrevolutionen selten; wenn, lag der Fokus auf der Landbevölkerung im Sinne der Bauernbefreiung, die (städtische) Arbeiterschaft war hingegen kaum Thema. In Köln drangen etliche Demonstranten ins Rathaus ein, Soldaten lösten die Volkversammlung auf. Gottschalk und Anneke wurden verhaftet. Doch damit konnte die preußische Regierung die Protestbewegung in Köln nicht stoppen. Weiterhin wurden dort Flugblätter verteilt; die Petitionsbewegung kam am Rhein erst richtig in Schwung. Eine Deputation des Kölner Stadtrates reiste nach Berlin, wo sie ihr Anliegen am Morgen des 18. März dem König vortrug. Ja, an jenem 18. März, an dem in der preußischen Hauptstadt die heftigen Barrikadenkämpfe begannen. Durch die Entwicklung in Berlin erübrigte sich die Arbeit der Deputation, und in Köln wurden die linksradikalen Rädelsführer vom 3. März freigelassen.

Weitgehend gewaltlos, in geordneten, gesetzmäßigen Bahnen verlaufend und im Idealfall sogar im Konsens mit den Monarchen: Das war eine Revolution ganz im Sinne der gemäßigten Liberalen. Dieser Teil der Revolution wird in der Geschichtswissenschaft als »bürgerlich« im Sinne von staatsbürgerlich und als »Institutionen-Revolution« (Dieter Langewiesche) bezeichnet und hat das Bild lange dominiert, aber damit auch verzerrt. Denn daneben gab es unter anderen Zielsetzungen verlaufende, vorwiegend von Bauern, Arbeitern und Unterschichten getragene Protestaktionen auf dem Land und in der Stadt: die »elementare Revolution«, auch »Basisrevolution« genannt. Sie war wild, laut, oft gewalttätig und zerstörerisch – also genau das, was die gemäßigten Reformer fürchteten: Anarchie!

Als »Elite *in statu nascendi*« waren die Vertreter der Institutionen-Revolution ebenso erschrocken wie die alten Eliten und hatten Angst, die Kontrolle über *ihre* Revolution zu verlieren. Manche erkannten in den sozialen Protesten unheilvolle Vorboten einer »roten Revolution«; nur zu gut erinnerte man sich an die Terrorherrschaft im Gefolge der Französischen Revolution. Ein Darmstädter Liberaler warnte Ende März 1848 im *Rheinischen Volksblatt* vor »zwei Gefahren [...] der besseren Ordnung, der Freiheit und Gesittung Deutschland's:

1) die *Republik* mit ihren Uebergängen zum Bürgerkrieg, zur Schreckensregierung und zur Tyrannei,
2) *der Krieg der Besitzlosen gegen die Besitzenden* mit seinen Uebergängen zur Barbarei und auch zur Tyrannei.«

Die Vertreter der Institutionenrevolution, die Rechtsbrüche und Exzesse ablehnten, fanden teils ihre Vorurteile gegenüber der Rückständigkeit des einfachen Volkes bestätigt, wenn sich Bauern die gute alte Zeit zurückwünschten oder manche Handwerker die Wiederherstellung der Zünfte forderten. Aus Sicht der Bildungsbürger war der unwissende »Pöbel« noch nicht reif für politische Mitbestimmung. Bauern verstünden das zentrale

Schlagwort Freiheit falsch: »Es ist unverkennbar, daß unter der Bevölkerung besonders auf dem Lande bezüglich mancher Veröffentlichungen […] und namentlich über Preßfreiheit sich völlig irrige Vorstellungen gebildet haben, oder absichtlich verbreitet wurden, wodurch bekanntlich schon Auftritte und Angriffe von den übelsten Folgen herbeigeführt worden sind«, hieß es in einem Rundschreiben des erzbischöflichen Dekanats an den Klerus, der belehrend auf das Volk einwirken sollte, nachdem es im bambergischen Steiger- und Frankenwald zu Bauernunruhen und Angriffen auf Forstämter und Gutsverwaltungen gekommen war. Auch der Begriff der Republik dürfte laut Berichten badischer Beamter in den Märztaten noch nicht allen klar gewesen sein, da manche Bauern sich eine solche mit dem Fürsten an der Spitze wünschten.

In Mitteleuropa lag der Schwerpunkt des revolutionären Geschehens auch auf dem Land im Süden und Südwesten Deutschlands, mit Ausläufern in mitteldeutsche Regionen. Es wurden erschreckende Erinnerungen an die Bauernkriege von 1525 wach, wenn wie im badischen Odenwald und im Schwarzwald ganze Dorfgemeinschaften mit Sensen und Äxten bewaffnet vor den Herrschaftssitzen aufmarschierten und beispielsweise unter der Androhung von Brandstiftung von den (klein)adeligen Grundherren Zugeständnisse einforderten, die – ebenso erschreckt von den Ereignissen wie die Monarchen – hastig nachgaben.

Den gewalttätigen Exzessen standen staatliche Behörden und Polizei weitgehend machtlos gegenüber. Die Wut richtete sich vorrangig gegen Vertreter der Obrigkeit, Förster, Schultheiße und Gutsverwalter. Darüber hinaus erfolgten Übergriffe gegenüber Minderheiten; beispielsweise traf es italienische Bauarbeiter, die in größerer Zahl im Eisenbahnbau tätig waren. Am 3. April verwüsteten rund 200 einheimische Bauarbeiter aus Westerstetten die Baracken italienischer Arbeitskräfte bei Urspring mit dem Ziel, die Konkurrenten aus dem Arbeitsmarkt zu vertreiben.

Und es kam zu den gewalttätigsten antijüdischen Ausschreitungen seit den Hep-Hep-Unruhen von 1819. »Keine andere Be-

Am 29. März 1848 teilte Karl Adolf Christian Graf von Hardenberg dem Regierungspräsidenten Eugen v. Puttkamer in Frankfurt seine »Ansicht über den Zustand der Gesinnungen unserer Landbewohner« in Brandenburg mit: »Die wenigen Bewohner des platten Landes, welche es vollkommen würdigen können, was uns die letzte Zeit gebracht, und welche mit einiger Einsicht in die Zukunft zu schauen imstande sind, müssen mit Bedauern wahrnehmen, wie die große Mehrzahl der Landleute, man kann sagen fast durchweg –, keinen Begriff davon hat, was der Ausdruck Freiheit bedeutet, den jetzt alles im Munde führt. Der angesessene Landbewohner wie der unbegüterte Arbeiter denkt sich unter einer Freiheit die Befreiung von allen Abgaben und Lasten, und jedem wäre dies willkommen. Fremde, welche das Land jetzt durchziehen, predigen in den Gasthöfen und Schenken in diesem Sinne, und suchen auf alle Weise, die Gemüter aufzuregen. Diese Leute ziehen Erkundigungen ein über die Verhältnisse, über Lasten und Abgaben, notieren sich die gesammelten Notizen in ihre Schreibtafeln und versprechen den Leichtgläubigen Befreiung von allen jenen Lasten. […] Es sind im Dorfe Neuhardenberg allein gegen 300 Tagearbeiter, die weder von meiner Seite noch von der Gemeinde alle beschäftigt werden können. Auswärtige Arbeiten werden diese Menschen jetzt wenig finden.« Hardenberg befürwortet das Einrücken eines Militärkommandos wie im benachbarten Gusow, um für Ruhe zu sorgen.

völkerungsgruppe erlebte die Revolutionswirren von 1848/49 in den deutschen Staaten mit solch gemischten Gefühlen wie die jüdische Minderheit.«[1] Einerseits beteiligten sich nicht nur zum Christentum konvertierte, sondern auch bekennende Juden wie Gabriel Riesser, Johann Jacoby sowie der Wiener Arzt Adolf Fischhof, ihrem Selbstverständnis als Staatsbürger entsprechend, in führenden Positionen an der Revolution und gestalteten aktiv die Politik mit; sie waren sowohl unter den Liberalen wie bei den Demokraten zu finden. Andererseits wurden Juden gerade in der Frühphase der Revolution Opfer von Gewalt. Während der Februarunruhen wurden im französischen Elsass

Juden angegriffen; viele flohen über den Rhein nach Baden. Doch dort kam es ebenfalls zu Übergriffen, insbesondere im Kraichgau und im Odenwald; insgesamt wurden in Baden 33 antijüdische Ausschreitungen gezählt. Solche sind zudem – um nur einige Beispiele aufzuzählen – in Franken, Württemberg, Ostwestfalen und Oberschlesien dokumentiert; in der Habsburgermonarchie gingen ihnen in Bratislava, Budapest und Prag manchmal Tage und Wochen massiver Stimmungsmache voraus, und es waren auch Tote zu beklagen.

Im ostwestfälischen Peckelsheim sahen »mit Ausnahme einiger Handwerker, Tagelöhner, des Schützenkommandanten und Schütz-Adjutanten [...] die hiesigen Bürger ruhig und lachend mit an, wie [...] ihren jüdischen Mitbürgern alles zertrümmert wurde«. Auf der Seite der Täter mischten sich traditionell religiöse mit wirtschaftlichen und sozialen Motiven; viele fürchteten angesichts einer zu erwartenden Durchsetzung der Judenemanzipation deren Konkurrenz, wenn dadurch berufliche Beschränkungen wegfallen oder sie in ländlichen Regionen wie alle anderen auch am Bürgernutzen (z. B. dem Anteil an Brennholz aus dem gemeindeeigenen Wald oder Wohlfahrtsprogrammen) beteiligt würden. Es gab aber ebenso Stimmen, die sich klar gegen die Judenfeindschaft positionierten: Als sich in Württemberg am Ostermontag etwa 40 Einwohner zusammenrotteten und – von christlicher Nächstenliebe war bei ihnen nichts zu bemerken – auf die Juden losgingen, ihre Häuser zerstörten und »Geld oder Tod!« riefen, hieß es in einer Zeitung im nahegelegenen Ort Horb zu den beschämenden Vorgängen: »Zum Glück sind nicht alle Ortschaften unseres Bezirks gleicher Gesinnung wie Baisingen.«

Etliche namhafte Liberale und Demokraten bezogen in ihren publizistischen Äußerungen gegen die Judenfeindschaft klare Stellung. Nicht nur die badischen Abgeordneten Bassermann, Hecker, Mathy und Itzstein verurteilten die Gewalt gegen Juden aufs Schärfste. In einem Flugblatt vom 8. März, das zudem in Zeitungen abgedruckt wurde, forderten sie »im Namen aller, die es treu und redlich mit dem Volke und seiner Freiheit meinen, auf, durch Belehrung, Wort und That, mit aller Kraft und Energie dahin zu wirken, daß solche Entweihungen der Tage der Freiheit unterbleiben und nicht des Volkes Ehre und Namen geschändet werden durch Frevel und Unthaten«.

Die Liberalen als »Revolutionäre wider Willen« (Theodor Schieder) wollten *ihre* soeben erreichten Märzerrungenschaften sichern und die Revolution, wie es im damaligen Sprachgebrauch hieß, »schließen«. Freilich lehnten auch die meisten Demokraten Gewalt, Ausschreitungen und eine Herrschaft der Straße ab; die politischen Entscheidungen sollten in den Parlamenten fallen. Für Venedey war die Paulskirche, in der die deutsche Nationalversammlung eine Verfassung erarbeiten sollte, der Sitz der Volkssouveränität, da die Abgeordneten vom Volk (in diesem Fall dem großen Kreis wahlberechtigter Männer) gewählt worden seien und daher dort und nur dort der »Volksgeist« herrsche. Den Aufruhr auf den Straßen verurteilte der gemäßigte Linke, denn wenn »die Barricade gesiegt hat, tritt das Mißverhältniß ein, daß die Barricade, die Faust, die Flinte, die Sense sich einbildet, sie allein hätten Recht. Und allemal und überall wo dieß gschieht« – er verwies auf die Barrikadenkämpfe Mitte März in Wien und Berlin – »liegt hierin ein großes Nationalunglück.«

Was die Vertreter der Institutionenrevolution meist übersahen, war die Bedeutung der elementaren Revolution für ihren eigenen Erfolg. Denn erst durch die regional unterschiedlich gewichteten, gewalttätigen Unruhen in den Städten und auf dem Land wurde den Fürsten vor Augen geführt: Jetzt brennt der Hut – oder in manchem Fall eben das Schloss. Zwischen den beiden Formen der Revolution bestand eine wichtige Wechselwirkung: »Ohne den Druck von der Straße in den Städten und auch die heftigen Agrarunruhen auf dem Land wäre der Erfolg bezüglich der Märzforderungen nicht denkbar gewesen – auf der anderen Seite wäre wohl die Wirkung der Sozialproteste ohne die organisierten und auf Institutionalisierung und Legalisierung zielenden Reformbestrebungen schnell verpufft.«[2]

Völkerfrühling?

1848 war eine polyzentrische, europäische Revolution – und dabei blieb es. »Ein *globales* Ereignis waren die Achtundvierziger-Revolutionen nicht.«[3] Im Gegensatz zur Französischen Revolution 1789 mit ihren neuen Leitmotiven der Freiheit, Gleichheit und Brüderlichkeit wirkte 1848 kaum über Europa hinaus. Obwohl sich in ihrem zeitlichen Umfeld weitere große Revolutionen abspielten – Osterhammel nennt die Taiping-Revolution in China (1850–64), den Großen Aufstand in Indien (1857–59) sowie den Bürgerkrieg in den USA (1861–65) –, standen diese in keinem Zusammenhang; es ist unwahrscheinlich, dass die Taiping-Rebellen etwas von den Ereignissen am anderen Ende der Welt mitbekommen haben.

In der Revolution wuchs Europa auf verschiedenen Ebenen zusammen, es wurde zu einer Wahrnehmungseinheit und noch stärker als zuvor zu einem Kommunikationsraum. Die Regierungen und Fürstenhöfe tauschten sich miteinander aus; die Ereignisse in anderen Ländern wurden von den Zeitgenossen genau beobachtet und Informationen über Flugblätter und Zeitungen verbreitet. Aber obwohl es seitens der Revolutionäre wie schon früher, beispielsweise beim Hambacher Fest, zu Solidaritätsbekundungen gegenüber unterdrückten Völkern wie den Polen kam und in der allgemeinen Aufbruchstimmung der »Völkerfrühling«, die Einigkeit der Nationen, bejubelt wurde, entstand gerade keine internationale Allianz der Revolutionäre, obwohl sie mit ihrem Wunsch nach Verfassung und Freiheitsrechten grundsätzlich dieselben Ziele verfolgten.

Wer wie Mazzini von einer Verbrüderung der Nationen träumte, blieb in der Minderheit. Im Gegenteil – der im 19. Jahrhundert aufstrebende Nationalismus zeigte seine aggressive Fratze. Während Frankreich als Nationalstaat bereits gefestigt war, spielte die Leitidee der Nation – diese wird in der modernen Forschung als ein durch Nationalismus geschaffenes kulturelles Konstrukt verstanden, das die gesellschaftliche Einheit fördern sollte – vor allem bei Deutschen, Polen und Italienern eine große Rolle: Deutsche und Italiener wollten den territorialen »Flickenteppich« überwinden und einen nationalen Einheitsstaat erreichen, die Polen die Wiederherstellung ihres zerstückelten Staates erlangen. Äußerte man zu Beginn noch Sympathien für die Sache anderer Völker, endete die Solidarität spätestens dort, wo deren Ansprüche mit eigenen nationalen Interessen kollidierten. Der »Traum vom Völkerfrühling« endete im »Alptraum der Nationalitäten« (Dieter Langewiesche).

Man kämpfte für die Freiheit, war aber in Fragen der Nationalstaatsbildung bereit, die Freiheiten anderer zu unterdrücken. Das zeigte sich in Ungarn im Umgang der Magyaren mit anderen Nationalitäten ebenso wie in der Beziehung zwischen Deutschen und Polen. Im Vormärz waren in den deutschen Ländern zunächst viele Polenvereine entstanden, um polnische Emigranten nach ihren gescheiterten Aufständen zu unterstützen. Nachdem die Märzrevolution Berlin erfasst hatte, wurden die 1847 verurteilten Freiheitskämpfer wie Ludwik Mierosławski amnestiert und in einem Triumphzug durch die Stadt geleitet. Man fiel sich brüderlich in die Arme.

In der preußischen Provinz Posen hoffte man auf die Erneuerung Polens, bildete ein Nationalkomitee und ernannte Mierosławski zum Kommandeur einer polnischen Legion, um von dort aus die Befreiung des russischen Teilungsgebietes einzuleiten. Friedrich Wilhelm empfing am 23. März eine polnische Deputation aus Posen, die ihr Anliegen vorbrachte, und er stand der gewünschten nationalen Reorganisation anfangs durchaus offen gegenüber; die Forderung nach Autonomie wurde in der mittlerweile liberal gefärbten preußischen Regierung besprochen. Aber als man bedachte, dass die Erfüllung der polnischen Wünsche zum Krieg mit Russland führen könnte, ruderte der preußische König zurück. Die polnischen Truppen sollten entwaffnet werden; sie leisteten Widerstand, mussten aber am 9. Mai kapitulieren. Mierosławski wurde erneut gefangen genommen, aber auf französische Intervention hin begnadigt.

In der Nationalversammlung in Frankfurt zeichnete sich – damit wird in die weitere Geschichte vorgegriffen – ebenfalls ein Umschwung ab; das Vorparlament hatte sich noch für die Restauration Polens ausgesprochen. In der Paulskirche schieden sich die Geister: Die meisten Liberalen argumentierten »national«, die Linksradikalen jedoch im Sinne des Völkerfrühlings »europäisch« und für ein autonomes Posen. Beispielsweise forderte Venedey, der in Frankfurt einer der aktivsten Abgeordneten war, dass Preußen seine polnischen Gebiete wie z. B. Posen abtreten sollte, um eine staatliche Wiedergeburt Polens zu ermöglichen.

In den Debatten in der Paulskirche ging der Demokrat Arnold Ruge, was die Solidarität der Völker betraf, noch weiter und forderte im Juli 1848, »einen Völkercongreß ins Leben zu rufen zu dem Zwecke einer allgemeinen europäischen Entwaffnung«; für derart visionäre Ideen wurde er von vielen verlacht. Nichtsdestotrotz bewahrten sich Träumer ihre Vision von einer besseren Welt. Im September 1848 fand in Brüssel ein erster Internationaler Friedenskongress statt; im August 1849 tagte der Weltfriedenskongress in Paris, ein Jahr später in der Paulskirche in Frankfurt am Main. Thema war neben der Abrüstung beispielsweise eine internationale Schiedsgerichtsbarkeit. Ja, Vordenker wie Ruge und Victor Hugo waren in der Minderheit, doch sie waren da. In Paris sprach Hugo 1849 von den »Vereinigten Staaten von Europa«, in dem es keine Nationalismen und Kriege mehr geben sollte. Bei seiner Eröffnungsrede am 21. August 1849 bewies sich der Schriftsteller zudem als kühler Rechner: Er zeigte auf, welche Unsummen der Unterhalt von Armeen, die der Wirtschaft verlorenen Arbeitstage der eingezogenen Männer sowie das Kriegsmaterial verschlangen – Geld, das man weit besser nutzen könnte; es wäre Zeit, den nächsten Schritt zu machen »und alle gemeinsam, Frankreich, England, Belgien, Deutschland, Italien, Europa, Amerika, sagen wir den Völkern: Ihr seid Brüder!«

Herrschaftszeiten

Während die europäischen Revolutionäre 1848 kein internationales Bündnis zustande brachten, arbeiteten die Kräfte der Gegenrevolution – aufbauend auf der vormärzlichen Kongressdiplomatie – besser zusammen. In konservativen Kreisen riefen die Pariser Ereignisse Bestürzung hervor; die Geschichte drohte sich zu wiederholen. Friedrich Wilhelm Joseph Schelling, der »Philosoph der Romantik«, war Anfang der 1840er Jahre nach Berlin gekommen, wo u. a. Friedrich Engels zu seinen Hörern zählte. Er war gegenrevolutionär eingestellt und geradezu stolz darauf, von der *Augsburger Allgemeinen Zeitung* als »große[r] Reactionär« betitelt zu werden. Auf die telegraphische Nachricht von der Auflösung des Ministeriums Guizot hin schrieb er am 26. Februar besorgt in sein Tagebuch. »Sollte die Partei, die über ganz Europa verbreitet, doch endlich gelungen sein, den entscheidendsten Sieg zu gewinnen? Wehe, wehe! Denn diesmal wird es schlimmer.«

An den Fürstenhöfen zeigte man mit dem gestürzten Louis-Philippe wenig Mitleid. In Wien meinte Erzherzogin Sophie, »dass es ihm recht gescheh', weil er sich von der Canaille auf den Thron hatte setzen lassen«; einem altehrwürdigen Herrscherhaus von Gottes Gnaden sollte so etwas nicht passieren. Aus Berlin schrieb Wilhelm am 29. Februar an Charlotte: »Die Nemesis hat furchtbares Gericht gehalten!!! Das aus den Barrikaden entstandene Königtum ist in dieser seiner Wiege wieder untergegangen! Da ist der Finger Gottes sichtbar!«

Während sich in den allerhöchsten Kreisen hier und da Schadenfreude zeigte, hatten die italienischen Revolutionäre Grund zu jubeln. Die Pariser Februarrevolution brachte Metternichs Operationspläne im Süden zu Fall. Niemand konnte ernsthaft denken, dass der österreichische Staatskanzler die Revolutionen ausgerechnet in Italien, der Einflusssphäre Österreichs, achselzuckend hingenommen hätte. Vielmehr wollte er zusammen mit Louis-Philippe und Guizot – notfalls gegen den Willen Englands, das sich von der Einmischung in Drittstaaten distanziert hatte – militärisch intervenieren. Der Plan war spätestens am 24. Februar Makulatur, denn nun lautete die sehr viel drängendere Frage: Was tun mit Frankreich? Dessen neuer Außenminister Lamartine argumentierte, dass Frankreich unabhängig von seiner Regierungsform weiterhin Mitglied im Europäischen Konzert sei; in Paris fürchtete man, zum Zielobjekt einer Intervention desselben zu werden.

In Europa reagierten die Herrschenden auf die Nachrichten aus Paris häufig mit Angst. Angst, dass sich die Geschichte wiederholen, Köpfe rollen und Revolutionsheere quer durch Europa marschieren könnten. Die 1848er Revolution erschien weit schlimmer als die Julirevolution von 1830: Damals war wenigstens die Monarchie als Staatsform erhalten geblieben. Aber eine Republik? Bereits am 25./26. Februar trafen sich die in London akkreditierten Botschafter Russlands, Österreichs und Preußens miteinander sowie mit britischen Regierungsmitgliedern, um ihre Politik zu koordinieren. Am 28. Februar schrieb der belgische König Leopold I. an Friedrich Wilhelm IV. von Preußen und wies auf die »dringendste Gefahr« hin, die von Paris »nicht allein für die europäischen Monarchien, sondern selbst für die Existenz der menschlichen Gesellschaft« drohe. Friedrich Wilhelm sollte rasch eine Konferenz ansetzen. Der wiederum schrieb fast zeitgleich an Königin Viktoria von England, um sie von der Bedrohung des Weltfriedens zu überzeugen.

England jedoch blieb seiner Linie treu und lehnte eine Defensivallianz mit Preußen ab. Über den österreichischen Botschafter ließ Premierminister Henry John Temple, Viscount Palmerston, Metternich ausrichten: »Ihre Politik der Unterdrückung, die keinen Widerstand duldet, ist fatal und führt ebenso sicher zu einer Explosion wie ein hermetisch versiegelter Wasserkessel, der kein Sicherheitsventil hat.« Die Briten auf ihrer Insel hatten leicht reden: Auf der anderen Seite des Ärmelkanals konnten sie sich sicher fühlen, nachdem an einer Invasion selbst Napoleon gescheitert war. Auf dem Festland hingegen hatte man die volle Wucht der französischen Massenheere zu spüren bekommen.

In diesem Fall zauderte Friedrich Wilhelm daher nicht; am 28. Februar sandte er Joseph Maria von Radowitz nach Wien. Ihn hatte er als Kronprinz 1824 kennen gelernt, und es war eine enge Freundschaft zwischen den Gleichgesinnten entstanden. Radowitz sollte sich nun mit Metternich abstimmen, wobei Friedrich Wilhelm einen Präventivkrieg nicht ausschloss; seinen Bruder Wilhelm hatte er vorsichtshalber bereits zum Oberkommandierenden der preußischen Truppen am Rhein ernannt.

Und wie reagierte der »Kutscher Europas«? Metternich hatte ab Dezember 1847 mit einer Revolution gerechnet; zu Beginn des Jahres 1848 verdichteten sich die Hinweise darauf, die er als der »bestinformierte Politiker Europas [...] aus allen Himmelsrichtungen«[1] erhielt. Noch bevor die Wiener aus den Zeitungen von der Pariser Revolution erfuhren, wusste Metternich dank dem Bankier Salomon von Rothschild schon Bescheid, von dessen beruflich-privatem Netzwerk der Staatskanzler profitierte, nicht ohne sich dafür mit politischen Insiderinformationen erkenntlich zu zeigen.

Die einzelnen Banken des Hauses Rothschild agierten voneinander unabhängig, waren aber durch einen Partnerschaftsvertrag miteinander verbunden. Die Internationalisierung des Familienunternehmens hatte Ende des 18. Jahrhunderts begonnen, als Salomons Bruder Nathan Rothschild zuerst nach Manchester und dann nach London gegangen war. Salomon ließ sich 1821 in Wien nieder. In Österreich wurde die Familie bereits 1817 geadelt und 1822 in den Freiherrenstand erhoben. Dennoch hatten es die Rothschilds als gläubige Juden anfangs nicht leicht, in der höheren Gesellschaft Anerkennung zu finden, und sahen sich durch diskriminierende Gesetze eingeschränkt. Bis 1848 durften Juden in Österreich keinen Grundbesitz erwerben; Salomon konnte nur dank seiner guten Beziehungen eine Ausnahmeregelung erwirken und 1843 das Hotel zum Römischen Kaiser kaufen, in dem er seit 1819 lebte. Der mit antisemitischen Tönen unterlegte »Ruf der Rothschilds als Kriegs- und Krisengewinnler war legendär«[2]. Zudem rief ihr Erfolg Neider auf den Plan.

1848 kam der Verdacht hinzu, die Rothschilds würden gezielt die Gegenrevolution finanzieren bzw. von der Revolution profitieren. Aber das war gerade im Jahr 1848 nicht gerechtfertigt, »das ihren Geschäften mehr schadete als nützte«. Als die Februarrevolution bekannt wurde, kam es zu einem *bank run*: Manche Leute kamen gar mit einer Schubkarre, um das wenig vertrauenswürdige Papiergeld in Silber umzuwechseln und dieses daheim einzulagern. Die Nationalbank musste ihre Silbervorräte aufstocken und griff dazu auf die Hilfe der Rothschilds zurück. In der Revolution finanzierten deren Banken aber keineswegs nur die Gegenkräfte, welche die Aufstände niederschlagen wollten, sondern übernahmen beispielsweise auch die Auszahlung der Diäten der österreichischen Abgeordneten in der Frankfurter Nationalversammlung.

Wichtig für alle großen Privatbanken, die seit dem späten Mittelalter entstanden waren, gleich ob von Juden oder Nichtjuden geführt, war die in den jeweiligen Ländern aufgebaute meist enge Verbindung zu den politischen Führungsschichten.[3] In Wien waren Staatsanleihen ihr Kerngeschäft; Salomon von Rothschild gewährte zudem renommierten Adelshäusern und Metternich selbst private Kredite. Dass kleine und größere Geschenke die Freundschaft erhielten, war schon damals klar. Metternich und Rothschild – sie waren beinahe gleich alt und hatten ähnliche Ansichten – verkehrten auch privat miteinander. Beide fürchteten die Revolution; die Rothschilds schätzten als Geschäftsleute naturgemäß Frieden, Ruhe und Ordnung.

Metternich galt im Vormärz als Garant für ein stabiles Europa. Folgerichtig war Salomon bereit, zusammen mit seinem Bruder Carl, der sich in Neapel niedergelassen hatte, 1821 die dortige österreichische Intervention zu finanzieren. Auch Ende 1847 sagte Ersterer dem Staatskanzler so viel Geld für das militärische Einschreiten in Italien zu, wie gebraucht wurde. Die Februarrevolution in Paris sollte jedoch zu Meinungsverschiedenheiten

Der sächsische Botschafter in Wien, Carl Friedrich Graf Vitzthum von Eckstädt, ließ in einem Brief an seine Mutter vom 29. Februar keinen Zweifel daran, was er von Metternich und von Kaiser Ferdinand hielt. Den stürmischen Zeiten schienen ihm beide nicht gewachsen: »Täglich brachte die italienische Post Nachricht von einer Konstitution, einer Revolution oder wenigstens einigen politischen Meuchelmorden. Wenn Metternich das ›après nous le déluge‹ [nach uns die Sintflut] zur Staatsmaxime genommen, so rächt sich die Geschichte furchtbar an ihm, indem sie ihn die Sintflut noch erleben läßt. Wenn man ihn sieht, den schwachen, stocktauben Mann, in längst verbrauchte Phrasen und Redensarten eingepuppt, ein kindgewordener Greis, so begreift man, daß dieser Kopf nicht mehr stark genug ist, den jetzigen Stürmen zu trotzen. Und der Kaiser [Ferdinand I.], mein Gott! Zum ersten Male sah ich ihn gestern auf dem Hofball. So schlimm dachte ich ihn mir nicht.«

führen. Salomon von Rothschild erfuhr am 25. Februar davon und bezweifelte, dass die Dinge in Österreich so bleiben könnten, wie sie waren. Am nächsten Tag traf er sich mit Metternich und sprach sich für Reformen aus. Der Staatskanzler war jedoch, wie Rothschild seinen Verwandten vertraulich mitteilte, starrköpfig und verwehrte jedes Zugeständnis.

Doch die Zeit war auch in der Habsburgermonarchie reif für Veränderung, sogar überreif. Weit mehr als in den meisten deutschen Staaten war die Habsburgermonarchie im Vormärz von Reformfeindschaft und Stillstand geprägt, was nicht allein auf Metternich zurückzuführen ist. Liberale und Radikale sahen zwar in ihm das Feindbild schlechthin, den Namensgeber für ein System, das sich auch über den Deutschen Bund erstreckte, aber sie überschätzten seinen tatsächlichen Einfluss. Zudem war Metternich nicht generell gegen Reformen, sondern hielt einen gewissen Wandel auch der staatlichen Strukturen für erforderlich. Allerdings sollten diese maßvoll, mit Bedacht und vor allem »von oben« erfolgen; revolutionäre Umstürze lehnte er ab – da war er wie so viele Zeitgenossen von der Französischen Revolution traumatisiert.

Das Jahrzehnt vor 1819/20 gilt als Metternichs »liberale« Phase. Darin erarbeitete er u. a. einen umfassenden Reformplan für die Habsburgermonarchie, der auf die Föderalisierung abzielte und wohl das Nationalitätenproblem des Vielvölkerreiches entschärft hätte. Aber als Staatskanzler konnte er nur so weit gehen, wie der erzkonservative Kaiser Franz II./I. es zuließ. Dessen ablehnende Haltung gegenüber noch so kleinen Reformen drückt sich in dem Grundsatz aus, den er seinem Nachfolger Ferdinand mitgab: »Verrücke nichts an den Grundlagen des Staatsgebäudes; regiere und verändere nicht.«

Sein ältester Sohn und Thronfolger Ferdinand wurde von Zeitgenossen wie auch von der Geschichtsschreibung oft als schwachsinniger Trottel dargestellt, womit man ihm unrecht tat. Er litt an Epilepsie, Rachitis sowie einem Hydrozephalus (»Wasserkopf«) – und an fehlender Förderung in seinen ersten Lebensjahren, so dass er später als andere laufen und sprechen lernte. Seine Stiefmutter Maria Ludovika, die 1808 die dritte Ehefrau Kaiser Franz' wurde, stellte neue Erzieher für den mittlerweile Fünfzehnjährigen ein, und so konnte Ferdinand sich doch noch beweisen: Er musizierte und war ein guter Tänzer, beschäftigte sich mit Botanik, erlernte fünf Sprachen und wurde gezielt auf die Thronfolge vorbereitet. Entgegen der Befürchtung mancher Ärzte, dass der Vollzug der Ehe für ihn lebensgefährlich sein könnte, gaben neue Gutachter 1830 grünes Licht, und er heiratete Maria Anna von Savoyen; die Ehe wurde erstaunlich harmonisch, blieb aber kinderlos.

Da Ferdinands Gesundheitszustand in den 1820er Jahren schlecht war, bemühte sich Kaiser Franz auch aus Sorge um die Nachfolge um eine passende Ehe für seinen Zweitgeborenen, Franz Karl. 1824 konnte dieser Prinzessin Sophie Friederike von Bayern heiraten. Der Schwiegervater war begeistert, Metternich ebenso: »Die Braut ist größer als ich, eine schöne Erscheinung und mehr noch als das, sie ist einnehmend.« In der Familie der

Erzherzogin Sophie mit ihrem ältesten Sohn »Franzi«, dem späteren Kaiser Franz Joseph I.

Braut hingegen hegte man Bedenken, ob Franz Karl – zwar »weniger übel als sein Bruder, aber doch sehr désagréable«, fand Stiefschwester Auguste – zur lebhaften Sophie passen würde. Ihre Mutter meinte: »Er fragt jedermann um Rat, […] mich würde er zu Tode langweilen. […] Sophie ist so hübsch und geistreich!«

Sophie war ihrem jungen Ehemann geistig weit überlegen, sie war belesen, an Politik interessiert, ehrgeizig und resolut. Sie war konservativ, jedoch aufgeschlossen für maßvolle Reformen; eine Verfassung lehnte sie allerdings ab. Aber sie war *nur* eine Frau, wie ihr schmerzlich bewusst war. »Meine Stellung ist sehr fatal; in eigentliche Geschäftssachen soll ich mich nicht einmischen; man hat's nicht gern, wenn Frauen reden.« Sophie ließ sich davon nicht entmutigen, sondern machte sich energisch ans Werk, dafür Sorge zu tragen, dass ihr Ehemann eine bessere Figur als bisher machte, zumal sie davon ausgehen durfte, dass er einmal Kaiser werden würde. Zeitverschwendung war ein rotes Tuch für sie, wie Franz Karl schnell feststellte. Beharrlich drängte sie ihn, der die Jagd, das Ballett und das Theater liebte, aktiver zu werden, sich im Gewerbeverein und in politischen Belangen zu engagieren. Erzherzog Ludwig äußerte Bedenken, ob die Ehe zwischen seinem Neffen und Sophie wohl gutgehen würde, da sie wohl glaube, dass sie »den Franz noch ganz erziehen wird. Sie hofmeistert ihn auch ziemlich. Ich besorge nur daß der Franz es endlich überdrüßig werden möchte.« Zu ihren Gunsten vermerkte er, dass Sophie Franz Karl stets davon abhielt, sich über seinen Bruder Ferdinand »lustig zu machen, was wirklich sehr nothwendig ist«.[4]

Dass Kaiser Franz der Primogenitur folgend seinen vermeintlich regierungsunfähigen Erstgeborenen Ferdinand zum Nachfolger bestimmte, konnten und wollten viele nicht verstehen. Wollte Metternich einen schwachen Monarchen auf dem Thron sehen, um de facto selbst zu regieren? Franz Karl war ebenso überzeugt wie Sophie, dass er der bessere Kaiser wäre. Der Beiname »der Gütige« passte zu Ferdinand: Er war einfühlsam, schüchtern und vielleicht einfach zu nett, so dass er sich gegen andere schwer durchsetzen konnte, was ihm als Entscheidungsschwäche ausgelegt wurde. Aber wer hätte sich in der »Geheimen Staatskonferenz«, die ihm zur Seite gestellt wurde und in der die politischen Entscheidungen getroffen wurden, gegenüber Schwergewichten wie Metternich schon mühelos behauptet?

Zu Sophies Enttäuschung spielte Franz Karl darin kaum eine Rolle; aber auch Metternich wurde ausgebremst. Franz Anton Graf von Kolowrat-Liebsteinsky erwies sich als entschlossener und geschickter Widersacher; er vereitelte Ende 1836 einen Reformplan Metternichs und schaffte es damit, ihn innenpolitisch weitgehend zu entmachten und auf den außenpolitischen Bereich zurückzudrängen. »Kolowrat betrieb ein intrigantes Doppelspiel, indem er das Vertrauen des Erzherzogs [Johann] missbrauchte, um abfällige Meinungen über Metternich zu verbreiten«[5], zudem sabotierte er in den 1840er Jahren Metternichs Reforminitiativen und stellte ihn als reaktionär dar. Bis zum Ausbruch der Revolution schaffte es Kolowrat so, einen Teil des Kaiserhauses auf seine Seite zu ziehen und gegen den Staatskanzler einzunehmen. Freilich kann man den politischen Stillstand in der Habsburgermonarchie nicht nur auf den Gegensatz der beiden Rivalen reduzieren, aber er verschlimmerte die Systemkrise, die von den Zeitgenossen wahrgenommen wurde. Rückständigkeit, Zensur und Spitzelwesen trugen Österreich von Kritikern wie Marx, Engels und dem Journalisten Ludwig Börne den spöttischen Beinamen »China Europas« ein.

Wie in den deutschen Staaten hatten sich auch in der Habsburgermonarchie im Vormärz vorrangig unter Bürgerlichen und Adeligen liberale Ideen verbreitet. In Wien traf man sich beispielsweise in privaten Salons, in denen man vor der Überwachung sicherer war. Der Baron Anton von Doblhoff-Dier nutzte dafür sogar seine Dienstwohnung im Niederösterreichischen Landhaus, die ihm als Verordnetem des Ständeausschusses und Protokollführer zustand, um darin eifrig an Reformplänen zu arbeiten. Eine wichtige Rolle spielten zudem Vereine wie jener für Gewerbe und Industrie sowie der Juridisch-Politische Leseverein – von Polizeichef Josef Sedlnitzky übrigens als ein »Herd der Revolution« bezeichnet –, in dem seit 1841 die High Society Wiens zusammenkam.

Als die Öffentlichkeit am 1. März aus den Zeitungen von der Februarrevolution erfuhr, war die Aufregung groß. »Die Nachricht dessen, was am 24. Februar in Paris geschehen war, erweckte zuerst ein Gefühl der Verblüffung«, schrieb der österreichische Minister Franz de Paula Graf von Hartig; »die Freunde der Ruhe und des Friedens sahen mit Bangigkeit, die Männer des Umsturzes mit Hoffnung der Zukunft entgegen.« Wenige Tage später berichtete Vitzthum von Eckstädt seiner Mutter, dass die Wiener Vorstädte »in sehr gereiztem Zustand« und »der kleinere Bürgerstand« in Gärung befindlich sei; es sei »mit Gewißheit vorauszusehen, daß wir durch Ströme von Blut wandern werden«.

Allerdings begann die 1848er Revolution auch in der Habsburgermonarchie weitgehend gewaltlos. Den Anstoß gab die Rede, die der Rechtsanwalt Lajos Kossuth am 3. März für die Opposition im ungarischen Landtag in Bratislava (Pressburg) hielt, der seit dem November des Vorjahres tagte. Darin griff er Metternichs Politik an und forderte – von der Pariser Revolution ermutigt – moderne Verfassungen für die Länder des Vielvölkerreiches. Geradezu zum Märtyrer hatte man ihn stilisiert, nachdem er in den 1830er Jahren gedruckte Berichte aus den Landtagen und Munizipien verbreitet hatte und deshalb wegen Hochverrats ins Gefängnis gekommen war. Im Vormärz verband er wirtschaftliche und gesellschaftliche Reformpläne mit der Forderung nach Pressefreiheit und nationaler Unabhängigkeit, gab in Pest eine nationalliberale Zeitung heraus und zog nach einem engagierten Wahlkampf, bei dem er auch Bankette veranstaltete, 1847 in den Landtag ein. Am 11. März wurden auf einer Versammlung in Prag ähnliche Wünsche vorgetragen wie von Kossuth in Bratislava; in den italienischen Provinzen gärte es ohnehin.

In den Kernlanden der Monarchie wurde Wien zum Zentrum des Geschehens. Dort startete man ebenfalls mit einer Petitionsbewegung. Am 6. März erbat der Juridisch-Politische Leseverein von der Regierung liberale Zugeständnisse, wobei die Forderungen den großbürgerlichen Interessen der Vereinsmitglieder entsprachen. Nur wenige radikalere Köpfe wie der Mediziner Ludwig von Löhner bezweifelten, dass man die Ziele gewaltfrei durchsetzen konnte, und er schlug vor, den Verein zur politischen Partei umzugestalten, wofür er keine Mehrheit fand. Der Verein als solcher spielte im weiteren Revolutionsgeschehen keine Rolle, obgleich viele seiner Mitglieder politisch aktiv blieben.

In der Staatskonferenz wurde man sich nicht einig: Während die einen für Zugeständnisse plädierten, wollte Metternich keine Schwäche zeigen. Seine Linie, die auch im offiziellen Amtsblatt veröffentlicht wurde, lautete klar: Keine Zugeständnisse! Nicht nur Palmerston in London hielt Metternich für dickköpfig: Er fand, Konservativismus sei nicht gleichzusetzen mit Erstarrung, und wäre es nicht klüger, »beizeiten und mit gutem Anstand Konzessionen zu machen, statt sich diese durch die Revolution abzwingen zu lassen?«

Die entscheidenden Männer stuften die Gefahr in Wien jedoch als gering ein. Polizeichef Sedlnitzky war in den ersten zehn Märztagen überzeugt, dass man nichts zu befürchten hätte. Metternich blieb sowieso gelassen; er hatte schon so viele Revolutionen (üb)erlebt, da würde er auch diese aussitzen. »Er ist über alle sich hier im Umlauf befindlichen Petitionen voll informiert, aber er ist sehr ruhig«, berichtete Rothschild seiner Familie am 11. März; er sei der Meinung, »innerhalb einiger Tage werden die Unruhestifter zur Verantwortung gezogen werden«. Kolowrat ärgerte sich erneut über Metternichs Eitelkeit und Rechthaberei. Erzherzogin Sophie war zwar ebenso gegen Konzessionen wie der Staatskanzler, traute ihm aber nicht länger zu, die Monarchie zu retten. Im Gegenteil glaubte sie, er habe zur Krise beigetragen, wie sie später dessen dritter Ehefrau Melanie sagte: »Was ich Ihrem Gatten vorwerfe, ist, dass er eine unmögliche Sache machen wollte: Die Monarchie ohne Kaiser zu führen und mit einem Trottel als Repräsentant der Krone.«

Die Regierung stützte sich auch auf das Bündnis von Thron und Altar und verlangte von der Kirche, in ihrem Sinn auf die Untertanen einzuwirken. Allerdings fanden sich unter deren Vertretern ebenfalls rebellische Geister wie der aus Krain stammende Dr. Anton Füster, der seit dem Vorjahr als Professor für Religion und Pädagogik an der Wiener Universität angestellt war und in der Revolution noch als Feldkaplan der Akademischen Legion sowie Abgeordneter im Reichstag, wo er sich den Linken anschloss, in Erscheinung trat. Bei seiner Kanzelrede am Sonntag, dem 12. März, schmetterte er in der Jesuitenkirche ins Publikum: »Für das Vaterland darf euch kein Opfer zu groß sein.« Am nächsten Tag wollten die Studenten vor dem Landhaus in der Herrengasse, in dem die niederösterreichischen Landstände zusammentraten, aufmarschieren und ihren Forderungen nach Rede-, Presse- und Lehrfreiheit, Volksbewaffnung sowie einer allgemeinen Volksvertretung Nachdruck verleihen. Damit es auch wirklich eine Massendemonstration wurde, riefen sie noch in der Nacht in den Vororten Kleinbürger und Arbeiter dazu auf, ihre Solidarität unter Beweis zu stellen.

Am Morgen des 13. März schien ganz Wien auf den Beinen zu sein. Die Menge versammelte sich vor dem Landhaus; Metternichs Staatskanzlei am Ballhausplatz befand sich in unmittelbarer Nähe. Neben Studenten engagierten sich viele Jungakademiker wie der im ungarischen Ofen geborene Adolf Fischhof, der in Wien Medizin studiert hatte und seit kurzem am Wiener Allgemeinen Krankenhaus angestellt war. Er hielt eine spontane Rede, forderte Religions- und Pressefreiheit und sagte: »Eine übel beratene Staatskunst hat die Völker Österreichs auseinandergehalten, sie müssen sich jetzt brüderlich zusammenfinden und ihre Kräfte durch Vereinigung erhöhen.« Außerdem wurde die Rede Kossuths vorgelesen und mit Begeisterung aufgenommen.

Da es keine befriedigenden Zugeständnisse gab, wurde die Stimmung immer gereizter. So kam es, »daß die an einigen Orten hart bedrängten Soldaten, um den Platz zu behaupten und tätliche Beleidigungen abzuwehren, von den Waffen Gebrauch machten«, berichtete Minister Franz de Paula Graf von Hartig. Einzelne Demonstranten drangen in das Zeughaus ein. Es kam in der Innenstadt zu Gefechten, Barrikaden wurden errichtet. Melanie Fürstin von Metternich beobachtete das Geschehen und bemerkte verächtlich: »Da machen die Wiener ihre Taschenrevolution. Gebt ihnen einen Würstelstand, und sie sind glücklich.«

In der Hofburg tagte die Staatskonferenz, in der sich zwei Lager gegenüberstanden: Erzherzog Albrecht und Metternich waren dafür, den Aufstand mit aller Härte niederzuschlagen. Den passenden Mann dafür hatte man bei der Hand: Der kommandierende General in Prag, Fürst Alfred I. Fürst zu Windisch-Graetz, war aus privaten Gründen am 9. März nach Wien gekommen und wurde von seinem Freund Metternich gedrängt, noch zu bleiben. Konservativ bis auf die Knochen, standesbewusst und jeglicher Form bürgerlicher Herrschaft abhold, war der von Zeitgenossen als »steif und kalt« beschriebene Fürst sofort bereit, die Aufgabe zu übernehmen. Metternich wollte ihm diktatorische Vollmachten übertragen, aber Kaiser Ferdinand wehrte sich, so gut er konnte, gegen den Militäreinsatz: »I lass auf mei Volk net schießen!« Er wollte sich die Beschwerden und Wünsche der Bevölkerung anhören, um nach Möglichkeit darauf einzugehen.

Der Kaiser konnte sich aber ebenso wenig durchsetzen wie die Befürworter eines harten Durchgreifens, so dass es zu einem eher halbherzigen militärischen Einsatz unter Erzherzog Albrecht kam, der jedoch Todesopfer forderte und die Situation vor allem auch in den Vorstädten weiter eskalieren ließ. Das Militär hatte versucht, durch das Schließen der Tore die Bewohner derselben draußen zu halten. Die vom zentralen Ort des Geschehens ausgesperrten Aufständischen rissen daraufhin die Kandelaber der Straßenbeleuchtung rund um die innere Stadt heraus und entzündeten die Gasleitungen: In den Abendstunden flackerte ein schauriger Feuerring auf.

Metternichs Gegner sahen ihre Stunde gekommen: Da die Revolutionäre immer lauter auf die Absetzung des verhassten Staatskanzlers drängten und Kolowrat nur zu gern bereit war, ihnen diese eine Forderung zu erfüllen, wurde er, am Schreibtisch sitzend, zum Rücktritt gedrängt. »Mit unerschütterlicher Ruhe und Gelassenheit erklärte er: Aufgabe seines Lebens sei es gewesen, für das Heil der Monarchie auf seinem Standpunkt zu wirken; glaube man, daß sein Verbleiben auf demselben dies Heil gefährde, so könne es für ihn kein Opfer sein, solchen zu verlassen«, berichtete Franz de Paula Graf von Hartig. Furchtbar enttäuscht wurde Melanie Metternich von ihrem sozialen Umfeld. »Ich kann gar nicht sagen, was ich an diesem Tage an Undank und Schlechtigkeit erfuhr. [...] Wie die Ratten ein untergehendes Schiff verlassen, wurden wir von vielen beängstigten Freunden geflohen!«

Metternichs Sturz und Flucht wurden von vielen Karikaturen begleitet: Die Revolution machte auch ihm Beine.

Auf den Straßen Wiens feierte man Metternichs Sturz; er floh mit seiner Familie, wozu Salomon von Rothschild ihm die erforderlichen finanziellen Mittel bereitstellte. Rothschild war erleichtert, dass der »Kaiserliche Thron intakt« geblieben war, konnte sich am 17. März in einem Brief an seine Familie jedoch eine Spitze gegen den gestürzten Staatskanzler nicht verkneifen: »Prinz Metternich sagte mir, daß wir uns in Österreich keine Sorgen machen brauchen, weil seine Einwohner gut erzogen und mit ihrem Los zufrieden seien. 1500 Studenten und Advokaten haben nun eine Monarchie gestürzt, die 600 Jahre alt ist und 36 Millionen Einwohner zählt. Sie versuchen, eine konstitutionelle Regierung zu formen. Wenn es einige Tage länger gedauert hätte, wäre vielleicht eine Republik geformt worden, denn es herrschte starker Anarchismus.« Seine Verwandten in London bat er jedoch wenig später, nett zu Metternich zu sein; denn auch wenn dieser an vielem, was geschehen sei, schuldig sei, sei er doch »unser Freund«.

Windisch-Graetz war wütend, dass man seinen alten Freund hatte fallen lassen. Für Erzherzogin Sophie waren der 13. bis 15. März »schlimme, katastrophale Tage«. Windisch-Graetz schlug den Belagerungszustand vor, aber nun, da Metternich fehlte und ein Bürgerkrieg drohte, setzte sich Ferdinands Haltung durch. Windisch-Graetz reiste ab und sagte seiner Familie beim ersten Wiedersehen treffend voraus: »Ich werde noch in die Lage kommen, nach Wien zu marschieren, um dem Kaiser seinen schwankenden Thron wiederherzustellen.«

Noch stand der Thron aber auf sicherem Boden. Die Habsburger und besonders Ferdinand der Gütige waren weiterhin erstaunlich populär; die Schuld an den Missständen schrieb man seitens der Bevölkerung Metternich zu – und Erzherzogin Sophie, die als herrschsüchtig verrufen war. Zur Beruhigung der Lage unternahm Ferdinand Ausfahrten im offenen Wagen, Franz Karl und Franzi waren zum Schrecken Sophies oft dabei. Dabei bestätigte Ferdinand den jubelnden Leuten immer wieder: »Ich gewähre euch alles.« Pressefreiheit und eine Verfassung wurden versprochen sowie als ausführendes politisches Regierungsorgan ein verantwortlicher Ministerrat eingesetzt.

Kurz darauf erhielt Sophie aus ihrer alten Heimat eine schockierende Nachricht: Am 20. März dankte ihr Halbbruder, König Ludwig I., ab. Allerdings tanzte Bayern aus der Reihe der übrigen deutschen Revolutionen, denn dort war es bereits im Herbst 1846 zu einem Vulkanausbruch gekommen, allerdings ganz anderer und zutiefst menschlicher Natur: »Ich kann mich mit dem

Vesuv vergleichen, der für erloschen galt«, schrieb Ludwig über die spanische Tänzerin Lola Montez, die sich ihm in einer Audienz am 7. Oktober vorstellte und ihn mit ihren blauen Augen und dem schwarzen Haar so sehr verzauberte, dass er sie sogleich für seine Galerie der Schönheiten malen ließ.

Was folgte, war eine skandalöse Liebesbeziehung, die an den europäischen Höfen wie auch in den konservativen Kreisen Bayerns für starke Irritationen sorgte und zu einem verhängnisvollen Autoritätsverlust Ludwigs gerade in den eigentlich königstreuen konservativen und katholischen Kreisen führte. In der hitzig-erregten (vor)revolutionären Stimmung waren die Bayern nicht gewillt, eine königliche Mätressenwirtschaft hinzunehmen, sondern sie wurden sich angesichts dessen ihrer eigenen Macht bewusst.

Wer war Lola Montez? Jedenfalls keine Spanierin. Sie kam 1821 als Eliza Rosanna Gilbert in Irland zur Welt. Der von ihrer Mutter geplanten Ehe mit einem 60-jährigen Mann entging sie, indem sie mit dem 29-jährigen Offizier Leutnant Thomas James durchbrannte. Sie folgte ihm nach Indien, verließ ihn aber bald und kehrte nach England zurück, da er sie misshandelte. Schon auf der Rückreise ließ sie sich auf eine Affäre ein und entschloss sich, nachdem ihr Ruf als anständige Frau endgültig ruiniert war, sich neu zu erfinden. Eliza Rosanna James ging nach Spanien und verschwand; im April 1843 traf in Southampton die Adelige Maria de los Dolores Porrys y Montez ein und trat mit spanischen Nationaltänzen in London auf. Allerdings wurde ihre wahre Identität enthüllt, und sie entschloss sich, ihre Karriere auf dem europäischen Festland fortzusetzen.

Marita Krauss zeichnet in ihrer Biographie das Bild einer selbstbewussten jungen Frau, die sich in einer von Männern dominierten Welt – auch mit Hilfe von Ohrfeigen und einer Peitsche – zu behaupten wusste und ihren eigenen, unkonventionellen Weg ging. Lola habe, wie sie in ihren Erinnerungen schrieb, »dem starken Geschlecht überall den Fehdehandschuh hingeworfen und ihm gezeigt, wie wenig Recht es hat, sich in moralischer Hinsicht über uns Frauen zu erheben. Ich habe den Frauen gezeigt, daß, – wenn sie verständen, die Schwächen der Männer zu nützen, sie überall aufhören würden, das schwache Geschlecht zu sein.« Sie trat u. a. in Dresden und Berlin auf, wobei sie weniger mit ihrer Tanzkunst als mit ihren Skandalen für Aufsehen sorgte. »Es ist wahr, diese Journale verbreiteten die albernsten Lügen über meine Person«, berichtete sie in ihren Memoiren, aber »gerade durch diese Lügen kam ich in Aller Munde [...], so gewährten mir diese Lügen allerdings oft mehr Vortheil als Nachtheil.«

1844 war Montez in Paris, wo sie sich in den Kreisen der Geldaristokratie und Künstler wohlfühlte; ihre Beziehung mit Alexandre Henri Dujarier – bei der republikanischen *La Presse* der Partner jenes Émile de Girardin, der 1848 Louis Philippe die Abdankung nahelegen würde – fand allerdings ein tragisches Ende: Dujarier, der gar nicht schießen konnte, wurde von dem Kritiker einer Konkurrenzzeitung bei einem Duell getötet. Lola reiste weiter nach Rom; auf dem Weg nach Wien machte sie 1846 in München Station – und blieb.

Mit seiner Lolitta, wie er sie nannte, erlebte der 60-jährige Ludwig seinen zweiten Frühling; Königin Therese schwieg konsterniert. Sie unterhielten sich auf Spanisch, er verfasste glühende Liebesgedichte, hat ihr aber in der ganzen Zeit wohl nur zweimal »beygewohnt«. Klug und politisch interessiert, wie sie war, versuchte sich Lola in Ludwigs Entscheidungen einzumischen, und ihre Gegner schrieben ihr großen Einfluss zu, doch an diesem Punkt zog er seine Grenze: »Eine Pompadour abzugeben wäre Lolitta's Sache, aber ich bin kein Ludwig XV.«

Die Affäre und mehr noch ihr Wunsch nach Einbürgerung und einem Adelstitel – sie wurde schließlich Gräfin von Landsfeld – spaltete die bayerische Gesellschaft sowie die Studentenschaft in begeisterte Anhänger und erbitterte Gegner der Lola Montez; mit ihrer oft hochmütigen Art und ihren Wutanfällen trug sie wenig dazu bei, die Kluft zu überbrücken. Als der Staatsrat Anfang Februar 1847 die Indigenatsverleihung verweigerte, pochte Ludwig in einem Brief an ihn auf das monarchische Prinzip: »Der König befiehlt und die Minister gehorchen. Glaubt einer, es sei gegen sein Gewissen, so gibt er das Portefeuille zurück und hört auf Minister zu sein. Der König läßt sich nicht von solchen vorschreiben, was er tun und lassen soll.« Aus der Frage der Einbürgerung wurde eine Regierungskrise mit Ministerwechseln und Machtkämpfen. Lola wurde in Schmähschriften attackiert und Ludwig als »Hurenbock« bezeichnet.

Anfang 1848 spitzte sich die Lage zu. Nach Unruhen Anfang Februar ließ Ludwig die Universität schließen und die Studenten ausweisen; das brachte jedoch auch Münchner Bürger auf die Beine, die nicht nur ihre Moralvorstellungen angegriffen, sondern zudem durch den Verlust der studentischen Kaufkraft ihr »Messer- und Gabelinteresse« (Veit Valentin) bedroht sahen. Vor allem aber forderten die Demonstranten, dass Lola Montez Bayern verließ. Wie der österreichische Gesandte berichtete, wandte sich der Unmut keineswegs gegen das Königshaus, noch wollte kaum jemand Ludwigs Abdankung; das Feindbild war Lola. Sie musste noch im Februar abreisen.

Auf ihrer Reise nach Lindau schrieb Lola Montez: »Mein für immer geliebter Louis, diese Zeilen sind aus der Eisenbahn von Augsburg – Ich bin sehr, sehr unglücklich – Mein Herz ist gebrochen – Ich habe nichts zum Anziehen mit mir, nichts, nichts – Ich bin gezwungen, einen Nachtrock zu tragen. Die Demokratie hat einen großen Sieg errungen, aber hoffentlich nicht für immer … Ich werde nicht aufhören, Dich zu lieben, mein geliebter, geliebter Ludwig …« Angst habe sie keine, da sie »eine kleine Pistole und einen Dolch« bei sich trage. In Lindau angekommen, jammerte sie in einem weiteren langen Brief: »Ich komme mir vor wie ein Verbrecher, den man verjagt.«

Anfang März begannen, weiter angeheizt durch die revolutionären Entwicklungen in Paris und in deutschen Nachbarstaaten, in München Straßenkämpfe. Am 6. März gab Ludwig widerwillig den Märzforderungen nach und versprach Reformen. Damit hätte die bayerische 1848er Revolution erledigt sein können.

Doch gleich darauf kehrte Lola Montez heimlich zurück und traf sich kurz mit Ludwig. Anscheinend bat sie ihn, mit ihr in die Schweiz zu gehen. Sein Land und seine Ehefrau verlassen? Das konnte Ludwig nicht. Als ihre zwischenzeitliche Rückkehr bekannt wurde, kam es zu neuen heftigen Tumulten.

»Also auch der Münchner Pöbel wird energisch, ohne daß es sich um Bier handelt«, stellte Heinrich von Gagern am 11. Februar in einem Brief an seinen Bruder fest, wobei er auf die Münchner Bierrevolution von 1844 anspielte: Damals hatte eine Preiserhöhung zu einem erfolgreichen Aufstand geführt. Auch jetzt musste Ludwig nachgeben, die Universität wieder öffnen und seiner Lolitta das Indigenat aberkennen. Dass er sich dem Druck des Volkes beugen musste, vertrug sich nicht mit seinem Selbstverständnis als absolutistischer Herrscher. Lola wollte sich nicht so einfach geschlagen geben; sie riet ihm aus Bern, sich mit den Konservativen in Österreich zu verbünden und die »republikanischen Kanaillen« mit russischer Militärunterstützung aus Bayern zu verjagen. Am 20. März dankte Ludwig ab, da er kein »Theaterkönig« sein wolle; sein Sohn Maximilian II. Joseph von Bayern bildete ein liberales Ministerium. Neben den Liberalen freuten sich die Konservativen, da sie die Monarchie gerettet sahen.

Das war vermutlich auch für Erzherzogin Sophie in Wien ein kleiner Trost. Dort hatte Metternichs Abgang ein klaffendes Loch hinterlassen. Kolowrat hatte sich zu früh über seinen Karrieresprung gefreut – er war Ministerpräsident geworden –, denn er war mit seiner Aufgabe überfordert und musste nach wenigen Wochen gehen. An seine Stelle trat der liberale Innenminister Franz von Pillersdorf, den Sophie gar einen »Communisten« nannte; die von ihm am 25. April oktroyierte Verfassung mit Zweikammersystem und garantierter Unverletzlichkeit der Nationalität und Sprache der einzelnen Völker galt nur für die sogenannten Erblande, nicht aber für Ungarn und Italien. Empört waren Radikale und Demokraten jedoch über das Wahlrecht, das große Teile der Bevölkerung ausschloss. Mit so geringen Zugeständnissen ließen sie sich nicht mehr abspeisen.

Am 15. Mai brach eine zweite Revolutionswelle über Wien herein; am selben Tag begann Sophie, heikle Papiere zu verbrennen und ihre Diamanten einzupacken. Zwei Tage später schlich sich die kaiserliche Familie wie Diebe fort. Dem Kaiser Ferdinand teilte man erst in Sieghartskirchen mit, dass es keine Spazierfahrt war, sondern dass die Reise nach Innsbruck, in die kaisertreue Hauptstadt Tirols, ging. Sophie würde weder den Wienern, die sie »undankbar« nannte, noch den Ungarn die Revolution verzeihen. Als eine Deputation bürgerlicher Frauen nach Innsbruck kam und um Rückkehr der kaiserlichen Familie bat, wurden diese, wie eine Teilnehmerin berichtete, »wie Verbrecherinnen« behandelt.

Die Nachricht von Metternichs Sturz gab zudem der revolutionären Bewegung in Ungarn und Italien Auftrieb. Als man in Pest davon erfuhr, verfassten radikale Intellektuelle um den Dichter Sándor Petőfi ihre *Zwölf Punkte*, darunter die Forderung nach einer ungarischen Nationalarmee und einem von Wien unabhängigen Ministerium; ebenso kam es zu einer Massendemonstration. Da die Regierung in Wien sowie in den Provinzen unter Druck stand, gab sie hastig nach und gewährte Ungarn weitreichende Autonomie, was im Grunde auf eine Personalunion mit Österreich hinauslief. Dieser Brandherd konnte damit vorläufig gelöscht werden.

Anders sah es im Norden Italiens aus. Als man in Mailand am 17. März die Nachricht von Metternichs Abgang erhielt, brachen am nächsten Tag spontan Barrikadenkämpfe aus. Unter der Führung des liberalen Journalisten Carlo Cattaneo wurde ein Kriegsrat gebildet. Wider Erwarten konnten sich die Mailänder in den berühmten fünf Tagen (*Cinque Giornate*) vom 18. bis 22. März gegen die Österreicher unter Feldmarschall Josef Wenzel Graf Radetzky von Radetz behaupten; auch viele Frauen beteiligten sich an den Kämpfen. Radetzky zog sich mit seinen Truppen in das Festungsviereck von Verona zurück.

Und jetzt? Wie sollte es weitergehen? In Venedig war es ebenfalls zu Volksaufständen und zur Vertreibung der österreichischen Truppen gekommen; der befreite Daniele Manin rief die unabhängige Republik aus. Cattaneo, der dem »Kriegskomitee« vorstand, wagte diesen Schritt jedoch nicht. Karl Albert von Sardinien-Piemont war zwar bereit, im Kampf gegen den gemeinsamen Feind Österreich die Führung zu übernehmen, aber konnte man ihm trauen? Manche fürchteten die Ambitionen Karl Alberts mehr als die österreichische Herrschaft; Cattaneo plädierte für eine autonome Lombardei in einem föderalen Habsburgerreich. Mazzini hingegen war pragmatisch genug, nun ein Bündnis mit Karl Albert zu befürworten und den Krieg zu gewinnen – über die innenpolitische Ausgestaltung eines italienischen Nationalstaates sollte man erst diskutieren, wenn man das Fell des Bären hatte. Diese Meinung vertrat auch die provisorische Regierung unter dem gemäßigt-liberalen Bürgermeister Gabriele Casati; die Republikaner ordneten sich dem unter.

Am 23. März 1848 schrieb Cavour in seiner Zeitung *Il Risorgimento*: »Ein einziger Weg ist offen für die Nation, die Regierung, den König: der Krieg!« Am nächsten Tag erklärte Karl Albert Österreich denselben, ohne sich vorab mit anderen italienischen Herrschern abzustimmen. Die italienischen Patrioten waren in der Zwickmühle: Sie brauchten Sardinien-Piemont, um eine Chance gegen Österreich zu haben, aber sie trauten Karl Albert und seinen dynastischen Interessen nicht. Aus dem Süden hatten Ferdinand sowie der Papst zögernd Truppen in den Norden geschickt, aber rasch eine Kehrtwende vollzogen: Ferdinand benötigte seine Soldaten selbst, um Unruhen in Neapel und Sizilien niederzuschlagen. Pius erklärte Ende April, unmöglich gegen die katholische Macht Österreich Krieg führen zu können, wo er doch das Oberhaupt aller Katholiken sei.

Also kämpften nur die Soldaten Sardinien-Piemonts und patriotische Freiwillige. Garibaldi landete am 21. Juni in Nizza und wurde begeistert als kommender Freiheitsheld bejubelt. Er gewann weitere Freiwillige und erklärte sich bereit, das Ziel einer Republik zurückzustellen, um zunächst an der Seite Sardinien-

Piemonts in den Krieg zu ziehen. Allerdings hatten Karl Alberts Generäle wenig Freude an dem unkonventionellen Berufsrevolutionär, woraufhin er seine Dienste der Lombardei anbot. Die Mailänder Freiheitskämpferin Cristina Trivulzio di Belgiojoso stellte auf eigene Kosten in Neapel eine Truppe zusammen, um sie nach Mailand und in den Kampf gegen Österreich zu führen – damit war sie als Frau »aber die absolute Ausnahme«.[6]

Auf der Gegenseite stand Radetzky mit seiner Armee. Der Feldmarschall war schon über 80 Jahre alt, aber kampflustig wie eh und je. Von Verhandlungen, zu denen sich die »schlappohrige Regierung« in Wien bereit zeigte, hielt er nichts; er riet zur Wiedereroberung und konnte durchsetzen, dass die Entscheidung in Italien mit den Waffen gesucht wurde. Er siegte. Nach der Schlacht bei Custozza im Juli musste ein kleinlauter Karl Albert einen Waffenstillstand unterschreiben. Das Ausscheiden des Königs bot jedoch den Republikanern neue Chancen; in Mailand und Venedig war man entschlossen, den Kampf weiterzuführen, zumal viele österreichische Kräfte in anderen Teilen der Habsburgermonarchie gebunden waren. Garibaldi setzte am und um den Lago Maggiore eine Art Guerillakrieg fort; Mazzini hatte sich seiner Schar kurz angeschlossen, aber der Denker sah sich dem anstrengenden Leben eines Freiheitskämpfers nicht gewachsen und kehrte nach Lugano zurück. Seine große Stunde sollte erst noch kommen.

Doch bevor es so weit ist, verlassen wir Italien und kommen zu Berlin, nach Wien dem zweiten großen Revolutionszentrum im Deutschen Bund. Wie im Süden Deutschlands gab es in der preußischen Hauptstadt Liberale, die Reformen, aber keinen Bruch mit der Regierung wollten, sowie Demokraten, deren Forderungen nach Freiheit und Gleichheit weiter gingen. In den ersten Märztagen diskutierten vorrangig junge Männer, die sich aus der Zeitungshalle kannten, wie sie demokratische Freiheiten durchsetzen könnten. Sie luden am 6. März Freunde zu einer Zusammenkunft in den Tiergarten außerhalb der Stadtmauern, wo sich ein Ausflugs- und Vergnügungsviertel mit Bierhallen und

Wurstbuden befand. In der Folge erlebten die Versammlungen »In (bzw. unter) den Zelten« – es handelte sich tatsächlich um solche – immer größeren Zulauf, und es wurde eine Adresse mit Forderungen an den König verfasst.

Friedrich Wilhelm war hin- und hergerissen zwischen den Meinungen seiner Berater. Bruder Wilhelm riet zum harten Durchgreifen und warnte: »Wenn wir erst Preßfreiheit und -frechheit haben, dann stehet kein Thron mehr lange!« Auf der anderen Seite drängte ihn u. a. Radowitz zu Zugeständnissen, um den drohenden Ausbruch der Gewalt, wie er sie in Wien erlebt hatte, zu verhindern, zumal Pläne für einen allgemeinen Fürstenkongress an der ablehnenden Haltung der süddeutschen Regierungen scheiterten. Ratschläge erreichten den preußischen König ebenso von anderen deutschen Fürstenhöfen. Großherzog Leopold von Baden rechtfertigte das schnelle Nachgeben in seinem Land: »Die Ereignisse gingen und gehen noch mit so reißender Schnelle, daß man von Stunde zu Stunde ohne gegenseitiges Benehmen mit anderen handeln mußte. Das Unvermeidliche mit Gewalt zurückzudrängen, hätte nur die Kraft der überallher brausenden Wogen vergrößert. [...] Die erste Aufgabe war, das Land zu beruhigen und zusammenzuhalten durch eine mit der Regierung einiggehende Kammer. [...] Andere deutsche Regierungen, bei weitem nicht so ausgesetzt, wie wir es sind, haben, ohne uns nachzuahmen und zum Teil ohne noch zu wissen, was bei uns geschieht, dasselbe und noch mehr getan.«

Der sächsische Prinz Johann warnte Friedrich Wilhelm Mitte März mit Verweis auf Wien: »Treibe die Sache nicht auf die äußerste Spitze. Mißlingt eine gewaltsame Unterdrückung, so ist das Schicksal aller Fürsten Deutschlands entschieden, und glaube mir, die öffentliche Meinung ist zu stark, als daß Ihr auf die Länge mit bloß mechanischen Mitteln entgegenzuarbeiten sei. [...] Ahme soviel wie möglich unser Beispiel nach. Es ist der einzige Weg, der für Preußen und ganz Deutschland zum Heile führt. Man kann nicht mit dem Kopf durch die Wand.«

In diesem Spannungsfeld konnte sich Friedrich Wilhelm nur zu halbherzigen Schritten entschließen, die niemanden zufrieden stellten: Am 6. März gewährte er, was er im Vorjahr noch strikt abgelehnt hatte, nämlich die Periodizität des Vereinigten Landtags; am 8. März stellte er die Aufhebung der Zensur in Aussicht.

In Sorge war man bei Hof und in den Behörden über die aufmüpfige Haltung der unteren Schichten, vor allem der Arbeiter und Handwerksgesellen. Am 13. März – einem Montag, an dem Handwerksgesellen gern »blaumachten« – kamen auch aufgrund des schönen Wetters viele Leute zusammen. Anders als in Baden, wo Struve zu einer großen Versammlung aufgerufen hatte, fand die Volksversammlung dort eher spontan und ohne dezidierten Anführer statt; verschiedene Redner hielten Ansprachen. Abends zog die Menge friedlich zurück durch das Brandenburger Tor in die Stadt, aber es kam zu einem Zusammenstoß mit dem Militär, der Verletzte und einen Toten forderte.

Als am 15./16. März bekannt wurde, dass in Wien Metternich gestürzt worden war, fühlten sich auch die Berliner Revolutionäre bestärkt und übten den Widerstand. Beispielsweise setzten sie sich demonstrativ über das Rauchverbot in der Öffentlichkeit hinweg, das bislang von den Gendarmen scharf verfolgt worden war. Es kam immer öfter zu gewaltsamen Zusammenstößen (oder Kämpfen) mit dem Militär. Am 17. März wurde für den nächsten Tag eine Großdemonstration beschlossen. Jetzt hatte Friedrich Wilhelm keine Zeit mehr zum Zögern. Als sich vormittags bereits eine größere Menschenmenge vor dem Schloss versammelte, versprach der König eilends ein Pressegesetz sowie die Einberufung des Vereinigten Landtags, womit er vorrangig den bürgerlich-liberalen Forderungen entgegenkam; auf die Wünsche der Arbeiter ging er nicht ein. Der Druck der Straße hatte Friedrich Wilhelm in die Knie gezwungen. Immerhin konnte er sich nun, da seine Zugeständnisse bekannt waren, über den Jubel der Menge freuen. Allerdings weigerten sich die versammelten Berliner, auseinanderzugehen, sondern forderten vom König, das Militär – dem man besonders die vorangegangenen kleineren Gefechte übelnahm – aus der Stadt zurückzuziehen.

Gegen 14.30 Uhr fielen seitens des Militärs zwei wohl unabsichtliche, aber verhängnisvolle Schüsse. »Mit dem Schmerzensruf ›Verrat! Verrat! Man schießt auf das Volk!‹ flohen die Bürger vom Schloßplatz«, berichtete Augenzeuge Adolf Streckfuß. Aus Droschken, Möbeln und herausgerissenen Pflastersteinen wurden hastig Barrikaden errichtet; die Revolutionäre bewaffneten sich mit allem, was sie fanden, etwa Knüppeln, Mistgabeln und Äxten. Auf der Suche nach Waffen drangen sie auch in Alexander von Humboldts Wohnung in der Oranienburger Straße ein. Als überzeugter Liberaler begegnete Humboldt den Demonstranten durchaus mit Sympathien, doch Gewalt lehnte er ab.

Es kam zu heftigen Straßenkämpfen, und entgegen der ersten Einschätzung bei Hof war keineswegs nur der Pöbel daran beteiligt, sondern auch viele Bürger aus dem Mittelstand, die sich – unschwer an ihren Zylindern zu erkennen – in der dichtgedrängten Menge am Schlossplatz eingefunden hatten. Selbst Frauen und Kinder waren dabei und sorgten u. a. für Verpflegung. Friedrich Wilhelm war erschüttert. General Karl von Prittwitz, der in Berlin das militärische Kommando innehatte, wollte die Aufständischen mit schwerem Geschütz niederschießen. Das ging dem König zu weit, der einen Bürgerkrieg befürchtete. Noch in der Nacht vom 18. auf den 19. März setzte er sich daher an den Schreibtisch und verfasste die Proklamation »An meine lieben Berliner«; in fast weinerlichem Tonfall gab er ausländischen Agenten die Schuld an den Kämpfen. Prinz Wilhelm war erschüttert über diese Kapitulation: »Bisher habe ich wohl gewußt, daß du ein Schwätzer bist, aber nicht, daß du eine Memme bist! Dir kann man mit Ehren nicht mehr dienen.«

Ein Beispiel für eine erfolgreiche Befriedung lieferte der ehemalige Offizier und spätere Abgeordnete in der Paulskirche, Felix Fürst von Lichnowsky, dem es am 19. März gelang, durch Zugeständnisse die Lage auf dem Schlossplatz zu deeskalieren. Die Szene beschrieb Werner Siemens folgendermaßen: »Da kam der

Retter in der Not in der Person des Fürsten Lichnowsky. Von einem in der Mitte des Schloßplatzes aufgestellten Tisch aus redete er die Menge mit lauter, vernehmlicher Stimme an. Er sagte, Seine Majestät der König habe in seiner großen Güte und Gnade dem Kampf ein Ende gemacht, indem er alles Militär zurückgezogen und sich ganz dem Schutz der Bürger anvertraut habe. Alle Forderungen seien bewilligt, und man möge nun ruhig nach Hause gehen! [...] Auf die Frage aus dem Volke, ob auch wirklich alles bewilligt sei, antwortete er: ›Ja, alles, meine Herren!‹ ›Ooch det Roochen?‹ erscholl eine Stimme. ›Ja, auch das Rauchen‹, war die Antwort. ›Ooch im Dierjarten?‹ wurde weitergefragt. ›Ja, auch im Tiergarten darf geraucht werden, meine Herren.‹ Das war durchschlagend. ›Na, denn können wa ja zu Hause jehen‹, hieß es überall, und in kurzer Zeit räumte die heiter gestimmte Menge den Platz. Die Geistesgegenwart, mit welcher der junge Fürst – wahrscheinlich auf eigene Verantwortung hin – die Konzession des freien Rauchens auf den Straßen der Stadt und im Tiergarten erteilte, hat vielleicht weiteres Unheil verhütet.«

Die deeskalierenden Schritte wurden bei Hof und in Offizierskreisen vielfach als tiefe Demütigung aufgefasst, und auch Friedrich Wilhelm empfand nicht anders, als am 19. März die grausam verstümmelten Leichen der getöteten Barrikadenkämpfer auf offenen Wagen vor das Schloss gebracht wurden und vehement das Erscheinen des Königs gefordert wurde. Selbst dem lautstarken Ruf »Mütze ab« gehorchte er. »Jetzt fehlt nur noch die Guillotine«, soll die ebenso blasse Königin ihm dabei zugeflüstert haben.

»In panischer Hektik trat der König somit die Flucht nach vorne an.«[7] Er stimmte dem Abzug des Militärs zu, worüber sich Konservative wie Schelling verwundert zeigten. Dieser schrieb am 19. März in sein Tagebuch: »Der Sieg war gestern ganz auf Seiten der Truppen. Nichts desto weniger erscheint heute früh die Proklamation des Königs ›an meine lieben Berliner‹.« Als Friedrich Wilhelm am 21. März dann noch die Proklamation *An mein Volk und die deutsche Nation* erließ, soll Schelling – so berichtet zumindest Varnhagen von Ense – »alle Fassung verloren« haben. Der Philosoph sah »alle Stützen der Gunst und Macht« als zerbrochen an und »war so blindwütend, daß er schon lange zu sagen pflegte, das Volk müsse man mit Kartätschen zusammenschiessen!«

Die deutschen Fürsten beunruhigte vor allem, dass sich Preußen im letztgenannten Aufruf an die Spitze der Nationalbewegung zu stellen versuchte – »Preußen geht fortan in Deutschland auf«. Beanspruchte Friedrich Wilhelm etwa eine Führungsrolle in einem neuen Deutschland? Die Regenten waren brüskiert, und die preußische Diplomatie hatte alle Hände voll zu tun, die aufgebrachten Gemüter zu beschwichtigen. Innenpolitisch bescherte der Kurswechsel Friedrich Wilhelm einen ungeheuren Popularitätsschub, zumal er eine preußische Verfassung versprach. Zum neuen Märzministerium gehörten zwei bürgerliche Liberale, die Bankiers und Kaufleute David Hansemann sowie Ludolf Camphausen. Am 22. März wurden die Särge der bei den vorangegangenen Kämpfen getöteten Zivilisten auf dem Weg zur Beerdigung am Schloss vorbeigeführt, wobei Friedrich Wilhelm diesen sogenannten Märzgefallenen wiederum seine Ehre erwies; Humboldt marschierte an der Spitze des Trauerzuges mit.

Friedrich Wilhelm bemühte sich, die neuen Maßnahmen nicht als von den Revolutionären erzwungene Zugeständnisse erscheinen zu lassen, sondern als Wohltaten des guten Monarchen noch vor den Barrikadenkämpfen darzustellen; die Kämpfe seien nichts als ein dummes Missverständnis. Während die Berliner ihn als ihren »Volkskönig« feierten, wurde Prinz Wilhelm, der als Scharfmacher bekannt war, zum Feindbild. Rasch verbreiteten sich Gerüchte, er hätte am 18. insgeheim das Signal zum Angriff des Militärs gegeben: Er war als »Kartätschenprinz« verschrien und musste Berlin auf unbestimmte Zeit verlassen. »Mich trifft der ganze Haß des Volkes. Warum, vermag mir niemand zu sagen, weil alles, was man erfährt, erlogen und Verleumdung ist! Und dennoch muß ich fort«, klagte er Charlotte.

Seine Familie blieb zurück, was wohl umso bedauerlicher war, weil seine politischen Ansichten nunmehr mit jenen seiner Frau Augusta übereinstimmten: Die Märzereignisse und der Umschwung in Deutschland hatten der bislang für seinen Geschmack zu Liberalen »so die Augen geöffnet, daß sie fast auf die andere Seite umschlägt, wie dann die Extreme immer ihr eigentümlich waren!«, schrieb er Mitte April aus London. Dort erhielt Wilhelm eine »Art Schulprogramm in Sachen konstitutioneller Monarchie«[8] und erlebte die Monarchie im Bündnis nicht nur mit dem Adel, sondern anders als auf dem Festland eben auch mit dem Bürgertum.

Und vielleicht hatte der Abstand, den er mit seiner nicht ganz freiwilligen Reise nach England gewann, seinen Nutzen. »Nirgendwo im deutschsprachigen Raum, abgesehen allein von Wien, entfaltete sich die Straßenpolitik so machtvoll und vielseitig wie in Berlin.«[9] Hier fand die Revolution auf engstem Raum statt; Anhänger und Gegner derselben kamen sich dabei näher, als manchen lieb sein konnte. Wenn Wilhelm geahnt hätte, dass sich ausgerechnet die Straßenecke Unter den Linden / Friedrichstraße unweit der damaligen Konditorei Kranzler zu einem beliebten Treffpunkt – ironisch »Lindenklub« genannt – entwickeln würde, hätte er sich für sein Palais vielleicht eine andere Adresse statt Unter den Linden 3 auserkoren. Der gegenrevolutionär gesinnte und häufig verschnupfte Philosoph Schelling wohnte im Haus Unter den Linden 71. Er ging am 20. März »vor Tisch, nur um ein wenig Luft zu schöpfen, die Linden hinauf – sehr viele Bürger mit Gewehren, aus vielen Fenstern schwarz-rot-goldene Fahnen; dergleichen Kokarden tragen selbst junge Leute, dem Arbeiterstand angehörig, besonders aber viele Studenten, die mit Säbeln umgürtet sind«. Mit steigendem Unbehagen beobachtete er das massenhafte Auftreten der unterbürgerlichen Schichten.

Der preußische König irritierte mit seinem nachgiebigen Vorgehen, und in konservativen Kreisen gelangte man bald zu der Meinung, dass hinter der Revolution eine Verschwörung stecken musste, weshalb manche Adelige und Offiziere nun ihrerseits bereit waren, sich den Befehlen zu widersetzen: »Daß sich in den Kreisen der Offiziere die fabelhaftesten Gerüchte bildeten, ist natürlich. Der König sei gefangen, handle nur gezwungen, sagte man selbstverständlich. An solche Gerüchte knüpften sich Reden und Gegenreden, ob die Befehle eines gefangenen Königs Gültigkeit hätten [...] und wer denn zu befehlen habe«, berichtete Kraft Prinz zu Hohenlohe-Ingelfingen Ende März, der als Offizier an den Straßenkämpfen teilgenommen hatte.

Ganz vorne mit dabei war Otto von Bismarck, der sich erst langsam an eine politische Führungsrolle herantastete. Beim Jurastudium in Göttingen und Berlin hatte er das lustige Studentenleben mit Wein, Weib und Spieltischen kennen gelernt. Nach einem kurzen Ausflug in die Staatsverwaltung, die ihn anödete, hatte er sich als Junker auf das hinterpommersche Gut Kniephof zurückgezogen, aber auch dort bald festgestellt: »Ich langweile mich zum Hängen.« Mitte der 1840er Jahre stieg er in die Politik ein und schloss sich im Landtag dem konservativen Kreis um die Gebrüder Leopold und Ludwig von Gerlach an. Die Märzrevolution wollte er nicht tatenlos hinnehmen; er versuchte, Generäle für Gegenaktionen zu gewinnen. Von Prittwitz gefragt, was man denn tun sollte, klimperte er auf dem Klavier den Infanteriemarsch zum Angriff. Aber »seine eines James Bond würdige, geheime konspirative Mission vom März, die er im Dienst der Konterrevolution unternahm«[10], blieb ergebnislos. Während manche Generäle zum Handeln bereit waren und die Revolution mit Gewalt niederschlagen wollten, drohte Bismarck gar ein vorzeitiges Ende seiner später so steilen Karriere: General August von Hedemann wollte ihn als Hochverräter festnehmen lassen. Er fand, noch sei der König Herr im eigenen Haus, und wenn Friedrich Wilhelm den Abzug der Truppen befohlen habe, um Blutvergießen zu vermeiden, so sei das sein gutes Recht.

Die konservativen Zeitgenossen hätten sich keine so großen Sorgen machen müssen – Friedrich Wilhelm wechselte nicht ernsthaft zum Liberalismus über. Während er öffentlich gute

Miene zum liberalen Spiel machte, bereitete er hinter den Kulissen die Gegenrevolution vor, wobei er sich auf die Kamarilla – einen Kreis von Beratern rund um Leopold von Gerlach, die eine Art Schattenregierung bildeten – stützen konnte.

Und wie sah es auf der anderen Seite des politischen Spektrums aus? Manche Demokraten meldeten berechtigte Zweifel daran an, dass es der König mit seinen Zugeständnissen ernst meinte. Einer von ihnen war der Arzt Rudolf Virchow. Anhand seiner Biographie lässt sich schön nachvollziehen, wie das Umfeld mit dem allgemeinen politischen Klima sowie dem Pauperismus auf der einen sowie persönliche Erfahrungen auf der anderen Seite politisches Denken prägen. Sein Vater war Landwirt sowie Stadtkämmerer in Schivelbein (Pommern) und konnte dem begabten Sohn das Medizinstudium nicht finanzieren. Zum Glück erhielt Rudolf – wohl dank den Beziehungen seines Onkels – einen kostenfreien Studienplatz an der Pépinière, einer militärmedizinischen Bildungsanstalt in Berlin, doch für die Lebenskosten musste er selbst bzw. seine Eltern aufkommen, ebenso wie für anfallende Gebühren für Studienabschlüsse. 1843 beendete er sein Studium und wurde als Chirurg an der Charité angestellt. Als Privatdozent – gerade dieser Berufsgruppe wurde ein Hang zur radikalen demokratischen Haltung zugeschrieben – konnte er zwar Geld dazuverdienen, aber selbst jetzt noch musste der Vater ihn finanziell unterstützen. Virchows »Selbsteinschätzung als ›akademischer Proletarier‹« trug Mitte der 1840er »entscheidend zu seiner Politisierung und Radikalisierung«[11] bei.

Am Vorabend der Revolution besserten sich Virchows Lebensumstände: 1847 habilitierte er sich und übernahm die Leitung der Prosektur. Jetzt war er in der Lage, zuerst stolz, später jedoch murrend, dem Vater Geld zu schicken. Virchow konnte unter dem bestehenden politischen System auf eine steile Karriere und finanzielle Sicherheit hoffen. Seine Gönner bis hinauf in höchste Regierungskreise erwarteten sich Großes von ihm. Was sein fachliches Können betrifft – Virchow war ein selbstbewusster Vertreter der neuen »naturwissenschaftlichen Medizin« –, irrten sie sich nicht. Nur war der junge Arzt keineswegs so obrigkeitstreu und gehorsam, wie man glaubte. Er hatte nicht nur ein starkes Interesse für Politik und die soziale Frage entwickelt, sondern sich demokratischen und liberalen Ideen geöffnet. In Vereinen wie der Berliner Physikalischen Gesellschaft diskutierte er eifrig mit. Und: Er sah sich als Charité-Beamter statt als Staatsbeamter und glaubte sich frei davon, »gegen die Krone Verpflichtungen zu haben«, wie er seinem Vater im Mai 1847 schrieb.

Wenn der Minister für geistliche, Unterrichts- und Medizinalangelegenheiten, Johann Albrecht Friedrich Eichhorn, das gewusst hätte, wäre die Oberschlesien-Kommission wohl anders besetzt worden. Diese wurde losgeschickt, um Erkenntnisse über eine Seuche zu gewinnen – mit dem Hintergedanken, die Regierung durch anerkannte Experten von den Vorwürfen des Versagens reinzuwaschen. Denn die Kritik an ihr wollte nicht verstummen, nachdem der sogenannte Hungertyphus (eigentlich Fleckfieber) in den Kreisen Rybnik und Pless 1846/47 etwa 16 000 Todesopfer gefordert hatte. Totschweigen ließen sich die dortigen Verhältnisse nicht, im Gegenteil: Das mutmaßliche Vertuschen wurde selbst zum Skandal. Die bayerische *Augsburger Allgemeine Zeitung* hatte bereits im Juli 1847 von den dortigen Zuständen berichten können (da Missstände im fernen Ausland beschrieben und nicht die eigene Regierung kritisiert wurde, sah der zuständige Zensor offensichtlich keinen Grund zum Einschreiten): Man habe kein Brot mehr und ernähre sich »von Gras, dem Kraute der Kartoffeln, von Kleie, von grünem Erbsenstroh«. Die nun in Preußen laut werdende öffentliche Kritik an der Regierung verband sich mit dem Ruf nach Pressefreiheit: Hätte die Obrigkeit die Wahrheit über die elendigen Zustände nicht so lange unterdrückt, hätte man früher handeln und viel Leid verhindern können.

Zusammen mit dem Geheimen Obermedizinalrat Stephan Barez reiste Virchow am 20. Februar 1848 »als beauftragter Mediziner nach Schlesien« und kam nur wenige Wochen später »als selbstständiger Sozialpolitiker zurück«.[12] Wie gründlich die beiden Ärzte in ihrer Untersuchung vorgingen, bleibt dahingestellt: Barez kehrte bereits am 29. Februar zurück, Virchow am 10. März, »um Angesichts der neuen französischen Republik bei dem Sturz unseres alten Staatsgebäudes zu helfen« – er wollte die Revolution in Berlin nicht verpassen. Statt seinen Abschlussbericht einzureichen, brüskierte er die Regierung damit, dass er seine Erkenntnisse als »Mittheilungen über die in Oberschlesien herrschende Typhus-Epidemie« in dem von ihm herausgegebenen *Archiv für pathologische Anatomie und Physiologie und für klinische Medizin* publizierte. Damit wollte er beweisen, »wie die Regierung durch die ungeheuerste Vernachlässigung dieses Landes, durch eine gleich saumselige innere und äußere Politik sowohl die geistige als die materielle Hebung des Volkes unmöglich gemacht hat«. Als Schlussfolgerung forderte er nichts weniger als die »freie und unumschränkte Demokratie«. Der Bericht ist nicht nur ein Dokument der Sozialmedizin, sondern wurde von Virchow als politisches Programm formuliert.

Erst danach schickte er den Bericht mit einem kurzen Begleitschreiben an das Ministerium, wo vermutlich so mancher Beamter einen Wutanfall bekam. Der Geheime Regierungs- und Vortragender Rat im Kultusministerium, Hermann Lehnert, kommentierte den Bericht mit den Worten: »Ich hätte Virchow für verständiger gehalten; er ist ein republikanischer Schwärmer ohne republikanische Tugend. Schade um das Talent.«

Virchows Bericht war eine Anklageschrift gegen Staat und Kirche, welche »die Völker bigott, dumm und unfrei zu erhalten« trachtete. In den Kreisen der Behörden und Gebildeten kritisiere man gar die (verspäteten) Hilfeleistungen und fürchte, »das Volk [zu] verwöhnen. Als man denen, die gar nichts, absolut nichts zu essen hatten, 1 Pfd. Mehl für den Tag bewilligte, fürchtete man, sie würden sich verwöhnen! Kann man sich etwas Schrecklicheres denken?« Die Not habe sich bereits im Herbst 1847 abgezeichnet; den Leuten fehlte es an Kartoffeln und Mehl. »Monat für Monat verging nach dem Ausbruche der Epidemie, ohne dass die höheren Staatsbehörden irgendwie Notiz von ihrem Bestehen genommen hätten. Der Herbst war vorüber, der Winter mit den Schrecken des Hungers und der Kälte rückte vor, – nichts geschah. [...] Endlich begann die Presse durch ganz Preußen und Deutschland die unglaublichen, undenkbaren Dinge zu verbreiten, welche in Oberschlesien vorgingen. Das Gouvernement begnügte sich damit, jetzt endlich jene Mehlvertheilung eintreten zu lassen, deren ich früher in genügender Weise gedacht habe. [...]

Nie hatte man während des 33jährigen Friedens in Deutschland auch nur entfernt Aehnliches erlebt; niemand hätte dergleichen in einem Staate [...] wie Preußen, für möglich gehalten.« Damit meinte Virchow: in einem Staat, in dem man stolz auf seine Beamten und Gesetze war. Aber: »Das Gesetz war da, die Beamten waren da, und das Volk – starb zu Tausenden Hungers und an Seuchen.« Solche Zustände ließen sich künftig nur durch »Bildung mit ihren Töchtern Freiheit und Wohlstand« verhindern.

Eine konstitutionelle Monarchie, wie sie den Liberalen vorschwebte, war Virchow zu wenig: »Was soll uns jener abgetretene und erkünstelte Formalismus der constitutionellen Staaten? Hat die belgische, die englische Constitution es gehindert, daß das Volk in Flandern, in Irland und Schottland gleich dem oberschlesischen zu Tausenden durch Hungersnoth und Seuche gefallen ist? In einer freien Demokratie mit allgemeiner Selbstregierung sind solche Ereignisse unmöglich.«

Es war Virchow selbstverständlich bewusst, dass er mit diesem Bericht seine Karriere riskierte; aber er blieb dem eingeschlagenen Weg treu und stürzte sich in die revolutionären Ereignisse Berlins. »Ich habe einige Barrikaden bauen helfen, dann aber, da ich nur ein Pistol bekommen hatte, nicht wesentlich mehr nützen können, da die Soldaten meist in zu großer Entfernung schossen«, berichtete er seinem Vater. Er war empört darüber, dass der König mit Kanonen auf seine Untertanen schießen ließ. Den nachfolgenden Proklamationen Friedrich Wilhelms schenkte er keinen Glauben; Virchow sah darin lediglich einen

»große[n] politische[n] Streich«, um die erhitzten Gemüter zu beruhigen.

Er war nicht der Einzige, der an der Wahrhaftigkeit des preußischen Königs zweifelte. Der Jurist Jodocus Temme – Politiker der Linken und 1844 nach Tilsit strafversetzt, bevor er 1848 als Staatsanwalt nach Berlin zurückkehren durfte – wunderte sich über die Leichtgläubigkeit vieler Zeitgenossen: »Ich schrieb am 20. April in das Tilsiter Wochenblatt einen Artikel, in dem ich vor diesem Vertrauen in die Regierung warnte, in dem ich erklärte, es sei Wahnsinn, zu meinen, daß in Preußen jede Reaktion fortan unmöglich sei; die Reaktion, sagte ich, sei schon da, arbeite schon, verborgen und geheim zwar, aber desto kräftiger und sicherer. So war es; so war es für Jeden, der die Zustände mit klarem Auge ansehen wollte.«

Auf die Barrikadenkämpfe im Frühjahr folgte ein Sommer der Parlamente. Temme wurde sowohl in die preußische wie die gesamtdeutsche Nationalversammlung gewählt. Virchow bekam zwar genügend Stimmen, doch hatte er das erforderliche passive Wahlalter von 30 Jahren noch nicht erreicht. Im Deutschen Bund war es vor allem die Frankfurter Nationalversammlung in der Paulskirche, auf die sich aller Augen richteten. Deren Abgeordnete sahen nun ihre Zeit gekommen.

Die Stunde der Parlamentarier

Mit Frankfurt am Main war ein traditionsreicher Ort für die erste Deutsche Nationalversammlung gefunden, der einen fixen Platz in der deutschen Geschichte hatte; beispielsweise hatten dort die Kurfürsten den deutschen Kaiser gewählt. Bevor die Abgeordneten am 18. Mai 1848 feierlich einziehen konnten, war einiges an Organisationstalent aufzubringen. Im Vormärz hatten die meisten Staaten des Deutschen Bundes – Österreich und Preußen ausgenommen – »Kinderschritte im Verfassungsprozess unternommen«; nun wagte sich die bürgerlich-liberale Bewegung in Frankfurt an das »Erwachsenenprojekt einer gesamtdeutschen Nationalverfassung«[1], das große Ziel der Märzbewegung in den Staaten des Deutschen Bundes.

Der ebenfalls in Frankfurt angesiedelte Bundestag, die Versammlung weisungsgebundener Bevollmächtigter der deutschen Bundesstaaten, war durchaus willens, auf den neuen Kurs einzuschwenken, und zeigte sich erstaunlich reformbereit. Anfang März stellte er den deutschen Staaten frei, die Zensur zu beenden; ebenso wurden die seit den Karlsbader Beschlüssen 1819 erlassenen Ausnahmegesetze aufgehoben. Bereits Ende Februar richtete der Bundestag einen »politischen Ausschuss« ein, der am 10. März die Bundesregierungen dazu einlud, insgesamt 17 »Männer des allgemeinen Vertrauens« zu entsenden, um die Revision der Bundesakte in Angriff zu nehmen. Aus Preußen kam Dahlmann, der bereits im Königreich Hannover das Staatsgrundgesetz ausgearbeitet hatte und als Verfechter der konstitutionellen Monarchie nun die Führung übernahm.

Die Vorbehalte gegenüber dem Bundestag, der im Vormärz zu oft als williges Instrument des sogenannten Metternich'schen Systems wahrgenommen wurde, waren groß. Also wurden die teils aus dem Hallgartenkreis bekannten Liberalen und Demokraten parallel zum politischen Ausschuss des Bundestags aktiv – und waren schneller: Itzstein hatte am 5. März rund 50 Männer

Ein anonymes Flugblatt mit dem Titel »Das deutsche Volk an die *sogenannte* Deutsche Bundesversammlung«, gedruckt bei »Schlagdrauf und Hilfdirselbst«, wurde Anfang März u.a. in Frankfurt, Mainz und Mannheim verteilt und hielt sich mit Kritik am Bundestag nicht zurück: »Zum ersten Male seit mehr denn 30 Jahren vernimmt mit billigem Erstaunen das deutsche Volk die Stimme der Bundesversammlung, welche zur Eintracht zwischen den Völkern und Regierungen mahnt.« Jetzt, wo Frankreichs Thron gestürzt »und die brausende Woge der Völkerfreiheit drohend an die übrigen Throne schlägt, jetzt kommt diese Mahnung, jetzt auf einmal *Vertrauen und Preßfreiheit.*«

»Hat diese Bundesversammlung je die Fürsten gemahnt, ihre Verpflichtungen den Völkern zu halten? – *Nein*!« Weder hatte der Bundestag den Kurfürsten von Hessen, der »mit seiner Hure die Millionen des verarmten Landes im Auslande verpraßte«, zurechtgewiesen noch den preußischen König daran gehindert, »die hungernden schlesischen Weber mit Kartätschen niederzuschießen [...]. Hat dieser Bundestag dem scheinheiligen, schuldbefleckten Wasserdichter von Bayern [König Ludwig I.] in seinem finsteren Treiben und schamlosen Wandel, als er selbst eine spanische Hure [Lola Montez], zur Schmach des deutschen Volkes, zur Gräfin machte, gehemmt? – *Nein*!«

Die Konsequenz daraus: »Das deutsche Volk erkennt daher auch keinen Bundestag und keinen seiner schon gefaßten oder noch zu fassenden Beschlüsse mehr an. [...] Das deutsche Volk *will*: Preßfreiheit, Glaubensfreiheit, allgemeines Parlament, Aufhebung des Zweikammersystems, Verminderung der Zivil- und Pensionsliste, Aufhebung der stehenden Heere, dieser Zwangsjacke für die Völker und Puppenspiels der Fürsten, und dagegen allgemeine Volksbewaffnung.«

zur Heidelberger Versammlung eingeladen – neben gemäßigten Vertretern wie Gagern, Mathy und Bassermann waren im Unterschied zum Heppenheimer Treffen nun auch entschiedene Demokraten wie Blum, Hecker und Struve dabei, was sich in hitzigen Diskussionen niederschlug. Dennoch konnte man sich darauf verständigen, über einen Siebenerausschuss ein Vorpar-

Eintritts-Karte

für Herrn Dr. Jucho Frankfurt

zu den Berathungen

über ein

deutsches Parlament.

Man versammelt sich am 31. März Morgens $8\frac{1}{2}$ Uhr

im Kaisersaal.

Es wird gebeten, diese Karte zu *jeder* Sitzung mitzubringen.

Der Eintritt auf diese Karte ist **nur** durch das grosse Portal auf dem Baarfüsserplatz.

Der Abgeordnete Friedrich Siegmund Jucho (1805–1884)
bewahrte seine Eintrittskarte in die Paulskirche auf.

lament einzuberufen, das die eigentliche Nationalversammlung vorbereiten sollte.

Das Vorparlament konstituierte sich am 31. März ebenfalls in Frankfurt und tagte bis zum 3. April. Dabei wurde wiederum der Gegensatz zwischen Liberalen und Demokraten deutlich: Obwohl Blum – er hielt das Kaisertum für eine »unzeitgemäße Schöpfung« – zwar enttäuscht war, dass die Linke in der Minderheit blieb, zeigte er sich kompromissbereit und gehörte zu jenen Demokraten, die notfalls auch eine »demokratische Monarchie« akzeptieren wollten. Hingegen schockierte Struve die Gemäßigten mit einem Antrag, in dem er u. a. die Abschaffung der Vorrechte des Adels, eine progressive Einkommenssteuer, die Beseitigung des Notstandes der arbeitenden Klasse, den Schutz der Arbeit sowie das Ende der Erbmonarchie und eine Republik nach dem Vorbild der USA forderte. Allein der Begriff ›Republik‹ war ein rotes Tuch für Liberale und Konservative. Selbst Struves

Freund aus Studententagen, Gabriel Riesser, mit dem er seit 1843 zusammengearbeitet hatte, um die konfessionellen Gegensätze zu überbrücken, war das zu viel. In der Person Riessers lässt sich erfassen, wie fließend die Grenzen zwischen den politischen Positionen waren: Als bürgerlicher Liberaler strebte er eine konstitutionelle Monarchie an, plädierte am 1. April aber für ein demokratisches, von der Religionszugehörigkeit unabhängiges Wahlrecht.

Hecker drängte darauf, dass das Vorparlament als Gegengewicht zum Bundestag dauerhaft bestehen müsse – »Wenn ihr nicht das Volk getäuscht haben wollt, so müßt ihr beisammen bleiben« –, und drohte mit Boykott, falls sich dafür keine Mehrheit finden sollte. Vergeblich versuchte Blum zu vermitteln. Hecker sowie Struve blieb, um ihr Gesicht zu wahren, nichts anderes übrig, als mit 40 Anhängern das Vorparlament zu verlassen. Blum hatte für die beiden wenig Verständnis, wie ein Brief an seine Frau Jenny vom 31. März 1848 belegt: »Struve und Hecker sind wahre Viehkerls, rennen durch die Wand wie geschlagene Ochsen und haben uns den Sieg furchtbar schwer gemacht.«

Nun wurde ein Fünfziger-Ausschuss gewählt, der die Rechte des Volkes vertreten sollte, bis die Nationalversammlung zusammentrat. Blum erhielt die drittmeisten Stimmen; der abwesende Hecker kam auf Platz 51. Nachdem er sich selbst ungeschickt aus dem Spiel genommen hatte, versuchte Hecker auf einem anderen Weg ans Ziel zu kommen. Dazu baute er auf die radikaldemokratischen Kräfte im deutschen Südwesten sowie einzelne Gleichgesinnte, die ihm den Rücken stärkten, ihn aus dieser Position heraus ebenso vorwärtsdrängten. Darunter war Joseph Fickler, der sich seit langem als Herausgeber der Konstanzer *Seeblätter* für die Demokraten stark machte; am 3. April kam er nach Straßburg und traf sich mit Hecker in Mannheim. Das Volk sollte zu den Waffen gerufen werden, um wenigstens in Baden eine Republik zu errichten.

Als Fickler heimreisen wollte, wurde er am 8. April am Bahnhof von Karlsruhe von Karl Mathy verhaftet, wozu dieser eigentlich keine Berechtigung hatte. Derart unter Druck, floh Hecker Hals über Kopf nach Konstanz. Er war überzeugt, dass viele nur auf das Signal zum Losschlagen warteten. Doch die Resonanz war ernüchternd; in Konstanz warnten viele Demokraten vor dem Unternehmen, die Bürgerwehr verweigerte sich. Hecker rief am 12. April (vermutlich) die Republik aus und forderte alle waffenfähigen Männer auf, sich in Donaueschingen zu sammeln. Hecker und Struve konnten aber nur wenige Bauern begeistern, die meisten entzogen sich mit Verweis auf ihre Arbeit. Es waren hauptsächlich verarmte Handwerker, die sich anschlossen. Noch setzten die meisten Menschen ihre Hoffnungen in die künftige Nationalversammlung. Selbst ein Konservativer wie Schelling erwartete sich von der Paulskirche nichts weniger als die »große Regeneration Deutschlands und dadurch der Welt«.

Zwei Abgesandte des Fünfziger-Ausschusses – einer von ihnen war Jakob Venedey – reisten in den Schwarzwald, um Hecker und Struve zur Vernunft zu bringen, wobei sie ihnen Straffreiheit zusicherten. Doch für die beiden gab es kein Zurück. Am 20. April stießen die Freischärler bei Kandern auf die Bundestruppen unter General Friedrich von Gagern, dem Bruder Heinrichs. Angeblich redete man stundenlang aufeinander ein, um die jeweils andere Seite zum Überlaufen zu bewegen. Die nachfolgenden Kampfhandlungen waren umso kürzer: Den Soldaten waren die Aufständischen nicht gewachsen; jedoch wurde Friedrich von Gagern tödlich verwundet.

Als Teil des Heckerzugs erregten die Ehepaare Struve und Herwegh (mediales) Aufsehen. Zurückzubleiben kam für Amalie Struve nicht in Frage; sie fuhr auf dem Versorgungswagen mit. Für Emma Herwegh in Paris war ebenso klar gewesen, dass sie ihren Mann in den Kampf begleiten würde. Die Februarrevolution in der französischen Hauptstadt hatte zahlreiche deutsche Emigranten entflammt, die Anfang März die Deutsche Demokratische Gesellschaft gründeten und eine Deutsche Legion aufstellten, zu deren Führer Georg Herwegh gewählt wurde. Das Freikorps – die Masse stellten Handwerker – wollte die Republikaner in Baden unterstützen. Karl Marx lehnte das Unternehmen strikt ab – die Freundschaft mit den Herweghs zerbrach darüber.

Und Hecker? Er konnte reden und Menschen begeistern; als militärischer Anführer machte er jedoch keine gute Figur. Er zögerte, das Hilfsangebot der Deutschen Legion anzunehmen und sie in seine Pläne zu integrieren, zumal in den Zeitungen vor anrückenden ausländischen Horden gewarnt wurde, von denen viele nichts Gutes erwarteten. Emma betätigte sich als Agentin und reiste nach Konstanz zu Hecker, der sie aber vertröstete, da er vor dem unpopulären Schritt zurückschreckte. Als die Deutsche Legion endlich in Baden eintraf, war Hecker bereits geschlagen, und ihren Mitgliedern blieb nach einem Gefecht nur die Flucht in die Schweiz; auf dem Weg dorthin wurde sie noch vom württembergischen Militär bei Dossenbach geschlagen.

Durch ihren kämpferischen Einsatz wurden Emma Herwegh und Amalie Struve berühmt – aber nicht immer fiel die Beurteilung ihres Handelns positiv aus. Beispielsweise sahen die Republikaner es gar nicht gern, dass Struve seine Frau mit zu den (militärischen) Beratungen nahm. Georg Herwegh wurde in Schmähgedichten und Karikaturen als Feigling dargestellt, der sich unter dem von seiner entschlossenen Frau gelenkten Wagen verstecke. Otto von Corvin, ein General der Deutschen Legion, widersprach den verunglimpfenden Darstellungen: Er hatte einen positiven Eindruck von Emma gewonnen, die sich in ihrer Männerkleidung keineswegs lächerlich mache und mit ihrem Mut überzeuge. Sie selbst verfasste im Jahr darauf ihre *Geschichte der deutschen demokratischen Legion aus Paris*, die sogleich verboten wurde. Ebenso schrieb Amalie Struve *Erinnerungen aus den badischen Freiheitskämpfen* nieder und betonte, »mit Fug und Recht behaupten [zu können], daß die Kämpfe meines Gatten auch die meinigen waren. Ich hatte niemals gedacht, daß die Pflicht der Frau bloß darin bestehe, dem Gatten für seine häuslichen Bedürfnisse Sorge zu tragen und die Kinder gut zu erziehen.«

Heckers Frauenbild blieb hingegen bürgerlich-traditionell; er lobte an seiner Gattin Marie Josefine die Fähigkeit, ihm »in ungetrübtem häuslichem Glück so oft Ruhe und Ersatz nach den Kämpfen im öffentlichen Leben« geboten zu haben. Im Feld habe sie jedoch nichts zu suchen. Trotz (oder aufgrund?) des gescheiterten Unternehmens wurde er übrigens zur Kultfigur. In verschiedenen Fassungen wurde er im Heckerlied gefeiert; viele Zeitgenossen hatten Bilder von ihm – Schlapphut und Hahnenfeder, Stulpenstiefel und blaue Bluse waren seine Markenzeichen – zu Hause. Hecker verfasste in der Schweiz die Rechtfertigungsschrift *Die Erhebung des Volkes in Baden für die deutsche Republik im Frühjahr 1848*, in der er jedem, nur nicht sich selbst, die Schuld für das Scheitern gab. In der Revolution spielte er keine größere Rolle mehr.

Zurück nach Frankfurt: Was wurde aus dem politischen Ausschuss des Bundestages und Dahlmanns Arbeit? Er und seine Kollegen arbeiteten zügig und konnten der Bundesversammlung bereits am 27. April 1848 einen *Entwurf des deutschen Reichsgrundgesetzes* übergeben, der den Staatenbund in einen Bundesstaat umgewandelt hätte. Dahlmann dachte an ein Erbkaisertum unter Friedrich Wilhelm und führte mit diesem einen Briefwechsel, in dem der preußische König ihm am 3. Mai – obwohl er sich geschmeichelt fühlte – vertraulich mitteilte: »Halten Sie mich aber weder für einen Heuchler, noch für einen alte breitgetretene Wege wandelnden Dummkopf, wenn ich Ihnen rund heraus erkläre, daß ich die höchste Krone *nicht* [3 × von F. W. unterstrichen] annehmen werde.«

Doch der Bundestag hatte bereits am 7. April den Wahlrechtsbeschluss des Vorparlaments angenommen. Seitdem war klar, dass die Entscheidung über die künftige Verfassung in der noch zu wählenden Nationalversammlung fallen würde. Gewählt werden sollte nach einem allgemeinen und gleichen Männerwahlrecht, wobei die Wähler volljährig sowie »selbstständig«, d. h. finanziell unabhängig, sein mussten. Die genauen Kriterien dafür wurden von den Einzelstaaten festgelegt. Jene, die Armenunterstützung erhielten, blieben ausgeschlossen, wie auch das Gesinde, obwohl in der demokratischen Bewegung diskutiert wurde, ob man männlichen Dienstboten nicht doch das Wahlrecht zugestehen sollte. In Württemberg hieß es im königlichen Erlass vom April 1848, dass nur »selbstständige Staatsbürger« wählen durften, nicht aber »diejenigen [...] welche in einem dienenden Verhältnisse Kost und Wohnung erhalten«. Großzügig ausgelegt wurde das Wahlrecht u.a. in Preußen, wo mehr als 90 Prozent der erwachsenen Männer stimmberechtigt waren. In vielen Regionen gab es zum ersten Mal Wahlen; die Wahlkämpfe sorgten dort für einen neuen Politisierungsschub, zumal es noch keine Parteien im modernen Sinn gab.

Die Wahlen gewannen oft prominente Personen und lokale Honoratioren. Wohl nicht nur die Berliner hätten gern Alexander von Humboldt in der Paulskirche gesehen, der aus Altersgründen abwinkte; mit seinen fast 80 Jahren war er geistig zwar rege und interessiert, aber das wollte er sich nicht mehr antun. Akademiker bildeten mit gut 87 Prozent, davon mehr als die Hälfte Juristen, die Mehrheit der Abgeordneten. Das Wirtschaftsbürgertum war schwach, unterbürgerliche Schichten, Handwerker und Kleinhändler fast gar nicht vertreten. Eine Ausnahme stellte der Schlossermeister Ferdinand Nägele dar, der sich im Gesangs- und Turnverein engagiert hatte. Für ihn wurde bei Wahlversammlungen mit dem markigen Spruch geworben: »Nicht Doktors, nicht gelehrte Geister, wir wählen einen Schlossermeister!« Er gehörte zu den Linksliberalen, setzte sich für Gewerbefreiheit und die Aufhebung der Zünfte ein und blieb auch nach der Revolution politisch aktiv; erst 1870 wurde er wegen seiner preußenkritischen Haltung nicht mehr in den Landtag gewählt.

In Frankfurt standen die Abgeordneten wie anderswo vor dem Problem, dass sie beruflich abkömmlich sein mussten, um ihre politische Aufgabe erfüllen zu können. Das schloss neben den Unterschichten auch viele Bürgerliche aus, die ihrem Geschäft und Handwerk nicht so lange fernbleiben konnten. Neben den noch wenigen Berufspolitikern waren es wiederum mehrheitlich Männer im Staatsdienst (rund 56 Prozent), die in der Paulskirche zusammenkamen. Für Blum war das Mandat eine Existenzfrage. Seinen Theaterposten hatte er längst aufgegeben, da dieser – wie er seiner Mutter schrieb – nicht zu seiner öffentlichen Stellung passe, und Anfang 1847 die Verlagsbuchhandlung »Robert Blum & Compagnie« gegründet. Er plante ein *Staatslexikon für das Volk*, dessen erster Band im Frühjahr 1848 erschien. Es war eine bittere Ironie des Schicksals: Die Revolution brachte Blum unsterblichen Ruhm und zugleich den wirtschaftlichen Ruin, wie er im März klagte: »Es liest jetzt Niemand [etwas] als Zeitungen; es kauft Niemand etwas als Zeitungen, der Buchhandel stockt vollkommen.«

Während im Gebiet des Deutschen Bundes eifrig Wahlen abgehalten wurden – allerdings riefen tschechische Nationalisten zum Wahlboykott auf, so dass aus Böhmen, Mähren sowie slowenischen Wahldistrikten in Kärnten, in Krain und in der Steiermark, wo sich die Bevölkerung mehrheitlich nicht der deutschen Nation zugehörig fühlte, keine Abgeordneten entsandt wurden –, liefen in Frankfurt die Vorbereitungen auf Hochtouren. Zunächst einmal galt es, die erst 1833 fertiggestellte Paulskirche zweckmäßig einzurichten. Altar und Kanzel wurden durch einen Vorhang verdeckt, die Orgel verschwand hinter einem Gemälde der Germania, das Philipp Veit in nur wenigen Tagen erschaffen hatte. Es gab rund 2000 Sitzplätze, jedoch – schließlich war es eine Kirche – keine Büros oder Nebenräume, in die sich die Abgeordneten zu Beratungen zurückziehen konnten.

Blieb die Frage, wo die Parlamentarier wohnen sollten. Zum Glück war man in Frankfurt, das nicht nur ein politisches Zentrum, sondern zudem eine bedeutsame Messestadt war, auf hohe Gästezahlen eingestellt; noch glücklicher war, wer eine gute Freundin wie Clotilde Koch-Gontard in der Stadt hatte. Sie stammte aus einer wohlhabenden, großbürgerlichen Familie und heiratete mit 20 Jahren – gegen den Willen ihrer Eltern – den nur wenig älteren Robert Koch. Er war als Juniorchef im Familienbetrieb Gogel Koch & Co. im Weinhandel tätig, doch war das Unternehmen dank des verschwenderischen Schwiegervaters hochverschuldet. Clotilde sprang mit ihrem Vermögen ein, und auch ihr Mann erwies sich als geschäftstüchtig, war aber weniger als sie an gesellschaftlichen und intellektuellen Dingen interessiert. Durch den Weinhandel hatten die beiden mit größeren Weingütern in der Pfalz zu tun, unter anderem mit der Familie Buhl in Deidesheim. Dort traf sie u. a. auf Itzstein sowie Heinrich von Gagern und begann, sich für liberale Gedanken zu öffnen. Mit Josefine Buhl unterhielt Clotilde einen regen Briefwechsel.

Als feststand, dass das Vorparlament in Frankfurt zusammenkommen würde, öffnete Clotilde Koch-Gontard die Türen ihres Hauses für die befreundeten Politiker. Am 19. März schrieb sie Heinrich von Gagern, dass es ihre Familie »recht glücklich machen [würde], wenn Sie während den Tagen der Versammlung, die am 30. hier zusammenkommt, ein Bett bei uns annehmen wollten«. Wenige Tage später bot sie dem liberalen Landtagsabgeordneten und Präsidenten des Vorparlaments Karl Joseph Anton Mittermaier ein Schlafzimmer mit angrenzendem Salon an, den er als Schreibstube und Sprechzimmer nutzen könnte, »ohne daß unser Familienleben dadurch im geringsten berührt wird«. Karl Mathy und seiner Frau war Koch-Gontard ebenso verbunden; die beiden konnten bis 1850 in ihrem Frankfurter Stadthaus wohnen. Sie beteiligte sich nicht aktiv an Kämpfen wie Emma Herwegh und Amalie Struve, unterstützte aber ihre liberalen Freunde.

Koch-Gontard war in engem Kontakt mit Politikern, fürchtete jedoch, als Frau nicht ernst genommen zu werden. Am 22. März schrieb sie Mittermaier, wie begierig politische Neuigkeiten in Frankfurt aufgenommen wurden. »Doch ich höre Sie sagen: Es ist mit dem Weibergeschwätz wieder kein Ende, in die Kinderstube und an den Strickstrumpf gehört die Frau, der Mann nur ist berufen zum Handeln nach außen. Jetzt weniger als jemals noch mag ich meine Stellung in dieser Beziehung begreifen, und es macht mir recht viel Mühe, die Küche als den Hauptschauplatz meiner Tatkraft anzusehen.«

Aus dem Teetisch für ihre Hausgäste entwickelte sich schnell einer der wichtigsten politischen Salons Frankfurts; ein Zeitgenosse bezeichnete sie gar als »Parlamentsmutter«, ein Begriff, den sie später selbst gern aufgriff. Anfangs waren dort abgesehen von den radikalen Demokraten alle politischen Gruppen vertreten. In ihr Gelbes Kabinett lud sie enge Freunde zu vertraulichen Gesprächen; für Gagern entwickelte sie gar, wie Anton von Schmerling berichtete, »eine bis zur Schwärmerei gehende Verehrung«. Dass sich eine derart politisch interessierte und gebildete Frau wie Koch-Gontard damit zufrieden gegeben hätte, über das Geschehen in der nahen Paulskirche nur aus zweiter Hand zu erfahren, ist schwer vorstellbar.

Sie war nicht die einzige Frau, die sich mehr Teilhabe am politischen Geschehen wünschte. Zum Vorparlament hatten Zuhörerinnen keinen Zutritt; allerdings gelang es einigen wenigen wie der Schriftstellerin Malwida von Meysenbug und Koch-Gontard, sich am letzten Verhandlungstag einzuschleichen und auf der Kanzel versteckt der Schlussrede Mittermaiers zu lauschen. Mit dieser Heimlichtuerei war in der Nationalversammlung dann Schluss: Dort war Publikum erlaubt, und es gab eine eigene Damengalerie. Obwohl Frauen bereits in manchen vormärzlichen Landtagen wie in Karlsruhe zugelassen worden waren – dieser erwies sich als regelrechter Tourismusmagnet –, war dies in anderen Staaten heftig umstritten.

Der spätere sächsische König Johann I. hatte weibliches Publikum im Landtag 1831 mit der Begründung abgelehnt, dass öffentliche Angelegenheiten nun einmal Männersache und Damenbesuche in den Verhandlungen von Nachteil seien – die Abgeordneten würden dann nämlich mehr darauf achten, den Schönen zu gefallen. Der Leipziger Superintendent Christian Lebrecht Großmann hielt es ebenfalls für falsch, sie in politische Diskussionen hineinzuziehen; das könne nicht nur ihrer Frömmigkeit schaden, sondern auch Demut und Gehorsam der Frauen gegenüber Männern gefährden. Die Frauen ließen sich das trotzdem nicht nehmen. Aus Frankfurt am Main berichtete Koch-Gontard ihrer Freundin Josefine Buhl am 25. Mai: »Ich gehe täglich in die Sitzungen und kann die Politik nicht lassen«, schränkte aber ein, sie fühle dabei, »daß wir Frauen uns der Sache nicht so leidenschaftlich hingeben sollten.«

An eben diesem Tag war im Leipziger Landtag die revolutionäre Erschütterung ebenfalls zu spüren: Der liberale Bürgermeister Hermann Adolph Klinger forderte, Frauen als Zuschauerinnen zuzulassen – sie dürften ja auch an Gerichtsverhandlungen teilnehmen und würden zudem als Erzieherinnen ihrer Söhne politische Bildung weitergeben. Sein Antrag wurde einstimmig angenommen. Die Zuschauerränge hatten sich Frauen also größtenteils erkämpfen können; von aktiver Mitbestimmung blieben sie allerdings weiter ausgeschlossen. Auch Koch-Gontard erkannte mit Bedauern, »nur eine Frau sein zu müssen, die das Zusehen hat, und doch mit Gefühl und Tatkraft im Leben begabt ist«.

Welche Frauen waren im Publikum zu finden? Solche, die es sich leisten konnten, stundenlang den Verhandlungen beizuwohnen, sie stammten also meist aus dem gehobenen Bürgertum. Oft waren es Angehörige von Abgeordneten wie Julie Pagenstecher, Ehefrau des Liberalen Alexander Pagenstecher. Sie schrieb ihrer Mutter im Juli 1848, dass sie von neun bis halb drei in der Paulskirche ausgehalten hatte, obwohl es sehr heiß war, »ohne einmal hinauszugehen, mich dabei mit einem Stückchen Schokolade gestärkt«.

Frauen als – wenngleich weitgehend passive – Teilnehmer an Nationalversammlungen: Das war neu, das war umstritten. Manche sahen sich unter Rechtfertigungsdruck und fürchteten, für ihr »unweibliches« Interesse an der Politik belächelt oder gar angefeindet zu werden. Ende Juni fand Henriette Obermüller, dass Jakob Venedey sie »kindisch« behandelte, und klärte ihn auf: »Ich bin 30 Jahre alt und gar keine so kleine Frau, bekümmere mich sehr um Politik und hab' mein Vaterland recht lieb. [...]

Ihren Brief habe ich recht oft lesen müssen, um mich zu überzeugen, daß Sie mich nicht auslachen. Sind Sie am Ende auch Einer von Denen, die nicht haben wollen, daß die Frauen sich um Politik kümmern?« Julie Pagenstecher bat in ihrem Brief an ihre Familie: »Was ich hier schreibe, erzählt keinem Menschen, es lautet zu komisch, wenn Frauen darüber reden.«

Im privaten Kreis war es möglich, an der Diskussion teilzunehmen, doch in der Öffentlichkeit besaßen, wie Henning Türk schreibt, die Männer die Deutungshoheit. Nicht nur in konservativen Reihen fanden sich Kritiker, die Frauen als Zuschauerinnen vehement ablehnten, sondern ebenso unter Demokraten und Republikanern: Johannes Scherr verspottete sie in seinen Erinnerungen *Von Achtundvierzig bis Einundfünfzig* als »Müßiggängerinnen [...] für die es gesünder gewesen wäre, wenn sie daheim ihre Hausfrauen- und Mutterpflichten erfüllt hätten«; die Vernachlässigung derselben war ein damaliges Standardargument männlicher Polemiken. Für Scherr waren sie »Parlamentsfliegen«, und er vertrat die Ansicht, dass es sich bei diesen nur um hässliche Frauen, alte Jungfern oder pflichtvergessene Mütter handeln konnte – ein Bild, das zahlreiche Karikaturen inspirierte.

»Im Parla-Parla-Parlament«

Die erste Sitzung der Nationalversammlung am 18. Mai 1848 verfolgten rund 2000 Menschen. Koch-Gontard gewann allerdings keinen guten Eindruck, wie sie in ihrem Parlamentstagebuch festhielt, denn dem feierlichen Einzug unter Glockengeläut, Böllerschüssen und einer jubelnden Menge »folgte ein entsetzlicher Skandal! Man konnte sich nicht einigen über das Nächstliegende. Zank, Toben und Streit ohne Ende. Die Sitzung dauerte bis gegen 7 Uhr.« Zu ihrer Freude wurde am nächsten Tag Gagern zum Präsidenten der Nationalversammlung gewählt. Bevor die großen Aufgaben wie die Reichsverfassung in Angriff genommen

Ein Blick in die Paulskirche: Im Vordergrund ist Robert Blum zu erkennen.

werden konnten, musste der Betrieb anlaufen, wobei man in organisatorischen Belangen auf die Erfahrungen in den einzelstaatlichen Landtagen zurückgreifen konnte: Es brauchte neben dem Präsidenten eine Geschäftsordnung, geregelte Abstimmungsverfahren und Ausschüsse, in denen einzelne Fragen behandelt wurden. Die Paulskirche war einer von vielen Orten, an denen im Revolutionsjahr Grundzüge des demokratischen Verhaltens erfahren und eingeübt werden konnten.

Parteien im modernen Sinn gab es noch nicht; aber erstaunlich rasch entwickelten sich – anders als in den früheren Landesparlamenten – politische »Klubs« (Fraktionen) mit förmlicher Mitgliedschaft und Programmen. Die Fraktionen benannten sich nach den Gaststätten, in denen sie sich trafen. Die Liberalen waren in der Mehrheit: In der Frankfurter Casinogesellschaft traf sich das Casino, dessen prominente Vertreter Gagern, Bassermann und Mathy waren; die stärkste Fraktion bekannte sich zur konstitutionellen Monarchie und galt als rechter Flügel der liberalen Mitte. Der linke Flügel kam im Württemberger Hof zusammen und trat für eine freiheitlich-demokratische Ausgestaltung der Verfassung ein; ihm gehörte u. a. Gabriel Riesser an. Im Deutschen Hof sammelte sich der gemäßigte Teil der Linken, dem Itzstein und Blum angehörten und der sich gegenüber der Mitte offen für Kompromisse zeigte. Die radikalen Demokraten schlossen sich in der Fraktion Donnersberg zusammen. Im Café Milani trafen sich die gemäßigt Konservativen; dort finden wir Friedrich Wilhelms Vertrauten Radowitz wieder. Die Sitzordnung in der Paulskirche erfolgte nach politischer Haltung: Links saßen die radikalen Demokraten und Republikaner, in der Mitte die Liberalen und rechts die Konservativen.

Wie kann man sich die parlamentarische Arbeit vorstellen? Schenkt man Robert Blum Glauben, dann war es eine entsetzliche Schinderei: »Sitzung von 9 bis halb 4 Uhr, 5 Uhr ein Ausschuß, 6 Uhr ein Ausschuß (im letztern schreibe ich), dann Klubb, dazu Vereinigungsversuche mit den Centren, die entsetzlich confus sind. Parteiberathungen, Conferenzen eines Ausschusses, der die Partei regelt«, schrieb er im Juni an einen Freund. »Lange wäre das nicht auszuhalten.« Blum hatte jedoch den Nachteil, nicht wie viele andere in Landtagen bereits praktische Erfahrung mit der politischen Tätigkeit gesammelt zu haben. Dem damaligen Klatsch nach stürzte sich der Salonlöwe in Frankfurt außerdem in diverse Liebschaften, auch wenn er seiner Frau Jenny schrieb, sie müsse sich keine Sorgen machen über die fanatischen Frauen im Süden, die ihm in der Paulskirche Blumen und Kusshändchen zuwarfen: »Jeder Blick in den Spiegel [sagt mir], daß ich nicht schön und 40 Jahre alt bin.«

Wie Blum beschreibt, waren die Abgeordneten in diversen Ausschüssen tätig. Besonders wichtig war der Verfassungsausschuss unter dem Vorsitz Bassermanns, der die Grundrechte sowie das Reichsgrundgesetz erarbeiten sollte. Darin fand sich mit Dahlmann ein wahrer Experte auf diesem Gebiet, der laut einem Beobachter zum »herrschende[n] Geist« wurde. Im Verfassungsausschuss wurde jedoch klar, dass eine rasche Einigung undenkbar war. Zu sehr gingen die Meinungen auseinander, weshalb die

Beratungen über die Grundrechte – dabei war eher eine gemeinsame Linie zu finden – vorgezogen wurden.

Eine weitere entscheidende Aufgabe bestand darin, bis zur Fertigstellung der Verfassung eine provisorische Exekutive zu schaffen. Die Vorschläge reichten von einem Dreierdirektorium über einen Präsidenten bis hin zu einem »Vollziehungsausschuss«, bis Heinrich von Gagern am 24. Juni einen »kühnen Griff« tat und den als volksnah geltenden Erzherzog Johann für die Übergangszeit als Reichsoberhaupt vorschlug. Am 28. Juni 1848 folgte das Gesetz über die »Einführung einer provisorischen Zentralgewalt für Deutschland«, und der Erzherzog wurde zum Reichsverweser. Der Bundestag endete damit; die Verfassung des Deutschen Bundes erlosch jedoch nicht, sondern wurde in einen Dornröschenschlaf versetzt.

Allerdings hatte die neue Exekutive nur ein begrenztes Kontingent an Reichstruppen, keinen Verwaltungsapparat und kaum finanzielle Mittel. Obwohl die provisorische Zentralgewalt den Anspruch erhob, Deutschland nach außen zu vertreten, verweigerten die übrigen Großmächte ihr die völkerrechtliche Anerkennung, zumal man einen expansiv-kriegerischen Kurs des im Werden begriffenen deutschen Nationalstaates, wie er sich beispielsweise im Konflikt mit Dänemark um die Herzogtümer Schleswig und Holstein zeigte, fürchtete.

Politische Verhandlungen fanden in den neuen Parlamenten wie in der Paulskirche – anders als zur Zeit absolutistischer Fürsten mit ihrer Geheimpolitik (Arkanpolitik) – nicht länger hinter verschlossenen Türen statt. Mit ihren Redebeiträgen richteten sich die Abgeordneten nicht nur an ihre Kollegen, die sie überzeugen wollten, sondern auch an das Publikum, das selbst anwesend war ober durch Zeitungsbeiträge und publizierte stenographische Protokolle erfuhr, was vor sich ging. Das führte zu einem neuen Verständnis von Politik und Öffentlichkeit bzw. Öffentlichkeitsarbeit und ist ein weiterer Teil der »Kommunikationsrevolution«, als die die 1848er Revolution gern bezeichnet wird.

Das Parlament wurde zur großen Bühne; die Kehrseite war: Man stand andauernd unter Beobachtung der kritischen Öffentlichkeit. Rhetorisches Geschick und eine tragende Stimme gewannen neben den Inhalten an Bedeutung. Dahlmann beispielsweise sprach sehr leise; Gagern wiederum war ein begabter Redner, auch wenn Blum sich über dessen »geblähte Vornehmigkeit« lustig machte. Clotilde Koch-Gontard, die Gagern grenzenlos bewunderte, konnte nicht umhin, Blums vortreffliche Reden und deren Wirkung anzuerkennen: »Als ich heute Blum mit so prachtvoller Stimme so scheußliche Dinge vorbringen hörte und die Galerien sich vor Applaudieren nicht zu lassen wußten, da fiel mir der Robespierre unwillkürlich ein«, schrieb sie im Juni 1848 an Josefine Blum; sie fürchtete, er könnte bald Gagerns Posten einnehmen.

Die Abgeordneten sprachen mal besser, mal schlechter; vor allem aber sprachen sie viel und lang. Die Paulskirche war ein typisches Rede- bzw. Diskussionsparlament, in dem die einzelnen Themen ausführlich besprochen wurden und jeder die Möglichkeit hatte, seine Meinung dazu kundzutun. Das nutzten die hochmotivierten Abgeordneten auch. Da zudem die Redezeit unbeschränkt blieb, fanden manche Debatten kein Ende und zogen sich bis spät in die Nacht hinein, was vor allem dann ermüdend war, wenn sich Argumente wiederholten. Dass der eine oder andere dabei einschlief, ist nicht auszuschließen. Ludwig Reinhard schlug ein passendes Wappen für das Parlament vor: die Schildkröte. Seltsamerweise fand dies keine Mehrheit – ebenso wenig wie mehrere Anträge, die Redezeit doch einzuschränken. Man versuchte durch informelle Vereinbarungen, zumindest die Zahl der Redner zu begrenzen. Wie die Redezeit wurde auch der individuelle Handlungsspielraum der Abgeordneten enger. Jene, die einer Fraktion angehörten, mussten sich zunehmend auf einer Linie mit derselben bewegen; bei Abstimmungen herrschte Fraktionszwang. Im Oktober 1848 stimmten lediglich rund sieben Prozent gegen den vorgegebenen Kurs.[2]

Viel Gerede, wenig Ergebnis? Von der deutschen Nationalversammlung hatten sich die Zeitgenossen wahre Wunder erhofft; über 20 000 Petitionen gingen bei ihr ein. Angesichts oft komplizierter Probleme war es jedoch unrealistisch, schnelle Lösungen zu erwarten. Nach der euphorischen Stimmung im Frühjahr machte sich daher bald Ernüchterung bis hin zur Enttäuschung breit. Der Paulskirchenversammlung wurde vorgeworfen, ein »Professorenparlament« zu sein, das weltfremd und endlos diskutiere (dabei waren nur ca. fünf Prozent der Abgeordneten Universitätslehrer). Georg Herwegh spottete Anfang Juli 1848 in der *Deutschen Londoner Zeitung* in einem Gedicht mit dem Refrain: »Im Parla – Parla – Parlament / Das Reden nimmt kein End'«.

Aber wie heißt ein treffendes Sprichwort: Beim Reden kommen die Leute zusammen. In der Paulskirche wurden zahlreiche wegweisende Beschlüsse gefasst, die oft erst zu späterer Zeit gewürdigt wurden. Als bedeutend(st)e Leistung ist der Grundrechtskatalog zu nennen, der mit seiner Veröffentlichung am 28. Dezember 1848 in Kraft trat und der noch für die Weimarer Reichsverfassung sowie das Grundgesetz der Bundesrepublik Deutschland Vorbildcharakter besitzen sollte. Darin wurden die Freiheitsrechte des Einzelnen festgeschrieben, u. a. Glaubens- und Gewissensfreiheit, Meinungs-, Presse- und Versammlungsfreiheit, Freizügigkeit, Unverletzlichkeit der Freiheit der Person, Schutz der Wohnung sowie vor Verhaftung ohne richterliche Anweisung. Entehrende Körperstrafen und die Todesstrafe wurden abgeschafft. Garantiert wurde die Rechtsgleichheit aller Bürger, der Adel als Stand wurde (wogegen dieser vergeblich protestierte) aufgehoben.

Allerdings machten Frauen »die immer wieder bestätigte Erfahrung, wonach in den politischen Revolutionen der Neuzeit Frauen als Partner und Gleiche ›vergessen‹ wurden oder, wohl richtiger, gar nicht mitgemeint waren«. Beim Grundrechtskatalog zeigte sich ebenso, »dass die erste gesamtdeutsche verfassunggebende Versammlung in der Paulskirche nur die Staatsbür-

Wie wäre es mit einem Rollentausch? In der *Oberrheinischen Zeitung* wandten sich Anfang Juli 1848 »die Frauen von Bonn an das teutsche Parlament«, nachdem sie festgestellt hätten, »daß unsern Männern in diesen schwierigen Zeitläufen vielfach die Spannkraft zum Entschluß fehlt, daß namentlich die Mehrzahl der in Frankfurt tagenden Reichstagsglieder der Rat und der Mut, daß der ganzen Versammlung die Einigkeit in hohem Grade mangelt. Unter diesen Umständen wagen wir es, unsere Hilfe anzubieten.« Die Frauen baten daher »die betreffenden Räte nach Hause zu kommen, ihre Sorgfalt der Kinderstube, der Küche, der Waschküche und dem Keller nur einige Zeit zu widmen, während wir Frauen rascher das bedrohte Vaterland zu einigen und zu rüsten denken.« An Beispielen führten sie berühmte Herrscherinnen wie Maria Theresia an. »Man wirft uns freilich vor, wir wären von dem Geiste zu großer Redseligkeit besessen, wären gar plauderhaftig. Der Unparteiische jedoch, welcher die stenographischen Berichte liest, welcher erfährt, wie stürmisch es in der Paulskirche zugeht, welche Redelust besonders die 75 teutschen Professoren entfalten, dürfte geneigt sein, uns Frauen Gerechtigkeit widerfahren zu lassen, uns geeigneter, uns parlamentarischer zu erachten.

Wir alle sind von Jugend an gewöhnt, weniger Anträge zu stellen, als uns über Anträge rasch zu entscheiden [...] Wir Frauen halten viel vom Fortschritt, [...] wohingegen die Mehrzahl der verehrlichen Parlamentsmitglieder im Gestern, im Vorgestern, in der Rumpelkammer, Gott weiß wo steckt; [...] Wir Frauen halten es wie das Gesetz mit der Jugend. Wir wenden uns mit Abscheu von dem, was sich überlebt hat [...]. Ferner sind wir Frauen entschieden. Wir lieben oder wir hassen, wir nehmen an oder verwerfen; [...] Zuletzt haben wir Frauen ein Herz.« Das Parlament könne daher sicher sein, »daß die Frauen wie bei den alten Teutonen die Wagenburg noch verteidigen, wenn die Männer schon erlegen sind«.

gerrechte der männlichen Deutschen verhandelt hatte«.[3] Die Abgeordneten gingen geradezu selbstverständlich davon aus, dass zwar die allgemeinen Freiheits- und Gleichheitssätze – die Rede war immer von »Deutschen« – ebenso für Frauen galten, die politischen Rechte und Pflichten (Wahlrecht, Wehrpflicht, Besetzung öffentlicher Ämter) jedoch Männern vorbehalten blieben.

Festgehalten wurden im Grundrechtskatalog zudem die Trennung von Staat und Kirche, Justiz und Verwaltung. Die Schulaufsicht wurde verstaatlicht, die Freiheit von Forschung und Lehre aufgenommen. Es galt Gewerbefreiheit, auch der Zugang zu öffentlichen Ämtern war frei. Die feudalgesellschaftlichen Zustände wurden aufgehoben, Zehnten und weitere Grundlasten ablösbar gemacht. Soziale Rechte jedoch, wie beispielsweise der Schutz unselbstständig Beschäftigter oder Arbeitsloser, fanden keinen Eingang in die Verfassung. Über das »Recht auf Arbeit«, wie es in Frankreich geltend gemacht wurde, war zwar ausgiebig diskutiert worden, die Mehrheit sprach sich jedoch dagegen aus. Immerhin wurde das allgemeine Recht auf Bildung anerkannt: »Unbemittelten soll auf allen öffentlichen Bildungsanstalten freier Unterricht gewährt werden.« Ethnischen Minderheiten wurde »ihre volkstümliche Entwicklung«, die Gleichberechtigung ihrer Sprachen im Kirchenwesen und im Unterricht, in innerer Verwaltung und Rechtspflege garantiert.

Weitgehend außer Frage stand in der Paulskirche die Forderung nach der Emanzipation der Juden; Gegner derselben wie der Stuttgarter Abgeordnete Moritz Mohl fanden sich in der Minderheit. Als Mohl meinte, Juden könnten der deutschen Nation nicht angehören, weil sie einen eigenen Volksstamm bildeten, widersprach ihm Riesser wortgewaltig: »Ich selbst habe unter den Verhältnissen der tiefsten Bedrückung gelebt, und ich hätte bis vor kurzem in meiner Vaterstadt nicht das Amt eines Nachtwächters erhalten können. Ich darf es als ein Werk, ich möchte sagen, als ein Wunder des Rechts und der Freiheit betrachten, daß ich befugt bin, hier die Sache der Gerechtigkeit und der Gleichheit zu verteidigen, ohne zum Christentum übergegangen zu sein.« Den Anwesenden rief er die eindringliche Mahnung zu: »Glauben Sie nicht, daß sich Ausnahmegesetze machen lassen, ohne daß das ganze System der Freiheit einen verderblichen Riß erhalte.«

Riesser hatte bereits im Vorparlament durchsetzen können, dass die Religionszugehörigkeit weder beim aktiven noch passiven Wahlrecht zur Nationalversammlung eine Rolle spielen sollte; nun fand seine Formulierung Eingang in den Paragraphen 146 der Paulskirchenverfassung: »Durch das religiöse Bekenntnis wird der Genuß der bürgerlichen und staatsbürgerlichen Rechte weder bedingt noch beschränkt.«

Wie man sieht, gelang es den Abgeordneten, unter doch recht widrigen Umständen wie der zunehmend erstarkenden Gegenrevolution, Arbeiterunruhen sowie vereinzelten radikalen Umsturzversuchen, »ein funktionierendes parlamentarisches System«[4] auszubilden und schließlich eine Verfassung zu schaffen. Diese beweist, dass sie trotz so unterschiedlicher Meinungen Brücken hatten bauen und Kompromisse hatten schließen können – und das in so großen Fragen wie: Republik oder konstitutionelle Monarchie? Erbkaiser oder gewählter Präsident? Das eine schloss das andere aus. Konnte es da einen Mittelweg geben?

Die meisten Demokraten waren nicht so radikal wie Struve und lehnten Gewalt ab; sie waren bereit, als Zwischenschritt zur Demokratie eine »demokratische Monarchie« hinzunehmen. Doch wie viel Demokratie waren die Liberalen zu akzeptieren bereit?

Worüber man nicht mehr diskutieren musste, war die Frage, ob groß- oder kleindeutsch: Der neue österreichische Ministerpräsident Felix Fürst zu Schwarzenberg forderte am 9. März 1849 ultimativ die Aufnahme der gesamten Habsburgermonarchie, also auch der nichtdeutschsprachigen Gebiete, in das neue Reich. Das war jedoch unvereinbar mit den in der Paulskirche entwickelten nationalen und konstitutionellen Vorstellungen, denn ein solches 70-Millionen-Reich wäre nur als Staatenbund denkbar gewesen und hätte die Sicherheitsinteressen der Nachbarstaaten gefährdet. Blieb also die kleindeutsche Lösung, und angesichts der realen Machtverhältnisse gab es keine Alternative zum preußischen König als künftigem Kaiser. Mit Österreich sollte, so die Idee Gagerns, locker ein weiterer Bund geschlossen werden.

Es war auch Gagern, dem es gelang, mit dem aus Schlesien stammenden Demokraten August Heinrich Simon einen der Realpolitik entsprechenden Deal auszuhandeln: Simon und eine kleine Gruppe von Gleichgesinnten waren bereit, auf die (ohnehin nicht zu verwirklichende) Republik zu verzichten und den Liberalen die notwendige Mehrheit für das Erbkaisertum zu verschaffen. Dafür sicherten ihnen mehr als 100 liberale Abgeordnete, welche die erbkaiserliche Lösung anstrebten, schriftlich zu, das von den Linken gewünschte allgemeine und gleiche Männerwahlrecht hinzunehmen. Der Simon-Gagern-Pakt hielt: Bei der Abstimmung über das Erbkaisertum am 27. März erhielten die Liberalen den notwendigen Vorsprung von 267 gegen 263 Stimmen. Auch der »Altliberale« Dahlmann stimmte dem allgemeinen Männerwahlrecht zu, da er hoffte, dass beispielsweise die Unterschichten durch die in der Verfassung verankerte Chance auf kostenlose Bildung nach und nach dem (staats)bürgerlichen Ideal entsprechen würden. Auf der Damengalerie rief diese Entscheidung durchaus auch Erstaunen hervor. »Das hätte ich nicht vor einem Jahr gedacht, dass wir noch einen Kaiser haben müssen«, schrieb Amadore Freudentheil, Tochter eines linken Abgeordneten, am 29. März ihrer Mutter; sie wünschte, das Volk wäre bald so weit, »den Kaiser und alle Fürsten fortzujagen«.

Die Reichsverfassung sah ein Zweikammersystem vor: Im Staatenhaus waren die Einzelstaaten vertreten, im Volkshaus sollten als Vertreter des gesamten deutschen Volkes Abgeordnete sitzen, die nach dem demokratischen Wahlrecht gewählt worden waren. Im Vergleich zur Deutschen Bundesakte lagen in diesem Fall mehr Kompetenzen beim Reich; die Reichsgewalt vertrat Deutschland außenpolitisch und völkerrechtlich und entschied über Krieg und Frieden. Zudem besaß das Reichsoberhaupt den Oberbefehl über das Heer. Trotz dieser Stärkung der Zentralgewalt blieben föderale Züge bestehen, beispielsweise zählten Rechtspflege und innere Verwaltung zur Kompetenz der einzelnen Staaten. De iure trat die Verfassung am 28. März 1849 in Kraft; in der Praxis konnte sie jedoch, wie im Kapitel

»Triumph und Niederlage« noch gezeigt wird, nicht durchgesetzt werden.

Kommen wir zurück zur Realpolitik, von der in der Paulskirche gern gesprochen wurde, wenn es galt, (vermeintlich) utopische oder sozialrevolutionäre Ideen der äußersten Linken abzuschmettern. Zu dieser Gruppe zählte Arnold Ruge, der 1848 die Zeitschrift *Die Reform* als Sprachrohr der Demokraten herausgab, aber selbst vielen Parteifreunden zu radikal war. Ruge entwickelte u. a. in seiner Schrift *Die Gründung der Demokratie in Deutschland oder der Volksstaat und der social-demokratische Freistaat* seine politische Philosophie. »Demokratie war für ihn eine historische Notwendigkeit.«[5] Für Ruge war in der menschlichen Gesellschaft kein Platz für Sklaven. Der Staat habe die Funktion eines »Gefäßes der Freiheit« zu erfüllen, wobei es wahre Freiheit nur in einer Republik geben könne. Ruge stellte sich ein herrschaftsfreies Gemeinwesen selbstbestimmter Bürger vor mit der Presse als wichtigem »Instrument einer Selbstregierung der Vernunft und des Volkes«. Die soziale Frage wäre in der Demokratie gelöst und auch die Polizei überflüssig, da »in einer Republik, die von vernunftgeleiteten Bürgern bevölkert würde, Verbrechen nahezu aufhören zu existieren«. Ruge sah in der Demokratie eine Kultur- und Lebensform. Das Dilemma, dass für ein solches Staatswesen demokratisch reife Bürger erforderlich waren, konnte er jedoch nicht lösen. Es ist nachvollziehbar, warum viele Zeitgenossen solche Ideen als utopisch betrachteten.

Wir gegen die anderen

Ein National- und Verfassungsstaat war nicht nur im Deutschen Bund, sondern beispielsweise auch in Ungarn, Italien und Dänemark das erklärte Ziel nationalliberaler Kräfte. Gemäßigte Liberale und Demokraten in den verschiedenen Ländern hatten viel gemeinsam; war es da nicht sinnvoll, die Kräfte gegen die alten

Eliten zu bündeln und solidarisch zusammenzustehen? Im Juli 1848 erhob Robert Blum seine Stimme für das »Ziel einer Verbrüderung des freigewordenen oder freiwerdenden Westens«, wobei er seiner pragmatischen Natur entsprechend von einer Mischung von Monarchien und Republiken ausging – je nach Willen der Völker und jeweiligen Machtverhältnissen. Er fühlte sich allerdings genötigt, hinzuzufügen: »Ich scheu den Spott nicht, bei der Wiederholung der Nothwendigkeit dieser Verbrüderung.«

Während die politische Linke am Ideal des Völkerfrühlings festhielt, rückten für die Mehrheit in der Paulskirche zunehmend nationale Interessen in den Vordergrund. Am 24. Juli 1848 tat der Schriftsteller Wilhelm Jordan die demokratische Forderung nach einem selbstständigen Posen als »schwachsinnige Sentimentalität« ab und trat für einen »gesunden Volksegoismus« ein; von der früheren Begeisterung für die polnischen Freiheitskämpfer war kaum noch etwas zu spüren.

Clotilde Koch-Gontard hält in ihrem Tagebucheintrag vom 26. Juli die Reaktion auf eine Rede Ruges fest, in der er mit den Revolutionären im Norden Italiens, die gegen habsburgische Truppen kämpften, sympathisierte: »Ruge meinte, man müsse fast wünschen, die Deutschen in Italien besiegt zu sehen, damit die Freiheit triumphiere. Gagern rief mit seiner kraftvollen Stimme und viel Würde dazwischen: ›Das, was der Redner sagt, ist ein halber Vaterlandsverrat. Wir sind ja aber längst seine besondre Weltanschauung gewöhnt, deshalb, bitte, lassen Sie denselben aussprechen‹.« Frustriert zog sich Ruge im November aus dem Parlament zurück. In der Nationalversammlung setzte sich gerade in der Frage von Grenzziehungen die Doktrin durch: »Im Zweifel für das Reich.«

Das bekamen die Märzregierungen der Toskana und Lombardei zu spüren, die sich mit den Abgeordneten der Paulskirche vernetzen wollten. Es waren keine radikalen Demokraten, sondern liberale und moderate Politiker wie der Dichter und Historiker Gino Capponi, der im Sommer 1848 kurz Ministerpräsi-

Der Völkerrechtliche Ausschuss wies den Antrag der italienischen Abgeordneten am 12. August 1848 zurück: »Denn so viel Gewicht in unsern Tagen auch auf die Feststellung politischer Grenzen nach Völkern und Sprachen gelegt wird, dürfen doch die Deutschen nicht mit übereilter Großmut ihre Grenzen auf allen Seiten verengen lassen, während kein einziges anderes Volk sich zu ähnlichen Abtretungen versteht. [...] Hierzu kommt, daß es Pflichten der Selbsterhaltung gibt, welche kein Volk ohne Torheit und Schande verletzen darf.«

Der Demokrat Carl Vogt widersprach: »Meine Herren, man hat uns hier einen ähnlichen Grund angeführt wie bei Posen: wir möchten das deutsche Element in Welschtirol hegen und vertreten; ich möchte nur wissen, ob man das Welschtirol etwa deswegen Welschtirol nennt, weil es von Deutschen bewohnt ist? Ich möchte wissen, ob man die paar Kellner und Gastwirte und die paar Beamten, die darin sind, ein deutsches Element nennen kann? Bei Posen hatten wir wenigstens eine Bevölkerung von einer halben Million, die man schützen sollte; allein in Trento und Rovereto?« Da würde man wohl in Mailand und Rom mehr deutsche Elemente finden. Vogt beklagte die »allgemeine Länderfresserei [...]: Wir schlucken nach Norden hin, wir schlucken nach Westen, wir schlucken nach Osten hin, überall suchen wir, wie man sagt, das ›deutsche Element‹ einzuschlucken, und wir verderben uns am Ende den Magen daran. [...] Meine Herren, es handelt sich, wenn wir das Prinzip der Nationalitäten feststellen wollen, um das, was eine Bevölkerung will.« Dabei wies Vogt noch darauf hin, dass die italienischen Abgeordneten mittlerweile nicht mehr die völlige Abtretung der Gebiete, sondern nur eine nationale Vertretung (wie sie Posen in Preußen hatte) forderten.

dent der Toskana war. Er hoffte in Frankfurt bei Mittermaier auf ein offenes Ohr, kannte er den liberalen badischen Politiker doch von dessen Italienreisen. Konkret erwartete er sich Unterstützung für die mit der Situation in Deutschland vergleichbare Sache Italiens; allerdings stellte Mittermaier klar, dass er für die deutsche Sache eintreten werde und darüber hinaus Triest und Tirol nicht angetastet werden dürften. Auch die provisorische

Regierung in Mailand hoffte vergeblich auf Solidarität in Frankfurt. Nicht nur österreichische Abgeordnete in der Paulskirche nahmen Rücksicht auf die Habsburger in Wien und deren Sekundogenituren im nördlichen Italien.

Scharf wurde der Ton, wenn mögliche Gebietsabtretungen angesprochen wurden. Abgeordnete der fast ausschließlich italienischsprachigen südlichen Bezirke Tirols, Trient und Rovereto, stellten Anfang Juni den Antrag, aus dem Deutschen Bund auszuscheiden und sich Italien anzuschließen. Darauf fand der österreichische Abgeordnete Franz Xaver Kohlparzer eine klare Antwort: »Ich sage nur: beati possidentes; wir besitzen Südtirol und somit behalten wir es; das ist mein Völkerrecht.«

»Die Haltung der Mehrheit des Parlaments war also primär dem Machtstreben und einer national verbrämten, doch eigentlich übernationalen Reichsidee verpflichtet, nicht einer pragmatischen, kompromissbereiten Anwendung des Nationalitätenprinzips.«[6] Kritisch wurde es, wenn nationale Gegensätze aufeinanderprallten wie im Fall der Herzogtümer Schlesien und Holstein, die in Personalunion mit Dänemark verbunden waren. Anders als Holstein gehörte Schleswig nicht zum Deutschen Bund; es wurde zwar mehrheitlich von Deutschen bewohnt, doch im Norden gab es eine starke dänische Minderheit. Dort wurde 1840 das Dänische, das bereits Kirchen- und Schulsprache war, auch zur Rechts- und Verwaltungssprache erhoben. Die Gegensätze zwischen deutscher und dänischer Bevölkerung verschärften sich zunehmend, zumal die Eiderdänen unter Orla Lehmann seit 1842 einen National- und Verfassungsstaat verlangten, in dem die Eider unter Einverleibung Schleswigs die Südgrenze bilden sollte (*Danmark til Ejderen!*).

Dem stellte man in Schleswig und Holstein einen historischen Grundsatz entgegen, den Friedrich Christoph Dahlmann im Ripener Privileg aus dem Jahr 1460 (wieder)entdeckt und dem er zur neuen Bedeutung eines politischen Glaubensbekenntnisses verholfen hatte: *dat se bliven ewich tosamende ungedelt* (›dass sie ewig zusammenbleiben ungeteilt‹). Er unterrichtete seit dem

Wintersemester 1811/12 an der Universität Kiel; unter dem Eindruck der Befreiungskriege gegen Napoleon war er zu einem »frühe[n] Protagonisten der deutschen Nationalbewegung« geworden, die damals nicht nur in Deutschland von kleinen Gruppen Intellektueller ausging, »welche sich die ›Erfindung der Nation‹ (Benedict Anderson) zur avantgardistischen Mission machten«.[7] Seine Waterloo-Festrede wirkte allerdings auf manche Studenten »zu deutsch«. Auch der dänische König Friedrich VI. reagierte verschnupft, und fast hätte dieser Vorfall Dahlmann das Amt des Sekretärs der Fortwährenden Deputation der Schleswig-Holsteinischen Prälaten und Ritterschaft gekostet, das er – ebenso wie die Kieler Blätter, die er herausgab – dazu nutzte, ein vaterländisches Gemeinschaftsgefühl zu wecken. Als Friedrich VI. 1815 nur für Holstein (wie in der Deutschen Bundesakte in Aussicht gestellt), aber nicht Schleswig eine Verfassung plante, erhob Dahlmann im Namen der Fortwährenden Deputation Beschwerde: Eine verfassungsmäßige Trennung der Herzogtümer sei unzulässig. Allerdings kippte durch die Karlsbader Beschlüsse die politische Stimmung auch in Holstein mehr ins Reaktionäre; 1829 wechselte Dahlmann gern an die Universität Göttingen.

Die 1848er Revolution schlug in Schleswig und Holstein hohe Wellen. Der frischgebackene dänische König Friedrich VII. hatte Ende Januar noch eine neue Verfassung angekündigt, in der die Herzogtümer eine Sonderstellung behalten sollten. Doch das war sowohl den Eiderdänen wie auch den deutschgesinnten Schleswig-Holsteinern zu wenig; die europäische Revolutionswelle und der Sturz Metternichs bestärkten beide Seiten in ihrem Streben nach einem sprachlich-ethnisch möglichst homogenen Nationalstaat. Die Ständeversammlungen Schleswigs und Holsteins kamen am 18. März in Rendsburg zusammen und beschlossen, eine Delegation nach Kopenhagen zu schicken, um eine gemeinsame liberale Verfassung sowie die Aufnahme Schleswigs in den Deutschen Bund zu fordern. Die Eiderdänen waren jedoch schneller und übten durch eine Massendemonstration Druck auf Friedrich VII. aus, der die alte Regierung entließ und in die neue auch eiderdänische Politiker aufnahm. Jetzt hatte Dänemark ebenfalls eine Märzregierung.

In Schleswig und Holstein sah man seine Felle davonschwimmen. Würden die Eiderdänen ihr Ziel eines dänischen Nationalstaates erreichen, wäre es vorbei mit der Einigkeit der Herzogtümer, da die Eiderdänen bereit waren, Holstein und Lauenburg an die Deutschen abzutreten. Das war umso frustrierender, da sich mit der Erklärung Friedrich Wilhelms IV., Preußen solle fortan in Deutschland aufgehen, die Entstehung eines liberalen deutschen Nationalstaats abzeichnete. Das war eine Chance, die man nicht verpassen wollte.

Über Nacht wurde in Kiel eine provisorische Regierung errichtet und die Unabhängigkeit Schleswig-Holsteins ausgerufen: »Unser Herzog [nicht König!] ist durch eine Volksbewegung in Kopenhagen gezwungen worden, seine bisherigen Rathgeber zu entlassen und eine feindliche Stellung gegen die Herzogthümer einzunehmen«, hieß es in der Proklamation am 24. März. Verfasst wurde sie von Friedrich Graf von Reventlou, der ein Konservativer war und sich in den Jahren zuvor für die Beibehaltung des dänischen Gesamtstaates ausgesprochen hatte, sofern den Herzogtümern ihre Landesrechte garantiert würden; nun war er als Minister für Äußeres in der Provisorischen Regierung aktiv. Diese machte eine Notstandssituation geltend und hoffte auf die (militärische) Unterstützung durch Preußen bzw. den Deutschen Bund. Tatsächlich erkannte der Bundestag in Frankfurt am Main die provisorische Regierung am 12. April an; der Krieg wurde dadurch zum »Bundeskrieg«. Lauenburg erklärte sich neutral.

Die auch in Kiel mehrheitlich gemäßigt liberal gesinnten Revolutionäre entwickelten eine beeindruckende Tatkraft: Sofort wurden einige Reformen durchgeführt und beispielsweise Presse- und Versammlungsfreiheit gewährt. Dort wurden die neuen liberalen Bestimmungen nicht durch Massenproteste einem widerstrebenden Monarchen abgerungen, sondern sie entsprangen »der festen Überzeugung der Provisorischen Regierung, dass sie auf die Unterstützung breiter Bevölkerungsschichten angewiesen sei«[8]. Öffentlichkeitsarbeit war ein wichtiges Instrument, um auf die Bevölkerung einzuwirken, so dass als Sprachrohr der provisorischen Regierung Mitte April die *Schleswig-Holsteinische Zeitung* gegründet wurde, deren politischer Redakteur der Historiker Theodor Mommsen wurde. Zudem waren Wahlen zur konstituierenden Landesversammlung durchzuführen und eine liberale Verfassung zu entwerfen. Eine im Mai eingesetzte »Kommission zur Untersuchung der Lage der Insten und Tagelöhner in den holsteinischen Landesdistrikten« sollte sich der sozialen Frage widmen. Derweil schlossen sich die Insten (Gutstagelöhner) und Arbeiter verstärkt den Demokraten an und organisierten sich in Bildungsvereinen.

All das geschah vor dem Hintergrund des Krieges gegen Dänemark, in dem die provisorische Regierung militärisch und auch politisch von Preußen abhängig wurde. Der Konflikt erregte – angefeuert durch entsprechende Presseberichte – nationale Leidenschaften; im Deutschen Bund entstand im Sommer zudem eine Initiative zum Flottenbau, da man das Fehlen einer solchen in der Auseinandersetzung mit Dänemark, das zur See die Oberhand hatte, schmerzlich spürte. Not machte erfinderisch: Um Kiel vor einem Angriff der übermächtigen dänischen Flotte zu schützen, erfand Werner Siemens, der preußische Artillerieleutnant und Wegbereiter der Elektrotechnik, Unterwasserminen: Wasserdichte Fässer wurden mit Schießpulver gefüllt, mit elektrischem Draht verbunden und versenkt – um dann bei Bedarf durch Kabel von Land ferngezündet zu werden.

Nicht nur in den Herzogtümern, sondern auch in den deutschen Staaten erklärten sich Freiwillige zum Kampf bereit. Selbst eine Pastorentochter schloss sich im April als Krankenschwester dem Freikorps von Kommandeur Ludwig von der Tann an: Louise Aston. Sie hatte 1835 auf Wunsch ihrer Eltern den weit älteren Samuel Aston geheiratet, doch die Ehe ging trotz aller Bemühungen nicht lange gut; 1844 ließ sich das Paar scheiden. Mit dem Ziel, Autorin zu werden, übersiedelte sie daraufhin mit ihrer Tochter Jenny nach Berlin und begann ihre »persönliche Revolution«[9]. Sie schwärmte für George Sand, trug Hosen und eine Kurzhaarfrisur, rauchte und besuchte Kneipen; die Ideen der Saint-Simonisten begeisterten sie, und sie forderte die freie Liebe. Was für ein Skandal! Im März 1846 wurde sie aus Berlin ausgewiesen, woraufhin sie die Kampfschrift *Meine Emanzipation, Verweisung und Rechtfertigung* verfasste. Eine Schwester im Geist, erkannte Mathilde Franziska Anneke, die sich bei ihrer eigenen Scheidung ebenfalls als Opfer der preußischen Justiz sah. Sie veröffentlichte als Schützenhilfe 1847 die Streitschrift *Das Weib im Konflikt mit den socialen Verhältnissen*, in der sie unter Bezugnahme auf Astons Verbannung aus Berlin für die Gleichberechtigung der Frau eintrat.

Louise Aston fand 1848 auf dem Kriegsschauplatz ihr persönliches Glück: Während sie als Krankenschwester tätig war, lernte sie den Arzt und Demokraten Daniel Eduard Meier aus Bremen kennen und lieben. Sie heirateten Ende 1850. Aber ihr Ruf schadete seiner Karriere: Als er 1855 seine Anstellung im Krankenhaus verlor, scheute man sich zu seiner Empörung nicht, seine »Ehe als Grund der Aufkündigung meiner amtlichen Stellung zu bezeichnen«. Ein letztes Ja zu seiner Frau, die vor ihm verstorben war, ließ er viele Jahre später in Stein meißeln: Auf seinem Grabstein ist er mit dem Doppelnamen Meier-Aston verewigt.

Als die schleswig-holsteinischen und deutschen Truppen nach Jütland vorstießen, war jedoch für die übrigen Großmächte eine rote Linie überschritten. Ein expandierendes Deutschland wollte man im Sinne des Gleichgewichtsgedankens nicht dulden. Eine von den Briten als Kompromiss vorgeschlagene Teilung Schleswigs entlang der Sprachgrenze lehnten Deutsche und Dänen ab. England, Frankreich, Russland und auch Schweden übten politischen Druck auf das außenpolitisch isolierte Preußen aus, das ab Ende Mai seine Truppen zurückzog und am 26. August den Waffenstillstand von Malmö schloss. Reventlou lehnte diesen entschieden ab.

Für die provisorische Regierung in Kiel, die ebenso wenig wie die Paulskirche eingebunden worden war, wurde es mit dem

Rückzug der Preußen eng. Nun galt es, schleunigst in der Innenpolitik voranzukommen. Ende Juli wurde die Landesversammlung gewählt, die mehrheitlich aus gemäßigt Liberalen und Konservativen bestand. Besitz- und Bildungsbürgertum war auch darin vorrangig vertreten, während radikale Demokraten auf viele Wähler abschreckend wirkten. Dem Malmöer Waffenstillstand verweigerte die Landesversammlung im Kieler Schloss ihre Zustimmung; Preußens eigenmächtiges – den realen Bedingungen geschuldetes – Vorgehen empfand man als Verrat.

Ebenso lehnten die Abgeordneten in der Paulskirche die Bedingungen des Waffenstillstandes am 5. September mit knapper Mehrheit ab; er wurde sistiert. Dahlmann erwies sich dabei nicht als Real-, sondern als »Gesinnungspolitiker«[10], der an seiner Überzeugung stur festhielt und nicht bereit war, Kompromisse einzugehen. Für ihn stand die Ehre Deutschlands auf dem Spiel! Er verkannte, dass es keine andere Wahl gab, sofern man keinen Krieg mit England, Russland und Schweden riskieren wollte. Es gelang Dahlmann jedoch nicht, auf Anti-Malmö-Kurs eine neue Regierung zu bilden. Am 16. September wurde der Waffenstillstand bei einer neuerlichen Abstimmung in der Paulskirche angenommen, da die Liberalen lieber mit den Linken, die gegen den Waffenstillstand Sturm liefen, brachen als mit Preußen.

Zwar wurde in Kiel am 15. September 1848 das Staatsgrundgesetz verlautbart, mit dem sich Schleswig-Holstein zum eigenständigen Staat erklärte. Es war mit seinem Grundrechtskatalog eine erstaunlich moderne Verfassung, umfasste Glaubensfreiheit sowie die sofortige Judenemanzipation ohne Vorbedingung und fand beim Wahlrecht einen Kompromiss, in dem es allgemeines demokratisches und Zensuswahlrecht mischte. Angesichts der Machtverhältnisse im Kampf gegen Dänemark sowie der erstarkenden Gegenrevolution auch im Deutschen Bund war das Scheitern absehbar; dennoch führten die Schleswig-Holsteiner den Kampf allein weiter, den sie nicht gewinnen konnten.

Wie ging man in anderen Parlamenten mit (latenten) Nationalitätenkonflikten und Minderheiten um? In Prag rief u. a. der

Historiker František Palacký dazu auf, aus Böhmen keine Abgeordneten in die Paulskirche zu schicken, da die slawischen Bevölkerungsgruppen des Kaiserreiches sich nicht in einem deutschen Nationalstaat wiederfinden wollten. Sein Ziel war die Gleichberechtigung aller Nationalitäten in der Habsburgermonarchie, die dazu in einen Föderativstaat umgewandelt werden sollte. Anfang Juni wurde in Prag der Slawenkongress eröffnet, der für die Errichtung eines slawischen Bundes eintrat; dies wiederum erschien der deutschen Seite als Verrat.

Allerdings gewannen die radikalen Demokraten ab Mai in Wien an Gewicht. Und auch in Böhmen schlug die tschechisch-nationalistische Bewegung – hauptsächlich von Studenten und Arbeitern getragen – schärfere Töne an. Die Studenten, die eine eigene Legion bilden wollten, wandten sich mit ihrer Forderung nach 2000 Gewehren ausgerechnet an Windisch-Graetz, den Kommandierenden General in Böhmen, den seine Soldaten »den Herrscher« nannten und der überhaupt kein Verständnis für liberale Forderungen hatte. Gewehre für Revolutionäre? Niemals! Eine Demonstration am 12. Juni (Pfingstmontag) eskalierte zum Prager Pfingstaufstand, den Windisch-Graetz in mehrtägigen Kämpfen niederschlagen ließ. Tragisches Detail am Rande: Seine Gattin Eleonore wurde am Fenster ihres Stadtpalais stehend von einer verirrten Kugel tödlich getroffen. Der so unnahbar, ja eisig wirkende Windisch-Graetz nannte ihren Verlust das Unglück seines Lebens; er sollte diesen nicht so einfach verschmerzen.

Dabei war die Situation auch in Böhmen zu Beginn der Revolution – vergleichbar mit Ungarn – günstig gewesen, da Kaiser Ferdinand in seiner ersten Welle des Nachgebens dem Land in einem Kabinettschreiben vom 8. April (»Böhmische Charte«) eine eigene Verwaltung zugesagt hatte. Die Niederwerfung des Prager Aufstandes bedeutete das vorzeitige Ende des Slawenkongresses und verhinderte darüber hinaus die für den 15. Juni geplante Eröffnung des böhmischen Landtags. Es war der erste entscheidende Sieg der Gegenrevolution in Mitteleuropa. Ganz

Erster Sieg der Gegenrevolution: Windisch-Graetz lässt Prag bombardieren.

Böhmen unterlag nun dem Kriegsrecht. In der Paulskirche in Frankfurt feierten die Liberalen Windisch-Graetz als Retter des Deutschtums vor dem tschechischen Radikalismus.

In Wien trat der Reichstag am 22. Juli 1848 zur feierlichen Eröffnung in der Hofreitschule zusammen. Auffällig ist, dass hier der Anteil der Beamten kaum ein Viertel erreichte, während rund ein Drittel der Abgeordneten aus der Landwirtschaft kam (Bauern, Grundbesitzer): verständlich, war doch die sogenannte Bauernbefreiung ein in der Habsburgermonarchie noch anstehendes großes Thema. Wenige Tage später brachte Hans Kudlich – Sohn eines robotpflichtigen Bauern im schlesischen Lobenstein, Jusstudent und jüngster Abgeordneter – den Antrag auf Aufhebung der bäuerlichen Untertänigkeitsverhältnisse ein, der »die Gleichstellung der Untertanen und Staatsbürger« bezweckte.

Schützenhilfe erhielt er von seinem nur wenige Jahre älteren Freund Ernst Franz Salvator (von) Violand. Der Jurist wirkte aktiv an verschiedenen Fronten der Revolution, u. a. als Mitglied des Wiener Sicherheitsausschusses und im Reichstag, wo er gleich in der ersten Sitzung verlangte, die vererbten Adelstitel wegzulassen. Mitte August forderte er als Sprecher der Linken, dass die Bauern entschädigungslos – dieser Punkt war strittig – von den Lasten des Grunduntertänigkeitsverhältnisses befreit werden sollten, und zwar sofort: »Wir Kinder der Revolution, wenn wir unsere Mutter nicht verleugnen wollen, müssen rasch, kühn und ohne Grübeln die Ketten der Ungerechtigkeit, des Faustrechts, der Sklaverei zersprengen. Eine Revolution ist nicht so schnell abgemacht, sie ist der Kampf der Bedrückten gegen die Unterdrücker; und da sie jetzt gesiegt, so sind wir als ihre Söhne verpflichtet darauf zu sehen, daß das frühere Unrecht aufhöre.«

Das entsprechende Gesetz wurde am 7. September angenommen. Die Bauern konnten das von ihnen bewirtschaftete Land zu einem Drittel des Schätzwertes erwerben; ein weiteres Drittel übernahm der Staat, auf das Letzte mussten die Grundherren verzichten. Allerdings konnten sich viele Bauern auch diesen reduzierten Preis nicht leisten. Wem hatten die Bauern die Grundentlastung zu verdanken? Die Regierung stellte diese in ihrer Propaganda als kaiserliches Zugeständnis hin. Die Linken wollten sich diesen Erfolg jedoch nicht nehmen lassen und stilisierten Hans Kudlich zum großen Bauernbefreier, der durch einen Fackelzug am 24. September geehrt wurde.

In Hinblick auf das friedliche Zusammenleben der Nationalitäten im Vielvölkerreich war der Reichstag, der nach Ausbruch des Oktoberaufstandes in Wien nach Kremsier (heute Kroměříž in Tschechien) verlegt wurde, bemerkenswert, da er durch eine Kreiseinteilung auf einen Ausgleich hinwirken wollte. »Alle Volksstämme des Reiches sind gleichberechtigt. Jeder Volksstamm hat ein unverletzliches Recht auf Wahrung und Pflege seiner Nationalität überhaupt und seiner Sprache insbesondere. Die Gleichberechtigung aller landesüblichen Sprachen in Schule, Amt und öffentlichem Leben wird vom Staate gewährleistet.«

Die Gleichstellung der Juden wurde im Kremsierer Verfassungsentwurf schließlich ebenfalls erreicht, was nicht einfach war. Zwar zogen vergleichbar mit der Paulskirche auch in Wien vier Juden – darunter Fischhof sowie der Chemiker und Mediziner Joseph Goldmark – in den Reichstag ein. Im Verfassungsausschuss des Reichstags sprach sich u. a. der tschechische Nationalistenführer František Palacký, der für einen Ausgleich zwischen den Nationalitäten eintrat, gegen die Emanzipation der Juden aus – mit der vielfach gegen deren Gleichberechtigung ins Feld geführten Begründung, dass sich in der Bevölkerung dagegen Widerstand regen würde und es zu antijüdischen Ausschreitungen kommen könnte. Über diese Argumentation hatte sich schon früher Gabriel Riesser empört, als der Schriftsteller Karl Gutzow im Hamburger *Telegraphen für Deutschland* von den Juden verlangt hatte, mehr Rücksicht auf die Gefühle der Christen zu nehmen, statt auf ihren Forderungen zu beharren. Riesser mokierte sich darüber, dass von den Juden »Mitleid mit den Vorurteilen der Christen« verlangt werde. »Er traf damit einen empfindlichen Nerv der Emanzipationsdebatte, den Verdacht in der jüdischen Bevölkerung nämlich, dass manche Emanzipationsbefürworter, die sich als Liberale verstanden und ausgaben, es eigentlich mit der Forderung, die Juden gleichzustellen, nicht wirklich ernst meinten.«[11] Die Gegner der Judenemanzipation sahen sich allerdings auch in Kremsier in der Minderheit.

Waren mit der verfassungsmäßig verankerten Gleichstellung der Juden Antijudaismus und Antisemitismus abgehakt? Leider nein. Die bereits angeführten gewalttätigen antijüdischen Ausschreitungen blieben zwar nahezu ausnahmslos auf die ersten Wochen und Monate der Revolution beschränkt, aber auch für die spätere Zeit sind polemische Aussagen dokumentiert, die zudem belegen, dass sich Ressentiments von den Unterschichten über den Mittelstand bis in die höchsten Kreise von Staat und Gesellschaft zogen, die so manche antisemitische Verschwörungstheorie befeuerten. In Preußen war Prittwitz der irrigen Meinung, die Anführer der Demonstration am 18. März vor dem Berliner Schloss hätten »fast alle den jüdischen Typus nicht zu verleugnen« vermocht. Vom österreichischen Arbeitsminis-

In Wien haben sich zwar nicht alle, aber doch auffällig viele Mediziner, oft in Führungspositionen, an der Revolution beteiligt. In der zeitgenössischen Publizistik wurde den Ärzten (von ihren Anhängern) die Fähigkeit zugeschrieben, nicht nur bei körperlichen Gebrechen zutreffende Diagnosen zu stellen, sondern auch den kränkelnden Staat zu kurieren. »Mediziner mit ihrer klaren Naturanschauung waren die Heilärzte des kranken Staates; sie hätten ihn, wenn der Patient nicht in Böswilligkeit und Dummheit die rettende Hand von sich gestoßen, radikal kurirt«, bemerkt der Theologe Füster in seinen Memoiren. Die reaktionäre Gegenseite sah das freilich anders: Unter den Ärzten finde man, schimpfte ein Geheimbericht der Polizei, die meisten »vorlauten und dummdreisten Politiker [und] kecken Weltverbesserer«.[12]

ter Ernst von Schwarzer ist die Behauptung überliefert, es handele sich bei der Revolution um »eine bloße Judenrevolution«.

Im Sommer 1848 forderten Wiener Gewerbetreibende in einer Eingabe an den Innenminister den Ausschluss von Juden aus dem Sicherheitsausschuss – Fischhof war Vorsitzender, Goldmark ebenfalls Mitglied. Ihre Begründung lautete, man wolle nicht länger »von den Juden bevormundet« werden. Der Journalist Hermann Jellinek bezog gegen die zahlreichen antijüdischen und antisemitischen Angriffe in den Wiener Zeitungen Stellung und wies daraufhin, dass Fischhof nicht, »weil er Jude«, sondern »obgleich er ein Jude« sei, gewählt worden sei. Er besitze das Vertrauen weiter Bevölkerungskreise, keineswegs nur der jüdischen Bewohner Wiens.

Aufgeklärte Köpfe wurden nicht müde, für Religionsfreiheit und Toleranz zu kämpfen, und setzten immer wieder Zeichen. Ein katholischer Priester, ein evangelischer Superintendent und ein jüdischer Rabbi kamen am 17. März 1848 zusammen, um vor Tausenden Menschen am Grab der »Märzgefallenen« die erste interkonfessionelle Zeremonie Österreichs durchzuführen. Bei den Trauerreden überließ der bereits erwähnte Dr. Anton Füster als Vertreter der Katholiken dem Leiter der Israelitischen Religionsschule und späteren Rabbi Isak Noa Mannheimer demonstrativ das erste Wort.

Festzuhalten bleibt aber: 1848 war »ein wichtiges Datum für die Herausbildung des modernen Antisemitismus«, denn »vor dem Hintergrund nationaler Mobilisierung wurde gleichzeitig auch die jüdische ›Nationalität‹ zum Gegenstand aggressiver Polemik«.[13] Der oben genannte Abgeordnete Moritz Mohl war nicht der Einzige, der den Juden die Zugehörigkeit zur deutschen Nation absprach, weil sie angeblich einen eigenen »Volksstamm« bildeten. Damit wurde über die Religion hinaus ein neues Ausschlusskriterium konstruiert und zugleich ihre Assimilierung verleugnet. Die »Judenfrage« – ein damals gebräuchliches Schlagwort im Diskurs – wurde also bereits 1848 auch als »Rassenfrage« diskutiert. Und diesem modernen Antisemitismus, der ›rassisch‹ begründet und ein Vierteljahrhundert später zum politisch relevanten Faktor wurde, konnten Juden nicht mehr durch die Taufe entkommen. Erstmals zeichnete sich die verheerende Entwicklung hin zum größten Verbrechen in der Geschichte der Menschheit, dem Holocaust, ab.

Doch zurück zur Verfassung von 1848. Wie schon bei der Pillersdorf'schen Verfassung bezog sich auch jene vom Kremsier nur auf die österreichischen Erblande; Norditalien blieb ausgenommen. Ungarn hatte im März 1848 seine weitgehende staatliche Unabhängigkeit durchsetzen können, wobei Kaiser Ferdinand als König von Ungarn noch anerkannt wurde – es ging ohnehin seinen eigenen Weg. Im Vergleich zu anderen Ländern dominierte dort eine andere Trägerschicht: »Die Revolution der Magyaren war eine Adelsrevolution«, da ein nationales Bürgertum erst im Entstehen war. Dabei gelang es dem ungarischen Landtagsadel, beinahe die gesamte Nation »unter der Fahne der Modernisierung und der nationalen Freiheit«[14] hinter sich zu versammeln, wobei der Adel gleichzeitig darauf bedacht blieb, seine politischen Privilegien zu behalten.

In Ungarn wurde eine von Wien unabhängige Märzregierung eingesetzt und der Landtag zum Reichstag gemacht. Ministerpräsident war der Oppositionspolitiker und reiche Grundherr Lajos Graf Batthyány, der aus niederem verarmtem Adel stammende Lajos Kossuth wurde Finanzminister. Noch im März wurden etliche Reformgesetze beschlossen, die im Monat darauf als sogenannte Aprilgesetze in Kraft traten. Sie sollten Ungarn in eine konstitutionelle Monarchie mit Gewaltenteilung verwandeln; auch typisch liberale Forderungen wie jene nach Pressefreiheit, Aufhebung der Steuerprivilegien, allgemeiner Freizügigkeit und freier Berufswahl wurden erfüllt. Problematisch war, dass die auf Kossuths Antrag hin erfolgte Abschaffung der Feudallasten nur etwa zwei Fünftel der Bauern betraf. Weit schwerer wog jedoch die neue Bestimmung, dass Ungarisch zur Amtssprache wurde und nur jene in den Reichstag gewählt werden konnten, die sie beherrschten.

Wie standen die anderen Nationalitäten Ungarns dazu? Immerhin machten die Rumänen, Siebenbürger, Sachsen, Serben, Slowaken und Kroaten zusammen mehr als 60 Prozent der Bevölkerung Ungarns aus. Seit dem Mittelalter lebten beispielsweise viele Deutsche in Ungarn. Die deutschsprachigen ungarischen Patrioten haben sich in der 1848er Revolution »zwei nationalen Gemeinschaften zugehörig gefühlt: Die eine prägte der ungarische Staat, die andere die deutsche Kultur«[15]. Sie fühlten sich nicht gezwungen, sich für eine Identität entscheiden zu müssen, sondern sahen Ungarn als multinationale und -linguale Gesellschaft, in der die deutsche Kultur ebenfalls respektiert werden sollte; zudem konnten sie sich gerade in den Städten Buda und Pest auf deutschsprachige kaiserliche Institutionen stützen. Im Vormärz wurde zwischen Ungarn und Magyaren unterschieden: Letzteres bezeichnete die ethnische Zugehörigkeit, während der Begriff Ungarn unabhängig von derselben alle Personen umfasste, die im Staat Ungarn lebten.

Diese Phase der Harmonie währte jedoch nur kurz, denn bald nahm der magyarische Nationalismus aggressivere Züge an. Weit stärker als die Deutschen fühlten sich beispielsweise die Serben, Slowaken und Kroaten benachteiligt und bedroht. Von der allgemeinen revolutionären Stimmung der Märztage beflügelt, hatten auch sie sich organisiert. Die Slowaken forderten in einer Petition vom 10. Mai kulturelle Autonomie; es wurde aber auch zunehmend der Wunsch nach Selbstverwaltung laut. Die magyarischen Patrioten bemerkten rasch, dass dadurch ihre eigenen Interessen und ihr Ziel – der nationale Einheitsstaat – gefährdet wurden. Das, was sie soeben Wien abgerungen hatten, wollten sie anderen Nationalitäten in Ungarn nicht zugestehen.

Nun begann eine verhängnisvolle Entwicklung. Am 25. März 1848 wurde ein kroatischer Nationalkongress nach Agram einberufen, der ein dreieiniges kroatisch-slawonisch-dalmatinisches Königreich wiederbegründen wollte. Josip Jellačić von Bužim wurde dort zum *Banus*, einer Art Vizekönig, gewählt.

Als eine serbische Delegation rund um Djordje Stratimirović am 8. April die Anerkennung der Serben als Nation und das Ende der Magyarisierung forderte, beschimpfte Kossuth ihn als Verräter und erklärte, dass das Schwert entscheiden werde. Am 13. Mai erklärten sich die Serben auf einem Nationalkongress in Karlowitz unabhängig, Stratimirović wurde zu ihrem Oberkommandierenden ernannt.

In diesem Kapitel ging es darum, wie sich die verschiedenen Parlamente mit Fragen der Emanzipation und Gleichberechtigung von Minderheiten befassten. Eine große Bevölkerungsgruppe wurde jedoch – wie oben im Zusammenhang mit dem Grundrechtskatalog bereits angedeutet – nur in geringem Ausmaß thematisiert: die Frauen. Mit der Paulskirchenverfassung erhielten Männer über 25 Jahren das aktive und passive Wahlrecht. Sollten Frauen ebenso ihre Stimme abgeben dürfen? Das wurde sowohl in Frankfurt wie auch in Wien bzw. Kremsier angesprochen, wobei sich die Männer rasch einig wurden: Nein! Selbst radikale Demokraten, die sich für die Ausweitung des Wahlrechts über das von den Liberalen präferierte Zensuswahlrecht hinaus stark machten – beispielsweise befürwortete Fischhof in Österreich das Arbeiterwahlrecht –, zogen hier eine klare Grenze. Als am 12. Februar 1849 der Abgeordnete Franz von Hein im Verfassungsausschuss des Kremsierer Reichstags den Antrag stellte, dass man »auch die Frauen zur Wahl zulassen« müsste, »wollte man die Demokratie in jeder Beziehung durchführen«, stieß er auf Unverständnis. Nicht nur Fischhof – übrigens ein Gynäkologe – war dagegen. Der spätere liberale Minister Rudolf Brestel war gar der Meinung, dass man »Kindern und Narren« ebenfalls das Wahlrecht zugestehen müsste, wenn die Frauen es bekämen.[16] Zum Vergleich: Im Königreich beider Sizilien trat mit Giuseppe Ricciardi der Führer der Radikalen für ein Frauenwahlrecht ein: Immerhin würden sie auch die künftigen Staatsbürger erziehen. Er konnte sich aber ebenso wenig durchsetzen.

Für Vorkämpferinnen der Frauenrechte wie Louise Otto war das eine ernüchternde Erfahrung. 1849 verfasste sie für ihre *Frauen-Zeitung* einen Beitrag unter dem Titel »Die Freiheit ist unteilbar«: »Und nun laßt uns einmal fragen, wie viel Männer gibt es denn, welche, wenn sie durchdrungen sind von dem Gedanken, für die Freiheit zu leben und zu sterben, diese eben für *alles* Volk und *alle* Menschen erkämpfen wollen? Sie antworten gar leicht zu Tausenden mit *Ja!* aber sie denken bei all ihren endlichen Bestrebungen nur an *eine* Hälfte des Menschengeschlechts – nur an die *Männer*. Wo sie das Volk meinen, da zählen die Frauen nicht mit.« Als weltweit eine der ersten Frauen forderte Otto öffentlich das Frauenwahlrecht, »denn wir Frauen sind ein Theil des Volkes«.

Mit vereinten Kräften

Die Parlamente waren nur *ein* Raum, in dem neue Verhältnisse entworfen und nach Möglichkeit durch Verfassungen abgesichert werden sollten. Daneben gab es noch viele weitere Schauplätze der Revolution. Große Teile der Bevölkerung erlebten eine enorme Politisierung. Bei der Konzentration auf das Denken und Tun von Revolutionären und Gegenrevolutionären, von Vertretern der Institutionen- wie auch der elementaren Revolution gerät aber leicht aus dem Blick, dass sehr, sehr viele Menschen 1848/49 eine andere klare Meinung vertraten, nämlich: »Ohne mich!«

Die Motive dafür sind ebenso vielfältig wie jene derer, die sich in die Revolution stürzten. Für manche standen individuelle Sorgen im Vordergrund; viele andere wünschten sich zwar Reformen, sahen sich aber durch allzu radikale Forderungen abgeschreckt. Und nicht jeder rund 80-Jährige fühlte sich fit genug, wie Alexander von Humboldt in der Menge mitzumarschieren – oder ließ sich einfach nach vielen miterlebten Revolutionen nicht noch einmal hinter dem warmen Ofen hervorlocken. Bei manchen, die sich anfangs mit Begeisterung in die Aktivitäten gestürzt hatten, könnte sich im Laufe der Monate und vor allem mit dem Erstarken der Gegenrevolution Resignation breit gemacht haben; viele wünschten sich nach all den Unruhen und Kämpfen wohl nur noch Ruhe und Frieden.

Selbst manche jungen Studenten, die als Bevölkerungsgruppe eigentlich als besonders radikal und engagiert galten, blieben in einer revolutionären Hauptstadt lieber abseits, wie beispielsweise Jules Verne, der in Paris Jura studierte. Er sollte die gutgehende Anwaltskanzlei seines Vaters übernehmen, wollte aber Schriftsteller werden, wovon der Senior wenig hielt, obwohl er Jules' Talent gar nicht abstritt. Doch vom Schreiben könne ja kein Mensch vernünftig leben!

»Der junge Verne gehörte dem Bürgertum an und war viel zu sehr damit beschäftigt, sich eine Existenz aufzubauen, als an diesen [revolutionären] Ereignissen [1848] teilzunehmen.«[1] Als er im August die Möglichkeit hatte, die Abgeordnetenkammer zu besuchen, tat er das nicht aus politischem Interesse, sondern um Lamartine und den verehrten Victor Hugo zu treffen. Am 12. Dezember 1848 – in den beiden Tagen zuvor hatten die richtungsweisenden Präsidentschaftswahlen stattgefunden – konnte er den Vater beruhigen: »Was mich betrifft, so schließe ich, klick klack, meine Tür und bleibe Zuhause, um zu arbeiten, solange man mich in Ruhe lässt.«

Verhielten sich nur politikferne Menschen indifferent? Nein, es gab auch Zeitgenossen, die das Geschehen aufmerksam verfolgten, sich aber weder auf der einen noch der anderen Seite exponieren wollten. Benjamin Kewall etwa, im Revolutionsjahr bereits über 40 Jahre alt und immer noch Hauslehrer in Wien, besuchte häufig den Reichstag, um den Reden Adolf Fischhofs und den politischen Predigten Isak Noa Mannheimers zu lauschen. Stundenlang hielt er sich in Wiener Lokalen wie dem Stierböck'schen Kaffeehaus in der Jägerzeile (heute Praterstraße) auf, um sich in die dort ausliegenden Zeitungen zu vertiefen und mit Politikern oder Journalisten wie Hermann Jellinek zu diskutieren.

Kewall pries seine »ruhige unpartheiische Zuschauerrolle am glücklichsten, denn sie erlaubt mir, mich bei keiner Bewegung zu betheiligen«. Doch dann kam selbst für ihn der Zeitpunkt, an dem er das Schweigen brechen musste. Als im Sommer antijüdische und antisemitische Aussagen zunahmen, konnte und wollte er nicht länger unparteiisch bleiben. Die »schändlichen Schmierereien« kamen keineswegs nur aus den Unterschichten, sondern auch aus reaktionären Kreisen, in denen man die Schuld an der Revolution und an den heftigen Unruhen der letzten Wochen »den Juden in die Schuhe schieben will«. Im September erschien seine Flugschrift *Immer und überall die Juden!*, in der er das Publikum mit einer großen Portion Ironie »von der Absurdität der gegenüber der jüdischen Bevölkerung vorgebrachten Vorurteile«[2] überzeugen wollte. Er griff ein gegen die jüdische

Emanzipation vorgeschobenes Argument nach dem anderen auf und entlarvte es.

Der Vorwurf, Juden könnten das Christentum stürzen, sei »gar zu schmeichelhaft für uns!« Dass Juden heute noch immer für das büßen müssten, »was unsere Altvordern vor mehr als 1800 Jahren in Pallästina verschuldet haben sollen« – nämlich die Kreuzigung Jesu –, sei »Wahnsinn«. Scharf verwahrte sich Kewall gegen Pauschalisierungen: Was, wenn man alle Christen als dumm bezeichnen würde, nur weil einer von ihnen ein Dummkopf sei? Dass Juden nichts für die Welt getan hätten, stritt er ab mit Verweis auf Abraham und Moses aus der Bibel, Moses Mendelssohn und den Dichter Heinrich Heine. Unverständlich war ihm, wie die Mehrheitsbevölkerung Juden als Fremde beschimpfen konnte: »In dem Lande, wo man geboren und erzogen ist, dessen Lasten man mit trägt, da ist man kein Fremder. Wir sind seit Jahrhunderten im Lande; [...] Das Wohl und Weh des Landes geht uns nahe; kann man uns Fremde nennen?«

Als Schlusswort gab er dem Leser mit auf den Weg, »nun hinlänglich gezeigt zu haben, daß alles gegen uns Vorgebrachte nicht nur grund-, sondern auch gedanken- und herzlos ist, und daß bei unserer vollen Emancipation ihr nicht nur uns, sondern auch euch wohl thut«. Nichtsdestotrotz musste er am 9. November 1848 frustriert in sein Tagebuch schreiben: »Das ganze Gezücht der conservativen Presse speiet nun Galle und Gift gegen die Juden, die kein Organ zu ihrer Vertheidigung haben.«

Das politische Interesse war nicht zwangsläufig vom Geschlecht abhängig, obwohl Frauen sich aufgrund der Rahmenbedingungen abgedrängt sahen. Von einschlägigen Versammlungen waren sie ausgeschlossen, auf das Wahlrecht konnten sie noch nicht hoffen – und trotzdem waren manche von ihnen – wie Erzherzogin Sophie und Clotilde Koch-Gontard – sogar stärker am Zeitgeschehen interessiert als ihre Ehemänner.

Wer waren die Frauen und Männer, die sich 1848 aktiv an der Revolution beteiligten? Welche Motive trieben sie an, welche Ziele verfolgten sie? Das Wichtigste vorweg: Die anfangs so einheitlich erscheinende Front – von den liberalen Oppositionspolitikern in den Landtagen über die aufrührerischen Bauern auf dem Land bis hin zu den Barrikadenkämpfern in den Großstädten –, die die geschockten Regierungen schnell zum Nachgeben bewegte, gab ein trügerisches Bild ab. Geeint war man im Sinne einer Negativkoalition durch die Ablehnung des bestehenden politischen Systems – aber das war oft schon das Einzige, das man gemeinsam hatte.

Nicht nur in den Parlamenten, wo Liberale und Demokraten unterschiedliche Ziele verfolgten und sich nur schwer (aber in der Paulskirche bei der Ausarbeitung der Reichsverfassung dann doch) auf einen gemeinsamen Kurs verständigen konnten, brachen Richtungskämpfe aus. Während radikale Demokraten bei den klein- und unterbürgerlichen Schichten Anklang fanden und sich teils mit der Arbeiterbewegung verschränkten, fand sich das liberale Bürgertum in einer »doppelten Frontstellung«[3] wieder. Es kämpfte zugleich nach »oben« gegen das alte, reaktionäre System wie auch abwehrend nach »unten«, wo die Unterschichten mit ihren Forderungen die soziale Ordnung herauszufordern schienen. Zum Sieg der Reaktion trug aber nicht nur diese Uneinigkeit der Revolutionäre bei: Nachdem sie sich von ihrem ersten Schrecken erholt hatten, konnten die Herrschenden zum effektiven Gegenschlag ausholen, da sie weitestgehend die Kontrolle über Verwaltung und Militär bewahrt hatten.

Die Bandbreite der Motive und Organisationsformen verschiedener Akteursgruppen ist beachtlich. Es zogen sich zudem Konflikte und Risse durch die Gesellschaft als solche, durch einzelne Bevölkerungsgruppen und Familien, in denen sich die Geister schieden. Von einem regelrechten Generationenkampf kann man 1848, auch wenn Anklänge einer Jugendrevolte bemerkbar waren, nicht sprechen. Die Grenze zwischen Jung und Alt hatte schon Mazzini für seine Organisation großzügig ausgelegt: Mitglieder des *Jungen Italien* durften bis zu 40 Jahre alt sein. Friedrich Hecker näherte sich dem 40. Geburtstag, Gustav Struve hatte diesen im Revolutionsjahr bereits überschritten.

Die meisten der an der Wiener Revolution beteiligten Mediziner waren zwischen 19 und 35 Jahre alt, wenige waren über 40.

Die jeweilige politische Einstellung wurde 1848 sichtbar nach außen getragen: Langes Haar, wallende Kinnbärte sowie modische Orientierung an Hecker demonstrierten eine radikal-demokratische Gesinnung; politisch gemäßigte ältere Herren trugen lieber Gehrock und Zylinder. Verständlich ist, dass ältere Männer, die meist schon für eine Familie verantwortlich waren, weniger zu riskanten Aktionen neigten (Ausnahmen bestätigen die Regel). Auf den Barrikaden standen mehrheitlich junge Leute; in den Parlamenten und politischen Vereinen zeigte sich ebenfalls die Tendenz: je jünger, desto radikaler, wobei viele ältere Handwerker aber ebenfalls den Linken angehörten.

Auf dem Land sah es anders aus: Vor dem Revolutionsjahr war man dort mit radikalen linken Ideen noch kaum in Berührung gekommen. In der Mitte des 19. Jahrhunderts war das festländliche Europa angesichts der erst allmählich fortschreitenden Industrialisierung immer noch eine Agrargesellschaft, wenn auch diese bereits im Wandel hin zur bürgerlich-industriellen Gesellschaft begriffen war. In der zweiten Hälfte des Jahrhunderts sollte die zunehmende Abwanderung in Industriegebiete und Städte die räumliche Verteilung der Bevölkerung verändern, noch lebte der weitaus größte Teil derselben auf dem Land. Ein wesentliches Merkmal der ländlichen Bevölkerung war ihre Heterogenität. Die individuellen Lebensumstände waren vom Zufall der Geburt abhängig: Ob man als Kind einer ledigen Magd oder als Erbe eines reichen Bauern zur Welt kam, war ebenso ausschlaggebend wie die Frage, wo man geboren wurde.

Die Agrarverfassung, die u. a. Besitzverhältnisse, Rechtslage und Sozialstruktur umfasste, variierte von Region zu Region. In Italien bestanden größtenteils scharfe Gegensätze zwischen adeligen und bürgerlichen Großgrundbesitzern auf der einen und einer Masse von Kleinstbauern, Pächtern und Landarbeitern auf der anderen Seite; beispielsweise befanden sich im Königreich beider Sizilien geschätzt 90 Prozent des Bodens in den Händen weniger Latifundienbesitzer. Revolutionäre konnten an die diesbezügliche Unzufriedenheit anknüpfen und durch Entgegenkommen bäuerliche Bevölkerungskreise auf ihre Seite ziehen.

Daniele Manin tat das beispielsweise in Venedig mit der Aufhebung der Kopfsteuer und einer Reduktion der Salzsteuer; allerdings forderten die Bauern mehr als das, etwa Zugang zu den Wäldern und ein Weiderecht für ihr Vieh. Das wollte und konnte Manin nicht ermöglichen, da er nicht die Grundherren brüskieren wollte, auf deren Unterstützung er ebenso angewiesen war wie auf die bürgerlichen Kräfte. Damit stand er vor demselben Problem wie die meisten politischen 1848er Akteure in führenden Positionen: Es war unmöglich, die divergierenden Interessen aller Bevölkerungsgruppen zu bedienen. Die Entscheidung darüber, wessen Wünsche man berücksichtigte, erfolgte zumeist aus eigenem Machtkalkül heraus. Nicht immer ging die Rechnung auf.

In Ungarn beispielsweise, wo der Adel die führende Rolle in der Revolution spielte, waren die galizischen Ereignisse von 1846 noch in zu guter Erinnerung. Man fürchtete blutige Bauernaufstände und Attacken; durch noch im Frühjahr 1848 eilig beschlossene Agrargesetze wollte man solchen vorbeugen. Dennoch misstraute die Landbevölkerung dem Adel und dem städtischen Bürgertum, mit dessen revolutionären Zielen sie sich schwer identifizieren konnte. Das wurde der ungarischen Regierung im Unabhängigkeitskrieg schmerzhaft vor Augen geführt, in dem sich die Bereitschaft der Bauern, für die Verteidigung des Vaterlandes zu bluten, in Grenzen hielt. Vor allem in der Erntezeit ließen sie die Waffen gern fallen, um auf ihre Felder zurückzukehren.

Die Situation in Frankreich, dem Mutterland der Revolution, war ebenfalls ambivalent. In den ersten Wochen beteiligte sich die Landbevölkerung an Aktionen, die vorwiegend gegen die Staatlichkeit gerichtet waren; es wurden Steuereintreiber und Beamte angegriffen, im Elsass kam es darüber hinaus zu heftigen antijüdischen Ausschreitungen. Aber wie schon in der Revolution 1789 waren die Bauern von Paris enttäuscht: Damals hatte vorrangig das wohlhabende Bürgertum vom Verkauf ehemaliger Kirchengüter profitiert, während Bauern in die Rolle von Pächtern herabsanken und sich zunehmend verschuldeten. Jetzt war es nicht viel anders: Die neue Regierung konzentrierte sich auf die Stadt, und auch bei der sozialen Frage dachte sie vor allem an die (haupt-)städtischen Arbeiter, die sie für sich gewinnen wollte. Eine Regierungsmaßnahme aber traf die Landbevölkerung schmerzlich: die am 16. März vorgenommene Erhöhung der Grundsteuer um 45 Prozent (45 *centimes*), wodurch u. a. die Pariser Nationalwerkstätten finanziert werden sollten und die vor allem die kleinen, ohnehin schon verschuldeten Bauern zu spüren bekamen. »Man hätte nichts tun können, was die kleinen Bauern noch sicherer zu Gegnern der Republik gemacht hätte.«[4] Von den Republikanern und Sozialisten in Paris hatte man auf dem Land, so der sich verstärkende Eindruck, nichts zu erwarten außer weiteren Belastungen.

Am Beispiel der deutschen Staaten lässt sich besonders gut verdeutlichen, wie eng die jeweilige Agrarverfassung mit dem revolutionären Geschehen zusammenhing. Das erklärt auch, warum mancherorts die Gemeinde geschlossen vor fürstlichen Residenzen aufmarschierte, während anderswo die revolutionäre Frontlinie mitten durch die bäuerliche Gesellschaft verlief. Grob gesagt gab es zwei Formen der agrarischen Bewegung: Die eine bestand in bäuerlichen Revolten, in denen sich Dorfgemeinden gegen Adel und Staat positionierten; diese waren vorwiegend in Süd-, Südwest- und Mitteldeutschland zu verorten. Im deutschen Norden und Osten hingegen kämpften vorwiegend Kleinstbauern und unterbäuerliche Schichten wie Heuerlinge und Tagelöhner um eine Verbesserung ihrer Situation; Vollbauern befanden sich in diesem Fall meist im anderen Lager.

Im Süden und Südwesten war die Realteilung ein bestimmendes Element. Im Gegensatz zum Anerbenrecht, bei dem der bäuerliche Besitz geschlossen an nur einen Nachfolger fiel, wurde er dort unter allen Erben aufgeteilt. Dadurch bekamen zwar alle Geschwister einen Teil vom Kuchen ab, doch wurde dieser immer kleiner, und die Hofstellen reichten oft nicht mehr aus, um eine Familie zu ernähren. Eine zusätzliche Einnahmequelle fand sich in der Protoindustrie. Allgemein war die Textilbranche im Heimgewerbe stark vertreten. Im Schwarzwald wiederum spezialisierte man sich auf die Herstellung von Uhren, die in die ganze Welt exportiert wurden. Allerdings litt auch das Heimgewerbe am Vorabend der Revolution unter der vormärzlichen Wirtschaftskrise.

Durch die Aufteilung des Besitzes war die soziale Kluft innerhalb solcher Dorfgemeinschaften weniger stark ausgeprägt als in Regionen, in denen Großgrundbesitzer dominierten. Daher fanden dort Bauern und ländliche Unterschichten leichter zusammen und sahen im Staat mit seinen Vorschriften sowie dem Landadel und den Standesherren mit ihren noch bestehenden feudalen Rechten den Gegner. Entsprechend richtete sich die revolutionäre Wut vorwiegend gegen deren Vertreter wie Verwaltungsbeamte, Förster, Schultheißen und Steuereintreiber.

In den ersten Märzwochen versammelten sich Bauernhaufen – auch Frauen waren daran beteiligt – um Schlösser, Rentämter und Rittergüter, wobei dörfliche Honoratioren wie wohlhabende Bauern, Dorfvorsteher und Bürgermeister häufig als Sprecher fungierten. Sie verlangten das Ende bestehender feudaler Lasten und ständischer Vorrechte, ihre soziale Besserstellung und mehr dörfliche Autonomie. Wo der Adel oder seine Vertretung sich den Forderungen verschloss, konnte die erhitzte Situation rasch eskalieren. Das württembergische Schloss Niederstetten war nicht der einzige Landsitz, der in Flammen aufging, als die aufgebrachten Bauern die fürstlichen Akten über Abgabeverpflichtungen und Schulden sowie Lagerbücher in Brand setzten.

Zu den weniger gewalttätigen und typischen Protestformen zählten die Verweigerung von Abgaben und Leistungen bzw. Aktionen, bei denen sich die Landbevölkerung demonstrativ über bestehende Rechtsvorschriften hinwegsetzte. Dazu gehörten das verbotene Wildern und der Holzfrevel, der längst nicht nur im Schutz der Nacht begangen wurde. In den Wäldern der Fürsten von Solms-Braunfels und der Grafen von Ysenburg-Meerholz war es geradezu ein planmäßiger Akt des Ungehorsams, als – so der amtliche Bericht – »auch am hellen Tage« von den Bewohnern der Oberämter Gaildorf und Schwäbisch Hall selbst »die stärksten Fichtenbäume gehauen und [...] fortgeschafft« wurden.[5]

Die Nutzung des Waldes war in ganz Europa ein Streitthema. Denn Holz als Energieträger war lebenswichtig, sowohl für das Gewerbe als auch für den häuslichen Herd. Die Dorfbewohner beriefen sich auf ihr »gutes altes Recht« und wollten den Forst wie früher zur Eichelmast ihrer Schweine, zum Sammeln von Laubstreu und zum Holzlesen betreten dürfen, was neuere Gesetze im Sinne einer fortschrittlichen Forstwirtschaft aber untersagten. Besonders verhasst war der Landbevölkerung das adelige Jagdrecht auf fremdem Grund und Boden – ein Symbol der rechtlichen und sozialen Ungleichheit (und als solches ein vom Adel durchaus geschätztes Privileg).

Gegen diese herrschaftlichen Vorrechte protestierte die Landbevölkerung durch Wilderei, die aber noch ein weiteres Ziel verfolgte: die Reduzierung des Wildbestandes, denn starke Rot- und Schwarzwildbestände richteten großen Schaden in der Landwirtschaft an. Umso mehr nahm man es dem Adel übel, dass er jagdbares Wild – er wollte Beute machen und Trophäen sammeln – förderte und in den Revieren für die breite Bevölkerung Jagdverbote erließ. Die Regierung in Hannover kam den bäuerlichen Beschwerden Anfang April 1848 entgegen, indem sie in den königlichen Forsten die Ausrottung der Wildschweine und die Verminderung der Hirschpopulation anordnete.

Die großflächigen Agrarunruhen waren für die Landesherrn nichts weniger als existenzbedrohend und trugen maßgeblich dazu bei, die alten Regime ins Wanken zu bringen. Aber nicht nur Fürsten als Vertreter des alten politischen Systems, sondern auch liberale Märzminister wie Heinrich von Gagern im Großherzogtum Hessen setzten Militär ein, um in gewohnter Weise gegen Bauernunruhen vorzugehen. Ein gewaltloses Mittel zur Befriedung des Landes bestand hingegen darin, auf die Forderungen der Bauern einzugehen. Die Landtage und Märzregierungen von Baden, Württemberg und Bayern kamen den Bauern noch Mitte April mit weitreichenden Konzessionen zur Grundentlastung sowie Aufhebung der Feudalrechte inklusive Jagdrecht entgegen. Von den neuen Gesetzen profitierten freilich weniger die verschuldeten Kleinbauern und ländlichen Unterschichten, sondern jene besser situierten Bauern, deren Wünsche sich unter der Parole »Freiheit und Eigentum« zusammenfassen lassen.

In der Regel weniger gewaltsam und heftig als im Süden und Südwesten Deutschlands ging es in Nordwestdeutschland sowie im Osten Deutschlands zu, wo die Bauernbefreiung weitgehend abgeschlossen war bzw. mit dem Anerbenrecht eine andere Agrarverfassung bestand: Der Hof fiel an nur einen Erben, der so den Besitz zusammenhalten konnte; die entweder jüngeren oder älteren Geschwister gingen leer aus. Dadurch fielen die sozialen Gegensätze innerhalb der dörflichen Gemeinschaft sehr viel schärfer aus; beispielsweise gab es in Nordwestdeutschland zahlreiche freie Vollbauernhöfe, deren Inhaber wenig Grund zur Klage sahen – das Besitzrecht, die tragfähige Größe des Hofes sowie die weit vorangeschrittene Entfeudalisierung entschärften das Konfliktpotential.

Ganz anders war die Lage der dortigen Kleinstbauern und landlosen Angehörigen der Unterschichten, die sich in der Revolution gegen Adel, Vertreter des Staates und die »Reichen« insgesamt – und zu denen zählten dort eben auch die großen Bauern – positionierten. Mit ihren Begehrlichkeiten lösten sie bei den Bauern Verlustängste und entsprechende Abwehrreaktionen aus; beispielsweise versuchten diese mit Sicherheitswehren ihren Besitz zu schützen. Aus heutiger Sicht aber erscheinen die Forderungen der kleinen Leute maßvoll und nachvollziehbar. Im Grunde wollten sie nur eines: eine Chance zu überleben.

Soziale Gerechtigkeit wurde durchaus von manchen radikal-demokratisch gesinnten Frauen und Männern wie Henriette und Gustav Obermüller gefordert. In ihrem Brief an Jakob Venedey vom 29. Juni 1848 legte Erstere diesem ihre politische Ansicht dar: »Freilich giebt es nichts Schöneres als Communismus, wie ich ihn verstehe: Das heißt, man sorge zuerst für seinen Nebenmenschen, dann esse man, erst dann ruhe man, dann erst sey man glücklich; wie schön wäre es, wenn wir Alle arbeiteten und Alle zu essen hätten.« Über Gustav berichtete sie, dass er ganz auf der Seite der Arbeiter stehe und »sagt, es sey an der Zeit, daß die Reichen aufhören, zusammen zu scharren, den Ärmern zu rauben«.

Im badischen Durlach seien zwar bis auf die reichsten Familien die meisten Einwohner demokratisch gesinnt, wie Henriette in ihren Lebenserinnerungen festhält, aber dennoch lebten sie seit Jahren »feindselig untereinander. Die sogenannten ›Hintersassen‹ (jüngere Bürger) bekamen Bürgergenuß, in Holz und Gras bestehend, erst nach so und so vielen Jahren.« Würde man den jeweiligen Anteil der Bürger daran schmälern, könnten mehr Menschen versorgt werden. »Gustav beantragte, daß Alle Bürger, welche ein Vermögen von 1000 Gulden Renten versteuern, zu Gunsten der armen Hintersassen auf den Bürgergenuß verzichten möchten. Er selbst werde jedes Jahr, so viel als der Bürger bekomme, an Geld für einen armen Hintersassen der Stadt geben. Das schöne Beispiel [...] wurde nicht nur nicht nachgeahmt, sondern es trug ihm die Feindschaft der Reichen ein. Sie Alle wurden später seine Denunzianten!«

Die Aktionen der kleinen Leute blieben vereinzelt, es kam zu keinem flächendeckenden Aufstand, der – blickt man vergleichend in den Süden – vielleicht mehr erreicht hätte. Wie die folgenden Beispiele zeigen, ging es den Revolutionären im Norden nicht um eine nationale Programmatik, wie sie in der Paulskirche vertreten wurde, sondern innerhalb ihrer Lebenswelt um faire Löhne sowie die Möglichkeit, eine bescheidene Subsistenzwirtschaft betreiben zu können. Bei den früheren Gemeinheitsteilungen seit den 1830ern waren die Bauern bevorzugt bedient worden; die Armen hatten nicht nur nichts dazugewonnen, sondern waren durch die neuen Besitzregelungen von der traditionellen Nutzung der Allmende und des dorfeigenen Waldes ausgeschlossen worden. Damit waren sie noch schlechter dran als zuvor. Der Ruf nach (Pacht)Land als Lebensgrundlage zählte daher 1848 zu ihren wichtigsten Forderungen.

Im Herzogtum Braunschweig baten landlose Heuerlinge (Häuslinge) den Fürsten um bessere Pachtbedingungen oder um ein kleines Stück Land aus den letzten noch ungeteilten Allmendebeständen. In der Grafschaft Ravensberg verfassten sie einen Zehn-Punkte-Katalog, der u. a. einen Zwölf-Stunden-Tag mit festen Pausen, eine Erhöhung des Lohns um 50 Prozent und genügend Pachtland, um zumindest eine Kuh darauf halten zu können, forderte. Nicht nur die Städter, auch die Landbevölkerung und in diesem Fall außerdem die Unterschichten organisierten sich und formulierten Petitionen, ein Vorgehen, das sich keineswegs auf die genannten norddeutschen Regionen beschränkte, sondern sich in ganz Europa in unterschiedlicher Ausprägung zeigte.

Die Agrarunruhen waren zwar wesentlicher Bestandteil der elementaren, auch gewalttätigen Revolution, doch damit war der Handlungsspielraum der Landbevölkerung noch lange nicht erschöpft. In den Oldenburger Marschen hatte geschätzt ein Drittel der Bevölkerung kein Land zur Bewirtschaftung und konnte sich nicht einmal ein Schaf halten. Am 26. März 1848 versammelten sich Landarbeiter im Kirchspiel Blexen und sandten eine Bittschrift an den Großherzog. In diesem Fall war das Schreiben nachweislich von einem der ihren verfasst, während sonst meist gebildete Dorfbewohner wie Pastoren oder Beamte als Sprecher bzw. Schreiber auftraten.[6]

Darin legten sie eine Analyse des Ist-Standes der Gesellschaft sowie Verbesserungsvorschläge dar. Sie strebten das Bündnis mit dem Fürsten an, ihre Beschwerden richteten sich gegen die großen Bauern. Die Landarbeiter wünschten sich eine bessere Bezahlung und Schutz vor der Konkurrenz ausländischer Arbeitskräfte. Sie klagten über Bauern, die sich das Futter für eine Kuh – für Landarbeiterfamilien lebensnotwendig – teuer bezahlen ließen. Wenn sich Bauern beim Landesherrn über Lasten beklagen würden, so sei das aus Sicht der Tagelöhner unbegründet, »denn da fahren sie in großekorbwagens, kleiden sich mit Sanft [!] und Seide, behangen sich mit Gold und Silber, so daß eine Bauerfrau kaum von einer Fürstin abzuerkennen, indeß wir nicht wissen, wo wir ein hemdt hernehmen sollen«.

Freilich gab es ebenfalls gewaltsame Aktionen und Zerstörungen, die dort aber meist lokal begrenzt blieben; angegriffen wurden vereinzelt Personen wie Dorfvorsteher, Bürgermeister und Beamte. Beispielsweise setzten Mitte März mit der Obrigkeit und der Klosterverwaltung unzufriedene Einwohner des Ortes Münchehagen in Niedersachsen – auch Frauen und Kinder waren darunter – das Haus von Bauermeister (Vorsteher einer Dorfgemeinschaft) Koch in Brand. Obwohl Militär gegen sie eingesetzt wurde, stürmten sie anschließend noch das Kloster.

In Westfalen blieben die älteren oder jüngeren Geschwister von der Erbfolge ebenso ausgeschlossen wie in Norddeutschland. Sie hatten nur die Wahl, als Magd oder Knecht zu bleiben oder aber anderswo ihr Glück zu suchen. Die Zahl der Auswanderungen nach Übersee stieg im 19. Jahrhundert stark an – denn Amerika lockte mit Land und Arbeitsplätzen. Im östlichen Westfalen kam es 1848 zu verstärkten Unruhen und Tumulten, bei denen die Akteure – wiederum Kleinstbauern und Landlose – beispielsweise Archive mit Schuldurkunden zerstörten und eingehegte Wälder verwüsteten. Auch dort zeigte sich in der ländlichen Hierarchie die Abstufung von den spannfähigen Großbauern (d. h. sie waren vermögend genug, um zur Bewirtschaftung Zugtiere einsetzen zu können) mit ihren Vollerwerbsstellen über Kleinbauern bis hinab zu Heuerlingen, die als Pächter kaum von dem Stückchen Land leben konnten, das ihnen (wenn überhaupt) zur Verfügung stand. Dank der geographischen Lage konnte man sich zwar im Vormärz durch die »Hollandgängerei« (zum Torfstechen und Grasmähen) ein Zubrot verdienen, aber Mitte des 19. Jahrhunderts sank die dortige Nachfrage nach Saisonarbeitern.

Der Ausbau der Infrastruktur (etwa der Eisenbahnverbindung Köln–Minden 1847 und schiffbarer Kanäle) führte zu einem wirtschaftlichen Aufschwung der Textil- und Maschinenbauindustrie sowie des Bergbaus und der Stahlindustrie. Es entstanden neue industrielle Ballungsräume wie das Ruhrgebiet, das in den 1850ern und 1860ern zu einem Zentrum der deutschen Schwerindustrie wurde. Die Liberalisierung der Wirtschaft und der Kapitalismus brachten für die Arbeiter jedoch auch Nachteile, wie sich am Beispiel des zuvor verstaatlichten Bergbaus zeigt, der 1851 größtenteils privatisiert wurde: Der Staat zog sich aus seiner sozialen Verantwortung zurück; die Ruhrgebietsindustrie boomte auf Kosten ausgebeuteter Arbeiter.

In Preußen hatten die Agrarreformen seit dem frühen 19. Jahrhundert die Entfeudalisierung vorangetrieben, dabei jedoch Gutsherren bevorzugt, während verarmte Kleinstellenbesitzer auf ungünstige Böden oder gar in die lohnabhängige ländliche Unterschicht abgedrängt wurden. Wo in den ersten Märztagen die ostelbischen Dorfgemeinschaften meist unter Führung reicher Bauern oder Schulzen ihre Gutsherren dazu bewegen konnten, auf Leistungen und Abgaben zu verzichten, blieb die Freude vorerst kurz: Entsprechende Verzichtserklärungen wurden von der preußischen Märzregierung am 27. März als erpresst und damit rechtsunwirksam abgelehnt. Allerdings wurden von der preußischen Regierung im Laufe des Revolutionsjahrs dann doch letzte Feudalrechte aufgehoben. Dabei zeigte sich erneut, dass die Agrarreformen wiederum vorrangig jenen zugute kamen, die bereits über Besitz und die besten Rechtstitel verfügten. Kleinstbauern und Tagelöhner, die anders als die spannfähigen Bauern mittlerer Größe u. a. schon bei der Verteilung der Allmende leer ausgegangen waren und alte Rechte am Gemeindeland zurückforderten, stießen auf taube Ohren.

Auch wenn die Situation der Heuerlinge und Landarbeiter selten auf der Tagesordnung der jeweiligen Landtage stand, gab

Am 7. März 1848 richteten Bauern aus Groß- und Kleinzschocher sowie weiteren Orten, vom Beispiel der Stadt Leipzig ermutigt, eine Adresse an Friedrich August II. von Sachsen. »Wir haben erfahren, daß Ew. Königl. Majestät in dem Glauben erhalten werden, daß der Sinn des Volkes mit dem der Minister in Einklang stehe. Wir versichern Eurer Königlichen Majestät, daß, wohin wir hören, wohin wir sehen, es fast nur Eine Stimme gibt: daß es anders, besser werden möge!« Die Unterzeichner beklagten das bestehende Zensuswahlgesetz und kritisierten die Rekrutierung der Bauernsöhne zur Armee, die ihre besten Jahre dem Vaterland geben müssten, »während der Mann von Geld seinen Sohn von der Pflicht der Vaterlandsverteidigung loskauft!« Ebenso wurde der Abschluss der Grundentlastung gefordert.

es doch auf den politischen Ebenen darunter Versuche, Lösungen zu finden. In einigen Gemeinden nahe Osnabrück konnten Beamte Vereinbarungen zwischen Heuerlingen und Bauern vermitteln, die u. a. Viehweide, Tagelohn und Arbeitszeiten regelten. Im oldenburgischen Amt Landwührden erlaubten die Behörden Ersteren, dass sie ihre Tiere auf den Deichen weiden ließen. Einen gewaltigen Schritt weiter – für viele Zeitgenossen unvorstellbar weit – ging der Agrartheoretiker und Gutsherr Johann Heinrich von Thünen auf Tellow in Mecklenburg, der die Dorfbewohner am Reingewinn des Gutes beteiligte.

Zwar wurde die Revolution auf dem Land keine eigentlich bürgerliche Revolution, aber ihr Charakter änderte sich im Vergleich zu früheren Agrarunruhen deutlich. »Auch diese Akteure [wählten] zunehmend andere Organisationsformen, schlossen sich in Vereinen zusammen, schickten Petitionen, statt Gewalt anzuwenden«[7], d. h. die ländliche Bevölkerung übernahm verstärkt ›bürgerliche‹ Aktions- sowie Protestformen und lernte moderne Formen der Interessenvertretung kennen und schätzen. Allein von den rund 13 500 bei der Berliner Nationalversammlung eingetroffenen Petitionen stammte beinahe die Hälfte vom Land. Ebenso erlebten Vereine als typisch bürgerliche

Organisationsform einen regen Zulauf; in den Lesevereinen – manche entstanden bereits im Winter 1847/48 – wurden Zeitungen bezogen und politische Inhalte diskutiert.

Gerade über die Medien drangen liberale und (radikal-)demokratische Ideen von der Stadt auf das Land vor. Dabei gelang es den um soziale Reformen und das allgemeine Männerwahlrecht bemühten Demokraten besser als den gemäßigten Liberalen, auf dem Land Fuß zu fassen, und zwar keineswegs nur in Gebieten wie dem südlichen Schwarzwald, wo der Boden für republikanisch-demokratische Ideen nicht zuletzt durch Joseph Ficklers Konstanzer *Seeblätter* bereits länger bereitet worden war und sich die gegen den Adel gerichteten Bauernunruhen früh mit dem Ruf nach der Republik verbunden hatten. Im Wahlkampf für die Nationalversammlung wurden die demokratischen Schlesischen Rustikalvereine gegründet, deren Mitgliederzahl auf rund 200 000 anwuchs. Die Rustikalvereine agierten als Sprachrohr der mittleren und großen Bauern und forderten u. a. die Aufhebung der Feudallasten; Wünsche der verarmten Bevölkerung wie nach der Umverteilung des Landes wurden ignoriert, da diese den Interessen der Bauern widersprachen.

Durch das weiter als zuvor gefasste Wahlrecht zu den Nationalversammlungen wie in der Paulskirche lernten die wahlberechtigten Männer ein weiteres Mittel kennen, ihren Forderungen Ausdruck zu verleihen: die Stimmabgabe. Dabei zeigt sich, dass die Wahlbeteiligung auf dem Land durchaus hoch sein konnte, etwa im Rhein-Main-Gebiet rund um Frankfurt. In die preußische Nationalversammlung wurden vereinzelt auch Dorfschulzen, Bauern und Tagelöhner entsandt. In Regenwalde wurde laut Siemann ein Müllergeselle gewählt, nachdem er vollmundig (und realitätsfern) jedem Tagelöhner zehn Morgen Land zu verschaffen versprochen hatte.

Auf dem österreichischen Reichstag in Wien bzw. Kremsier waren die Bauern noch stärker vertreten – rund ein Viertel der Reichstagsabgeordneten waren wie Hans Kudlich bäuerlicher Herkunft. Sie hofften zu Recht darauf, dass ihre Forderungen dort weitgehend erfüllt wurden. Eine der Initiativen dazu ging vom Kronland Kärnten aus: Dort waren die Bauern – von wenigen Ausnahmen abgesehen – als Untertanen einer Grundherrschaft zwar seit den Zeiten Maria Theresias persönlich frei und besaßen ein Erbrecht an den Höfen, waren gegenüber dem Grundherrn jedoch zu Abgaben (Geld und Naturalien) sowie kostenlosen Arbeitsleistungen (Robot) verpflichtet; daneben fielen noch Zehntleistungen an kirchliche Institutionen an. Der Grundherr war darüber hinaus die erste Instanz im Zivilrecht, was ihm eine gewisse Machtposition verschaffte. Dass daher auch dort eine von der Revolution in Wien noch angeheizte gereizte Stimmung bestand, ist verständlich. Es kam zu Abgabenverweigerungen und lokalen, meist spontanen Ausbrüchen. Oft lagen ihnen ältere Konflikte zugrunde, in der Herrschaft Finkenstein etwa ging es schon länger um das Jagdrecht. Koordinierte, große Bauernunruhen wie in Süddeutschland blieben aber aus.

Dennoch war die Situation angespannt genug, dass sich die Kärntner Stände noch vor den Wahlen zum Landtag mit der Grundentlastung befassten. Schon im April wurde ein Entwurf ausgearbeitet, der allerdings nur die Umwandlung der Natural- in Geldleistungen vorsah. Anfang Mai wandten sich die Stände an den Kaiser in Wien und ersuchten diesen, er möge eine vollständige Entlastung von Grund und Boden verfügen. Tatsächlich erreichten sie ein entsprechendes kaiserliches Patent vom 25. Mai. Das war zwar nur eine Absichtserklärung, die darauf verwies, dass die Entscheidung beim künftigen Reichstag liege, aber doch ein eindeutiges Signal. Mit den Ergebnissen des Reichstags konnten die Bauern, die von den Reformen profitierten, zufrieden sein; die ländlichen Unterschichten sahen sich jedoch enttäuscht.

Und wie sah es bei den Arbeitern und den städtischen Unterschichten aus? Die von ihnen getragene unterbürgerliche Revolution war ebenso Teil der elementaren Revolution, die den Druck auf die Regierungen erhöhte und diese dazu brachte, rasch den (gemäßigten) liberalen Märzforderungen zuzustimmen. In den Städten wie Wien und Berlin spielte sie sich im Lebensraum der Menschen ab: auf den Straßen und Plätzen. Dort traf man sich, um Neuigkeiten zu erfahren und zu diskutieren, zu singen und zu feiern. Man tat sich (oft spontan) zu gemeinsamen Aktionen zusammen, die gerade in den ersten Wochen der Revolution meist in tradierten Formen des sozialen Protestes stattfanden: Unbeliebten Personen wie Ministern, Beamten oder auch Bäckern, denen man zu kleines Brot vorwarf, wurden beispielsweise »Katzenmusiken« gegeben. Diese fanden meist nach Einbruch der Dunkelheit und unter reger Anteilnahme von Unterschichtsfrauen statt, deren lautes Kreischen und Fluchen wesentlicher Bestandteil des Spektakels war: Für die Adressaten war es doppelt beschämend, wenn sie von Frauen ausgeschimpft wurden.

Tumulte und Zusammenstöße mit der staatlichen Obrigkeit blieben nicht aus, ebenso wurden Geschäfte geplündert. Angriffe auf Fabriken und Maschinen entsprachen dabei durchaus einer gewissen inneren Logik, und die Akteure gingen keineswegs blindwütig, sondern gezielt vor: Eher verschont blieben Unternehmen, deren Besitzer sich den Arbeitern gegenüber (ihrer Sicht nach) fair verhalten hatten; hatten sich die Inhaber jedoch den schlechten Ruf eingehandelt, ihre Arbeiter auszubeuten, fielen ihre Betriebe verstärkt der Plünderung zum Opfer. In Heidelberg wurde das Kleidermagazin eines jüdischen Inhabers zerstört, dem man die Schuld an der Krise des Schneiderhandwerks in die Schuhe schob.

Dasselbe Prinzip galt für die (zahlenmäßig geringen) Fälle von Maschinensturm, die keineswegs aus einer generellen Technik- und Fortschrittsfeindlichkeit der Arbeiter resultierten. Vielmehr wurden jene Maschinen zerstört, die als direkte Konkurrenz um den Arbeitsplatz erachtet und für die eigene Not verantwortlich gemacht wurden. Eisenbahn und Dampfschiffe waren etwa eine harte Konkurrenz für das bisherige Transportwesen. Anfang April wurde die Bahnverbindung Frankfurt–Biebrich zerstört; in Venedig attackierten Kutscher ebenfalls Eisenbahntrassen. Am Rhein fühlten sich Bootsführer sowie Treidler, die mit eigener Muskel- oder Pferdekraft Schiffe flussaufwärts zogen, durch die nun zum Schleppen eingesetzten Dampfschiffe bedroht und beschossen diese vom Ufer aus. Der Fünfziger-Ausschuss sandte Blum auf Dienstreise an den Rhein, um im Konflikt zwischen tradiertem und neuem Gewerbe zu vermitteln.

Wie versuchten die unterbürgerlichen Schichten, im Revolutionsjahr ihre Ziele durchzusetzen und (im besten Fall) eine Lösung der sozialen Frage zu erreichen? Obwohl es zwischen Stadt und Land grundlegende Unterschiede gab, zeigen sich in der revolutionären Entwicklung durchaus Parallelen. Im allgemeinen Freiheitsrausch der entscheidenden Märztage fand man über die sozialen Grenzen hinweg zusammen, um den gemeinsamen Gegner zu bekämpfen. In Wien standen Frauen auch höherer Stände an den Fenstern und jubelten den durch die Gassen und Straßen zum Ständehaus ziehenden Männern zu oder warfen Blumen und sogar Schmuck hinab, um so die (armen) Studenten zu unterstützen. »Die Frauen fungierten als ›Zierat‹, da ihnen keine öffentliche Funktion zugeschrieben wurde. Durch ihre Anwesenheit, ihr Sich-Zeigen an den Fenstern […] setzten sie sich in Beziehung zu den vorüberdefilierenden Männern und partizipierten an deren Aktion.«[8] Gemeinsam brachte man das bisherige politische System ins Wanken und schlug sogar einen Metternich in die Flucht. Nur hielt auch dort der anfängliche Zusammenhalt nicht lange, zu unterschiedlich waren Ziele und Stoßrichtungen der Akteure.

Am Beispiel Wien wird darüber hinaus ersichtlich, wie bürgerliche und unterbürgerliche Revolution zeitgleich, aber im wahrsten Sinne des Wortes getrennt ablaufen konnten. Denn dazwischen gab es eine klare Linie, besser gesagt: einen Linienwall. Wien war damals geteilt: Donaukanal, Glacis und Basteiengürtel umschlossen die Innenstadt; der Festungsgürtel machte Ende der 1850er Jahre der Ringstraße als neuer Begrenzung des 1. Bezirkes Platz. Außerhalb dieser Linie befanden sich die

Ein ruhiger Spaziergang durch die Provinzstadt? Bei trockenem Wetter war das im Frühling 1848 kaum noch möglich, wie Ferdinand Graf Egger Anfang Mai aus Klagenfurt (Kärnten) berichtete: »[Ich] wollte noch ein wenig allein spazieren gehen, um mir die Illusion des Landlebens ein bischen zu gewähren, allein wie kann man heutzutage den allenthalben gleichsam lauernden politischen Behelligungen entgehen, denn ich glaube, wenn es nicht regnet, so thun die Leute jetzt gar nichts anders als auf dem Platze oder in den Gassen zusammenzustehen und politisiren und regiren helfen. Die Beamten arbeiten nichts, die Gerichte – im Vorgefühle naher Auflösung – halten quasi Ferien, die Advocaten führen keine Processe, die Studenten studieren nicht, die Handwerker haben so wenig Bestellungen in dieser Zeit allgemeiner Stockung des Handels und gewerblichen Verkehres, dass sie ganz gut mit ihren sonst arbeitenden Händen oratorische Bewegungen machen können, und somit geht man nicht zwei Schritte ohne auf solche Gruppen mehr oder minder Bekannter zu stossen, mit denen dann wieder wenigstens in rasch oberflächlicher Berührung die Tagesfragen verhandelt werden.«

Manche Zeitgenossen stellten gar einen Bezug zwischen dem traumhaft schönen Wetter, das Mitte März in weiten Teilen Europas herrschte, und dem Ausbruch der Revolution her. In der Tat lockten nach dem Winter frühlingshafte Sonnentage nicht nur in Berlin die Menschen ins Freie; an lauen Abenden ließ es sich leichter auf den Straßen und Plätzen stehen und über Politik diskutieren. Wäre es zu keiner Revolution gekommen, wenn es wie aus Kübeln geschüttet hätte? Das ist dann eine doch zu wagemutige These. Beispielsweise war der 22. Februar in Paris ein kalter, regnerischer Tag, an dem sich eine Menschenmasse versammelte und die Revolution begann. Ohne strahlenden Sonnenschein.

Vorstädte; sie waren im Vormärz durch Zuwanderung stark angewachsen, denn als aufstrebende Industriestadt war Wien u. a. mit seinen Textilmanufakturen für gelernte wie ungelernte Arbeitskräfte, darunter Frauen und Kinder, attraktiv. Die Linie spiegelte zugleich die soziale Hierarchie wider: »Drinnen« wohnten –

was nicht zuletzt von den hohen Mietpreisen abhing – vom Kaiserpaar abwärts die besseren Leute; »draußen« lebte das einfache Volk in zunehmend prekären Verhältnissen, denn die der Revolution unmittelbar vorausgegangenen Krisenjahre hatten die dortigen Unternehmen ebenfalls hart getroffen und die Arbeitslosenzahl hinaufschnellen lassen.

Am 13. März erhielten die Demonstranten rund um das Ständehaus aus den Vororten Verstärkung, von wo zahlreiche »Handwerksgesellen, die den sogenannten blauen Montag feierten, in die Stadt« kamen und sich laut Franz de Paula Graf von Hartig »unbewaffnet gegen die [Hof]Burg« drängten. Die Regierung ließ die Tore an der Linie schließen, um einen weiteren Zustrom zu verhindern; nur wenige der bereits von den Studenten alarmierten Arbeiterinnen und Arbeiter gelangten davor noch in die Innenstadt. Die Ausgesperrten dachten aber gar nicht daran, ruhig nach Hause zu gehen, sondern richteten ihre Wut gegen Fabriken sowie staatliche Einrichtungen wie Zoll- und Mauthäuser, Polizeistuben und Pfandleihhäuser.

Die Folgen der unterbürgerlichen Revolution mit ihren Auswüchsen trafen auch das Bürgertum genau dort, wo es wehtat: Im März stürzten die Börsenkurse ab, die ohnehin schon gebeutelte Wirtschaft kam fast vollständig zum Erliegen, zumal viele Adelige und wohlhabende Bürgerliche Großstädte wie Wien und Berlin verließen, um an sicheren Orten bessere Zeiten abzuwarten. Diese Kundschaft fehlte dem Handwerk; das Luxusgewerbe der Residenzstädte, das noch halbwegs gut durch die Krisenjahre gekommen war, brach ein. Unter dieser Entwicklung litten keineswegs nur die reichen Fabrikbesitzer, sondern ebenfalls kleine Handwerksmeister, Gesellen und Lohnabhängige, die ohnehin schon verarmt waren. Ziel sowohl der Obrigkeit wie des Bürgertums war es daher, den randalierenden »Pöbel« zu disziplinieren und das Eigentum zu schützen.

In Wien rückte das Militär aus, um in den Vorstädten für Ruhe und Ordnung zu sorgen. Mit dabei war zudem die gleich am 14. März auf Initiative von Kaufleuten geschaffene Nationalgarde, die laut kaiserlicher Kundmachung der »Aufrechterhaltung der gesetzmäßigen Ruhe und Ordnung der Residenz und zum Schutz der Personen und des Eigenthums« dienen sollte. Als Organisation der Institutionenrevolution sollte sie gegen Exzesse der elementaren Revolution eingesetzt werden. Eine Unterabteilung der Nationalgarde war die Akademische Legion, die sich – wohl nicht ganz im Sinne des Kaisers oder des gemäßigten Bürgertums – noch als sehr revolutionär erweisen sollte. Erster Kommandant des Medizinerkorps derselben wurde Adolf Fischhof.

Der Ruf nach Volksbewaffnung gehörte zu den Märzforderungen der Liberalen wie Demokraten, galt das Militär doch zu Recht als Machtinstrument der Fürsten, das diese in Ermangelung moderner Polizeieinheiten auch innenpolitisch einsetzten. Als erster Schritt in diese Richtung wurden noch im März auch in Berlin und im ungarischen Pest Bürgerwehren bzw. Nationalgarden eingerichtet; selbst Provinzstädte wie Klagenfurt zogen rasch nach: Dort wurde bereits am 17. März eine Nationalgarde aufgestellt, nachdem man am Tag zuvor von den revolutionären Ereignissen in Wien erfahren hatte. Die Bürgerwehren sollten für die öffentliche Sicherheit sorgen und – so die Sicht der Revolutionäre – notfalls die Märzerrungenschaften verteidigen. Den alten Eliten war es durchaus recht, wenn sie es den Bürgerwehren überlassen konnten, in ihren Städten für Recht und Ordnung zu sorgen. War vielleicht der schadenfrohe Gedanke dabei, dass sich die bürgerlichen Revolutionäre mit den Geistern, die sie gerufen hatten, doch bitte selbst herumplagen sollten?

Lokale Sicherheitsapparate waren allerdings nicht neu; schon in den Krisenjahren davor hatte man solche Wehren sowohl auf dem Land wie auch in Städten eingeführt. Angesichts von unterbürgerlichen Unruhen und Plünderungen wollten die daran Beteiligten ihr Eigentum schützen. 1848 wurde nicht nur beim Wahlrecht darum gestritten, wer dabei sein durfte oder nicht – dasselbe galt für die Bürgerwehren. Liberale und Angehörige des gehobenen Bürgertums wollten die Unterschichten ausschließen; radikale Demokraten drängten auch diesbezüglich auf die Öffnung nach unten. Wie sich die einzelnen Bürgerwehren im Konfliktfall verhielten, hing auch von ihrer sozialen Zusammensetzung ab. In Wien waren Handwerksgesellen und Lohnabhängige in der Nationalgarde nicht erlaubt. Anderswo, etwa in Wiesbaden, wurden Angehörige der unterbürgerlichen Schichten durchaus in die Bürgerwehr aufgenommen, ebenso in mehreren kölnischen Kompanien, in denen sie sogar die Mehrheit bildeten. In solchen Fällen erwiesen sich die Bürgerwehren manchmal mehr als Protest- denn als Ordnungspartei.

Bei Paraden seien die Nationalgardisten »gewaltige Helden«, urteilte Benjamin Kewall am 1. Oktober; »bei ernsten Conflicten wird jeder an Weib und Kind denken und in aller Eile zuhause bleiben«. Für manch kritischen Zeitgenossen – vor allem konservative Gegner der Revolution – dürfte die Bürgerwehr wohl eher eine lustige Theatertruppe gewesen sein. Und das hat überhaupt nichts damit zu tun, dass der Wiener Theaterdirektor und Bezirkskommandant der Bürgerwehr in der Leopoldstadt, Karl Carl, seine Stars in Kostümen und mit Waffen aus dem Theaterfundus auf die Straßen schickte.

Carl war ein echter Schlawiner, geschäftstüchtig und immer bereit, sich auf Kosten seiner Mitarbeiter zu bereichern. Erst im Dezember des Vorjahres hatte er sein neues Theater in der Leopoldstadt eröffnet. Es beeindruckte mit seiner prunkvollen Ausstattung und einer Milchglaskuppel im Zuschauerraum, nur hatten die Architekten die Garderoben für die Schauspieler sowie Kanzleien vergessen, weshalb Carl Räume im Nachbarhaus anmieten musste. Er hatte jedoch mit einem weit größeren Problem zu kämpfen: »An der Schwelle des Jahres 1848 haben die Wiener andere Sorgen und Interessen, als so hemmungslos wie früher ins Theater zu gehen.«[9] Eine aufsehenerregende Werbekampagne sollte Abhilfe schaffen – und so kam es, dass Ende April 1848 die Wiener ihre Publikumslieblinge Johann Nestroy und Wenzel Scholz als Bürgerwehrmänner auf der Ferdinandbrücke trafen.

Die versprochene und am 25. April oktroyierte Verfassung mit ihrem Zensuswahlrecht kam zwar den gemäßigten Liberalen und deren (groß)bürgerlichen Interessen entgegen; Demokraten und unterbürgerliche Schichten waren jedoch von ihr zutiefst enttäuscht. Nachdem die Märzrevolution noch ein klar bürgerliches Gesicht gezeigt hatte – Zeitgenossen sprachen gar von einer »Revolution in feiner Wäsche und Glacéhandschuhen« –, rückte die Revolution politisch ein gutes Stück nach links. Studentische Mitglieder der Akademischen Legion, weitere Teile der Nationalgarde sowie Kleinbürger, Handwerker, Lohnarbeiter und Arbeitslose verlangten eine Nationalversammlung, die auf Basis des allgemeinen Wahlrechtes einzuberufen sei, um dann eine ordentliche Verfassung auszuarbeiten. Erster Erfolg: Karl Ludwig von Fiquelmont, der dem Kurzzeitministerpräsidenten Kolowrat-Liebsteinsky nachgefolgt war und als Anhänger Metternichs galt, trat am 3. Mai zurück. Nun kam der liberale Pillersdorf in Amt und Würden, auch wenn dessen Verfassung gerade stürmisch bekämpft wurde.

1848 betrat man häufig unbekanntes Terrain, und im »demokratiepolitischen Versuchslabor« erfolgten zwangsläufig manche Schritte nach der Methode »Versuch und Irrtum«. Um eine etwaige Aufspaltung der beiden wichtigen Kräfte (bürgerliche) Nationalgarde und Universität zu verhindern, schlossen sich Nationalgarde und Akademische Legion am 9. Mai zum »Politischen Zentralkomitée der gesamten Nationalgarden Wiens« zusammen, das sich Fragen der Verwaltung und Gesetzgebung widmen wollte. Die 200 Delegierten, darunter Fischhof und Joseph Goldmark, trafen sich zu wöchentlichen Sitzungen und forderten eine verfassungsgebende Nationalversammlung sowie ein demokratisches Wahlrecht.

Die Regierung wollte dieses neue politische Schwergewicht möglichst schnell wieder loswerden und plante die Auflösung des Komitées. Dagegen formierte sich auf Seiten der Studenten massiver Widerstand, wobei Goldmark auf seine Mitstreiter beruhigend einwirkte und statt bewaffneten Aktionen die Einreichung einer Petition vorschlug, die u. a. die Zurücknahme der Pillersdorf'schen Verfassung und den Fortbestand des Politischen Zentralkomitées verlangte. Mit der »Sturmpetition« marschierten am 15. Mai Studenten, Nationalgardisten sowie Angehörige der unterbürgerlichen Schichten vor der Hofburg auf: Die zweite Wiener Revolution brach los.

Der Ministerrat akzeptierte die Petition schleunigst. Am Kaiserhof aber fürchtete man weitere Eskalationen – sah man auch dort schon die Guillotine am Horizont? –, und die kaiserliche Familie floh zwei Tage später ins beschauliche Innsbruck. Das wiederum wirkte ernüchternd auf all jene vor allem bürgerlichen Wiener, die sich nach den chaotischen Märztagen nach Ruhe und Ordnung sehnten. Die abschreckenden Krawalle der unterbürgerlichen Schichten wie auch der Radikalismus der Studenten waren wenig dazu angetan, das Bürgertum für die Sache der Revolutionäre zu gewinnen. Fischhof erkannte das und zog die Notbremse: Weitere Alleingänge der Studenten ohne Miteinbeziehung des Bürgertums durfte es nicht geben! Am 18. Mai 1848 löste sich das Zentralkomitée auf. Aus Fehlern wird man im besten Fall klug.

Auch im Ministerrat zog man aus den vorangegangenen Tagen und Wochen seine Lehren: Die Universität sowie die Studenten wurden als Gegner eingestuft, deren Bekämpfung Priorität hatte. In der Nacht vom 22. auf den 23. Mai entschied man sich zu folgenden Maßnahmen, die den studentischen Widerstand brechen sollten: Die Universität sollte geschlossen und auswärtige Studenten sollten nach Hause geschickt werden; die Akademische Legion wollte man auflösen. Damit waren die Betroffenen freilich nicht einverstanden. Die Studenten riefen Kleinbürger und Arbeiter aus den Vorstädten zu Hilfe. Rasch waren rund 150 Barrikaden errichtet, wobei das gar nicht so schwache Geschlecht – vom Stubenmädchen bis zur feinen Dame – energisch mit anpackte. Die Presse griff solche Beispiele begeistert auf: »Auf dem alten Fleischmarkte beflissen sich Mädchen aus einem der besten Häuser, von ihrer Gouvernante begleitet und unterstützt, [...] in einer unermüdlichen Emsigkeit den Barrikaden-

Sodom und Gomorra! Manche Zeitgenossen befürchteten, dass im Freiheitsrausch Anstand und Moral untergehen könnten. Im Schorndorfer *Amts- und Intelligenzblatt* schrieb ein Pfarrer, dass er in den letzten Tagen nicht weniger als acht uneheliche Kinder habe taufen müssen: »So etwas ist noch nicht erhört worden, und es sind lauter *Märzerrungenschaften*, wie jedem der Kalender ausweisen wird.«

In Wien gingen die Frauen und Männer, welche die Barrikaden errichtet hatten, abends nicht nach Hause, sondern machten bei Wachfeuern sowie Speis und Trank gemeinsam die Nacht durch. »Am 26. Mai beging die Jugend so viel Unzucht unter freiem Himmel, daß durch die Syphilitischen bedeutende Lücken in den Reihen der Legion entstanden«, wetterte der tschechische Schriftsteller und Übersetzer Wenzel Georg Dunder in seiner *Denkschrift über die Wiener Oktober-Revolution*. Tatsächlich lassen sich im Sommer 1848 mehr Syphilisfälle als sonst nachweisen, und dies nicht nur bei Prostituierten, sondern verstärkt auch bei Unterschichtsfrauen zwischen 16 und 24 Jahren. Der interimistische Direktor des Wiener Allgemeinen Krankenhauses, Theodor Helm, sah die steigenden Infektionszahlen wie auch eine Geburtenzunahme »mit den sittlichen Verhältnissen des Jahres 1848 in innigem Zusammenhange«.

Die Medizinhistorikerin Kogler weist dabei auf einen wichtigen Aspekt hin, der für andere Regionen genauso zutrifft: Freizügigeres Verhalten in der teils ausgelassenen Stimmung der Revolutionsphasen war das eine; ebenso aber nahmen Vergewaltigungen sowie Verführungen zu »Unzuchtshandlungen« zu, die im Nachhinein schwer aufzuklären sind: »Akten ist zu entnehmen, dass Eltern infizierter Mädchen nach einer Vergewaltigung mit ›*Abstandszahlungen*‹ zwischen 100 und 500 fl. [Gulden] von einer Anzeige bei der Polizei absahen.«[10] Die Dunkelziffer ist hoch, denn schon damals werden wohl viele unschuldige Opfer verschämt geschwiegen haben.

bau zu fördern. […] Mit ihren zarten und verwöhnten Händen [trugen sie] Steine, deren Gewicht fast ihre Kräfte erschöpfte, bis in das zweite Stockwerk hinauf, um sie nöthigenfalls als Wurfgeschütze zu verwerten«, hieß es im *Freimüthigen*. Mehrheitlich

An den Wiener Barrikaden wurde am 26. Mai nicht gekämpft, sondern mit Speis und Trank gefeiert.

waren es aber doch Erdarbeiterinnen mit ihren typischen gelben Strohhüten sowie oft einer Zigarre im Mund, die am 26. Mai mit ihren Schaufeln und Hämmern u. a. von den Baustellen des Praters anrückten.

Zu heftigen Barrikadenkämpfen wie in Berlin kam es am 26. Mai nicht mehr – die Regierung gab bereits am Abend nach. Zwei Tage später verabschiedeten sich 200 Arbeiterinnen in der Aula der Wiener Universität feierlich von den Studenten; angeführt wurden sie von einer älteren Frau, die aus diesem Anlass das Wort ergriff und betonte, dass sie alle bereit seien, wiederzukommen, wenn es notwendig sei, und dass sie auch ihre Freunde dazu ermuntern würden. Das war »die erste mehrfach belegte öffentlich gehaltene Rede einer Arbeiterin«[11].

Zudem erreichten die radikaldemokratischen Kräfte, dass mit Zustimmung des Ministerrates der »Ausschuß der Bürger, Studenten und Garden für Sicherheit, Ordnung und Wahrung der Volksrechte«, kurz Sicherheitsausschuss, gegründet wurde, der in Wien »der Anarchie oder Störung der Ordnung und jeder Reaktion« entgegentreten sollte. Den Vorsitz übernahm Fischhof. Ernst Violand war Mitglied desselben und jubelte: »Alle Macht in Wien war nun in die Hände jugendlicher, strebsamer, mit ganzer Seele demokratisch gesinnter Männer gelegt.« Alle Macht? Nicht ganz. Das Ministerium Pillersdorf bestand weiter; der zweimal täglich in der Gesellschaft der Musikfreunde an der Tuchlauben tagende Sicherheitsausschuss regierte aber als »Schattenkabinett« kräftig mit und konnte im Juli sogar die Entlassung des Ministers Pillersdorf erzwingen; Johann von Wessenberg rückte nach.

Dem Sicherheitsausschuss Nr. 1 – ein zweiter sollte im Herbst folgen – war aber ebenfalls nur kurze Lebensdauer beschieden. Er erhielt durch den Reichstag als entscheidendes Gremium Konkurrenz und verlor wichtige Mitglieder an diesen: Fischhof legte am 17. Juli sein Amt als Präsident nieder. Dass man im Team mehr erreicht denn als Einzelkämpfer, war ihm klar: Noch bevor der Reichstag am 22. Juli zusammentrat, lud er weitere Abgeordnete wie Joseph Goldmark und Hans Kudlich zu sich ein, um den gemeinsamen Kurs abzustimmen. Die Mitglieder im Sicherheitsausschuss mussten die durchaus bittere Erfahrung machen, dass es gerade in Krisen- und Ausnahmezeiten nicht genügt, aus der Opposition heraus der Regierung Versagen anzulasten; trotz bestem Willen, den man ihnen nicht absprechen kann, war es schwierig, selbst tragfähige Lösungen für die großen Probleme der Zeit zu entwickeln. Wo die Regierungen versagten, war Selbsthilfe gefragt.

Im Verein

Von den revolutionären Umbrüchen erhofften sich Selbstständige, Angestellte und Arbeiter in den Städten eine Verbesserung ihrer Lage. Angehörige verschiedener Berufsgruppen taten sich zusammen, um gemeinsam Petitionen zu verfassen, wobei neben dem Monarchen als traditionellem Adressaten zunehmend die Nationalversammlungen in den Vordergrund rückten. Arbeitsplätze und -bedingungen sowie eine angemessene Bezahlung waren die zentralen Anliegen. Die einzelnen Forderungen sind ein Spiegelbild der damaligen Existenzsorgen: Die Wiener Weißnäherinnen baten den Sicherheitsausschuss um mehr Geld; in den venezianischen Werften streikten Arbeiter für Lohnerhöhungen; Berliner Arbeiter und Gesellen forderten höhere Löhne, Einschränkung der Feiertags- und Nachtarbeit, eine Verringerung der täglichen Arbeitszeit (die bislang meist 12 Stunden betrug, aber es konnten bis zu 16 Stunden sein) und eine Senkung der Mieten. Nicht alles konnte durchgesetzt werden, aber es kam einiges in Bewegung. So hielt Schelling in einem Tagebucheintrag vom 11. April für Berlin fest: »Abends großer aus vielleicht 8000 Menschen bestehender Arbeiterzug (eine Trommel an der Spitze), eine Art von Triumphzug, weil sie von den großen Fabrikherren Abkürzung der Arbeitszeit und Erhöhung des Lohns erhalten.«

Im Handwerk entzündete sich an der Frage »Gewerbefreiheit oder (Rückkehr zum) Zunftwesen« ein Richtungsstreit, wobei ebenfalls ausschlaggebend wurde, von welcher Wirtschaftsordnung man sich mehr Vorteile für die eigenen Arbeits- und Lebensbedingungen erhoffte. In Krisenzeiten spielte dabei auch ein wenig die »Macht der Gewohnheit« mit; neuere Entwicklungen wie die Gewerbefreiheit und die industrielle Produktion wirkten existenzbedrohend, und die vermeintlich gute alte Zeit erschien verlockend. Vor allem kleine Meister und Gesellen sahen die Gewerbefreiheit kritisch; stattdessen erwarteten sie sich von einem zünftig geregelten Handwerk, in dem auch die Zahl der Lehrlinge pro Meister begrenzt war, mehr Sicherheit. In Preußen wurde Anfang Februar 1849 die Gewerbeordnung dahingehend nivelliert, dass die selbstständige Ausübung eines Handwerks an einen Befähigungsnachweis, also eine erfolgreiche Meisterprüfung vor der zuständigen Innung, geknüpft wurde.

Ein Motiv der Arbeitnehmer bestand darin, die Konkurrenz auf dem dichtgedrängten Arbeitsmarkt einzuschränken. Maschinen wurden nicht grundsätzlich abgelehnt, aber es wurde dort eine Beschränkung oder gar ein Verbot derselben verlangt, wo sie Betroffene um ihre Arbeit brachten. Einzelne Fälle von Maschinenstürmen sind unter diesem Gesichtspunkt zu betrachten; beispielsweise zerstörten Erdarbeiter noch im Oktober 1848 eine auf dem Köpenicker Feld eingesetzte Dampfmaschine.

Bedrohlicher als neue Techniken war jedoch die Konkurrenz durch billigere Arbeitskräfte. In Klagenfurt kam es zu Protesten gegen italienische Gastarbeiter; der Verein deutscher Köche zu Berlin beschwerte sich in seiner Erklärung vom 15. April 1848 darüber, dass die »hohen und höchsten Herrschaften« bisher »nur französischen Köchen die Ehre gegönnt« hätten. »Heut, wo die deutsche Kochkunst so große Fortschritte gemacht [...] hat, heute können wir mit jedem Franzosen in die Schranken treten. [...] Es ist die Zeit gekommen, wo Deutschland seine Suppen allein kochen kann. Es wird eine Kraftbrühe werden. In den französischen Küchen« werde dagegen »jetzt so manches gekocht, was einem ehrlichen deutschen Magen zuwider ist«. In Berlin erhoben Meister und Gesellen Einwände gegen das in Gefängnissen und Arbeitshäusern ausgeübte (Textil-)Gewerbe und erreichten, das dieses ab April vorerst eingestellt wurde.

Arbeitnehmerinnen fanden sich in derselben prekären Situation wie ihre männlichen Pendants, oft war ihre Lage sogar noch schlimmer, da sie generell schlechter bezahlt wurden. Sie mussten ebenfalls gegen Arbeitslosigkeit kämpfen und versuchten, neue Berufsfelder zu erschließen sowie dabei vielleicht sogar in männliche Domänen vorzudringen. »Wir fordern gleiche Berechtigung in Ausübung der Künste und Gewerbe, wozu wir ebenso befähigt sind wie Männer. Wir wollen Advokatinnen werden. Wir verspüren dazu das größte Talent; denn wir streiten sehr gern und haben immer das letzte, entscheidende Wort«, hieß es Anfang September in einer Zuschrift an den *Wiener Frauenklub*. Ebenso wurde der Wunsch geäußert, Doktorinnen zu werden. Was die politische Partizipation betraf, zeigte man sich bescheiden bzw. realistisch: »Wir wollen Hörerinnen der Staatspolitik sein, aber nie Mitsprecherinnen, wenigstens nicht öffentlich.« Unterzeichnet wurde der Beitrag mit »ein Deutsches Weib«.

Die oben genannten Professionen waren fest in Männerhand; Frauen mussten sich den Einstieg in diese wie auch in die Politik mühsam erkämpfen. Noch heute überwiegend ein Frauenberuf ist hingegen jener der Kindergärtnerin, den mit Friedrich Fröbel wiederum ein Mann schuf. Sein eigener Bildungsweg ist von Abbrüchen und Neuanfängen gekennzeichnet, bevor er als Erzieher und Lehrer mit dem Schweizer Pädagogen Johann Heinrich Pestalozzi und dessen Ideen über die Mutter-Kind-Beziehung bekannt wurde. 1816 gründete Fröbel, um sich um die Söhne seines verstorbenen Bruders kümmern zu können, eine erste Erziehungsanstalt im thüringischen Griesheim, die bald nach Keilhau verlegt wurde, und entwickelte sein pädagogisches Konzept der »Menschenerziehung«. Ab Mitte der 1830er Jahre konzentrierte er sich auf die zeitgemäße Pflege von Klein- und Vorschulkindern und gründete 1840 den ersten Kindergarten.

Im Unterschied zu den bisherigen (Auf)Bewahrungsanstalten, die Kinder sicher beaufsichtigen sollten, während die Eltern arbeiteten, wollte Fröbel sie in seinem »Garten-Paradies« von klein auf fördern, wozu er eigene »Spielgaben« entwickelte. Er propagierte »Mütterlichkeit als Beruf« und bot Ausbildungskurse für Kindergärtnerinnen an. »Es ist einer der schwersten, aber wohl auch der schönste Beruf, den es geben kann«, schrieb Christiane Erdmann, die 1845 die Ausbildung bei Fröbel absolvierte und den neuen Kindergarten in Gotha leitete. Zwar sei es »sehr schwer, Kindergärtnerin zu sein; aber auch ungemein belohnend. Mit welcher Liebe kommen die Kleinen entgegen, o, es ist oft rührend.«

Aus Sicht männlicher Arbeitnehmer waren Frauen vor allem ungeliebte Konkurrenz. Unternehmer schätzten Frauen- und Kinderarbeit jedoch, da sie billiger war und ungelernte Kräfte in vielen Bereichen – beispielsweise bei der Bedienung von Maschinen, die weder lange Ausbildungszeiten noch großen Kraftaufwand erforderten – qualifizierte Handwerker ersetzen konnten. In Berlin forderte in den 1848-Petitionen rund jeder dritte Geselle bzw. Arbeiter eine drastische Beschränkung der Frauenarbeit; besonders vehement traten die Schneider auf. In Wien verlangten Buchdrucker- und Schriftgießergesellen, Frauen nicht länger an den Maschinen arbeiten zu lassen. Selbstredend gab es auch Gegenbeispiele: Der Wiener Buchdrucker und Poet Joseph Hermann Hillisch, der sich im Revolutionsjahr als Zeitungsherausgeber für die Sache der Arbeiter engagierte, schlug in seinen Artikeln ein »Kommunal-Pensionat« für Arbeiterinnen vor, das aber kein überwachtes (Zwangs)Arbeitshaus sein sollte, sondern ein freiwilliger Zusammenschluss mit Selbstverwaltung.

Eines aber sollten Frauen – darin war man sich vom Fabrikbesitzer bis zum Lehrling einig – eifrig tun: einkaufen. Während in Italien Schneider und Hutmacher gegen den Import ausländischer Erzeugnisse protestierten und der Allgemeine Deutsche Verein zum Schutz der vaterländischen Arbeit Anfang September von der Metall-, Montan- und Textilindustrie des Rheinlands, Sachsens, Badens und Württembergs gegründet wurde, konnten bürgerliche und adelige Frauen durch den Erwerb einheimischer Produkte ihre nationale Gesinnung beweisen: »Das Konsumverhalten und die Mode der bürgerlichen Frau wurden 1848 zum Politikum und boten ihr ein weites Feld zur Demonstration nationaler Gesinnung.«[12]

Auch in diesem Kontext bewiesen Frauen hohes Organisationstalent; sie gründeten Vereine und erhoben im öffentlichen Diskurs ihre Stimme, wenn sie für den »Ankauf blos deutscher Produkte« warben. In der *Wiener Zeitung* erschien bereits am 15. März ein Aufruf, keine ausländischen Fabrikate zu kaufen, wobei vierzehn Hochadelige zu den Erstunterzeichnerinnen zählten – die demokratische Presse jubelte. In Ungarn legten Frauen Ende April in der Zeitung *Pesti Divatlap* (›Pester Modeblatt‹) in einem 24-Punkte-Programm Forderungen radikaler Ungarinnen (deren Identität ist unklar) vor. Ihre politischen Ansprüche umfassten die aktive Teilnahme der Frauen an öffentlichen Angelegenheiten; das Frauenwahlrecht wurde jedoch (noch) nicht verlangt. Auch sie erteilten ausländischer Mode eine Absage und forderten, kein Geld für fremde Waren zu verschwenden.

Der jeweilige Handel reagierte rasch und richtete seine Verkaufsstrategie auf den neuen Trend aus: Geworben wurde beispielsweise im Deutschen Bund mit dem Hinweis »Deutsches Fabricat«; auch die Produktion musste sich umstellen, da u. a. die Nachfrage nach Textilwaren in den jeweiligen Nationalfarben hoch war. Beispielsweise waren Fahnen, Schleifen und Kokarden begehrt, mit denen man seine politische Einstellung nach außen tragen konnte. Ob die in Wien angebotenen schwarz-rot-goldenen »National-Sonnenschirme« besser vor dem Sonnenlicht schützten als andere, kann hier nicht zufriedenstellend beantwortet werden.

Die Adressaten beispielsweise in der Paulskirche nahmen die zahlreichen Petitionen durchaus mit Verständnis entgegen, aber auch im Bewusstsein, es unmöglich jedermann recht machen zu können. Der Abgeordnete Carl Degenkolb, der als Liberaler der Casino-Fraktion angehörte und im Volkswirtschaftlichen Ausschuss mitarbeitete, berichtete am 1. Mai 1849 (!) über die vielen Petitionen von Webern und Spinnern zur Vermehrung der Arbeit und der Hebung des Gewerbes; er schickte voraus: »Alle diese Petitionen gehen aus einem Gefühl des Druckes und der Not hervor«, »lohnende Arbeit« werde darin verlangt. Würde man jedoch die von den Leinenwebern geforderte höhere Besteuerung der Baumwolle durchsetzen, würden viele ebenfalls klagende Arbeitnehmer in der Baumwollindustrie ihre Jobs verlieren. Und was tun mit den in der Textilbranche eingesetzten Maschinen? »Zu verkennen ist es nicht, daß mit Einführung der Maschinen alle Arbeitsverhältnisse sich verändert haben, diejenigen aber, die sich derselben bemächtigt oder untergeordnet, haben jedenfalls besser für die Industrie gesorgt […] als diejenigen, die sich in Opposition dagegen gesetzt haben.« Es wäre müßig, darüber zu diskutieren, ob es besser gewesen wäre, wenn die Maschinen nie erfunden worden wären – nun waren sie da; man musste mit ihnen leben.

Im Laufe der Monate wurde deutlich, dass die beispielsweise in die Paulskirche gesetzten Erwartungen zu hoch gegriffen waren. Die Nationalversammlung kam in den Ruf, einseitig die Interessen der Besitzenden zu vertreten, für die Nöte der kleinen Leute aber blind zu sein. Dabei ist an die soziale Zusammensetzung der verschiedenen Volksvertretungen jener Zeit, also nicht nur in Frankfurt, sondern auch auf nationaler Ebene, zu erinnern, in denen die Unterschichten kaum eine Stimme hatten. Da von der Politik keine ausreichende Unterstützung zu erwarten war, entstanden – anfangs noch unkoordiniert – zahlreiche Arbeitervereine; lohnabhängige Frauen organisierten sich ebenfalls. In Leipzig stellten Dienstmädchen bei einer Versammlung am 16. April einen Forderungskatalog vor, der einen Einblick in ihre desaströsen Arbeitsbedingungen gibt: Sie verlangten nicht nur höheren Lohn, sondern auch, nicht mehr fünf Treppen hoch unter dem Dach schlafen zu müssen und wenigstens freitags und sonnabends, wo viel körperlich anstrengende Arbeit zu verrichten sei, »eine kräftige und warme Suppe« zu bekommen. Die Bitte um eine Verringerung der Arbeitszeit wurde durch den Wunsch ausgedrückt, sich abends um zehn Uhr »zu Bette legen zu dürfen«. Schön wäre auch etwas Freizeit – »alle vier Wochen einmal Erlaubnis zum Ausgehen« wurde erbeten.

Der Verein der Berliner Maschinenbauer hatte bereits frühgewerkschaftliche Ideen, wenn er beispielsweise einen tariflichen Grundlohn forderte. Über den Sommer 1848 fanden einige überregionale Kongresse der Handwerker- und Arbeiterbewegung statt; Landarbeiter waren ebenso wenige dabei wie Frauen. Der Zusammenschluss zu größeren, überregionalen Einheiten versprach mehr Erfolg. Das Revolutionsjahr wird als Geburtsstunde der Arbeiterbewegung bezeichnet, die mit ihrer Forderung nach sozialstaatlicher Absicherung viel weiter ging als die früheren Märzpetitionen einzelner Berufsgruppen.

Als Beispiel soll die Allgemeine Deutsche Arbeiterverbrüderung vorgestellt werden, deren Initiator und Präsident kein Unbekannter ist: Es handelte sich um den bereits im Dunstkreis von Marx und Engels vorgestellten Schriftsetzer Stephan Born. Er hatte sich oft über das paternalistische Verhalten bürgerlicher Vereine geärgert, die Arbeiter zum Objekt ihrer Fürsorge machten; 1845 stellte er in einer Streitschrift klar: »*Wir redlichen Arbeiter wollen keine Almosen, wir wollen Gerechtigkeit!*« Als er von den Barrikadenkämpfen in Berlin erfuhr, verließ er Paris und eilte in die preußische Hauptstadt, wo er sich als Journalist und Redner politisch betätigte. Nachdem er eine Gewerkschaft für Buchdrucker initiiert und mit dieser um Lohnerhöhung gestreikt hatte, wurde unter seinem Vorsitz am 11. April das Zentralkomitée für Arbeiter gegründet, eine Art gewerkschaftlicher Dachverband, der sich der Verbesserung ihrer sozialen Lage verschrieb. Marx gegenüber beschrieb er es als »quasi *Arbeiter*parlament von Abgeordneten aus sehr vielen Gewerken und Fabriken«.

Vom Kommunismus, der auf einen radikalen Umsturz der Gesellschaft hinarbeitete, rückte Born nun ab, obwohl er zuvor für den Bund der Kommunisten als Agitator tätig gewesen war. Im Gegensatz zum Theoretiker Marx setzte er als Praktiker auf Bildungspolitik und soziale Reformen, was Marx nicht weit genug ging. Born wollte solidarische, mündige Arbeiter, die sich selbst halfen. Zwecks Öffentlichkeitsarbeit wurde ab Juni die Zeitung *Das Volk* herausgegeben, in der Born in einer Artikelserie u. a. unentgeltliche Volksbildung, Facharbeiterschulen und Musterwerkstätten, eine maximale tägliche Arbeitszeit von zehn Stunden, ein Arbeitsverbot für Kinder unter 14 Jahren sowie Unterstützung für Kranke und Bedürftige forderte. Wichtig waren ihm zudem das allgemeine Männerwahlrecht und progressive Steuern.

In einer Rede Mitte Juni in Mainz erklärte er, dass Arbeiter einen Anspruch auf gesellschaftliche Gleichberechtigung hätten. Auf dem vom 23. August bis 3. September stattfindenden Berliner Arbeiterkongress wurde die Allgemeine deutsche Arbeiterverbrüderung mit Sitz in Leipzig geboren, ein eigenständiger Verband auf nationaler Ebene. Als Verbandsorgan erschien nun die Zeitung *Verbrüderung*. Freilich wurde nicht die gesamte Arbeiterschaft Teil der Bewegung, aber die Arbeiterverbrüderung wuchs auf etwa 170 Vereine mit mehr als 15 000 Mitgliedern an.

Von Schwestern war anfangs keine Rede; als Fürsprecherin der Arbeiterinnen versuchte Louise Otto, deren Anschluss an die Arbeiterbewegung zu ermöglichen, und wandte sich an die Arbeiterverbrüderung. Dabei nahm sie Rücksicht auf die Sorgen der Männer vor weiblicher Konkurrenz: »So wenig, wie eine Frau zur Besetzung eines Staatsamtes sich eignen würde, so wenig wird sie sich auch eignen, ein Schlossermeister oder Schmied zu werden«, hieß es in ihrem *Sendschreiben*. Aber erst Anfang 1849 wurden auf regionalen Kongressen Landarbeiter und Frauen allmählich als Zielgruppe anvisiert. Born hatte daran keinen entscheidenden Anteil mehr – er hatte inzwischen in die Schweiz fliehen müssen.

In Wien wurde im Juni 1848 – ausgerechnet im Gasthof Fürstenhof – der Erste Allgemeine Arbeiterverein gegründet, der bald 7000 Mitglieder zählte. Initiator war der Buchbindergeselle Friedrich Sander, der u. a. auf eine Verminderung der Arbeitszeit pochte, damit man in der wenigen Freizeit eine Chance auf Weiterbildung habe, denn er erkannte »Bildung als die einzige Quelle der Freiheit!« Ende August, als Karl Marx nach Wien kam, hielt er vor dem Arbeiterverein eine Rede.

Doch wer waren *die* Arbeiter? Wer könnte sich von dem erst viel später so berühmten Ruf aus dem *Manifest der Kommunistischen Partei* angesprochen fühlen: »Proletarier aller Länder, vereinigt euch!«? Die Arbeiterschaft war vielfältig und heterogen; Jürgen Schmidt weist darauf hin, dass das, was wir heute unter einem Arbeiter verstehen – beispielsweise einen gelernten Fach- oder einen Fabrikarbeiter –, sich nicht mit dem Arbeiterbegriff früherer Zeiten deckt. Bis ins 19. Jahrhundert hinein war »Arbeiter« überwiegend negativ besetzt und bezog sich auf körperlich Arbeitende der untersten sozialen Stufen, beispielsweise Tagelöhner. Sowohl Bauern wie auch zünftige Handwerker grenzten sich sprachlich durch ihre Berufsbezeichnungen von ihnen ab – man war Schneider oder Schuster, aber kein Arbeiter.

Der Pauperismus im Vormärz trug zu einem Verständniswandel bei: Richtig arm und elend dran waren nun jene, die gar keinen Erwerb hatten. Und diese Gruppe wuchs in den 1840er Jahren stetig. In diesem Kontext stieg der Arbeiter in der Hierarchie auf. 1848 muss der Begriff in den klein- und unterbürgerlichen Kreisen doch so anerkannt gewesen sein, dass Born seine Organisation *Arbeiter-* statt *Handwerker*verbrüderung nennen konnte. Da es ihm darum ging, möglichst viele Mitglieder zu gewinnen, fasste er den Begriff Arbeiter sehr weit. In dem Artikel *Das Recht auf Arbeit*, der 1849 in der Zeitung *Verbrüderung* erschien, hieß es: »Wir verstehen unter Arbeitern nicht blos den Gehilfen, Gesellen oder Fabrikanten, sondern zählen auch die Meister zu denselben.« Fabrikanten und große Meister durften allerdings keine Mitglieder in der *Arbeiterverbrüderung* werden.

Nicht nur Born war von den mehrheitlich gemäßigten Liberalen in der Paulskirche enttäuscht, in deren Konzeption einer neuen Staatsordnung wenig Platz für die politischen und sozialen Rechte der Arbeiterschaft blieb. Anfang September 1848 richtete der *Arbeiter-Kongress* aus Berlin ein geharnischtes Manifest an die konstituierende Versammlung in Frankfurt und beklagte sich darin über den Grundrechtsentwurf: »Sie [die Arbeiter] haben nunmehr leider die Überzeugung erlangt, daß auch in der Verfassungsurkunde für Deutschland die soziale Frage ebenso wenig wie in andern Verfassungsarbeiten, eine Stelle finden könne.« Man solle doch bitte die bisher in »den Augen der Staatsmänner« geradezu unsichtbaren Arbeiter in der künftigen Gesetzgebung mitberücksichtigen. »Wir, die Arbeiter, sind von Natur die Stützen der Ruhe und der Ordnung, denn wir wissen sehr wohl, daß wir zum Leben vor allem der Ruhe und Ordnung bedürfen.« Dennoch wurde die leise Drohung hinzugefügt, dass man andernfalls »notgedrungen [...] zu den bittersten Feinden derselben werden« müsse.

Wollte man die bestehenden Verhältnisse verändern, kam die Arbeiterbewegung – in dieser frühen Ausformung gewerkschaftlicher Dachverband wie politische Partei in einem – nicht umhin, auf demokratischem Weg ihr Gewicht in die Waagschale zu werfen. Dazu war es notwendig, die politische Bildung ihrer Anhänger zu fördern und diese auch im Wahlkampf zu mobilisieren. Im Kampf zwischen Liberalen und Demokraten stellten sich die Arbeiter mehrheitlich auf die Seite der Letzteren.

Für die klein- und unterbürgerlichen Schichten in der Stadt und auf dem Land ging es in der Revolution nicht ausschließlich um Brot-und-Butter-Fragen, sondern ebenso darum, von den neuen Möglichkeiten politischer Partizipation Gebrauch zu machen und als Staatsbürger anerkannt zu werden. Das Versammlungsrecht zählte zu den wichtigsten Märzerrungenschaften; nun schossen politische Vereine wie die sprichwörtlichen Pilze aus dem Boden. Wie die Landbevölkerung übernahmen die klein- und unterbürgerlichen Schichten typisch bürgerliche Organisationskonzepte; das Revolutionsjahr stellte damit für einen großen Teil der Unterschichten »einen Wendepunkt für Politikverständnis und Selbstbild«[13] dar, einen Schritt auf dem Weg in die bürgerliche Gesellschaft.

In den liberalen Vereinen war das bürgerliche bis kleinbürgerliche Lager vertreten. Die katholischen Piusvereine waren vor allem in Schlesien, Österreich, Altbayern und in Rheinhessen aktiv; sie beschränkten ihre Arbeit überwiegend auf kirchenpolitische Themen. Konservative Vereine gab es im deutschsprachigen Raum hauptsächlich in Preußen. Sie zogen höhere Beamte und Bürger an; der Anfang 1849 gegründete Treubund für König und Vaterland umfasste als Dachorganisation immerhin rund 300 Vereine mit über 60 000 Mitgliedern.

Am 23. März, also unmittelbar nach den Straßenkämpfen, wurde als eine von vielen Organisationen in Berlin der Politische Klub gegründet, der wenige Wochen später zum Demokratischen Klub wurde, um sich so stärker von den im Konstitutionellen Klub versammelten Liberalen abzugrenzen. Den Statuten

»Iwas geht mich die Politik an, wir haben genug zu tun, wenn wir unser Brot verdienen sollen, es fehlt so überall; der Meister hat nichts und der Geselle klagt […], und nun sollen wir die Nase noch in die Zeitung stecken« – so hörte man laut einem Flugblatt des Breslauer Arbeiter-Vereins vom 23. April 1848 die Arbeiter vielerorts sprechen. Die Verfasser schickten die rhetorische Frage hinterher: »Haben wir Arbeiter erst nötig, Euch Arbeitern Eure Lage zu schildern? […] Jeder weiß wo ihn der Schuh drückt.«

Doch am 1. Mai standen Wahlen an, an denen viele der »großjährigen Arbeiter, als da sind Gesellen, Haushälter, Tagelöhner und allerhand ehrliche Leute«, an die das Flugblatt adressiert war, aufgrund des weit gefassten Wahlrechts teilnehmen durften. Guter Rat war teuer, denn wen sollte man wählen? »Es werden viele kommen, die Euch sonst nicht angesehen, und werden sprechen: Wählt uns, wir sind ja alle Brüder, wir wollen Euren Vorteil schon wahrnehmen. Da steckt aber der Schalk dahinter!« Deshalb hatte sich in Breslau ein demokratischer Club gebildet, der eine Liste geeigneter Wahlmänner – darunter ein Tischler-Altgeselle, ein Schneider und ein Fabrikarbeiter – bereitstellte.

Adolf Streckfuß hält rückblickend fest, wie im Revolutionsjahr im Wahlkampf plötzlich »alle politischen Parteien […] mit den Arbeitern«, für die sie sonst wenig Interesse zeigten, kokettierten, nur um deren Stimmen zu erhalten: »Fein gekleidete Herren erschienen auf den Arbeitsstätten bei den Erdarbeitern und machten sich beliebt durch Geldgeschenke oder indem sie Bier und Schnaps verteilen ließen. Sie erzählten viel von den Juden, deren Wucher an aller Not schuld sei und auf welche sie den Haß der Arbeiter zu lenken suchten.«

nach war sein Zweck die »Verbreitung und Durchführung des demokratischen Prinzips« mit dem Ziel der Volkssouveränität. Interessant ist, dass er sich keineswegs auf die Republik festlegte. Prominentes Mitglied und von Anfang an dabei war Rudolf Virchow, dem die politische Bildungsarbeit für breite Bevölkerungskreise – beispielsweise engagierte er sich auf Handwerker- und Arbeiterversammlungen – ein Anliegen war. Später war er an der Gründung des Republikanischen Klubs beteiligt und wurde laut einem Freund ein »richtiger Socialist«; von kommunistischen Ansichten grenzte er sich aber in einem Brief an seinen Vater Anfang 1849 ab: »Den Communismus als solchen halte ich [...] für Wahnsinn, wenn man nämlich ihn direkt herstellen wollte. Den Socialismus erkenne ich als das einzige Ziel unserer Bestrebungen.«

Die demokratischen Vereine errichteten außerhalb der Städte ein fast flächendeckendes Vereinsnetz mit Verankerungen selbst in kleinen Orten; in den Städten hatten sie ein eindeutig proletarisches Gesicht. Es gelang recht gut, die demokratischen Vereine auf Landes- und nationaler Ebene miteinander zu verknüpfen. Vom 14. bis 17. Juni 1848 trafen sich in Frankfurt am Main über 200 Demokraten und Republikaner auf einem ersten Demokratenkongress. Angedacht wurde, eine Demokratisch-republikanische Partei für ganz Deutschland aufzubauen, deren Hauptausschuss in Berlin angesiedelt werden sollte. Dieses hochgegriffene Ziel wurde nicht erreicht, aber es folgten zahlreiche weitere Vereinsgründungen. Ein zweiter Kongress, der im Oktober in Berlin stattfand, stand allerdings bereits unter den düsteren Vorzeichen der Gegenrevolution.

In Frankreich hatten sich Frauen in einigen sozialistischen und republikanischen Vereinen wie dem *Club des Républicains-Socialistes* Aufnahme sowie Rederecht erstritten. In Österreich und den deutschen Staaten blieb ihnen eine förmliche Mitgliedschaft oft verwehrt; in manchen Fällen durften sie wenigstens zuhören. So zerstritten die Männer in der Revolution 1848 auch untereinander waren, in einem waren sie sich – von einigen Ausnahmen abgesehen – einig: Frauen hatten in der Arbeitswelt wenig und in der politischen Öffentlichkeit gar nichts verloren. Das war Männersache.

Es soll Frauen gegeben haben, die das anders sahen. Einige gründeten sogar politische »Damenklubs«, zu denen dann oft die Herren keinen Zutritt hatten. Daran wollten sich die Männer, die sich durch »politisierende Weibsbilder« (in ihrer Männlichkeit?)

bedroht fühlten, jedoch nicht immer halten. Als am Vormittag des 28. August im Wiener Volksgarten-Café der erste demokratische Frauenverein gegründet wurde, stürmten Männer hinein, randalierten und drohten einer anwesenden Dame sogar eine Ohrfeige an. Den Frauen blieb nichts anderes übrig, als sich zurückzuziehen. Völlig verschrecken ließen sie sich nicht, sondern beraumten eine weitere Tagung an. Ihre Vereinsziele wurden als demokratisch beschrieben, es ging darum, die »Freiheitsliebe in der Kindesbrust anzufachen« und um die »Gleichberechtigung der Frau«. Man war aber auch karitativ tätig und wollte sich der »sorgsame[n] Verpflegung aller Opfer der Revolution« widmen, was sich – der Verein wurde nach der Praterschlacht gegründet – auf die dort verwundeten Arbeiterinnen konzentrierte.

Der Wiener Demokratische Frauenverein bestand zwar nur zwei Monate, hatte aber den Ruf der Radikalität. Seine Präsidentin wurde Karoline von Perin-Gradenstein, welche die vornehme Wiener Gesellschaft schon zuvor durch ihr Privatleben vor den Kopf gestoßen hatte. Aus wohlhabendem Elternhaus stammend, hatte die geborene von Pasqualati 1830 den k. k. Hofsekretär Christian von Perin-Gradenstein geheiratet und vier Kinder geboren. So weit, so gut und standesgemäß. Doch wenige Jahre nach seinem Tod 1841 begann sie eine Affäre mit dem Klavierlehrer ihrer Tochter. Vielleicht hätte man in den Salons nur hinter vorgehaltener Hand über die lustige Witwe getratscht, die sich mit dem Hauslehrer einließ. Aber sie versteckte ihre Beziehung nicht, sondern lebte in wilder Ehe mit Alfred Julius Becher zusammen, einem promovierten Juristen, Komponisten, Musikkritiker und Journalisten. 1848 gab er zusammen mit Jellinek die Zeitschrift *Der Radikale* heraus und tat sich in der Wiener Oktoberrevolution als Volksredner hervor. Das Paar verband vieles, auch ihr politisches Denken: Sie waren entschiedene Demokraten, was bei Perins adeliger Herkunft zusätzlich für Irritationen sorgte.

Lächerlich und unweiblich, so lautete das Urteil manch männlicher Zeitgenossen über den Demokratischen Frauenver-

Ein Wohltätigkeitsverein oder ein nachmittägliches Kaffeekränzchen waren für bürgerliche und adelige Frauen akzeptabel. Unpolitisch waren diese Treffen aber nicht immer, und die feinen Damen konnten sich gehörig in die Haare kriegen. Henriette Obermüller pflegte in Durlach einen regelmäßigen Kaffeekranz mit Damen der besseren Gesellschaft; in dieser Runde versuchte sie zwar, sich mit ihrer politischen Meinung diplomatisch zurückzuhalten, aber nach den Siegen der Gegenrevolution in Wien und Berlin Ende 1848 platzte ihr – tief enttäuscht von der Entwicklung – doch der Kragen:

»Eines Nachmittags war der Kranz bei mir, ich war durch die Nachrichten von Wien, Berlin etc. sehr aufgeregt. Ich lobte die Democratie, behauptete, daß die Frauen bessere Democraten, geborene Demokraten seyen, da sie die Liebe, die Menschlichkeit eigentlich verkörpern sollen. Ich vertheidigte die Republicanische Staatsform als die einzig Menschenwürdige etc. Viele waren mit mir einverstanden, aber daß die Frau Großherzogin nicht mehr Großherzogin sein sollte, das war zu stark. – Ich lachte sie aus, ich schertzte so lange als möglich. Als aber Eine der Damen behauptete, die Freyschaaren hätten überall gestohlen und kämen nur, um zu stehlen, stellte ich mich auf die Seite der Freyschaaren, vertheidigte diese, und zwar so heftig, so energisch, daß wir uns förmlich zankten. Ich stund auf, gieng auf mein Zimmer« – und danach verschwand sie mit ihrem Mann zu einem Spaziergang. Die anderen Damen ließ sie einfach sitzen.

ein im Allgemeinen sowie Karoline von Perin im Besonderen. Dunder, dem nicht nur die Frauen an den Barrikaden ein Dorn im Auge waren, schimpfte Perin »ein Weib, aller Weiblichkeit bar«, eine Frau, die »ihrem ehrenvollen Familiennahmen wahrlich keine Ehre machte. Was haben die Weiber mit Politik zu schaffen? Man kann die Geliebte eines Demagogen sein und doch Weib bleiben, aber freches Eindringen in Völkerfragen bleibt fern dem weiblichen Gemüte.«

Im doch recht fernen Württemberg zog das *Nürtinger Wochenblatt* Anfang April 1849 die radikaldemokratischen Wienerinnen als abschreckendes Beispiel heran. Der Verfasser schimpfte, dessen eigentliche Opfer seien die Ehemänner, »deren Wäsche nicht gewaschen und nicht geflickt wird, deren Küche und Wirthschaft zu Grunde gehen, deren Kinder nicht erzogen werden [...], und die überhaupt gar keine Weiber haben, da diese sich mit Politik befassen«.

Dieses Motiv war beliebt in vielen zeitgenössischen Polemiken, denen zufolge politisch engagierte Frauen ihre eigentlichen Pflichten vernachlässigen würden. Es wurde aber auch umgekehrt eingesetzt, denn so manche Frauen zeigten sich frustriert über den politischen Übereifer ihrer Männer. In der Frankfurter Zeitschrift *Didaskalia* erschien im Mai 1848 eine »Adresse deutscher Gattinnen und Hausfrauen an ihre Ehemänner«, bei der freilich fraglich ist, ob sie tatsächlich von Frauen verfasst wurde oder ob es sich um gegenrevolutionäre Propaganda handelte: »Beim Erwachen das erste Wort die Zeitung, beim Schlafengehen [...] das letzte Wort die Zeitung« – vor lauter Politik hätten die Männer keine Zeit mehr für ihre Familien. Eine Wienerin beklagte in der Zeitschrift *Der Omnibus* die »Constitutionellen Leiden einer jungen Frau«: »Stunden- und nächtelange Besuche von Gesinnungsgenossen, unzählige Sitzungen und Dienste in der Garde, Heimkehr meist nach Mitternacht und ohne Energien für eheliche Zärtlichkeiten.«

Die mehr als deutliche Botschaft: Braven Bürgerwehrmännern könnte ihr revolutionärer Eifer leicht zum Verhängnis werden: Wer seine Frau vernachlässigte, um fleißig seinen Dienst zu tun, musste damit rechnen, dass ihm Hörner aufgesetzt wurden. Der Wiener *Humorist* brachte die männlichen Ängste in einer Karikatur auf den Punkt: Während der um das Wohl seiner Frau besorgte Ehemann und Nationalgardist von ihr zur Tür hinausgedrängt wurde, stieg der junge Student als Liebhaber – ein besonders beliebtes Sujet – bereits zum Fenster herein.

Es gab aber genügend Frauen, die sich von dieser Generalunterstellung unmoralischen Verhaltens nicht abschrecken ließen. Berlinerinnen folgten dem Wiener Vorbild und gründeten Mitte September ihren Demokratischen Frauenverein; an der Gründungssitzung nahmen rund 30 Damen teil, die Zahl stieg rasch auf bis zu 150 Mitglieder. Sie widmeten sich der Frage der Kindererziehung nach demokratischen Grundsätzen, aber auch karitativen Aufgaben. Am 12. Oktober kam ein zweiter demokratischer Frauenverein namens Germania hinzu, der sich auf die politische Bildung der Frauen konzentrierte. Herrenbesuche waren dort unerwünscht.

Frauenvereine entstanden nicht nur im demokratischen Umfeld; auch auf der konservativen Seite erkannte man, dass man im Verein mehr erreichen konnte. Am 22. September richtete sich in Wien ein »Aufruf an die gutherzigen Frauen und Mädchen« mit dem Argument, »daß da nicht eine Frau einzeln, sondern nur im Verein« sinnvoll wirken könnte, und es wurde der Erste konstitutionell-monarchische Frauenverein gegründet. Die Mitglieder distanzierten sich von »jeder politischen Tendenz« und betonten, dass sie sich – während die Männer Politik und Staatsgeschäfte übernahmen – mit »kleinen Geldunterstützungen« und der »Sorge für eine bessere Erziehung der Kinder« nützlich machen würden. Dagegen hatte sogar ein Wenzel Georg Dunder nichts einzuwenden.

Die Rechnung war einfach: Je mehr Arbeitslose, desto mehr revolutionäres Potential. Selbstredend war es den Regierungen schon aus einem Selbsterhaltungstrieb heraus wichtig, die Arbeitslosigkeit zu bekämpfen, aber es fehlte eine tragfähige Strategie, um der Massenarmut wirksam zu begegnen. Jetzt, wo die Not am größten war und die Situation aufs Äußerste angespannt, fand man keine geeigneten Mittel, um das Problem an der Wurzel zu packen (und schon gar nicht kurzfristig). Da es viel zu wenige Arbeitsplätze gab, wurden Tausende Frauen und Männer auf Kosten der öffentlichen Hand beschäftigt. In Paris war man Ende Februar mit der Luxembourg-Kommission unter Louis Blanc vorangegangen: Es wurden beispielsweise genossenschaftliche Werkstätten gefördert. Jene der Schneider beschäftigte 1700 Menschen mit der Herstellung der Uniformen für die Pariser Nationalgarde; Schneiderinnen gelang es ebenfalls, eine

Louise Otto veröffentlichte im Mai 1848 ihre »Adresse eines Mädchens, an den hochverehrten Herrn Minister-Oberländer, an die durch ihn berufene Arbeiterkommission und an alle Arbeiter«, sie erschien zuerst in der *Leipziger Arbeiter-Zeitung*. Darin richtete sie deutliche Worte an die in Sachsen durch den Innenminister und das liberale Märzministerium eingesetzte Kommission, die Wirtschaftsreformen ausarbeiten sollte: »Meine Herren! Mißverstehen Sie mich nicht: Ich schreibe diese Adresse nicht trotzdem, daß ich ein schwaches Weib bin.« Wenn die Kommission »Arbeit für die Männer organisieren« wolle, solle sie bedenken, dass »das Los der Arbeiterinnen noch ein viel elenderes ist als das der Arbeiter.« Die Löhne der Männer zu erhöhen, damit Frauen sich zu Hause der Kindererziehung widmen könnten, sei der falsche Weg: Dadurch würden Frauen noch abhängiger und die Mädchen von geringen Löhnen in eine überhastete Ehe oder gar die Prostitution getrieben. »Meine Herren! im Namen der Moralität, im Namen des Vaterlandes, im Namen der Humanität fordere ich Sie auf: Vergessen Sie bei der Organisation der Arbeit die Frauen nicht! [...] denken Sie auch an das schwächere Geschlecht, das, weil es sich nicht selbst zu helfen vermag, ein heiliges Recht hat, diese Hülfe von Ihnen, dem stärkern Geschlecht, zu fordern!«

Otto nahm aber auch die Arbeiter in die Pflicht, nicht ihre »Frauen, Schwestern, Mütter und Töchter« zu vergessen. Wenn Berliner Fabrikarbeiter auf die Entlassung von Frauen drängten, sei das nichts weniger als »ein Mißbrauch des Rechts des Stärkern! [...]

Ich bin gewiß, meine armen Schwestern teilen meine Gefühle, aber ihre Tage gehen so in Not und Stumpfheit dahin, daß sie nicht wagen, wie es die Männer tun, ihre Bitten und Wünsche öffentlich auszusprechen. So habe ich dies allein für sie zu tun gewagt durch das einzige Mittel, durch das es mir möglich ist, eine Wirkung für das Allgemeine wenigstens zu versuchen – durch die Presse. – Möchte es mir gelungen sein, Ihre Aufmerksamkeit auf die Lage der Arbeiterinnen und der Notwendigkeit einer Verbesserung derselben gelenkt zu haben!«

staatliche Werkstatt zu gründen, wobei die ehemalige Saint-Simon- und spätere Fourier-Anhängerin Désirée Gay die Führung übernahm. Weit bekannter sind die Nationalwerkstätten, in denen Arbeitslose mit städtischen Aufräumarbeiten, Vorarbeiten für Eisenbahntrassen und Wasserbauten beschäftigt waren.

In Bayern beteuerte der frischgebackene König Maximilian II. Joseph, dass »die Verbesserung der Lage der arbeitenden Classe [...] stets ein Gegenstand Meiner vorzüglichsten Sorgfalt seyn« wird. Er wies seinen Innenminister an, Arbeit bei Eisenbahn-, Wasser- und Straßenbauten zu schaffen, soweit die Staatskassa das erlaubte. Und auch in Düsseldorf wurden ab dem Frühjahr 600 Arbeiter mit der Entschlammung der Stadtgräben und Erdarbeiten beschäftigt. In Berlin war die Situation auf dem Arbeitsmarkt ebenso angespannt und wurde noch dadurch empfindlich verschärft, dass es wenige Tage und Wochen vor der Revolution zu weiteren Massenentlassungen gekommen war, etwa in der Königlichen Porzellanmanufaktur oder in der Lokomotivenfabrik Borsig, wo 400 von 1200 Arbeitern gehen mussten. Am 9. März eröffnete das Arbeitsnachweisungs-Bureau (Arbeitsamt) – und wurde gleich von 700 Arbeitssuchenden gestürmt.

Noch bevor am 18. März die Barrikadenkämpfe ausbrachen, wandten sich Mitglieder des Handwerksvereins in einer Adresse der Berliner Arbeiter – diese wurde auch als *Arbeiterforderung* bekannt – an Friedrich Wilhelm IV. Sie baten ihn um »schleunigste Abhilfe der jetzigen *großen Noth* und *Arbeitslosigkeit* aller Arbeiter und *Sicherstellung ihrer Zukunft*«, wobei sie argumentierten, dass dies im Interesse des Königs sein müsse: »Der Staat blüht und gedeiht nur da, wo das Volk durch Arbeit seine Lebensbedürfnisse befriedigen und als fühlender Mensch seine Ansprüche geltend machen kann.« Sie klagten, »von *Kapitalisten* und *Wucherern* unterdrückt« zu werden, gegen die »die jetzigen bestehenden Gesetze« keinen Schutz gewährten. Konkret gefordert wurde »ein *Ministerium für Arbeiter*, das aber nur von *Arbeitgebern* und *Arbeitern* zusammengesetzt werden darf und deren Mitglieder *nur aus beider Mitte selbst gewählt werden dürfen*. Ein solches Ministerium ist nur im Stande den wahren Grund der drückenden Lage des Volkes kennen zu lernen.« Am 17. April wurde zwar ein Ministerium für Handel, Gewerbe und öffentliche Arbeiten gebildet, aber es handelte sich lediglich um eine Verlagerung der Aufgabenbereiche von mehreren Ministerien in ein neues.

In Wien hatte Ende April noch das Ministerium Fiquelmont beschlossen, die öffentliche Bautätigkeit zu erhöhen; Anfang Mai wurde ein Arbeitsbeschaffungsprogramm initiiert: Männer und Frauen (die freilich weniger verdienten) wurden mit »Erdarbeiten« beschäftigt, beispielsweise am Bründlfeld, wo ein neues »Irrenhaus« entstand, oder beim Überschwemmungsschutz im Prater. Das Ministerium Pillersdorf schuf darüber hinaus ein eigenes Ministerium für öffentliche Arbeiten und beeilte sich beim Anblick der Barrikaden, die sich am 26. Mai auftürmten, zu versichern: »Den Arbeitern wird fortan Arbeit verschafft werden, wogegen sie zur Herstellung der Ruhe zu ihrer Arbeit zurückzukehren haben.« Der Wiener Bürger- und Studentenausschuss stieß ins selbe Horn, lobte die Arbeiter für ihren Mut an den Barrikaden und forderte mit dem Hinweis auf die Regierungsverlautbarung: »Kehret nun so wie wir alle zur Arbeit zurück, damit Handel und Wandel wieder belebt werden, und damit nicht durch Stocken aller Geschäfte über unsere Stadt unberechenbares Unglück komme.«

Und damit wird das Hauptmotiv der kommunalen und staatlichen Beschäftigungsprogramme ersichtlich: Ruhe und Ordnung, von oben gelenkter Straßenbau statt gewalttätige Straßenpolitik von unten. Dabei fragten die Initiatoren nicht immer nach der Sinnhaftigkeit der Aufträge, zumal es schnell gehen musste. Glücklich war, wer ein ausgereiftes Projekt aus der Schublade ziehen konnte.

Seit dem Mittelalter war ein über den Semmering führender Fernweg eine beliebte Route von der Ostsee an die Adria. Die Frequenz der Reisenden nahm ab 1800 stark zu, so dass immer lauter der Ausbau der Semmeringstraße, die anfangs nicht mehr als ein Saumpfad gewesen war, gefordert wurde. Doch warum eine Straße? Warum nicht eine moderne Eisenbahn, Sinnbild des Fortschritts? Statt die Trasse wie in England mit dem Lineal durch die Landschaft zu ziehen und etwaige Hindernisse zu überbrücken oder zu durchbohren, wandten die Planer rund um Carl Ritter von Ghega »erstmals die Methode des Anschmiegens der Trasse an die Geländeformen für einen Bahnbau«[14] an. Dadurch wurde die Strecke zwar länger, aber leichter zu bewältigen. Seit 1841 tüftelte man an verschiedenen Trassen und Steigtechniken; neue leistungsfähige Lokomotiven räumten letzte Zweifel an der Machbarkeit aus. Allerdings wurde der Bau immer wieder aufgeschoben: Es fehlte an Geld.

Zu viel Geld hatte der österreichische Staat 1848 zwar auch nicht, aber dafür umso mehr Arbeitskräfte, die er ohnehin bezahlte, um sie ruhig zu halten. In Wien hatte Minister Albert Raimund Zeno Graf Montecuccoli-Laderchi dem Ministerrat schon am 20. Mai vorgeschlagen, »in der Provinz in größerer Entfernung von der Hauptstadt umfangreichere Arbeiten durchführen zu lassen und die Proletariermassen, die in Wien leicht von Aufwieglern bearbeitet werden könnten, dorthin abzuschieben«. Man dachte an die Donauregulierung, aber dafür gab es noch keine Ausarbeitung. Einen Plan gab es hingegen für die Trassenführung des ersten Teilstücks der Semmeringbahn von Gloggnitz nach Payerbach. Zudem ließen sich dort, da es sich um einen relativ ebenen Abschnitt handelte, ungelernte Arbeiterinnen und Arbeiter einsetzen. So konnte man das Nützliche mit dem Nützlichen verbinden – am 27. Juni 1848 ordnete der (Kurzzeit-)Minister für öffentliche Arbeiten, Andreas von Baumgartner, den Baubeginn an.

Rund fünf Jahre dauerte der Bau der Bergbahn, »Abertausende Arbeiter und Arbeiterinnen« – geschätzt meldeten sich zu 30 Prozent Frauen – »aus vielen Teilen der Monarchie waren zwischen 1848 und 1854 im Einsatz, die eine dünn besiedelte Region in eine Zone der Rastlosigkeit verwandelten«.[15] Nach Fertigstellung der Eisenbahn wusste die bessere Wiener Gesellschaft – zur Freude der Touristiker – den Semmering für ihre Sommerfrische

Mitte Juni hielt Victor Hugo seine Beobachtungen zu den Pariser Nationalwerkstätten fest: »Folgendes kennzeichnet sie recht gut. Männer im Hemd spielten mit Korken unter den Arkaden der Place Royale […]. Mit Korken spielen ist eine der Arbeiten der Nationalwerkstätten. Ein weiterer, im Hemd auch er, schlief der Länge nach ausgestreckt an der Wand. Einer der Spieler ging zu ihm, stieß ihn mit dem Fuß an, und sagte: – Was machst du denn da? Der Schläfer erwacht, reibt sich die Augen, hebt den Kopf und antwortet: – Nun ja, ich verdiene meine 20 Sous! Und er legte sich wieder auf das Pflaster. Das also sind die Nationalwerkstätten.«

Aus Berlin wusste Adolf Streckfuß zu berichten, dass die Erdarbeiter der Meinung seien, dass der »Lumpenlohn […] nicht durch zu harte Arbeit verdient werden« solle; zudem hätten sie Angst, wenn sie mehr arbeiten würden, das Werk nur umso früher fertig zu stellen – und dann wären sie wieder arbeitslos; »deshalb war Faulenzen ihr höchstes Gebot«. Von den Arbeitern hörte man, »sie seien der eigentliche Kern des Volks, […] der Staat habe die Verpflichtung, für sie zu sorgen«.

zu schätzen; die Arbeiter hausten derweil unter ganz anderen Bedingungen in temporären Wohnbaracken. Zwar forderten Arbeitsunfälle relativ wenige Opfer, umso mehr Menschen starben jedoch aufgrund von Cholera- und Typhusseuchen, die sich angesichts der schlechten hygienischen Zustände in den überfüllten Baracken leicht ausbreiteten; Mangelernährung führte außerdem zu Skorbut und Auszehrung. Die ortsansässige Bevölkerung hatte mit den Massen verarmter Arbeiter wenig Freude; beispielsweise fühlten sich die Bewohner Payerbachs von dem »unsittlichen Gesindel« bedroht. Besser sie als wir, dürfte sich so mancher Wiener dabei gedacht haben. Immerhin wurde am Semmering im Revolutionsjahr ein zukünftiges UNESCO-Weltkulturerbe auf Schiene gebracht; viele andere Arbeitsbeschaffungsmaßnahmen wirkten auf Betrachter aber mehr wie sinnlose »Beschäftigungstherapie«.

Wegen Verschleuderung von Steuergeldern steigen auch

heute noch Bürger auf die (allerdings meist nurmehr) sprichwörtlichen Barrikaden. Damals war es nicht anders. In den Städten sah sich das Bürgertum beim Anblick der Baustellen in seinen Vorurteilen über die Unterschichten bestätigt: Die Arbeiter erschienen ihnen faul und liederlich, dem Alkohol zu sehr zugetan und immer in Feierlaune, die allerdings schnell in Ausschreitungen umschlagen konnte. Ebenso stieg auf dem Land der Unmut, beispielsweise in Frankreich, wo die Bauern über die jüngste Steuererhöhung (45 *centimes*) klagten und nicht einsahen, warum sie die unsinnigen Nationalwerkstätten in der fernen Hauptstadt finanzieren sollten.

Aber auch die Arbeiter blieben unzufrieden, weil nicht alle aufgenommen werden konnten – zumal die Werkstätten weitere Arbeitssuchende aus dem Umland in der Hoffnung auf Anstellung anlockten – und selbst jene, die einen Platz fanden, nur geringen Lohn erhielten. Das städtische Bürgertum sah sich durch konzentrierte Massen zerlumpter und aufgrund ihrer Tätigkeit zwangsläufig schmutziger Proletarier bedroht. Adolf Streckfuß hielt die »Stimmung der Arbeiter« in Berlin für bedenklich: »Bei den städtischen Erdarbeiten in den Rehbergen und an anderen Orten waren große Massen von Arbeitern auf einer Stelle vereinigt, in jedem Augenblick konnten sie sich sammeln und nach der Stadt ziehen.« Im Wedding (in den Rehbergen) arbeiteten übrigens nicht nur ungelernte Tagelöhner, sondern auch viele Arbeitslose aus dem Textilgewerbe, Gesellen und sogar Privatsekretäre und drei Lehrer im Chausseebau.

Die politische und soziale Polarisierung sollte sich als folgenschwer erweisen. Dass sich die Arbeiter für demokratische und sozialistische bis kommunistische Ideen öffneten, ist aus deren Sicht verständlich. Auf der anderen Seite glaubte man eine Verschmelzung mehrerer Angstgegner – der radikalen Demokraten bzw. Republikaner und der Unterschichten als gewaltbereite Träger der elementaren Revolution – miteinander zu erkennen; ein explosives Gemisch schien zu entstehen. Jetzt fehlte nur noch der berühmte Funke auf dem Pulverfass.

Triumph und Niederlage

Den Funken entzündete so manche Regierung selbst, die sich dabei durchaus im Einklang mit den Wünschen des liberalen Bürgertums sah. Etwa, indem sie bei den öffentlichen Arbeiten ihren Kurs revidierte, was sich auf eine einfache Formel bringen ließ: Kosten (durch Lohnkürzungen und Entlassungen) runter, Revoluzzer raus aus der Stadt. Je weiter weg, desto besser. Wieder einmal richteten sich alle Augen auf Paris. Dort war das soziale Experiment der Nationalwerkstätten Ende Februar unter Louis Blanc so hoffnungsvoll gestartet worden als Versuch, sein theoretisches frühsozialistisches Konzept in die Praxis zu überführen. Aber bereits in Frankreich scheiterten die Einrichtungen an der zu großen Zahl Bedürftiger, an mangelhafter Kompetenz in der Umsetzung – sowie, was nicht unterschätzt werden darf, an der breiten Ablehnung durch die (nicht nur bürgerlichen) Steuerzahler: Ihre Stimmen zählten, und am 23. April sollten die Wahlen stattfinden.

Im linken Lager war man erkennbar nervös. George Sand, die wiederum den Sozialisten *ihre* Feder zur Verfügung stellte, handelte sich mit ihrem radikalen *Bulletin* Nr. 16, das am 15. April erschien, scharfe Kritik ein. In der Schlüsselpassage hieß es: Sollten die Wahlen nicht der »sozialen Wahrheit« zum Siege verhelfen, »dann wäre nur ein Ausweg für das Volk, das die Barrikaden erbaute, es müsste ein zweites Mal seinen Willen kundgeben und der Entscheidung einer falschen Volksvertretung seine Genehmigung versagen«. Neuerliche Wahlen sollten dann das gewünschte Ergebnis liefern. Anstiftung zum Aufruhr und dazu, einer gewählten Volksvertretung die Anerkennung zu verwehren, wenn die Wahl nicht wie gewünscht ausgehen sollte, gab es bereits 1848.

Für den 16. April hatte Blanc eine Arbeiterkundgebung geplant, woraufhin die konservative Gegenseite eine beeindruckende Gegendemonstration auf die Beine stellte. Als bei den

Wahlen dann wie zu erwarten gemäßigte Liberale und Konservative, die sogenannte »Ordnungspartei« (im Gegensatz zur »Bewegungspartei«), triumphierten, kam es am 15. Mai zu Massenprotesten. Höhepunkt war die Erstürmung der Nationalversammlung durch radikale Linke, die eine provisorische sozialistische Regierung unter Blanc ausriefen. Aber die rechtmäßige Regierung konnte dem Spuk ein schnelles Ende bereiten; der Putschversuch der Linken führte gar zu einem Rechtsruck. Die Luxembourg-Kommission wurde am 16. Mai aufgelöst, einen Tag später wurde General Louis-Eugène Cavaignac, der in den letzten Jahren führend an der Unterwerfung Algeriens beteiligt gewesen war, Kriegsminister.

Zwei Tage nach dem Putsch reiste George Sand, um einer Verhaftung zu entgehen, nach Nohant; ihr schlechter Ruf folgte ihr in die Provinz, wo sie unter den Bauern endgültig als Kommunistin verschrien war. Ihr *Bulletin* Nr. 16 war unmissverständlich formuliert, und die nachfolgenden Ereignisse erhärteten den Verdacht, dass sie an der Verschwörung der Putschisten beteiligt gewesen war. Sie verteidigte sich mit dem Argument, dass sie lediglich eine moralische, aber keine politische Verantwortung für das Geschehene trage. Allerdings ist postum publizierten Tagebuchblättern zu entnehmen, »dass sie nicht nur Autorin des besagten Bulletins war, sondern auch in den Tagen vor dem Putschversuch mit den führenden Sozialisten den Staatsstreich besprach – ohne dass es freilich zu einem konkreten Beschluss gekommen wäre«.[1] Die nächsten rund eineinhalb Jahre blieb sie Paris fern und zeigte sich in Briefen an Freunde zutiefst desillusioniert von der Politik. Mazzini gegenüber bekundete sie im Juni 1848, dass das Volk noch nicht bereit sei, sich selbst zu regieren.

Es war zu erwarten, dass eine Auflösung der Nationalwerkstätten heftige Unruhen hervorrufen würde, so dass der entsprechende Erlass einige Wochen in der Schublade versteckt blieb, bevor die Regierung am 21./22. Juni die Ankündigung – von entsprechenden Drohungen begleitet – dann doch zu veröffentlichen wagte. Für die Arbeitslosen hatte sie folgenden Plan:

Junge Männer sollten zur Armee, andere wollte man südlich von Orléans bei der Trockenlegung der Sümpfe einsetzen. Daraufhin brach ein typischer Arbeiteraufstand los, an dem Frauen und Männer beteiligt waren. Begleitet wurde er von Flugblättern mit Forderungen wie »Brot oder Tod«. Die Junischlacht kostete etwa 1500 Menschen das Leben.

Den Aufständischen fehlte es an Führung und Koordination; auf der anderen Seite lag die ganze Macht, nachdem die Nationalversammlung am 24. Juni den Belagerungszustand erklärt hatte, in den Händen des Kriegsministers Cavaignac. Er konnte sich in der Krise als starker Mann beweisen und damit für höhere Weihen empfehlen, zumal er neben Soldaten zahlreiche junge, meist ungelernte Arbeiter in den blutigen Kampf gegen ihre aufständischen Kollegen schicken konnte: Es waren Angehörige der besoldeten Mobilgarde, die im Februar gegründet worden war. Zwischen den Fronten befanden sich die Nationalgardisten, die selbst aus dem von der Wirtschaftskrise hart getroffenen Mittelstand kamen und von realen Abstiegsängsten geplagt waren; sie standen den um ihre Existenz ringenden Aufständischen näher, als ihnen lieb sein konnte, und so mancher zögerte, auf sie zu schießen.

Ganz gefahrlos konnte sich Louis-Napoleon im fernen London zurücklehnen und abwarten. Einem Bekannten gegenüber sagte er: »Dieser Mann [Cavaignac] macht mir den Weg frei.« Noch im Februar war er von der provisorischen Regierung gebeten worden, Paris rasch wieder zu verlassen; im Juni kandidierte Louis-Napoleon erfolgreich in vier Wahlkreisen, woraufhin die Regierung ankündigte, ihn zu verhaften, wenn er französischen Boden betreten sollte. Das löste jedoch eine hitzige Debatte aus, ob dies nicht Willkür sei. Man verständigte sich darauf, ihm das Abgeordnetenmandat anzuerkennen, aber nun war er es, der von sich aus darauf verzichtete. Wie gesagt: Er hatte gelernt, den richtigen Moment abzuwarten.

Als er es bei den Nachwahlen im September in fünf Wahlkreisen auf weit über 100 000 Stimmen brachte, kam er nach Paris. Da er wenig beeindruckend in Gestalt und Auftreten war, neigten seine politischen Gegner dazu, ihn zu unterschätzen. Ein Fehler: Die neue Verfassung von Anfang November sollte Frankreich nach dem Muster der USA bei den für den 10. Dezember 1848 angesetzten Wahlen einen starken Präsidenten bescheren; viele hatten dabei wohl Cavaignac im Sinn. Lamartine rechnete sich ebenfalls gute Chancen aus. Doch sollte man ausgerechnet Napoleons Neffen zur Präsidentschaftswahl antreten lassen? Die Meinungen dazu klafften nicht nur im Parlament weit auseinander, wie anhand von Victor Hugo und George Sand verdeutlicht werden soll.

Hugo sprach sich im Oktober 1848 vor den Abgeordneten gegen den Ausschluss Louis-Napoleons als Kandidat für die Präsidentschaftswahl aus und fragte, wen genau man denn ausschließen wollte: »Ist es der Mensch?, ist es der Name? Der Mann? Man kennt ihn nicht.« Er sei so lange im Exil gewesen, dass er nun »der unbekannteste aller Citoyens« sei, allerdings »mit dem berühmtesten aller Namen. Will man etwa den Namen, diesen Namen, ausschließen?« Man dürfe, fand Hugo, »zweifellos […] nicht vergessen, was der General Bonaparte gegen die Republik getan hat, aber man muss auch daran denken, was der Kaiser Napoléon für Frankreich getan hat. Vorsichtsmaßnahmen, ja, aber keinen Ausschluss.«

George Sand war anderer Meinung. Sie wehrte sich wenige Tage vor der Wahl in einem offenen Brief scharf gegen eine Vereinnahmung durch Louis-Napoleon, der in einem Almanach Briefe Sands wie auch von Louis Blanc im Faksimile hatte abdrucken lassen, um den Eindruck zu erwecken, sie würden seine Kandidatur unterstützen: »Etliche Republikaner verkehren mit M. Louis Bonaparte völlig unbefangen […]. Ich gehörte zu diesen Menschen, obgleich ich M. Louis Bonaparte persönlich nie begegnet war und wir lediglich brieflich miteinander verkehrten. […] Er flößte den Republikanern Vertrauen ein und sie hegten eine brüderliche Sympathie für ihn.« Um dann einzuschränken: »Unter einer Republik aber hat M. Louis Bonaparte nicht das

Recht, sich als Kandidat für die Präsidentschaftswahlen aufstellen zu lassen, *da er prinzipiell ein überzeugter Feind der republikanischen Staatsform ist.*« Wolle Frankreich zusehen, wie zugunsten der Familie Bonaparte die Monarchie wieder eingeführt werde? Wenn das Louis-Napoleons Ziel sei, »dann soll er sich aber keiner republikanischen Einrichtung bedienen, um am Sturz der Republik zu arbeiten«.

Aus den Wahlen ging Louis-Napoleon als klarer Sieger hervor. Im Gegensatz zum »Schlächter von Paris« (Cavaignac) und zu Lamartine, der für alles verantwortlich gemacht wurde, was seit dem Sturz der Julimonarchie innenpolitisch schief gelaufen war, war er ein unbeschriebenes Blatt. Er konnte auf den großen Namen seines Onkels aufbauen und ebenso auf seine frühere Beschäftigung mit dem Pauperismus hinweisen: Er war quasi ›Experte‹ für die Bekämpfung der Massenarmut. Vor allem bei der ländlichen Bevölkerung, die von der Republik und ihren Steuern die Nase voll hatte, konnte er punkten. Inwieweit die Entscheidung der Bauern auf Missverständnissen beruhte, bleibt dahingestellt. Bösen Zungen nach glaubten manche von ihnen, ihre Stimme Napoleon I. zu geben; andere schätzten Louis-Napoleon als so reich ein, dass sie der irrigen Ansicht waren, unter seiner Herrschaft gar keine Steuern mehr zahlen zu müssen: Er würde diese aus seinem Privatvermögen übernehmen. Geld war bei Louis-Napoleon aber ständig knapp; seinen Wahlkampf finanzierte u. a. seine Mätresse Harriet Howard, die dann ein Haus in der Nähe des Élysée-Palastes bezog und dort ein und aus ging.

Den Élysée-Palast betrat zudem George Sand, die in persönlichen Unterredungen mit Louis-Napoleon um Amnestie für politisch Verfolgte bat und Gnadengesuche für Soldaten an ihn richtete. Die Besuche und Briefe der berühmten Schriftstellerin schlachtete der Präsident in der Presse weidlich für Propagandazwecke aus. Und was war der Dank der Linken, für die sie sich einsetzte, indem sie über ihren Schatten sprang? Sie beschuldigten Sand, ihre gute Sache zu entehren. Blanc, der nach London hatte fliehen können, schrieb ihr: »Sie haben kein Recht, um Gnade zu bitten! Durch Ihre Gesuche bringen Sie uns in Bedrängnis.«

Für Louis-Napoleon war mit dem Präsidentschaftsamt das große Ziel erreicht, er war an die französische Staatsspitze gelangt. Doch sah die Verfassung keine zweite Amtszeit vor; für eine Änderung derselben fehlte ihm, wie eine Abstimmung im Juli 1851 zeigte, die Mehrheit. Louis-Napoleon hatte mehr zu verlieren als nur seine Macht; musste er ins Privatleben zurückkehren, drohte ihm der Offenbarungseid: Denn er hatte als Präsident sein Budget ständig überzogen und hohe Schulden angehäuft. Also unternahm er seinen dritten Putschversuch, der ihm nun aus seiner Machtposition heraus und dank der Verfügungsgewalt über die Armee gelang. Für den großen Tag wurde ein historisches Datum bestimmt: der 2. Dezember. An diesem Tag jährte sich sowohl die Kaiserkrönung Napoleons I. wie auch dessen Sieg von Austerlitz. Den bald laut werdenden Protesten begegnete Louis-Napoleon mit brutaler Gewalt; Kritiker wurden verhaftet, aufflackernde Aufstände niedergeschlagen. Wie sein Onkel setzte er auf eine Volksabstimmung, die sein Vorgehen nachträglich legitimieren sollte.

»Im Grunde war damit das Zweite Kaiserreich schon geschaffen worden, weshalb es nur eine Schamfrist war, dass Louis-Napoleon noch fast ein Jahr zögerte, sein Regime so zu bezeichnen.«[2] Im November 1852 ließ er über die Wiedererrichtung des Kaiserreiches abstimmen; er wurde zum *Empereur* Napoléon III. – Napoleon Bonapartes Sohn, der jung verstorbene Herzog von Reichstadt, wurde als Napoleon II. gezählt, obwohl er nie regierte – und übersiedelte in die Tuilerien. Seine jährliche Apanage wurde auf 25 Millionen *francs* verdoppelt. »Der Staatsstreich vom 2. Dezember 1852 erfüllte also auch den Tatbestand der Konkursverschleppung.«[3]

Ein kurzer Blick auf Berlin: Dort wuchs die Zahl der Erdarbeiter ständig an; Mitte Mai erhoffte man sich mehr Ruhe davon, dass man nur noch Verheiratete bzw. Familienväter einstellte; jüngere Arbeiter wurden ab Ende Juni zudem zum Bau der

Ostbahn abgeschoben. Dennoch blieb die Stadt in Aufruhr. Immer wieder belagerten Arbeitslose das Rathaus; Katzenmusiken und Ausschreitungen waren an der Tagesordnung, immer wieder lieferten sich Bürgerwehr und Demonstranten Gefechte. Am 4. Juni wurde eine Gedächtnisfeier für die Märzgefallenen zu einer Massenkundgebung mit geschätzt 100 000 Teilnehmern.

Der Zeughaussturm gilt als Zäsur: Enttäuscht richteten die Unterschichten ihre Wut zunehmend gegen den König selbst, dessen Image des guten Landesvaters längst verblasst war, und es sollen am Nachmittag des 14. Juni Worte gefallen sein wie: »Das königliche Haus muss gänzlich nieder!« In einer spontanen Aktion stürmten meist jüngere Arbeiter das Zeughaus, um an die dortigen Waffen zu gelangen; die Bürgerwehr konnte ihnen keinen Einhalt gebieten. Das Märzkabinett Camphausen-Hansemann trat zurück; Ersterer wurde durch Rudolf von Auerswald ersetzt, Hansemann blieb im neuen Ministerium Auerswald-Hansemann Finanzminister.

Um den Unruheherd Berlin in den Griff zu bekommen, wurde dem Vorbild der Londoner Konstabler folgend das Polizeiwesen auf neue Beine gestellt: Ende Juli wurde eine 2000 Mann starke Schutzmannschaft, die sich vorwiegend aus Handwerkern rekrutierte, aufgestellt; und diese zeigte Präsenz. Berlin war, wie Varnhagen von Ense berichtet, »eine Stadt der Konstabler geworden, denn Konstabler sind jetzt die Haupterscheinung«. Die Gegenrevolution war in kleinen Schritten auf dem Vormarsch: Polizeiverordnungen schränkten die Straßenpolitik ein, es kam vermehrt zu Anzeigen wegen Majestätsbeleidigungen, wildes Plakatieren wurde verboten. Das Rauchen auf den Straßen blieb allerdings erlaubt.

In Wien fand die »Junischlacht« zeitverzögert im August statt. Erst am 12. August hatten die Wiener mit großem Tamtam die Rückkehr des kaiserlichen Hofes aus Innsbruck gefeiert. Ob überhaupt schon sämtliche Koffer ausgepackt waren, als Arbeitsminister Ernst von Schwarzer (er hatte am 18. Juli Baumgartner abgelöst) alle Warnungen vor Unruhen in den Wind schlug und bei den öffentlichen Arbeiten den Sparstift ansetzte? Am 21. August wurde sein Plan bekannt gegeben: Wer zu alt, zu jung oder zu gebrechlich war, sollte entlassen werden. Der ohnehin schon mickrige Lohn – Erdarbeiterinnen hatten täglich 20, ihre männlichen Kollegen 25 Kreuzer erhalten – wurde um 5 Kreuzer reduziert. Dabei brauchte eine Familie pro Tag 60 Kreuzer zum Überleben. Nur zu gut erinnerte sich die Regierung an die Solidarität zwischen Studenten und Arbeitern am 26. Mai; deshalb wurden gleichzeitig die Hörsäle geschlossen, so dass viele der Studenten Wien verlassen mussten.

Noch am Morgen des 21. August forderten Tausende Arbeiterinnen in der Innenstadt vom Sicherheitsausschuss die Rücknahme der Verordnung und sangen zur Melodie der *Marseillaise*: »Für die Freiheit und für gutes Brot / ziehen wir hier gern voran! / Und wir lassen uns nicht schelten / von einem schwarzen Mann! / Doppelt hat man uns geprellet, / um Brot und Freiheit gar!« Zunächst dachte man, die Lohnkürzungen würden nur Frauen betreffen, so dass der Aufmarsch als »erste Frauendemonstration in Österreich«[4] gelten kann. Erst als bekannt wurde, dass den Männern ebenfalls fünf Kreuzer abgezogen werden sollten, sahen auch diese einen Grund, auf die Straße zu gehen.

Anders als Ende Mai, als die Erdarbeiter beiderlei Geschlechts den Studenten zu Hilfe geeilt waren, kam es nun zu keinem großen Akt der Verbrüderung. Hatte der populäre Prediger Anton Füster bei früheren Anlässen die Studenten zum Kampf angestachelt, versuchte er jetzt (vergebens) die Demonstranten zu beruhigen. Die Akademische Legion verhielt sich »neutral«, so dass es der Nationalgarde rasch gelang, die demonstrierenden Arbeiter aus der Innenstadt zu vertreiben. Von den Studenten kam also keine Hilfe; wie sah es seitens der Demokraten und des Sicherheitsausschusses aus?

In seinem Appell an die Arbeiterschaft zeigte sich der Wiener Demokratische Verein »tief betrübt durch die Ereignisse« des 22. August. Er versuchte die Sorgen der Arbeiter zu beschwichtigen und erklärte, sich »noch heute an das Ministerium gewendet [zu haben] mit der doppelten Bitte, die allerdings notwendigen Ersparnisse im Staatshaushalte künftig nicht von *unten*; sondern von oben anzufangen«. Gleichzeitig wurden die Arbeiter beschworen, »nicht in tumultuarischen Haufen zusammen zu treten«. Der Sicherheitsausschuss wurde am 22. August von den Arbeitern informiert, dass sie »morgen mit Stangen und Schaufeln in die Stadt ziehen wollen«, traf aber keine Vorkehrungen, um die »Praterschlacht« am nächsten Tag zu verhindern. Diese wurde von Zeitgenossen ebenfalls als Klassenkampf gedeutet: Besitz gegen Proletariat.

Die Praterschlacht war ein Anlass dafür, dass sich Wiener Demokratinnen am 28. August wie oben erwähnt zum Demokratischen Frauenverein zusammenschlossen; sie wollten Arbeiterinnen, die von den Lohnkürzungen betroffen waren, finanziell unter die Arme greifen sowie die Versöhnung der gespaltenen Gesellschaft vorantreiben. Eine weitere unmittelbare Folge der Praterschlacht war die Selbstauflösung des Sicherheitsausschusses, der versagt hatte und damit seiner Absetzung durch den Ministerrat zuvorkam. Heftig kritisiert wurde zudem Arbeitsminister Schwarzer, der am 3. September seine Demission einreichte.

Zur Ruhe kam Wien noch lange nicht. Dass sich die politischen Machtverhältnisse verschoben hatten und die gegenrevolutionären Kräfte an Zulauf gewannen, zeigte sich auch im öffentlichen Erscheinungsbild: Nun wurden wieder verstärkt die kaiserlichen Farben schwarz-gelb getragen. Ungefährlich war das jedoch nicht, wie Kewalls Tagebucheintrag Mitte September zeigt: »Es ist wohl ergötzlich, einen dicken Mann mit dem schwarzgelben Band von einem Rudel Gassenjungen verfolgt zu sehen.« Ein »Partei- und Farbenkampf« wie im Mittelalter! Die Zeitung *Gold und Larve* mokierte sich: »Furchtsame tragen immer verschiedene Kokarden im Sack, um von ihnen nach Ort, Zeit und Gesellschaft verschieden Gebrauch zu machen.« Immerhin dürfte das Handel und Wirtschaft gefreut haben – es winkten ja doppelte Geschäfte.

Am 31. August wurde zu Ehren Radetzkys und der Armee auf dem Wasserglacis der *Radetzky-Marsch* uraufgeführt und begeistert aufgenommen, zumindest musste er dreimal gespielt werden. Dass dem General, der in Norditalien mit harter Hand so erfolgreich gegen Rebellionen vorging, öffentlich ein solches Ständchen gebracht werden konnte, ist bezeichnend für die Stimmungslage in Wien. Es kam zu keinen größeren Protesten; den Journalisten fiel aber auf, dass sich weit mehr Offiziere und Nationalgardisten als Studenten im Publikum befanden.

Radikale Demokraten und Reaktion hatten aber noch so manchen Strauß auszufechten, zumal sich die soziale Frage nicht lösen ließ. Mitte September urteilte Kewall: »Unsre sozialen Zustände sind in ein neues Stadium getreten & eine zweite Auflage des Proletariats steht da verzweiflungsvoll, um von der Gesellschaft Brod zu verlangen. [...] Viele hörte ich ausrufen: ›Wir scheißen euch auf die Freiheit, gebt uns nur zu essen‹, während die große Mehrzahl freiheitsbegeistert nur eine noch größere Umwälzung herbei wünschten, um dann im Trüben fischen zu können.« Noch waren die radikalen Kräfte in Wien nicht geschlagen, und es blieb unklar, wie ein neuerliches Kräftemessen ausgehen würde. Kewall fürchtete die Entwicklung in Richtung Anarchie und meinte, dass das Volk unter der früheren despotischen Regierung doch besser daran gewesen sei. Nicht ohne Spott hielt er am 16. September fest: »Hätte einer der frühern Liberalen je geahnt, daß die Bewegung eine so allgewaltige Richtung nehmen werde, er würde gewiß den Sturm nicht heraufbeschworen haben.«

Das hätten wohl viele liberale Abgeordnete der Paulskirche unterschrieben; denn an eben diesem Tag braute sich über Frankfurt der Sturm zusammen. Ausgelöst wurde er durch den Konflikt um Schleswig und Holstein, besser gesagt durch die am 16. September doch noch erfolgte Annahme des Waffenstillstandes von Malmö, mit der die liberalen Realpolitiker die Linke brüskierten. Denn diese hatte die Ablehnung des Waffenstillstandes zuvor als großen Erfolg gefeiert und war nun blamiert. Die Radikalen wussten eine erhitzte öffentliche Meinung hinter sich, denn es ging ja um die deutsche Nationalehre. Also beschlossen sie, den Konflikt außerhalb der Paulskirche fortzusetzen.

Noch am Abend wurde für den nächsten Tag eine Volksversammlung auf der Pfingstweide vor den Toren der Stadt angesetzt. Jene Abgeordneten, die für den Waffenstillstand gestimmt hatten, wurden vor geschätzt 15 000 Menschen lauthals »für Verräter des deutschen Volkes, der deutschen Freiheit und Ehre« erklärt. Diskutiert wurde unter den linken Fraktionen auch, aus der Nationalversammlung auszutreten und ein Gegenparlament zu bilden, doch das war den meisten zu radikal. Aber für den nächsten Tag wurde eine bewaffnete Volksversammlung im Stadtzentrum angekündigt. Die Bürgerwehr galt der Obrigkeit als unzuverlässig; daher wurden noch in der Nacht auf den 18. September österreichische und preußische Truppen aus der Bundesfestung Mainz angefordert, die sich um die Paulskirche positionierten.

Während dann am nächsten Tag die Abgeordneten versuchten, wie gewohnt ihrer parlamentarischen Arbeit nachzugehen, wurden unter der Leitung des Offiziers und Literaten Wenzel Messenhauser Barrikaden gebaut. Einigen Demonstranten gelang es, in die Paulskirche einzudringen, und es kam zu einzelnen Raufereien. Das Militär konnte den Platz davor mit aufgepflanzten Bajonetten räumen, doch jetzt gingen die Kämpfe erst richtig los. Der Frankfurter Aufstand wurde vor allem von städtischen Mittel- und Unterschichtsangehörigen getragen, während das Besitz- und Bildungsbürgertum sowie besser situierte Handwerksmeister die Gewalt verurteilten.

Unter den Todesopfern befanden sich zwei Abgeordnete: General Hans von Auerswald – Bruder des preußischen Ministerpräsidenten Rudolf von Auerswald – sowie Lichnowsky, dem es im März auf dem Berliner Schlossplatz so gut gelungen war, die aufgebrachte Menge mit Zugeständnissen wie dem Rauchen zu besänftigen. Am 18. September wollten die beiden Militärs

Nro. I.

Republikanisches

Regierungs-Blatt.

Hauptquartier Lörrach, 22. September 1848.

Inhalt.

1) Aufruf an das deutsche Volk. 2) Dienstanweisung an sämmtliche Bürgermeister. 3) Verfügung über Abgaben. 4) Zollgesetz.

Aufruf an das deutsche Volk!

Der Kampf des Volkes mit seinen Unterdrückern hat begonnen. Selbst in den Straßen der Stadt Frankfurt a. M., am Sitze der ohnmächtigen Central-gewalt und der geschwätzigen konstituirenden Versammlung ist auf das Volk mit Kartätschen geschossen worden. Nur das Schwert kann das deutsche Volk noch retten. Siegt die Reaktion in Frankfurt, so wird Deutschland auf dem sogenannten gesetzlichen Wege furchtbarer ausgesogen und geknechtet werden, als dieses in den blutigsten Kriegen geschehen kann.

Zu den Waffen deutsches Volk! Nur die Republik führt uns zum Ziele nach dem wir streben.

Hoch lebe die deutsche Republik!

Lörrach, den 21. September 1848.

Im Namen der provisorischen Regierung

Gustav Struve.

Der Kommandant des Hauptquartiers:
M. W. Löwenfels.

Der Schriftführer:
Karl Blind.

Infolge des Frankfurter Septemberaufstandes rief Gustav Struve das Volk erneut zu den Waffen – und die Republik aus.

auskundschaften, wie man die Barrikadenkämpfer umgehen könnte, und wurden ermordet. Das löste vor allem in der bürgerlichen Öffentlichkeit Entsetzen aus und schürte die Furcht vor revolutionärem Terror. Der Aufstand selbst wurde noch am Abend niedergeschlagen.

Ein kurzes Nachspiel hatte er allerdings: Der badische Revolutionär Gustav Struve gelangte durch übertriebene Zeitungsmeldungen zur irrigen Ansicht, dass die Linken mit ihrem Aufstand in Frankfurt erfolgreich gewesen seien. Hals über Kopf verließ er am 20. September sein Schweizer Exil und rief einen Tag später in Lörrach die Republik aus. Seitenhiebe auf die Frankfurter Institutionen konnte er sich dabei nicht verkneifen: »Der Kampf des Volkes mit seinen Unterdrückern hat begonnen. Selbst in den Straßen von Frankfurt a. M., am Sitz der ohnmächtigen Zentralgewalt und der geschwätzigen konstituierenden Versammlung ist auf das Volk mit Kartätschen geschossen worden. Nur das Schwert kann das deutsche Volk noch retten.« Daher rufe er: »Zu den Waffen, deutsches Volk! Nur die Republik führt uns zum Ziele, nach dem wir streben« – und dieses Ziel war eine soziale Republik, wie er sie sich unter der Parole »Wohlstand, Bildung, Freiheit für alle« vorstellte.

Er bildete eine provisorische Regierung und beschloss Sofortmaßnahmen wie eine progressive Einkommensteuer und die Aufhebung sämtlicher Feudallasten und Abgaben. Dass er öffentliche Kassen beschlagnahmte, wurde ihm später als Plünderung vorgeworfen. Allerdings zeigte sich wie beim Heckerzug, dass sich ihm längst nicht so viele Menschen anschlossen wie erhofft – und seine treueste Anhängerin wollte Struve zunächst nicht direkt dabeihaben: seine geliebte Amalie. Wollte er sie in Sicherheit wissen oder beugte er sich den Kritikern, die es schon in früheren Fällen gar nicht gutgeheißen hatten, wenn sie bei Männerangelegenheiten dabei gewesen war? Amalie beharrte jedenfalls darauf, mit nach Lörrach zu kommen, allerdings stellte Struve die Bedingung, dass sie von ihrem jüngeren Halbbruder Pedro Dusar begleitet wurde.

Dass sie in Lörrach dann aber untätig bei einem Arztehepaar abwarten sollte, war für sie zu viel: »Niemals empfand ich so tief die unwürdige Stellung, in welcher sich bis zum heutigen Tage das weibliche Geschlecht gegenüber dem männlichen befindet. Warum sollte die Frau, welche die Fähigkeit dazu besitzt, nicht arbeiten dürfen im Augenblicke der Entscheidung?« Am frühen Morgen des 22. September schrieb sie an Gustav, dass sie »eine mächtige Willenskraft und einen mächtigen Drang« zum Handeln spüre; sie gab zwar zu, »kein günstiges Vorgefühl für diese zweite Schilderhebung« zu haben, aber sie wisse, wo sie sein wolle: an Gustavs Seite. »Bisher war ich fast immer mit Dir und Du nanntest mich Freund und Kameraden. Warum entziehst du dem Freunde und Kameraden sein bisheriges Wirken?«

Ihr Bauchgefühl trog sie nicht; Struves Zug wurde am 24. September bei Staufen zersprengt. Da ihm die Flucht misslang, wurde er am Tag darauf verhaftet (und von der wütenden Bevölkerung fast gelyncht). An seiner Seite war nun wieder Amalie. Sie wurde im Freiburger »Turm« gefangen gehalten, wie ihr Bruder aber Mitte April ohne Prozess entlassen. Sofort reiste sie nach Rastatt, wo Struve im Gefängnis saß, doch nach einem ersten Besuch bei ihm wollte man ihr weitere nicht erlauben. Sie drohte damit, mit fünfzig Soldaten wiederzukommen, wenn man ihr den Zutritt weiterhin verweigere. Schnell war der Weg frei.

Die Wirkung des Frankfurter Septemberaufstandes war verheerend. Nicht nur hatte er das bürgerlich-liberale vom radikaldemokratischen Lager abgespalten, die Nationalversammlung als solche war desavouiert. »Ein Parlament, das sich mit Waffengewalt gegen das von ihm vertretene Volk schützen muss und auch das nicht einmal vollständig zu leisten vermag – die utopischen Hoffnungen, die sich seit Mai 1848 auf die Frankfurter Nationalversammlung richteten, waren mit dieser Gewalttat endgültig verflogen.«[5] Die Reichszentralgewalt unter Erzherzog Johann griff nun durch: Über Frankfurt wurde der Belagerungszustand verhängt, gewaltsame Angriffe auf die Nationalversammlung sowie die öffentliche Beleidigung ihrer Mitglieder wurden mit hoher Strafandrohung belegt; im Freien durfte es weder in der Stadt noch im Umland Versammlungen geben. Den einzelnen Staaten wurde nahe gelegt, verdächtige Einzelpersonen wie auch Vereine näher unter die Lupe zu nehmen sowie scharf gegen den Missbrauch der Pressefreiheit vorzugehen. Für die Linken war dieses Vorgehen eine Rückkehr zu den Karlsbader Beschlüssen.

Nicht nur die Reichszentralgewalt, auch die Regierungen in Wien und Berlin – um nur die größten Hauptstädte zu nennen – konnten sich bei ihrem politischen Kurswechsel auf das (stille) Einverständnis der höheren Schichten verlassen: »Die Anwendung repressiver Mittel gegen die Revolution an der Basis war salonfähig geworden.«[6] Die Gegenrevolution wurde begrüßt – sofern sie sich gegen die von den Unterschichten getragene elementare, soziale Revolution richtete. Die Pariser Junischlacht war ein Wendepunkt und spielte nicht nur in Frankreich der Reaktion in die Hände. Sie wurde wie die folgenden Ausschreitungen in Berlin und die Wiener Praterschlacht nicht nur von Marx als »Krieg der Klassen« bzw. Klassenkampf verstanden.

Realistisch begründet war die Angst des Besitzbürgertums vor dem »Gespenst des Kommunismus« nicht, »denn die Protestaktionen der unterbürgerlichen Schichten richteten sich nicht auf eine radikale Veränderung, geschweige denn den Umsturz der bestehenden Sozialordnung«.[7] Sie wollten einfach nur eine Verbesserung der Lebenssituation erwirken. Doch wo Anarchie oder gar die »rote Republik« zu drohen schienen, konnte man die Reaktion schon als kleineres Übel empfinden. Liberale Bürgerliche und Bauern, die zu Beginn der Revolution gegen das alte Regime aufbegehrt und ihm Zugeständnisse abgetrotzt hatten, konnten mit dem bisher Erreichten weitgehend zufrieden sein. Daher wechselten sie nun (schutzsuchend) auf die Seite der Krone und ihrer Märzregierungen, in denen neben Liberalen ja weiterhin auch konservativ-konstitutionell gesinnte adelige und bürgerliche Minister vertreten waren. Von ihnen konnte man erwarten, dass sie die Revolution, die man in der gegenwärtigen

Form ganz und gar nicht wollte, »schließen« und für Ruhe und Frieden sorgen würden.

Volksaufstände in norditalienischen Städten, in Prag, sogar in Paris und zuletzt in Wien und Frankfurt konnten unter der Führung entschlossener Generäle wie Radetzky, Windisch-Graetz und Cavaignac durch die Armee niedergeschlagen werden. Für die betroffene Regierung stellte sich dabei nur die Frage: Wie weit wollte man gehen? War man gewillt, hohe Verluste zu akzeptieren und im äußersten Fall die eigene (Residenz)Stadt zu bombardieren? Noch im März hatte Friedrich Wilhelm IV. gezögert, als General Karl von Prittwitz vorschlug, Berlin einzukesseln und mit schwerem Geschütz zu beschießen. Wie standen die europäischen Fürsten nun dazu?

»Gegen Demokraten helfen nur Soldaten«

Die Armee war und blieb das entscheidende Machtinstrument. Das wussten die Fürsten bzw. ihre Regierungen und bemühten sich, sich durch Reformen die Loyalität der Truppen zu sichern und einer Ausbreitung des revolutionären Geistes entgegenzuwirken. In Preußen wurde beispielsweise im Mai die körperliche Züchtigung als Strafe abgeschafft; jeder Soldat erhielt das Recht, mit Sie angesprochen zu werden. Die alte Parole Friedrichs des Großen, wonach »der gemeine Soldat vor dem Officiere mehr Furcht als vor dem Feinde haben« sollte, galt nun nicht mehr, und die Offiziere wurden zu menschenwürdigen Führungsmethoden angehalten (wie schnell und weit sich das neue Programm durchsetzen konnte, bleibt offen).

Die Gegenrevolution schien ebenso wie die revolutionären Erschütterungen in den Monaten zuvor nach dem Muster einer Kettenreaktion abzulaufen. Verständlich: Man orientierte sich auch auf Seiten der Reaktion an dem Verhalten anderer und nahm gegebenenfalls eine Neubewertung der eigenen Chancen vor. Nicht zuletzt durch Botschafter war man gut über die Vorgänge in anderen Residenzstädten informiert; auf den brieflichen Austausch zwischen den Fürstenhäusern, (ungebetene) Ratschläge inbegriffen, wurde ja bereits hingewiesen. Der Juni gab den Befürwortern eines harten, militärischen Durchgreifens Recht: Sowohl beim Prager Pfingstaufstand als auch bei der Pariser Junischlacht hatte sich die Armee bewährt. Der Schluss daraus: »Gegen Demokraten helfen nur Soldaten.« Die Parole wurde zwar erst durch das berüchtigte, Ende November in Berlin verbreitete Flugblatt aus der Feder von Oberstleutnant Gustav von Griesheim richtig bekannt, dürfte aber auch in den Wochen zuvor der informelle Leitgedanke der Reaktion gewesen sein.

Am Beispiel der Ereignisse in Wien und Berlin zeigt sich, dass es trotz der ähnlichen Vorgeschichten erkennbare Unterschiede gab, für die vor allem eine Ursache ausschlaggebend war: Für Berlin folgte der Entschluss zum harten Durchgreifen erst, nachdem die Gegenrevolution in Wien gesiegt hatte. Zudem führten das Oberkommando in Wien bzw. Berlin zwei Generäle, die mit ihren Geburtsjahren 1784 und 1787 zwar beinahe gleich alt waren, deren Charaktere in manchen Facetten jedoch fast gegensätzlich wirken.

Wie schon im März lieferte erneut Ungarn den konkreten Anlass auch für die Oktoberrevolution. Am Beispiel der Habsburgermonarchie sieht man, wie die österreichische Regierung mit den verschiedenen Krisenherden jonglierte. Die ungarischen Revolutionäre rund um Kossuth hatten im Frühjahr davon profitiert, dass sie sich auf den Wiener Schauplatz konzentrieren musste und ihre Truppen mit den Aufständen in Norditalien wie auch in Böhmen beschäftigt waren. Das gab Ungarn den nötigen Freiraum, um weitgehende Autonomie zu erlangen – Österreich und Ungarn waren nur noch als Personalunion verbunden. Für die Wiener Regierung wiederum war klar, dass das letzte Wort noch nicht gesprochen war. Und tatsächlich wurden den ungarischen Revolutionären die ungelösten Nationalitätenkonflikte in ihrem Land zum Verhängnis; Kossuth hatte gegenüber Stratimirović Anfang April erklärt, dass das Schwert entscheiden werde.

Kaiser Ferdinand hatte Mitte April die Ernennung Jellačićs zum Banus bestätigt und ihm den militärischen Oberbefehl über die Truppen der Grenzregion erteilt. Jener war ein entschiedener Vertreter der kroatischen Unabhängigkeitsbewegung gegen Ungarn, »aber absolut kaisertreu«[8]. Damit war die kommende Frontstellung klar. Der ungarische Ministerpräsident Batthyány intervenierte im Juni beim Kaiser und konnte sogar die Absetzung Jellačićs erwirken, was aber praktisch keine Bedeutung hatte: Der Banus war mittlerweile stark genug, um Weisungen zu ignorieren. Am 11. September marschierte er in Südungarn ein – Wien hatte ihn dazu nicht offiziell aufgefordert, profitierte jedoch davon. Der gemäßigt-liberale Ministerpräsident Batthyány trat daraufhin zurück, Kossuth übernahm das Ruder.

Dass Wien den ungarischen Magnaten und gemäßigten Reformer Franz Philipp Graf von Lamberg als königlichen Kommissar und Oberbefehlshaber entsandte, wurde von Radikalen wie Kossuth nicht als Friedensangebot, sondern als Provokation gewertet. Nach Lambergs Ankunft am 28. September wurde er, als er in Privatkleidung von Buda nach Pest fahren wollte, auf der Brücke erkannt und ermordet. Michael Mayr, der erst im letzten Jahr dank eines Erbes von Wien nach Eisenstadt (damals gehörte das Burgenland zur ungarischen Reichshälfte) zurückgezogen war, schrieb am 4. Oktober in sein Tagebuch: »Was ich vermuthete ist geschehen. Die Camerilla benützt den Pester Mord, um alle Furien der Hölle über Ungarn heraufzubeschwören.« Ein kaiserliches Manifest erklärte die ungarische Nationalversammlung für aufgelöst und die Aprilgesetze für null und nichtig.

Die österreichische Regierung zog ihre Truppen zusammen, die Wiener Garnison sollte die Armee verstärken. Als dies in Wien bekannt wurde, meuterten Teile der Truppen und erhielten von Nationalgarde und Akademischer Legion Unterstützung. Der Marschbefehl zu einer gegen Ungarn gerichteten militärischen Aktion löste am 6. Oktober die Oktoberrevolution aus;

Mit der Ermordung des Grafen Lamberg brachen die ungarischen Revolutionäre die Brücken zur Wiener Regierung ab.

Kriegsminister Theodor Graf Baillet de Latour wurde noch am selben Tag gelyncht.

Generalstabsmäßig geplant – nämlich von Windisch-Graetz höchstpersönlich – lief am 7. Oktober die Evakuierung der kaiserlichen Familie ab. Bereits Ende August hatte er von Prag aus dem Generaladjutanten Joseph Franz Karl von Lobkowitz schriftliche Anweisungen für den Fall neuer Aufstände erteilt: »Sobald Du bemerken solltest, daß man auf eine Konzession dringt, oder daß die Person des Kaisers auf irgend eine Art in Gefahr kommt, so nehme so viele Truppen wie möglich zusammen und führe Seine Majestät mit der ganzen kaiserlichen Familie unter dem Schutze seiner Armee, und nicht als Flucht, über Krems nach Olmütz.« Wie es weitergehen sollte, verriet Windisch-Graetz ebenfalls: »Dann werde ich Wien erobern, Seine Majestät wird zu Gunsten seines Neffen, Erzherzog Franz Josephs, abdizieren, und dann werde ich Pest erobern.«

Die neuerliche Flucht des Kaisers wurde in der Bevölkerung mit gemischten Gefühlen aufgenommen; viele Wiener fühlten sich enttäuscht. »Der Kaiser zeigt eine Farce im Abpaschen [Weglaufen]. Er ist schon wieder fort. – Jetzt sollen sie ihm schon Ruhe geben und ihn lassen, wo er ist, wenn er schon durchaus nicht regieren will«, vermerkte Michael Mayr dazu. Auch die Regierung und die meisten Reichstagsabgeordneten flohen nun aus Wien; am 22. Oktober wurde der Reichstag dann offiziell nach Kremsier verlegt.

Die politische Führung übernahmen der Gemeinderat sowie ein zweiter, permanent tagender Sicherheitsausschuss, erneut unter der Leitung Fischhofs. Der bereits beim Frankfurter Aufstand aktive Wenzel Messenhauser wurde zum Oberbefehlshaber der Stadt ernannt. Kewall stellte sich jedoch die Frage, ob man jetzt in Wien so viel besser dran sei als früher: »Wir leben jetzt in aller Freiheit, würde gewiß jeder glauben, und doch ist der Druck von unten weit härter als von oben, denn unter Metternich wußten wir, daß wir über Staatsangelegenheiten das Maul halten müssen […]. Haben wir es jetzt um ein Haar besser? Darf jemand andre Grundsätze über den Staat äußern als die dem souvränen Volke gerade angenehm sind? Darum ist unsre sogenannte Freiheit nichts weiter als der schrecklichste Absolutismus von unten, der bei weitem unerträglicher wird.« Anderen ging es ähnlich – Windisch-Graetz konnte auf eine uneinige Bevölkerung zählen.

Wer den zu erwartenden Kämpfen entkommen wollte, der floh; der Bahnhof war mit Frauen und Kindern samt Gepäck überfüllt, Kutschen waren kaum noch zu bekommen. Andere hingegen kamen von weither, um sich in das womöglich letzte Gefecht zu stürzen. Der Prominenteste unter ihnen war Blum. Die Nachricht von der zweiten Wiener Revolution war am 12. Oktober in Frankfurt eingetroffen. Für ihn war klar: »In Wien entscheidet sich das Schicksal Deutschlands, vielleicht Europas«, so schrieb er an Jenny, da konnte er nicht abseits bleiben. Am 17. Oktober traf er mit Julius Fröbel ein. Er kämpfte mit Worten – Zeitungsartikel und öffentliche Reden wie am 23. Oktober in der

Aula, wo er mit dem Ruf »Keine halbe Revolution!« die Studenten begeisterte – und mit Taten: Fröbel und er traten in das *Corps d'Elite* ein. Über die Gefechte schrieb Blum gar: »Einen Feind treffen, macht gerade so viel Vergnügen und so wenig Gewissensbisse als einen Kegel treffen im Spiel.«

Angesichts der konzentrierten Kräfte der Reaktion suchte man Unterstützung auf dem Land. Am 16. Oktober appellierte der Wiener Studentenausschuss an die Bauern: »Freunde vom Lande! [...] Wehe uns und Euch, wenn es so kommt, wenn wir unterliegen. [...] Drum nicht gezaudert, Bauern, Brüder, heran zum Kampfe und Siege mit uns. Für Euere Verköstigung hier ist vom Gemeinderat gesorgt.« Der »Bauernbefreier« Hans Kudlich machte sich persönlich auf, um die Landbevölkerung in den Dörfern der näheren Umgebung zu mobilisieren; doch viele Freiwillige liefen spätestens beim Anblick der gegnerischen Soldaten davon. Die bürgerlichen Revolutionäre reagierten verbittert; am 20. Oktober hieß es in der Zeitung *Constitution* anklagend: »Unsere lieben Bauern waren die Ersten, die die Segensblätter der mit unserem Blute erkauften Revolution gepflückt, sie waren die Ersten, die die goldenen Früchte der Freiheit ernteten«, jetzt aber würden sie sich undankbar zeigen und seien daher »der Freiheit nicht würdig«.

Auf der Seite der Gegenrevolution erhielt Windisch-Graetz am 16. Oktober das Oberkommando über alle Truppen mit Ausnahmen jener in Italien, die unter Radetzky verblieben. Er ließ die aufständische Stadt einschließen und forderte ihre Unterwerfung; als diese verweigert wurde, befahl er am 26. Oktober den Angriff inklusive der Bombardierung der Vorstädte. Am 30. Oktober schöpften die Aufständischen kurz Hoffnung – die von Kossuth aus Ungarn geschickten Hilfstruppen kamen in Sicht; sie wurden jedoch bei Schwechat von Jellačić zurückgeschlagen. Am Tag darauf rückte Windisch-Graetz in Wien ein – und viele bejubelten ihn. Kewall aber zog am 1. November angesichts von über 2000 Todesopfern sowie Vergewaltigungen, Übergriffen und Zerstörung durch die Soldaten eine bittere Bilanz: »Wieviel Blut hätte erspart werden können, wenn die Ereignisse des sechsten October nicht stattgefunden hätten!!!«

Über Wien wurde der Belagerungszustand verhängt – er blieb bis 1853 bestehen. Jetzt wehte ein scharfer reaktionärer Wind, da u. a. die Pressefreiheit aufgehoben war. Mit starker Hand ging Windisch-Graetz daran, Ruhe und Ordnung wiederherzustellen. Jene, die sich als Rädelsführer der Revolution hervorgetan hatten, hatten guten Grund, sich zu fürchten. Freunde rieten dem Journalisten und politischen Redner Hermann Jellinek zur Flucht. Er lehnte ab: »Was kann er mir tun, der Windischgrätz? Dieser ungebildete Mensch!«

Blum und Julius Fröbel, die auf der Liste »gefährlicher Individuen« weit oben standen, unterschätzten die Gefahr ebenso. An ihrem Hochzeitstag im April 1848 hatte Jenny mit ihrem Robert noch gescherzt: »Lass Dich nur nicht todt schießen!« Nun musste er ihr Lebewohl schreiben: »Erziehe unsere – jetzt nur Deine Kinder zu edlen Menschen, dann werden sie ihrem Vater nimmer Schande machen. [...] Tausend, tausend, die letzten Küsse von Deinem Robert.« Mit Blums Hinrichtung am 9. November setzte Windisch-Graetz als Feind konstitutioneller Ideen ein blutiges Statement: dessen Immunität als Paulskirchenabgeordneter wurde ignoriert.

Dabei war er im Einvernehmen mit seinem Schwager Felix Schwarzenberg, der als Ministerpräsident vorgesehen war (die formelle Ernennung erfolgte noch im November) und zeigen wollte, dass sich Wien von Frankfurt nichts sagen ließ. Aus konservativen deutschen Kreisen kam Beifall; so ließ der sächsische Gesandte Schwarzenberg vertraulich wissen: »Gott sei Dank, daß Ihr uns den vom Hals geschafft habt!« Eine »fast tragikomische Pointe«[9] war, dass Blums Hinterbliebene durch Spenden reich wurden; 20 000 Taler (heute rund eine halbe Million Euro) waren bis Februar 1849 bereits zusammengekommen. Mit seinem Tod hatte Blum, der sein ganzes Leben lang unter Geldsorgen gelitten hatte, Jenny und die Kinder zumindest finanziell abgesichert. Ein schwacher Trost.

Robert Blum mit Ehefrau Jenny (Eugenie) und seinen Kindern, die nach seiner Hinrichtung vaterlos aufwuchsen.

Als Kommandant der Bürgerwehr wurde Wenzel Messenhauser hingerichtet. Karoline Perin stand ebenfalls auf Windisch-Graetz' Liste der auszuliefernden Personen; »mit ihrer Funktion als Präsidentin des Wiener Frauenvereins symbolisiert ihre Nennung in dieser Gruppe auch den staatsgefährdenden Charakter der Emanzipierten in den Augen der Konterrevolution.«[10] Sie wollte mit ihrem Lebensgefährten Becher fliehen, doch ihr Versteck wurde verraten und sie am 4. November verhaftet. Am selben Tag nahm man Hermann Jellinek gefangen, als er Perins Wohnung aufsuchte; Bechers Verhaftung erfolgte am 13. November. Die Freunde Becher und Jellinek wurden am 23. November erschossen. Grausam fand Becher, dass er von seiner »geliebten Lini« nur brieflich Abschied nehmen konnte.

»Daß ich [Dich] nicht mehr sehen durfte vor meinem Tode, ist der bitterste Tropfen, den ich zu kosten habe, ich bat sehnlich darum – aber Du bist ja auch eine Gefangene – und so wurde es mir abgeschlagen.«

Perin wurde in Haft brutal misshandelt und mit Füßen getreten, aber zumindest mit dem Leben kam sie davon. Viel mehr aber auch nicht: Sie wurde für geisteskrank erklärt, verlor ihr Vermögen sowie das Sorgerecht für ihre Kinder und ging im April 1849 nach München. Erst nachdem sie durch eine geschönte Version ihrer Memoiren sozusagen Abbitte für ihr revolutionäres Handeln geleistet hatte, konnte sie nach Wien zurückkehren, wo sie ein Stellenvermittlungsbüro eröffnete.

Windisch-Graetz dürfte aber auch eine mildere Seite gehabt haben; in Schönbrunn, wo er Quartier bezogen hatte, gewährte er Audienzen, und »Leute, die in seine Nähe gelangten, versichern, daß er ein freundlicher alter Herr sei«, hielt Kewall Mitte November fest. Eines hatte sich aber nicht geändert – weiterhin galt (wie schon unter Metternich und zuletzt den radikalen Revolutionären) zu politischen Themen die Parole »Maul halten«. Kewall: »Wie schnell man ein Volk vom Politisiren heilen kann, zeigt uns Fürst Windischgrätz, der uns zwar die Ruhe verschafft, dafür jedoch bei standrechtlicher Strafe verlangt, daß wir über Politik nicht zu schwätzen haben.« Das früher so beliebte Politisieren in den Kaffeehäusern wurde eingedämmt; die unteren Volksschichten äußerten hingegen durchaus launig und laut ihre Ansichten. Michael Mayrs Beobachtungen decken sich mit dieser Aussage: Er fuhr am 7. November mit seiner Familie nach Wien. »Abends ging ich ein Glas Bier trinken und war sehr erstaunt, wie frei man da sprach. Obschon die Straßen von Polizei in der alten Uniform belebt sind, redeten die Leute mit einer offenen Wuth vor mir, einem Fremden. Wie müssen die Leute bei der Belagerung gesprochen haben?«

Der Erfolg der Reaktion in Wien ermutigte Friedrich Wilhelm und die erzkonservative Kamarilla am preußischen Hof, die bislang mehr im Geheimen gegen die Revolution agierten, zum harten Durchgreifen. Denn angesichts des zähen innenpolitischen Machtkampfes mit der preußischen Nationalversammlung schien es durchaus verlockend, das Militär in die Waagschale zu werfen. Anders als in Frankfurt war das Parlament in Berlin, das am 22. Mai erstmals zusammentrat, heterogener zusammengesetzt. Die Mehrheit stellten Gewerbetreibende, ein Fünftel der Abgeordneten waren Landwirte. Die Konservativen waren kaum vertreten, dafür hatte die Linke stärkeres Gewicht. Das Wahlgesetz vom 2. April hatte die Nationalversammlung jedoch auf das sogenannte »Vereinbarungsprinzip« verpflichtet: Sie sollte keineswegs souverän Beschlüsse fassen, sondern musste diese mit der Regierung »vereinbaren«.

Die seit Mitte Juni unter dem linksdemokratischen Abgeordneten Benedikt Waldeck tagende Verfassungskommission legte am 26. Juli ihren Entwurf, die sogenannte »Charte Waldeck«, vor. Seit März war jedoch viel geschehen, und Friedrich Wilhelm war längst nicht mehr so entgegenkommend mit seinen Zugeständnissen. Das monarchische Prinzip blieb in der Charte zwar erhalten, aber der König erhielt nur ein aufschiebendes Veto und der Adel als Stand sollte abgeschafft werden. Klar, dass man am Hof damit nicht einverstanden war: Das ging für diesen in Richtung Anarchie! König und Nationalversammlung gerieten immer stärker auf Konfrontationskurs; das Ministerium Auerswald-Hansemann trat zurück. Schon im September überlegte Friedrich Wilhelm, das Parlament in die Provinz zu verlegen und damit zu disziplinieren. Die Ernennung General Friedrich von Wrangels zum Oberbefehlshaber in den Marken (d. h. der ehemaligen Mark Brandenburg) war ein Signal; Wrangel selbst versprach im Anschluss an eine Parade am 20. September in Berlin den so ersehnten wirtschaftlichen Aufschwung – sofern es gelinge, Ruhe und Ordnung wiederherzustellen.

Auch die Berliner Bürger waren zunehmend revolutionsmüde. Die Nachrichten von der Wiener Oktoberrevolution führten zwar zu verstärkter Unruhe der Unterschichten und zu einem »Arbeiterkrawall«, aber das Motiv für den nun kommenden Militäreinsatz lag weniger in der sozialen Frage: Es war vor allem der Verfassungskampf, der sich in den letzten Wochen zugespitzt hatte. Ende September erlangte die linke Fraktion die Mehrheit in der Nationalversammlung. Die von Friedrich Wilhelm geforderten Änderungen im Verfassungsentwurf wurden abgelehnt; als pure Provokation empfand er, dass die Abgeordneten Mitte Oktober in den Eingangsworten der Verfassung die ihm geradezu heilige Formel »von Gottes Gnaden« strichen. In der Nationalversammlung wusste man natürlich, was zählte, wenn sich der Kampf der Worte zu einem der Taten auswuchs: Die Abgeordneten forderten, dem König das Kommando über das Militär zu entziehen und dieses der Kontrolle des Parlaments zu unterstellen. Das klang für Friedrich Wilhelm nach einer Kriegserklärung.

Am 2. November – mittlerweile hatte man gehört, dass Windisch-Graetz Wien eingenommen hatte – ernannte der König den konservativen General (und seinen Onkel) Friedrich Wilhelm Graf von Brandenburg zum neuen Ministerpräsidenten. Am nächsten Tag sprach eine Delegation der Preußischen Nationalversammlung bei ihm vor, doch noch während deren Sprecher die Adresse verlas, drehte der König ihr den Rücken zu und klappte die Schöße seines Uniformrocks auseinander: Mit dieser für Zeitgenossen unmissverständlichen Geste zitierte der König wortlos Götz von Berlichingen (gegenüber seinen Vertrauten sprach er es dann noch aus). »Einige Tage zuvor hätte Friedrich Wilhelm seine ordinäre Verachtung der Parlamentarier noch nicht so offen zum Ausdruck zu bringen gewagt«,[11] ist Rüdiger Hachtmann überzeugt. Jacoby eilte dem davongehenden König nach und rief ihm zu: »Das ist eben das Unglück der Könige, daß sie die Wahrheit nicht hören wollen!« Die Mitglieder der Delegation waren hellauf empört. Nein, sie schimpften nicht über den König, sondern – mit antisemitischen Untertönen – über das freche Verhalten Jacobys. Die erzkonservative *Neue Preußische Zeitung*, auch Kreuzzeitung genannt und aus dem Dunstkreis der Kamarilla entstanden, wetterte gegen den »Strahlenglanz jüdischer Unverschämtheit« und stellte den »jüdischen Jakobyner« an den medialen Pranger. Von demokratischen Vereinen hingegen erhielt Jacoby Danksagungen.

Am 9. November dekretierte die Regierung die Verlegung der Nationalversammlung in die Stadt Brandenburg. Die Abgeordneten wollten Widerstand leisten, und die Bürgerwehr sagte ihre Unterstützung zu. Wrangel bekam den Befehl, am 10. November in Berlin einzumarschieren. Kraft Prinz zu Hohenlohe-Ingelfingen war als junger Offizier dabei und hielt fest, dass die Einnahme der Stadt doch anders verlief als erwartet. »Wir setzten uns in Bewegung. Die Batterie marschierte zwischen beiden Bataillonen. Plötzlich halt! Aha! Jetzt kommt der Angriffsbefehl. Richtig, da jagt ein Adjutant heran. ›Soll die Batterie vor?‹ ›Nein, die Musik an die Tete.‹« An jedem Tor standen Bataillone der Bürgerwehr bereit, doch die Verteidiger hatten die Blutbäder in Prag, Paris und zuletzt Wien in allzu guter Erinnerung, und Wrangel machte ihnen klar, dass Gewalt freilich mit Gewalt beantwortet werden würde. Die Bürgerwehr zog sich zurück, Wrangels Truppen konnten kampflos – und mit Musik statt Kanonen an der Spitze – in die Stadt einziehen.

Jodocus Temme war Augenzeuge dessen, was sich zeitgleich in der Nationalversammlung im Schauspielhaus abspielte. »Der 10. November 1848 war der schwerste Tag meines Lebens. […] Die Berliner Bürgerwehr hatte sich uns zur unbedingten Verfügung gestellt. Die gesammte Bürgerwehr umgab das Schauspielhaus, bedeckte den Gendarmenmarkt […]. Tausende bewaffneter Arbeiter, darunter an 5000–6000 jener muthigen und kräftigen Maschinenarbeiter, hatten der Bürgerwehr sich angeschlossen. Es war Nachmittag. Jeden Augenblick wurde der Einmarsch Wrangels erwartet […], zum Gendarmenmarkt, zum Schauspielhause, um uns daraus zu vertreiben. […] Es wurde darüber verhandelt, ob man der blos angedrohten Gewalt weichen, oder es auf einen Kampf solle ankommen lassen.« Der Kommandant der Bürgerwehr war zu allem bereit, die Nationalversammlung sollte entscheiden. »Er bat nur noch um Eile, da

Wrangel jeden Augenblick einrücken könne.« Das Ergebnis der raschen Abstimmung war deutlich: Nur Temme und ein Zweiter waren für den Kampf.

Wrangel rückte zum Gendarmenmarkt vor und forderte die Nationalversammlung auf, auseinanderzugehen. Die Abgeordneten weigerten sich. Wrangel war weder ein Prittwitz noch ein Windisch-Graetz; statt die Kette der Bürgerwehr gewaltsam zu durchbrechen und den Versammlungsort zu stürmen, beschloss er, die Sache auszusitzen. »Wrangel erklärte nun, es dürfe jeder den Saal verlassen, aber hinein ließ er keinen mehr; er habe Geduld und bleibe so lange mit den Truppen da, bis der letzte fortgegangen sein werde. Dann ließ er sich einen Stuhl bringen und setzte sich darauf mitten auf den Markt«, erzählt Hohenlohe-Ingelfingen. Den Abgeordneten blieb keine Wahl, als zu gehen, schließlich zogen sie auch weiter in die Stadt Brandenburg, wo sie als Protest zur Steuerverweigerung aufriefen.

Der über Berlin verhängte Ausnahmezustand brachte Einschränkungen und Rückschritte, was die liberalen Märzforderungen betraf; die Reaktion war wieder obenauf. Beispielsweise wurden die Bürgerwehr aufgelöst, Oppositionsblätter untersagt und die Zensur wieder eingeführt, politische Vereine sowie Versammlungen von mehr als 20 Leuten auf der Straße verboten. Wrangel aber bemühte sich auch weiter um Deeskalation; gern ließ er sich als »Vater Wrangel« ansprechen und gab sich betont leutselig. Vor allem wusste er, was sich die Menschen nach Monaten des Ausnahmezustandes wünschten: ein Stückchen Normalität. Ein bisschen Leben wie früher. Wrangel gestattete beispielsweise den Weihnachtsmarkt und all die Ausstellungen in den Konditoreien und öffentlichen Sälen, die den Berlinern so lieb waren.

In Preußen hatte die Reaktion gesiegt, und Friedrich Wilhelm konnte den bayerischen Gesandten wissen lassen: »Nun bin ich wieder ehrlich.« Am 5. Dezember erklärte er die Auflösung der Nationalversammlung und oktroyierte eine doch recht liberal gehaltene Verfassung: Ministerpräsident Brandenburg,

Die Bürgerwehr ließ es im November 1848 in Berlin nicht auf einen aussichtslosen Kampf mit dem Militär ankommen und wurde entwaffnet.

der wusste, dass man nicht einfach zu den vorrevolutionären Zuständen zurückkehren konnte, sondern dem Bürgertum doch einen kleinen Finger reichen musste, konnte sich mit seiner Meinung durchsetzen. Friedrich Wilhelms Vorgehen kann man jedoch nicht, wie manchmal in der Literatur beschrieben, als »Staatsstreich« bezeichnen, »denn einen Verstoß der Krone gegen geltendes (Verfassungs-)Recht gab es nicht«,[12] auch wenn der Monarch damit sein Versprechen, eine Verfassung gemeinsam mit den Vertretern des Volkes zu vereinbaren, brach. »Eine Verfassung zwischen Volk und Monarchen *vereinbaren* wollen, welche Lächerlichkeit!«, kommentierte Temme sarkastisch.

In der Habsburgermonarchie war durch die Einnahme Wiens ebenfalls die reaktionäre Wende eingeleitet worden. Kaiserhof und Regierung ließen die Reichstagsabgeordneten in Kremsier weiter tagen und gaben dem Projekt Thronwechsel Vorrang. Dabei waren wohl zwei Frauen die treibende Kraft: Erzherzogin Sophie und Maria Anna, die Gemahlin des Kaisers. Ihr Einfluss blieb den Zeitgenossen nicht verborgen: Der Erzieher des späteren Kaisers Franz Joseph, Heinrich Franz Graf von Bombelles, ließ Metternich Mitte Juni 1848 wissen, dass Maria Anna und Sophie »eigentlich die einzigen mannhaften Wesen« am Hofe seien. Schon 1848 wurde ein Wechsel an der Staatsspitze diskutiert. Wer sollte Ferdinand nachfolgen?

An der Reihe wäre Sophies Mann Franz Karl gewesen, dem die Idee, Kaiser zu sein, durchaus gefiel. Leider ist nicht überliefert, mit welchen Argumenten Sophie ihn davon überzeugte, sich das aus dem Kopf zu schlagen und zugunsten des Sohnes zu verzichten, den sie für die bessere Wahl hielt. Sophie hatte ihren Franzi von Geburt an auf diese große Aufgabe vorzubereiten versucht. Für seine Schwächen war sie dabei nicht blind, sondern sie bemerkte, dass er oberflächlich und gefühlsarm war. Der jüngere Sohn Ferdinand Maximilian – der später als Maximilian I. von Mexiko ein tragisches Ende finden sollte – urteilte über ihn: »Der Bruder Franzi wird einmal als Regent gar nicht gut sein. Er liebt nur das Militär, das Volk mag er nicht, da will er nur dreinschlagen.« Maria Anna wirkte ihrerseits auf Ferdinand ein. Noch Ende August riet Erzherzog Ludwig in einem Brief an Sophie zum Abwarten: »Franzi sollte itzt auf keinen Fall verwendet werden. Auf ihm beruhen unsere Hoffnungen für die Zukunft. Wenn die Reihe an ihn kömmt muß er ganz unbefangen eintreten« – also mit weißer Weste ohne Blutflecke. Am 2. Dezember 1848 bestieg der Achtzehnjährige dann den Kaiserthron – gütig soll Ferdinand zu ihm gesagt haben: »Gott segne dich, sei brav, es ist gern geschehen« – und unterzeichnete fortan mit Franz Joseph. »Unter uns gesagt«, schrieb Sophie an Erzherzog Ludwig, »wir dürfen es uns eingestehen – wir haben einen guten Kampf gekämpft als schwache Weiber, aber in Gottes Hand!« Ein bisschen besorgt war sie schon, ob er in seinem jungen Alter den großen Aufgaben auch gewachsen sein würde; aber Franzi hatte ja seine Mutter, die ihm weiterhin treu zur Seite stand.

Am 4. März wurde in Österreich ebenfalls eine Verfassung oktroyiert und der Reichstag in Kremsier, dessen Entwurf schon vorlag, gleich darauf aufgelöst. Die Märzverfassung war aber von vornherein nur als Übergangslösung gedacht, mit der sich die Monarchie einen konstitutionellen Anstrich geben wollte, bis sie sich von den revolutionären Schockwellen (auch in Ungarn) erholt hatte. Schritt für Schritt ging es in Richtung Neoabsolutismus: Mit kaiserlichem Erlass hob Franz Joseph Ende August die parlamentarische Ministerverantwortlichkeit auf, die Minister waren nun wieder dem Willen des Monarchen unterworfen. Stolz berichtete er seiner Mutter: »Wir haben das Konstitutionelle über Bord geworfen, und Österreich hat nur mehr *einen* Herren.« Ende 1851 wurde dann mit den Silvesterpatenten die Märzverfassung samt bürgerlichen Grundrechten außer Kraft gesetzt. Sophie war selig: »Alle Welt schwimmt im Glück über die Dekrete von heute Morgen.«

Wie sich bei den beiden deutschen Großmächten zeigt, konnte sich die Reaktion mittels (massivem) Militäreinsatz durchsetzen und die demokratische Entwicklung scharf abbremsen. Doch wie hatte Hermann Jellinek bei seiner Hinrichtung ausgerufen? »Ideen können nicht erschossen werden.«

Die Generäle Radetzky – er hatte im Sommer die österreichischen Besitzungen in Norditalien bis auf Venedig sichern können – und Windisch-Graetz wurden als Retter der Monarchie gefeiert. Ob das dem Letzteren zu Kopf stieg? Als es im Herbst 1848 um Wien ging, hatte sein Schwager Schwarzenberg als sein politischer Ratgeber fungiert; nun, nachdem dieser als Ministerpräsident die Führung übernommen hatte (und der junge Kaiser, den der alte General aber vermutlich nicht für voll nahm, den Thron bestiegen hatte), sah sich Windisch-Graetz wohl in der Rolle einer grauen Eminenz: Er forderte, über außen- und innenpolitische Entscheidungen informiert zu werden und mitzureden. Doch ein »Zusammenwirken der beiden Herrennaturen«[13] war schwierig, weil keiner sich vom anderen etwas sagen lassen wollte. Nach Wien sollte Windisch-Graetz nun Ungarn unter-

»Ja wohl! *Nur Soldaten* helfen gegen Demokraten«, schleuderte der radikale Demokrat Johann Jacoby am 14. April den Wahlmännern und Wählern des vierten Berliner Wahlbezirks entgegen. »Die demokratischen Grundsätze sind so offenbare, unerschütterliche Wahrheiten, daß sie – durch *Gründe* unwiderlegbar nicht *anders* bekämpft werden können als durch die rohe Gewalt blindgehorchender Maschinen. Das ›geistvolle‹ Wort des Gegners [Griesheim] ist das selbstgesprochene Verdammungsurteil seiner Partei.

›Eine *starke* Regierung tut dem Lande Not!‹ – so hört man sie ausrufen. Sie haben aber eins nicht bedacht. ›Stark‹ ist eine Regierung *nur*, wenn sie auf die öffentliche Meinung, auf die Zustimmung freier Bürger sich stützt, wenn sie kein Sonderinteresse, kein anderes Ziel als die Wohlfahrt des gesamten Volkes im Auge hat. Eine Regierung, die des *permanenten Belagerungszustandes* bedarf, ist nichts weniger als stark, mag sie auch noch so viel mit der Kraft und Herrlichkeit des ›unvergleichlichen Kriegsheeres‹ renommieren.«

Für Jacoby legt Griesheims Parole als »*Selbst*geständnis unserer Feinde [...] Zeugnis ab von ihrer inneren Unsicherheit, von dem Bewußtsein der eigenen Ohnmacht.«

werfen, wo Kossuth mittlerweile mit diktatorischer Gewalt regierte – damit wurde die Revolution zum Unabhängigkeitskrieg. Erste Erfolge schienen seinen guten Ruf als Feldherr zu bestätigen – am 18. Dezember wurde Bratislava eingenommen, am 5. Januar Buda und kurz darauf Pest besetzt; vorne mit dabei war Jellačić.

Aber dann ging aus Sicht der ungeduldigen Wiener Regierung nichts mehr weiter; der erwartete rasche Sieg über Ungarn ließ auf sich warten. Im März wurde im Ministerrat die Kritik an Windisch-Graetz immer lauter – er selbst klagte über Intrigen –, wobei sich auch Jellačić einbrachte. Man warf ihm planlose Führung vor, er sei heillos überfordert – ein anderer Feldherr müsse her, wenn man den Krieg noch gewinnen wolle. Er selbst verhielt sich Kaiser Franz Joseph gegenüber nicht gerade diploma-

Windisch-Graetz wurde auch in der breiten Öffentlichkeit Zielscheibe des Spotts. Bereits am 26. März 1849 schrieb Kewall, dass »sich Windischgrätz keineswegs als der Mann gezeigt, der da rasch und entscheidend zu handeln verstanden hätte, und wird demnächst durch einen tüchtigern Feldherren ersetzt werden müssen, wenn Oestreich [nicht] an dieser Langsamkeit seiner Operationen verbluten soll«. Am 4. April berichtete er, dass »insbesondere die Schwarzgelben«, also die Kaisertreuen, über ihn herfallen würden, »weil er nach ihrer Ansicht kein Radetzky ist. Auf den Dank seines Monarchen und seiner Partei kann er unbestreitbar fast ebenso wenig rechnen als auf Ruhm in der Geschichte. Obgleich er die Monarchie gerettet, als er durch Mittel, wie sie nur ein solcher Mann erfinden konnte, diese Stadt bezwang.«

Die Wiener mit ihrem typischen Schmäh schossen sich nach dessen Abberufung auf ihn ein: »Jemand fragte neulich, wer ist der gesündeste General, und erhielt zur Antwort: Windischgrätz, denn er hat noch nichts eingenommen.« Kewall lieferte noch ein weiteres Beispiel für den Volkswitz. Kossuth solle gesagt haben: »Die mit den grünen Federbüschen – das sind die Generale – dürft ihr mir durchaus nicht erschießen.« Warum? »Weil sie sonst gescheidtere Leute gegen uns schicken würden.« Auch die Hochnäsigkeit des Generals wurde thematisiert: In einem Abschiedswort an die Armee drückte Windisch-Graetz sein Bedauern aus, »daß er weggejagt worden ist. Gottlose Leute fragen: ›Warum ist in unsern frühern Bulletins immer nur von einem oder zwei Todten Meldung gemacht worden, da es doch eine erwiesene Lüge ist‹, und glauben, daß es ganz in der Natur der Sache ist; denn W(indischgrätz), der den Menschen erst von Baron [auf] erkennt, hat sie geschrieben.«

tisch, sondern warf ihm vor, dass diesem »der Einfluß des alten Generalen, der so viel zur Erhaltung seiner Monarchie und Dynastie geleistet hat, auch schon lästig« sei. Ganz so Unrecht dürfte er damit gar nicht gehabt haben; am 12. April wurde er vom Kaiser des Kommandos enthoben, was die Spekulationen noch anheizte: »Dieser Windischgrätz muss einen unverbesserlichen

Bock geschossen haben. Jetzt in dieser Lage beruft man ihn ab, schickt ihn ins Exil, sperrt ihm sein ganzes Wirken. Das muss eine bedeutende Ursache haben!«, schrieb Michael Mayr am 29. April.

Als ihm das kaiserliche Handschreiben überreicht wurde, nahm Windisch-Graetz es äußerlich ruhig auf. Aber in ihm kochte es. Einem persönlichen Treffen in Olmütz wich Franz Joseph aus, vermutlich fürchtete er zu deutliche Worte des alten Haudegens. Stattdessen entschuldigte er sich mit seinen kaiserlichen Pflichten. »Euer Majestät wollen nicht vergessen, daß Sie keine Pflichten hätten, wenn ich nicht gewesen wäre«, konterte Windisch-Graetz. Er wies in einem Schreiben auf all die Opfer hin, die er dem Kaiserhaus gebracht habe, und fühlte sich bemüßigt, »Allerhöchstdemselben alles an Würde und Dekorationen zu Füßen zu legen, was ich vom Kaiserhaus besitze«. Gekränkt zog er sich auf sein Jagdschloss zurück und widmete sich dem Verfassen von Denkschriften sowie seiner Erinnerungen an den Winterfeldzug. Darin rechnete er mit seinen Gegnern ab; nicht nur dem Kaiser, sondern auch dem Schwager, von dem er sich verraten und verkauft fühlte, nachdem er dessen Karriere befördert hatte, sollte er nicht verzeihen.

Der ungarische Reichstag erklärte am 14. April 1849 mit der Absetzung des Hauses Habsburg Ungarns Unabhängigkeit. Durch Zugeständnisse an die Nationalitäten versuchte man, die inneren Konflikte beizulegen, um sich auf den Kampf gegen Österreich konzentrieren zu können. Zwei Wochen vor der Kapitulation – »also mehr als ein Jahr zu spät«[14] – verabschiedeten die Abgeordneten am 28. Juli einen Beschluss, der allen Völkern Ungarns die freie nationale Entwicklung zusicherte.

Die Wiener Regierung wiederum sah sich Anfang Mai genötigt, Russlands schon zuvor angebotene Hilfe anzunehmen. Mit mehr als 200 000 Mann rückten die Russen ein. Die ungarischen Streitkräfte kapitulierten vor diesen am 13. August bei Világos. Führende ungarische Freiheitskämpfer wurden – sofern sie nicht wie Kossuth fliehen konnten – hingerichtet.

Die Zweite Welle

Während die Revolution in West- und Mitteleuropa weitgehend am Erlöschen war, flackerte sie 1849 in Italien noch einmal auf; allerdings folgten dort die Großmächte, die ihre geopolitischen Interessen bedroht sahen, ebenfalls dem Motto, dass nur Soldaten gegen Demokraten helfen. In aller Kürze zusammengefasst: In der Toskana hatten sich – begleitet von schweren Ausschreitungen – seit dem Herbst 1848 die innenpolitischen Gegensätze zwischen moderaten Liberalen und radikalen Demokaten verschärft. Anfang 1849 floh der habsburgische Großherzog Leopold ins Exil, und die Toskana wurde für kurze Zeit eine Republik. Allerdings konnten sich die gemäßigten Liberalen schnell wieder durchsetzen, und sie forderten Leopold zur Rückkehr auf. Er kam, aber sicherheitshalber erst, nachdem die österreichischen Truppen einmarschiert waren.

Als König beider Sizilien war Ferdinand II. mit seinem reaktionären Kurs rasch vorangekommen: Er hatte noch im Mai 1848 die Februarverfassung annulliert und die Revolution auf dem Festland zurückgedrängt. Im neuen Jahr wollte er Sizilien, das sich unabhängig erklärt hatte, endgültig zurückerobern. Auf Seiten der Unabhängigkeitsbewegung treffen wir als militärischen Anführer Ludwik Mierosławski wieder; allerdings waren seine Truppen unerfahren, und der Pole sprach kein Italienisch. Nachdem die Unterwerfung der Aufständischen gelungen war, konnte Ferdinand die liberalen Neuerungen ad acta legen und zum absolutistischen System zurückkehren.

In Sardinien-Piemont hatten ab Sommer 1848 ebenfalls die Demokraten an Kraft gewonnen; der nationalen Freiheit und Einigkeit Italiens stand aber weiterhin Österreich im Weg, so dass sie die Wiederaufnahme des Krieges gegen die Habsburgermonarchie befürworteten. Karl Albert ließ sich überreden und kündigte am 12. März den Waffenstillstand auf, doch am 23. wurden seine Truppen bei Novara erneut von Radetzky geschlagen. Er musste seinen Thron an Viktor Emanuel II. abtreten; die gemäßigten Liberalen übernahmen wieder die Regierung. Das *Statuto Albertino* blieb erhalten.

Aufgrund ihrer geographisch günstigen Lage konnte sich die Republik Venedig überraschend lange halten. Die Österreicher riegelten die Stadt ab; die Folgen für Handel und Wirtschaft waren verheerend, so dass im Bürgertum die Kritik an der politischen Führung zunahm. Die von den Großmächten Frankreich und England erhoffte (diplomatische) Unterstützung kam nicht; im Mai erreichte Venedig eine Allianz mit Ungarn, aber die von Budapest versprochene Hilfe blieb aufgrund der dortigen Kriegsentwicklung ebenfalls aus. In den Verhandlungen mit Österreich forderte Manin Autonomie; Radetzky bot lediglich Amnestie für Soldaten an. Ende Juli begann der dreiwöchige Artilleriebeschuss der Stadt, bei dem erstmals in der Kriegsgeschichte ein Angriff aus der Luft erfolgte. Während der Belagerung entwickelte der österreichische Offizier und Waffentechniker Franz von Uchatius mit seinem Bruder mit Heißluft gefüllte Ballons aus Papier, an denen Sprengstoff befestigt wurde. Schlimmer als die Ballonbomben, die eine eher psychologische Wirkung entfalteten, war jedoch, dass die Lebensmittel knapp wurden und zudem eine Choleraepidemie wütete. Tief enttäuscht musste Manin mit Radetzky verhandeln; Venedig kapitulierte am 22. August.

Eine italienische Stadt fehlt noch in der Reihe: Rom. Pius IX. hatte im März 1848 eine Verfassung erlassen, fühlte sich im September jedoch auch angesichts der Niederlage Sardinien-Piemonts bei Custozza wieder stark genug, um mit Graf Pellegrino Rossi einen moderat-konservativen Ministerpräsidenten einzusetzen. Der Rechtsanwalt und erfahrene Diplomat wählte einen Mittelweg: die bestehende Verfassung befolgen, weitreichendere neue Reformen aber ablehnen. Was ihn den Radikalen besonders verhasst machte, war seine Weigerung, Krieg gegen Österreich zu führen, von dem diese sich die nationale Unabhängigkeit und Einigung versprachen. Am 15. November wurde Rossi auf dem Weg zur Parlamentseröffnung ermordet, die Radikalen feierten die Täter als neuen Brutus. Als die Aufständischen einen Tag später noch den Quirinalspalast stürmten, floh Pius als einfacher Priester verkleidet nach Gaeta im Königreich Neapel.

In Rom gelangten nun die radikalen Demokraten an die Macht. Bei den Wahlen zur konstituierenden Versammlung erhielten Garibaldi und Mazzini zahlreiche Stimmen. Im Falle Garibaldis erkannte man aber schnell, dass ihm parlamentarische Erfahrung fehlte, und man schickte ihn los, das zu tun, was er am besten konnte: Freiwillige für den unvermeidlichen Kampf zu sammeln. Erst am 3. März – am 9. Februar war die *Repubblica Romana* ausgerufen worden – traf Mazzini in der Stadt ein. Er besaß zwar ebenfalls keine praktische politische Erfahrung, hatte aber viele gute Ideen und die nötige Tatkraft, um sie umzusetzen. Als führendes Mitglied des Triumvirats entwarf er ein engagiertes Reformprogramm: Zensur und Inquisition wurden abgeschafft und religiöse Toleranz verkündet. Kleinbauern erhielten gegen eine geringe Pacht Land aus den Besitzungen nunmehr enteigneter katholischer Orden, auch Obdachlosen wurde nach Möglichkeit Wohnraum verschafft.

Im Vordergrund mussten jedoch die militärischen Vorbereitungen stehen: Denn dass der Papst seinen Kirchenstaat kampflos aufgab, war nicht zu erwarten. Vielmehr rief er die katholischen Mächte Frankreich, Österreich, Neapel und Spanien zu Hilfe; auf der ersten Konferenz in Gaeta am 30. März wurde darüber verhandelt, wie man denn die päpstliche Autorität wieder herstellen könnte. Dass es dabei nicht nur um die Interessen des Papstes, sondern auch um geopolitische Einflusssphären und Rivalitäten ging, ist klar. Falsch ist jedoch die Annahme, »Frankreich habe mit Österreich darum gewetteifert, wer als erste Macht in den Kirchenstaat einmarschiert«.[15] Die französische Außenpolitik wurde entscheidend von innenpolitischen Rücksichten bestimmt. In Paris zögerte man zuerst, eine Republik niederzuschlagen, obwohl man Österreichs Einfluss in Italien beschränken wollte, und entsandte im April nur ein kleines Expeditionsheer von 8000 Soldaten unter General Nicolas Charles Victor Oudinot. Dass es Garibaldi Ende April gelang, die Franzosen zurückzuschlagen, war Frankreich bzw. Louis-Napoleon dann doch etwas peinlich.

Als die französischen Kammerwahlen Mitte Mai 1849 eine konservativ-klerikale Mehrheit erbrachten, fiel eine Intervention zugunsten des Papstes leichter; die Truppen wurden deutlich verstärkt. Bis dahin hielt sich Louis-Napoleon, der oft undurchschaubar wirkte und die »Sphinx an der Seine« genannt wurde, in der Frage »bedeckt, ob er als guter Katholik für den Papst oder als guter Republikaner für die römische Republik intervenieren wollte«[16]. Die Niederschlagung der Römischen Republik sollte ihn unter den europäischen Radikalen viele Sympathien kosten; die Katholiken hingegen begrüßten sein Vorgehen.

In Rom gerieten Mazzini und Garibaldi zunehmend in Streit, wie man taktisch vorgehen solle. Garibaldi zementierte in den Gefechten seinen Ruf als unerschrockener Held, aber am 30. Juni erklärte er der Nationalversammlung, dass eine weitere Verteidigung der Stadt sinnlos sei. Rom kapitulierte. Garibaldi gelang es, in Begleitung seiner schwangeren Frau Anita und rund 4000 Männern die Stadt zu verlassen; er wollte nun dem belagerten Venedig militärisch beistehen. Ein bitterer Schicksalsschlag für ihn war, dass auf dem Marsch nach Norden Anita mitsamt dem ungeborenen Kind starb, vermutlich an Malaria.

Mazzini blieb noch ein paar Tage in Rom und zog sich dann ins Schweizer Exil zurück. Papst Pius IX. hatte sich in Gaeta ganz von liberalen Ideen verabschiedet und sich für einen strikt reaktionären Kurs entschieden, der sogar moderate Liberale ins Exil trieb und die Juden erneut ins Ghetto verbannte.

War denn ein Jahr Revolution völlig umsonst gewesen? Diese Frage mussten sich auch die Abgeordneten in der Paulskirche stellen. Nach all den Debatten, dem zähen Ringen um Kompromisse, nach Eskalationen wie den Septemberunruhen drohte ihr ambitioniertes Werk an einem Mann zu scheitern: Friedrich Wilhelm IV. Am 27. März hatte sich die Nationalversammlung, nachdem Riesser ein paar Tage zuvor in seiner *Kaiserrede* ebenfalls für ihn geworben hatte, für ihn als erblichen Kaiser des neuen Staatsgebildes entschieden. Allerdings hatte man in Frankfurt die Rechnung ohne den Berliner Wirt gemacht. Der preußische König schwankte. Ihm gefiel zwar der Gedanke an ein Kaiserreich unter preußischer Führung, allerdings haftete der von der Paulskirche angebotenen Krone eben doch der »Ludergeruch der Revolution von 1848« an; er schimpfte sie einen »imaginären Reif, aus Dreck und Letten gebacken«. Das in der Paulskirche konzipierte Modell des Kaiserreiches widersprach seiner Vorstellung vom Gottesgnadentum; noch Ende Februar 1848 hatte er der jungen Königin Viktoria von England geschrieben. »Der verstorbene König [Friedrich Wilhelm III.] wagte nicht, zu schreiben ›von Gottes Gnaden‹. Wir indessen nennen uns König ›von Gottes Gnaden‹, weil es wahr ist.« Sein politisches Ziel 1849 lautete, wie er in einem vertraulichen Brief schrieb, »›oben‹ wieder oben und ›unten‹ wieder unten [zu] machen«. Da er sich von einem Parlament nicht an die Leine nehmen lassen wollte, lehnte er die Krone als »Hundehalsband« ab.

Noch sehr freundlich empfing er am 3. April die sogenannte Kaiserdeputation der Paulskirche, der u. a. Dahlmann, Bassermann, Gagern und Riesser angehörten. Seiner Schwester gegenüber nannte er sie allerdings »Frankfurter Menschen-Esel-Hunde-Schweine- und Katzen-Deputazion«. Er erklärte, er könne nur im Einverständnis mit den anderen Fürsten handeln. Die deutschen Regierungen waren jedoch in ihrer Haltung gespalten; am 14. April unterzeichneten 28 der 39 kleinen und mittleren Staaten eine Kollektivnote, in der sie sich für die Anerkennung der Reichsverfassung aussprachen und auch den preußischen König dazu aufforderten. Österreich, Bayern, Sachsen und Hannover waren nicht dabei. Auch König Wilhelm I. von Württemberg widerstand dem Drängen seines Märzministeriums und unterschrieb nicht; angesichts einer Welle von Petitionen und Demonstrationen änderte er aber schon am 25. April seine Haltung und erklärte, die Reichsverfassung doch anzuerkennen. Die von seinen Generälen geäußerten Bedenken, dass er sich nicht unbedingt auf seine Truppen verlassen könne, wenn es

Am 3. April 1849 tragen Deputierte der Paulskirche Friedrich Wilhelm IV. die deutsche Kaiserkrone an.

hart auf hart komme, dürften zu seinem Sinneswandel beigetragen haben. Friedrich Wilhelm aber lehnte die Krone am 28. April endgültig ab.

Die Abgeordneten der Paulskirche waren geschockt. Was nun? Ihr Herzensprojekt aufgeben oder die am 28. März 1849 ja in Kraft getretene Reichsverfassung als geltendes Recht betrachten und die widerstrebenden Fürsten zu deren Anerkennung zwingen? Die Chancen dafür standen gar nicht so schlecht, wenn man an die Kollektivnote und an das Umschwenken des württembergischen Königs dachte. Andererseits könnte die Machtprobe bis zum Bürgerkrieg eskalieren, und dann hätte das Parlament, dem eigene Truppen fehlten, die schlechteren Karten. Mit einer knappen Mehrheit entschied man sich am 4. Mai, in einer Resolution die Gemeinden und Regierungen dazu aufzurufen, der Reichsverfassung zur »Anerkennung und Geltung« zu verhelfen; gleichzeitig wurden Wahlen zum Volkshaus festgelegt und der Zusammentritt des Reichstags für den 22. August festgelegt.

Die Reichszentralgewalt unter Erzherzog Johann verurteilte diesen Schritt als illegal; das Kabinett Gagern trat zurück und viele Regierungen riefen ihre Abgeordneten zurück, sofern diese wie gerade viele gemäßigte Liberale nicht von selbst frustriert abreisten. Übrig blieben etwa 130 Abgeordnete der Linken, die am 30. Mai als »Rumpfparlament« nach Stuttgart übersiedelten, da sie sich in Württemberg – das die Reichsverfassung anerkannt hatte – sicherer fühlten. Ein Irrtum: Am 17. Juni wurden ihnen weitere Sitzungen verboten, am nächsten Tag wurden sie auf dem Weg zum Versammlungsort von der Kavallerie auseinandergetrieben. Was mit einem glanzvollen Einzug in die Paulskirche begonnen hatte, fand ein würdeloses Ende.

In der nun folgenden sogenannten »Reichsverfassungskampagne« zeigte sich deutlich, was ein Jahr Revolution in den deutschen Staaten gebracht hatte: an erster Stelle die Politisierung weiter Bevölkerungskreise, die nun noch einmal intensiviert wurde, denn es galt nun, den Menschen den Wert einer Verfassung zu vermitteln, um sie für den Kampf dafür mobilisieren zu können. Erkennbar war die Konzentration auf bürgerliche Protestformen: Statt mit roher Gewalt, wie sie typisch für die elementare Revolution im Frühjahr 1848 war, wollte man die widerstrebenden Monarchen mit öffentlichen Willensbekundungen auf friedlichem Weg zum Einlenken bewegen. In der

Nicht nur die Abgeordneten waren empört. »Es gibt nichts Widersinnigeres als durch eine Revolution einen König zwingen zu wollen, eine Krone anzunehmen. Steht es den Fürsten zu, mit den Vertretern des Volkes zu spielen und sie auseinanderzujagen, wenn es ihnen beliebt?«, schrieb Stephan Born Ende April in der *Verbrüderung*.

Selbst Clotilde Koch-Gontard fand im vertraulichen Austausch mit ihrer Freundin Josefine Buhl ungewohnt scharfe Worte und schrieb am 21. April: »Mich ekelt die Fürstlichkeit an, und ich bin nächstens auch für die Republik. Das Edle und Schöne wird willkürlich zertreten, die Schlechtigkeit und der Wankelmut der Fürsten, besonders des Königs von Preußen, ist mir sehr verächtlich.« Ihrer Freundin Serafine Jordan musste sie am 1. Mai ein für Samstag geplantes Treffen absagen, da sich »den Sonntag alle Märzvereine bei uns versammeln und daß es den Samstag also für eine Frau allein nicht tunlich auf der Eisenbahn ist. [...] War es denn recht, daß man diese Fürsten hielt? Ein zweites Mal bleibt die Revolution nicht vor den Thronen, sie geht dann gewiß durch Ströme von Blut über die Throne.« Ihr Mitgefühl galt Gagern, der »bleich, aber männlich, sehr ernst wie einer [ist], der alles begraben hat.«

Geschichtsschreibung wird manchmal der Vorwurf an die Landbevölkerung laut, dass diese sich – durch die Bauernbefreiung befriedigt – weitgehend aus der Revolution zurückgezogen habe. Das ist in dieser Schärfe falsch, denn die Bauern erkannten sehr wohl, wie wichtig die Reichsverfassung war, um die errungenen Reformen zu bewahren.

Nur ging es diesmal weniger mit Heugabeln und Sensen zu den Schlössern, sondern Petitionen und politische Vereine, deren Zahl weiter zunahm, waren das Mittel der Wahl. Bereits im November 1848 hatten sich als Reaktion auf die gegenrevolutionären Erfolge in Wien und Berlin zahlreiche demokratische Vereine zum Centralmärzverein vereinigt, der somit den größten Verband jener Zeit darstellte. Interessant dabei: Es waren keineswegs nur Demokraten, die sich gegen die erstarkende Reaktion

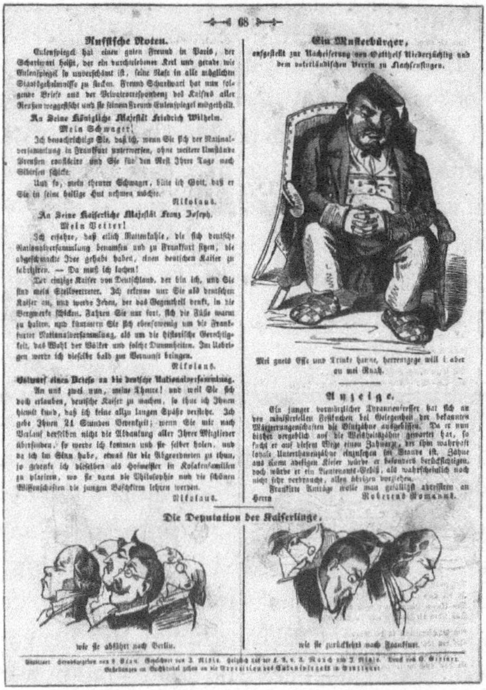

68

Russische Noten.

Eulenspiegel hat einen guten Freund in Paris, der Scharivari heißt, der ein durchtriebener Kerl und gerade wie Eulenspiegel so unverschämt ist, seine Nase in alle möglichen Staatsgeheimnisse zu stecken. Freund Scharivari hat nun folgende Briefe aus der Privatcorrespondenz des Kaisers aller Reußen weggefischt und sie seinem Freund Eulenspiegel mitgetheilt.

An Seine Königliche Majestät Friedrich Wilhelm.

Mein Schwager!

Ich benachrichtige Sie, daß ich, wenn Sie sich der Nationalversammlung in Frankfurt unterwerfen, ohne weitere Umstände Preußen confiscire und Sie für den Rest Ihrer Tage nach Sibirien schicke.

Und so, mein theurer Schwager, bitte ich Gott, daß er Sie in seine heilige Hut nehmen möchte.

Nikolaus.

An Seine Kaiserliche Majestät Franz Joseph.

Mein Vetter!

Ich erfahre, daß etlich Rattenkahle, die sich deutsche Nationalversammlung benamsen und zu Frankfurt sitzen, die abgeschmackte Idee gehabt haben, einen deutschen Kaiser zu fabriziren. — Da muß ich lachen!

Der einzige Kaiser von Deutschland, der bin ich, und Sie sind mein Stellvertreter. Ich erkenne nur Sie als deutschen Kaiser an, und werde Jeden, der das Gegentheil denkt, in die Bergwerke schicken. Fahren Sie nur fort, sich die Füße warm zu halten, und kümmern Sie sich ebensowenig um die Frankfurter Nationalversammlung, als um die historische Gerechtigkeit, das Wohl der Völker und solche Dummheiten. Im Uebrigen werde ich dieselbe bald zur Vernunft bringen.

Nikolaus.

Entwurf eines Briefs an die deutsche Nationalversammlung.

An uns zwei nun, meine Theure! und weil Sie sich doch erlauben, deutsche Kaiser zu machen, so thue ich Ihnen hiemit kund, daß ich keine allzu langen Späße verstehe. Ich gebe Ihnen 24 Stunden Bedenkzeit; wenn Sie mir nach Verlauf derselben nicht die Abdankung aller Ihrer Mitglieder übersenden, so werde ich kommen und sie selber holen, und da ich im Sinn habe, etwas für die Abgeordneten zu thun, so gedenke ich dieselben als Hofmeister in Kosakenfamilien zu placiren, wo sie dann die Philosophie und die schönen Wissenschaften die jungen Baschkiren lehren werden.

Nikolaus.

Ein Musterbürger,

aufgestellt zur Nacheiferung von Gotthelf Niederzüchtig und dem vaterländischen Verein zu Nachfrastingen.

Mei guets Esse und Trinke hanne, herrentgege will i aber au mei Ruah.

Anzeige.

Ein junger vormärzlicher Tyrannenfresser hat sich an den ministeriellen Festkuchen bei Gelegenheit der bekannten Märzerrungenschaften die Giftzähne ausgebissen. Da er nun bisher vergeblich auf die Weisheitszähne gewartet hat, so sucht er auf diesem Wege einen Zahnarzt, der ihm wahrhaft loyale Unterthanenzähne einzusetzen im Stande ist. Zähne aus einem adeligen Kiefer würde er besonders berücksichtigen, doch würde er ein Lieutenants-Gebiß, als wahrscheinlich noch nicht sehr verbraucht, allen übrigen vorziehen.

Frankirte Anträge wolle man gefälligst adressiren an Herrn Roberend Romannt.

Die Deputation der Kaiserlinge.

wie sie abfährt nach Berlin.

wie sie zurückkehrt nach Frankfurt.

Dass Friedrich Wilhelm IV. die ihm angebotene Kaiserwürde ablehnte, enttäuschte vor allem auch jene Abgeordneten, die sich für ein preußisches Erbkaisertum stark gemacht hatten.

verbündeten, sondern auch etliche liberal-konstitutionelle Vereine schlossen sich an. Noch im April begann der Centralmärzverein mit Petitionen, Kundgebungen und Massendemonstrationen; kein Wunder, dass Clotilde Koch-Gontard Anfang Mai den Bahnhof lieber mied.

Die »Reichsverfassungskampagne« übertraf als Bewegung »hinsichtlich der Beteiligung großer Bevölkerungskreise und der Erweiterung der politischen Programmatik auch um soziale oder eindeutig republikanische Forderungen die meisten ›märzrevolutionären‹ Aktivitäten«.[17] Ihr Manko waren die regionale Zersplitterung und die fehlende Koordination, die es der Gegenrevolution erleichterten, einen Brandherd nach dem anderen zu löschen. Die jeweiligen Landesfürsten konnten auf die Unterstützung der Bundestruppen zählen; ebenso fanden sie in Berlin ein offenes Ohr: Prinz Wilhelm kam ihnen mit seinen Truppen gern zu Hilfe; jetzt konnte er seinem (im März des Vorjahres noch einer Grundlage entbehrenden) Ruf als »Kartätschenprinz« gerecht werden. Der Potsdamer Demokrat Maximilian Dortu, der diesen Begriff in einer Rede im politischen Klub am 12. Mai 1848 geprägt hatte und wegen Majestätsbeleidigung etliche Monate in Festungshaft hatte zubringen müssen, schloss sich übrigens als Kämpfer der badischen Revolution an. Er wurde im Juli 1849 von preußischen Truppen gefangen, vor ein Kriegsgericht gestellt und exekutiert.

Die Frage, die auch die öffentliche Diskussion beherrschte, lautete: Wer war im Recht? Waren die Verteidiger der Reichsverfassung gesetzwidrig handelnde Aufständische? Oder waren es die Fürsten, die gegen geltendes Recht – wenn man von der Gültigkeit der Reichsverfassung ausgeht – verstießen? Eine Frage, die enorm an Brisanz gewann, wenn sich beispielsweise Bürgerwehreinheiten und Militär gegenüberstanden, die sich beide auf der Seite des Gesetzes verorteten. Es kam zudem zu einer gewissen Wiederannäherung von Liberalen und Demokraten, war die Reichsverfassung doch deren gemeinsames Werk; Erstere waren bereit, dieses – im Rahmen des gesetzlich Erlaubten – zu verteidigen. Vor einer Radikalisierung schreckte ein Großteil des Bürgertums weiterhin zurück, zumal manche Republikaner doch in den Verdacht gerieten, die Unruhen und Aufstände für ihre eigenen politischen Zwecke instrumentalisieren zu wollen: zur Errichtung einer Republik.

Zwar kam es auch im Norden Deutschlands zu Petitionsbewegungen für die Reichsverfassung sowie lokalen Aufständen und Barrikadenkämpfen, beispielsweise in den preußischen Rheinprovinzen; in Elberfeld engagierte sich kurze Zeit Friedrich Engels, der mit seinem Versuch, die Erhebung in Richtung rote Republik zu steuern, jedoch auf Widerstand stieß. Aber wie schon im Frühjahr 1848 spielte sich der Konflikt im Süden Deutschlands, insbesondere in Sachsen, der bayerischen Rheinpfalz und in Baden, weit heftiger ab. Zwei Aspekte sollen beispielhaft hervorgehoben werden: Wie lief der Dresdner Maiaufstand aus königlicher Sicht ab, und wieso unterlagen die Aufständischen in der Pfalz und in Baden, obwohl sie das Militär größtenteils auf ihre Seite ziehen konnten?

Friedrich August II. von Sachsen verfasste selbst eine tagebuchartige Darstellung zum Dresdner Maiaufstand, der sich aus dem Konflikt um die Reichsverfassung ergab. Noch in den letzten Apriltagen war die Regierung fest entschlossen, sie abzulehnen. Am 3. Mai »um 9 Uhr erschien bei mir eine Deputation aus Zwickau, [...] das Anerkenntniß der Reichsverfassung begehrend. Sie wurden in dem Sinne beschieden, daß ich auf vollkommenem Rechtsboden stehe, wenn ich die Zustimmung verweigere.« Friedrich August sah in der Reichsverfassung keinen Segen für Deutschland, sondern einen Keim der Zwietracht. Nur wenn Preußen sie anerkenne, werde auch er es tun. Da er eine Eskalation befürchtete, beorderte er Truppen herbei und »schrieb in Eile ein paar Zeilen an den König von Preußen, um ihn aufzufordern, mir sofort in möglicher Stärke und auf beiden Eisenbahnen zugleich Unterstützung zu senden. Inzwischen füllten sich die Straßen um das Schloß.«

In Dresden stieg die Spannung rasch an. Die Bürgerwehr sollte auf die Reichsverfassung vereidigt werden; dass nun Militär aufzog, erhitzte die Gemüter. Als zusätzlich durchsickerte, dass Friedrich August um preußische Truppen ersucht hatte, standen die Zeichen auf Sturm, und es kam noch am 3. Mai zum offenen Aufruhr.

Im Schloss wurde, wie Friedrich August weiter ausführte, diskutiert, ob »für mich und die Meinigen Zeit sei, Dresden zu verlassen«; der Fluchtwagen war bereits angespannt, man wollte aber noch ausharren. In allen Stadtteilen wurden Barrikaden gebaut, Schüsse fielen, die auch die königliche Nachtruhe störten. Da die erwarteten Verstärkungen auf sich warten ließen, entschloss man sich zur frühmorgendlichen Flucht mit dem Dampfboot. »Wir gingen über den menschenleeren Schloßplatz nach der Brücke, dann die Klostergasse hinab, durch das Wiesenthor und längs der Elbe bis nach dem Coselschen Garten, wo die beiden Dampfboote lagen. Ein dichter Nebel begünstigte das Unternehmen.« Um acht Uhr erreichten sie Königstein, wo Friedrich August ruhige Tage bei Spaziergängen, Tee und Kaffee genoss, aber seine Bücher vermisste.

Die Nachrichten aus Dresden jedoch waren düster. Am 5. Mai meldete man ihm, dass in der Stadt eine »terroristische provisorische Regierung« herrsche. Dieser gehörte Samuel Tzschirner an, der als Armenanwalt gearbeitet und sich der sächsischen Opposition um Blum angeschlossen hatte. Nicht zuletzt dessen Erschießung, die zum Märtyrertod überhöht wurde, brachte Tzschirner bei den Landtagswahlen Ende 1848 einen großen Erfolg. Nach der Ablehnung der Reichsverfassung durch Friedrich August gehörte Tzschirner zu jenen, die den Dresdner Maiaufstand organisierten – ein weiterer berühmter Teilnehmer war der Anarchist Mikhail Bakunin –, und er wurde in die provisorische Regierung gewählt.

Froh war man im Umfeld des sächsischen Königs, dass die preußischen Truppen (und damit die Rettung) rasch eintrafen. Im Dresdner Hoftagebuch findet sich noch unter dem 5. Mai der Eintrag: »Gegen 7 Uhr Abends kam endlich das Füselierbataillon des Königlich Preußischen Garderegiments Alexander aus Berlin auf der Eisenbahn an«, das mit Jubel empfangen wurde. »Es waren lustige und muthige Leute, welche versprachen schnell die Baricaden zu räumen. Allein als sie den anderen Abend aus dem Gefecht retournierten, sagten sie doch, daß es hier anders als in Berlin wäre, denn die wären keine Baricaden sondern kleine Festungen, meinten sie, ›allein man geht doch drauf.‹«

Am Tag darauf dankte der Monarch dem preußischen König für die »treu geleitete Hülfe!«. Dresden hatte unter den Kämpfen zwar schwer gelitten; beim Häuserkampf hatte das vorrückende Militär Mauern und Wände durchbrochen, da sich Aufständische in den Gebäuden verschanzt hatten, auch das alte Opernhaus brannte nieder. Doch am 9. Mai waren die Kämpfe vorbei, am 10. schrieb Friedrich August nach Berlin: »Mir ist als ob nach einem langen schweren Gewitter der erste blaue Blick vom Himmel erschienen wäre.« Nun wurden auch in Sachsen politische Vereine verboten und die Pressefreiheit beschränkt. Der König bedauerte nur, dass sehr viele der Rädelsführer entkommen konnten: »Unter den sehr thätigen Aufrührern wird noch Professor [Gottfried] Semper genannt, der den Barricadenbau an mehreren Stelle [sic!] geleitet hat; er, sowie Kapellmeister [Richard] Wagner sind flüchtig.«

Rechtzeitig der Rache der Reaktion entrinnen konnte zudem Stephan Born. Er war Anfang Mai nach Dresden gekommen, um im Auftrag des Leipziger Arbeitervereins über ein neues Gewerbegesetz zu beraten. Als der Aufstand losbrach, war er mittendrin als Kommandant auf einer Barrikade. Verfolgt von sächsischen Gardereitern gelang es ihm, sich nach Böhmen und dann mit falschen Ausweispapieren nach Straßburg durchzuschlagen.

Weit erfolgreicher waren die Revolutionäre in der zu Bayern gehörenden Rheinpfalz und in Baden. Ihnen gelang es, den reaktionären Kräften viele ihrer Soldaten zu nehmen, die diese im Kampf gegen die Demokraten bitter nötig hatten. Infolge der Nachricht von der Ablehnung der Reichsverfassung wurde in der Rheinpfalz Anfang Mai durch Delegierte der Pfälzer Volks- und Vaterlandsvereine ein zehnköpfiger Landesverteidigungsauschuss gebildet. Am 17. Mai entstand eine provisorische Regierung; die Rheinpfalz erklärte sich von Bayern unabhängig. Möglich war dies, weil sich nahezu alle im Land stationierten Truppen auf die Seite der Revolutionäre stellten. Nachdem Mathilde Anneke ihre Kinder in Sicherheit gebracht hatte, reiste sie ihrem Mann nach, der bereits die Pfälzer Artillerie kommandierte. Mathilde wurde in seinem Stab Ordonnanzoffizier – auf dem Pferderücken aufgewachsen, eignete sie sich bestens als Meldereiterin. Da musste erst der »Kartätschenprinz« Wilhelm mit seinen Soldaten kommen, um den Aufstand Mitte Juni niederzuschlagen. Für ihn waren die Revolutionäre Verräter, Gesetzesbrecher, Rebellen, die sich gegen die legitime Herrschaft stellten.

»Ich teile Deine Ansicht ganz, daß wir einer schweren Zeit entgegengehen«, schrieb Clotilde Koch-Gontard am 7. Mai an Josefine Buhl in Deidesheim, »und finde es fürchterlich, daß sich die Verhältnisse so verwickeln, daß man oft nicht weiß, soll man den Soldaten oder dem Volk den Sieg wünschen.« Im Bürgertum war die Angst vor der weiteren Radikalisierung und die Entwicklung hin zur Republik deutlich spürbar. Am 9. Mai teilte sie Josefines Mann Franz Peter Buhl ihre unverblümte Meinung mit: »Soweit sind wir also, daß wir dem König von Preußen wahrscheinlich den Bürgerkrieg verdanken und daß Menschen einer gemäßigten Farbe wie wir beide nicht wissen, ob wir den Soldaten oder der Bewegung für die Verfassung den Sieg wünschen sollen, weil wir fürchten müssen, daß uns die rote Republik durch die liebe Linke über den Hals gebracht wird, wenn das Volk den Sieg behielte.«

Baden tanzte aus der Reihe. Wie aus der Vorgeschichte der Revolution und ihren Anfangstagen bekannt, waren liberale und demokratische Tendenzen dort besonders stark verankert, das demokratische Vereinswesen war sehr gut ausgebaut. Großherzog Leopold hatte die Reichsverfassung anerkannt, aber in einem Land, in dem erst vor wenigen Monaten ein Friedrich Hecker und ein Gustav Struve die Republik hatten ausrufen können, ging die Entwicklung vielen radikalen Demokraten und Republikanern nicht weit genug. Sie verlangten von der Regierung beispielsweise, in anderen deutschen Staaten badische Truppen zur Unterstützung der Reichsverfassung einzusetzen, was die Regierung freilich ablehnte.

Der badische Aufstand am 11./12. Mai wurde ausgerechnet durch meuternde Soldaten in den Garnisonen Rastatt und Karlsruhe ausgelöst. Erst im direkten Anschluss folgte wieder einmal eine Offenburger Versammlung, auf der ein 16-Punkte-Programm propagiert wurde. Da die Meuterei auf die gesamte badische Armee überschwappte, suchten der Großherzog und seine Minister noch in der Nacht vom 13./14. Mai ihr Heil in der Flucht.

Was blieb, war ein Machtvakuum, das sofort gefüllt wurde: durch einen provisorischen Landesausschuss der badischen Volksvereine. Eine Exekutivkommission unter dem Mannheimer Anwalt Lorenz Brentano übernahm provisorisch das Regieren, und es wurden Wahlen für eine verfassungsgebende Versammlung am 3. Juni vorbereitet. Republikanern wie Gustav Struve, der im Zuge des badischen Aufstandes aus der Haft befreit wurde, war der gemäßigte Liberale Brentano aber zu wenig radikal. Bei einem demokratischen Aufstand in Baden durfte eine Kultfigur nicht fehlen; seitens der Exekutivkommission erging also eine Einladung an Hecker, der sich in den USA häuslich niedergelassen hatte. Dieser zögerte keinen Moment, verließ am 15. Juni seine Farm und kam am 15. Juli in Straßburg an – zu spät.

Es muss offen bleiben, ob die badische Revolution das vor der Radikalisierung zurückschreckende Bürgertum für sich hätte gewinnen können, ob sich Gemäßigte wie Brentano und Radikale wie Struve auf einen gemeinsamen Kurs hätten einigen oder die soziale Frage hätte entschärft werden können. Denn über den Erfolg bzw. Misserfolg des badischen Unternehmens entschied die militärische Schlagkraft. Ja, es war auch in Baden gelungen, die regulären Streitkräfte im Land weitgehend auf die Seite der Revolution zu ziehen; zudem eilten viele »Sturmvögel« aus anderen Regionen zu diesem letzten Gefecht herbei, beispielsweise die Annekes. Aber trotzdem war man zu schwach gegenüber den Kräften, welche die Reaktion aufbieten konnte. Der Großherzog bat die Reichszentralgewalt und die Preußen um Hilfe; Wilhelm zeigte sich in Baden ebenfalls sehr motiviert.

Aber auch die Revolutionäre hatten einen taktisch durchaus geschickten General gewinnen können, der schon auf zahlreichen Schauplätzen gekämpft hatte: Ludwik Mierosławski. Ihn hatte eine Gesandtschaft aus Baden in Paris angeworben, die eigentlich die Hilfe der französischen Regierung angestrebt hatte, was aber scheiterte. Mierosławski traf am 10. Juni in Heidelberg ein und merkte bald, dass ein einhelliges politisches Ziel fehlte. »Im Grunde wußten weder die Bürger noch die Soldaten, für was sie kämpfen sollten«, berichtete Mierosławski. Er konnte gegen die feindliche Übermacht zunächst einige taktische Erfolge verbuchen, doch in der Schlacht bei Waghäusel am 21. Juni wurden die badischen Truppen entscheidend geschlagen. Mierosławski legte sein Amt nieder und ging mit Teilen seiner polnischen Leibgarde nach Frankreich zurück, bevor die Revolutionäre am 23. Juli in Rastatt kapitulierten. Dies gilt als Enddatum der 1848er Revolution in Deutschland.

Dieser letzte Akt hinterließ nicht nur bei den Geschlagenen, sondern ebenso auf der Seite der Sieger einen tiefen Eindruck, wie Wilhelms Brief an Charlotte vom 4. August 1849 belegt: »Somit war ich also Zeuge dieser Demütigung einer Bande, deren Führer auf Tod und Leben Volksbeglücker sein wollten! Wenngleich man nicht das geringste Mitleid mit dieser Bande haben konnte, so hat mir doch der Akt des Niederlegens der Waffen im Angesicht unserer Truppen einen unauslöschlichen Eindruck gemacht! Unsere Truppen waren sublime! kein Hohn, kein Spott, kein Jubel, – aber feierliche Stille.«

Mathilde Anneke berichtete einer Freundin von ihrer abenteuerlichen Flucht vor den Preußen; viel mehr als das nackte Leben hatten Fritz und sie nicht retten können. »So sitzen wir denn hier, inmitten mehrerer Flüchtlinge [...] nahe bei Straßburg. Wir haben in der rasenden Eile der Flucht unser sämtliches Gepäck im Stich gelassen, und ich sitze in diesem Augenblick, noch auf 1 Hemd, 1 Paar Strümpfen und was man so nur auf dem Leib hat, reduziert. Geld haben wir durch den Verkauf eines Pferdes noch vorläufig. [...] Von meinen Kindern habe ich keine Kunde. Ich sehe stündlich Nachricht von ihnen mit wahrer Fieberwut entgegen.«

Trotz der verheerenden Niederlage war Engels froh, in vier Gefechten – u. a. bei Rastatt – dabei gewesen zu sein, wie er am 25. Juli an Jenny Marx in Paris schrieb. Erst hatte er sich noch zurückgehalten, »als aber die Preußen kamen, konnte ich der Lust nicht widerstehen, den Krieg mitzumachen«. Das war ihm vor allem in Bezug auf die öffentliche Meinung wichtig. Es sei gut gewesen, »daß einer von der ›Neuen Rheinischen Zeitung‹ dabei

Der Sieg der preußischen Truppen sowie die folgende Besetzung Badens durch dieselben inspirierte den Journalisten Ludwig Pfau (1821–1894) zum »Badischen Wiegenlied«.

»Schlaf', mein Kind, schlaf leis',
Dort draußen geht der Preuß',
Deinen Vater hat er umgebracht,
Deine Mutter hat er arm gemacht,
Und wer nicht schläft in guter Ruh',
Dem drückt der Preuß' die Augen zu.
Schlaf', mein Kind, schlaf leis',
Dort draußen geht der Preuß'.«

(Erste Strophe des Badischen Wiegenliedes)

war, weil alles demokratische Lumpenpack in Baden und der Pfalz war und nun mit nicht getanen Heldentaten renommiert. Es würde wieder geheißen haben: die Herren der ›N. Rh. Z.‹ seien zu feig, sich zu schlagen.«

Revolutionsschauplatz Medien

Zu feig? Mangelnden Mut kann man den damaligen Publizisten, die sich in das Schlachtfeld der öffentlichen und veröffentlichten Meinung stürzten, wohl nicht vorwerfen. Seit der Aufhebung der Zensur war das Pressewesen in quantitativer und qualitativer Hinsicht förmlich explodiert – 1848 war eben auch eine Kommunikationsrevolution. In den großen Städten wie Paris, Berlin und Wien wurden auf den Straßen Zeitungen und Flugschriften verkauft. Während der Buchhandel über fallende Absatzzahlen klagte, waren sie geeignete Medien, um über das tagespolitische Geschehen zu berichten und dieses zu kommentieren. Zur Steigerung ihrer Popularität druckten Tageszeitungen zudem Fortsetzungsromane ab, boten mit Rätseln und Witzen Unterhaltung und versuchten, mit Themen wie Haushalt und Mode gezielt auch Frauen anzusprechen.

Das gesamte politische Spektrum spiegelte sich in der Medienlandschaft wider; diverse politische Akteure und Akteursgruppen versuchten, so ihre Ideen in die Welt zu bringen. Vereine und auch Borns Arbeiterverbrüderung gaben eigene Blätter als Sprachrohre ihrer Interessen heraus. Über die Medien wurden Richtungskämpfe ausgetragen; sachliche Argumente trafen auf emotionale Polemiken. In einer zutiefst gespaltenen und aufgeregten Gesellschaft einen eigenen Standpunkt zu vertreten und mit seiner Meinung vielleicht gegen den Strom zu schwimmen – beispielsweise mit der Forderung nach dem Frauenwahlrecht, wie es Louise Otto tat –, dazu gehörte Mut.

Etliche Medien wie die *Kreuzzeitung* als Sprachrohr der preußischen Konservativen wurden bereits erwähnt, deshalb seien nur zwei weitere Beispiele genannt: Vom 1. Juni 1848 bis 19. Mai 1849 erschien in Köln in einer beachtlichen Auflage von 6000 Stück die *Neue Rheinische Zeitung* als »Organ der Demokratie«; Marx war ihr Chefredakteur, Engels fester Mitarbeiter. Letzterer musste jedoch im Oktober 1848 aus Köln fliehen, denn die preußische Obrigkeit hatte aufgrund seiner aufrührerischen Rede bei einer Arbeiterversammlung einen Haftbefehl gegen ihn erlassen. Seine Mutter war über die öffentliche Demütigung zutiefst entsetzt und bat ihn, doch dem väterlichen Rat zu folgen und nach Amerika zu gehen. Doch die Revolution so weit hinter sich lassen – das wollte Engels nicht.

Die *Neue Rheinische Zeitung* verzichtete im Untertitel zwar auf die Begriffe ›Kommunismus‹ oder ›Sozialismus‹, doch verschreckte die Blattlinie viele Liberale, die weder der Republik noch kommunistischen Ideen etwas abgewinnen konnten. Nach dem Pariser Juniaufstand wurde der Ton gegenüber der Bourgeoisie rauer; selbst die bisherigen Geldgeber verabschiedeten sich. Im Zuge der Gegenrevolution wurde Marx im Mai 1849 wegen »Aufreizung zum gewaltsamen Umsturz« ausgewiesen; die letzte Ausgabe erschien ganz in Rot. Der hohe Preis, die Themen sowie der intellektuelle Zugang dazu dürften Arbeiter und Handwerker aber abgeschreckt haben.

»Bürger, Bauern und Soldaten« waren die Zielgruppe der *Neuen Kölnischen Zeitung*: »Sie ist für das arbeitende Volk bestimmt, daß es ein ernstliches Wörtchen mitspricht bei den Einrichtungen in Gemeinde und Staat«, hieß es in der ersten Ausgabe klar. Daher waren die Verfasser bestrebt, »so zu schreiben, daß es auch der einfachste Arbeiter verstehen kann. Unser Wahlspruch: Wohlstand, Freiheit und Bildung für alle.« Als Herausgeber wurden Mathilde Annekes Mann Fritz sowie Friedrich Beust genannt; aber da Fritz schon am 3. Juli verhaftet wurde und Beust floh, blieb die Zeitung Mathildes Projekt. Aus den Quellen wird zudem ersichtlich, dass die Anregung dazu von ihr stammte. Obwohl sie schwanger war, setzte sie die Arbeit allein fort, so dass die erste Ausgabe am 10. September 1848 erscheinen konnte. Die Doppel- und Dreifachbelastung war schwer zu stemmen, wie sie einer Freundin gestand: »Du weißt nicht, was es heißt Fritz aufrecht zu halten.« Mathilde besuchte ihn häufig im Gefängnis, wo er bis Dezember einsaß. »Dabei das Haus, das Kind, das Streben unserer heiligen Sache, die unsere Religion geworden ist.«

Mit dem Siegeszug der Gegenrevolution wurden demokratische Blätter verboten, was am 26. September auch die *Neue Kölnische Zeitung* traf, die sich mit ihrem Eintreten für soziale Gerechtigkeit sowie dem Ruf nach »rothe[r] Republik«, »weil sie das Glück und die Freiheit für Alle will«, als (zu) radikal erwiesen hatte. Doch Mathilde ließ sich nicht unterkriegen. Einen Tag später wurde sie unter dem Decknamen *Frauen-Zeitung* fortgesetzt, aber schon die dritte Ausgabe wurde vor ihrer Auslieferung beschlagnahmt. An diesem Beispiel zeigt sich: Obwohl in der Märzrevolution die Zensur entfallen war, hatte die Reaktion immer noch Möglichkeiten, unliebsame Blätter zu verbieten.

Das wirft die Frage auf, wie frei die Presse in den Revolutionsjahren tatsächlich war. Und wie wirksam war die vormärzliche Zensur gewesen? In der Tat galt: »Die Vormärzzensur war ineffektiv und durchlässig wie ein Sieb.«[1] Unerlaubtes wurde unter Angabe fingierter Druckorte doch hergestellt; Flugschriften konnten ohnehin so leicht wie schnell gedruckt und verbreitet werden. Beispielsweise kursierten die Beschlüsse der im Herbst 1847 stattgefundenen Offenburger Versammlung badischer Radikale, obwohl diesen brisanten Inhalt wohl kein Zensor abgesegnet hätte. Verbotene Bücher wurden – oft unter harmloser Handelsware versteckt – aus dem Ausland eingeschmuggelt. So wurden die Werke von Exilschriftstellern, die in ihrer deutschen Heimat verboten waren, im Deutschen Bund verbreitet. Nicht immer wurde die Publikation als solche verboten; in vielen Fällen begnügten sich Zensoren damit, einzelne Passagen oder in Zeitungen jene Beiträge zu streichen, die ihnen negativ auffielen. Manche Autoren litten unter den Einschränkungen bzw. versuchten sie, dem Zensor durch eine »Schere im Kopf« zuvorzukommen; andere reizte es, provokante Ideen an den gar nicht so wachsamen Augen vorbeizuschmuggeln. Das kritische Publikum lernte sehr gut, zwischen den Zeilen zu lesen und auch das aufzunehmen, was nicht gesagt wurde. Die Zensur hatte zwar eine gute Seite, wie Autoren und Herausgeber feststellten: Eine bessere Werbung konnte man sich nicht wünschen.

Blum schrieb seiner Schwester Anfang 1842, dass die Verfolgung der *Sächsischen Vaterlandsblätter* »das Beste [war], was ihm geschehen konnte«: Es verschaffte ihnen deutschlandweite Aufmerksamkeit und steigende Leserzahlen. Aber bei regierungskritischen Publikationen war die Zensur die reinste Schikane.

Ab 1843 gab Blum jährlich unter dem Titel *Vorwärts!* – nicht zu verwechseln mit der im selben Jahr in Paris publizierten gleichnamigen Zeitschrift deutscher Emigranten – ein Taschenbuch für das Volk heraus. Im bewusst handlichen Format wollte er damit die politische Bildung des Volkes fördern. Er kontaktierte Gleichgesinnte in ganz Deutschland und bat u. a. Georg Herwegh und Johann Jacoby um Beiträge. Wenig verwunderlich wurde gleich die erste Ausgabe von der Vorzensur zerrissen; Blum machte den Band »zahm und mild«, doch die Nachzensur dauerte weitere siebzehn Wochen, und es wurde vorrangig die politische Lyrik gestrichen. »Trotz zahlreicher Hürden und Verbote brachte er bis 1847 jährlich den Kalender heraus, eine herkulische Leistung. Denn viele politische Zeitungen und Zeitschriften der Epoche kamen kaum über drei, vier Nummern heraus – ermattet vom Kampf mit der Zensur, materiell ausgelaugt oder von Verboten erdrosselt.«[2]

Für Nestroy war ein Zensor ein »menschgewordener Bleistift oder ein bleistiftgewordener Mensch«; viele zeitgenössische Autoren beklagten das Unverständnis sowie die Willkür der Prüfer, die sich aber auch damit begründen lässt, dass es weder »den typischen Zensor«[3] noch einheitlich geregelte Anforderungen gab. Den Regierungen war es allerdings schon wichtig, dass Zensoren über eine gute Bildung verfügten; selbst in Russland wurde die Zensur meist durch Universitätsprofessoren und Literaten durchgeführt. In Preußen übernahmen diese Tätigkeit oft nebenberuflich Gelehrte und Geistliche, die sich unter Nachweis der Eignung bewerben konnten. Viele Zensoren waren selbst Literaten wie Wilhelm Grimm und Franz Grillparzer; aber auch überarbeitete Justiz- und Verwaltungsbeamte bekamen die nicht gerade dankbare Aufgabe auf den Tisch. Man konnte Glück haben und einen aufgeschlossenen Zensor erwischen; es war aber nicht auszuschließen, dass manche Dichter und Professoren die Werke ihrer Kollegen umso strenger zerpflückten, um einem Rivalen eines auszuwischen.

Auf der anderen Seite war auch unter der revolutionären Pressefreiheit längst nicht alles erlaubt. Die Vorzensur fiel weg, aber die Nachzensur blieb bestehen: Dabei konnte die Polizei den Vertrieb von Druckerzeugnissen verbieten oder diese beschlagnahmen, wenn sie ein Strafgesetz – etwa durch Aufwiegelei, Hochverrat und Majestätsbeleidigung – verletzten. In Wien wurde bereits im Mai eine provisorische Vorschrift erlassen, durch die man der ärgsten Auswüchse der Presse Herr werden wollte; in Berlin sahen sich die Verantwortlichen demokratischer Printmedien ab Sommer ebenfalls massiv juristisch verfolgt. Wie frei war die Presse wirklich, wenn Verfasser und Herausgeber wegen Pressevergehen mit Geld- und auch längeren Haftstrafen rechnen mussten? »Nicht nur schriftliche, auch mündliche Äußerungen wurden im Spätsommer des Jahres 1848 [in Berlin] mitunter in einer Weise verfolgt, als habe es keine Märzrevolution gegeben.«[4]

Nach dem Sieg der Gegenrevolution wurden die Daumenschrauben noch weiter angezogen. In Österreich wurde am 20. Dezember 1848 die Präventivzensur wieder eingeführt. Kewall konnte Anfang 1849 dennoch hauptberuflich als Journalist Fuß fassen, wobei er davon profitierte, dass viele demokratische und radikale Journalisten, wenn nicht wie Hermann Jellinek ihr Leben, zumindest ihre Jobs verloren hatten. Als ihm Anfang September 1848 von einem Herrn Buchheim erneut angeboten worden war, für dessen Blatt zu schreiben, hatte er noch abgelehnt: »Ich schlug es jedoch aus dem Grunde ab, weil ich mich viel behaglicher in meinem bescheidenen ›Nichts‹ fühle als wenn ich ein wirkendes Glied in dem Treiben einer unruhigen Zeit wäre.«

Inzwischen aber hatten sich die Zeiten geändert, und er nahm eine Anstellung bei der von Ex-Arbeitsminister Schwarzer herausgegebenen *Allgemeinen Oesterreichischen Zeitung* an. Dort fühlte er sich wohler als zuvor als Hauslehrer – bis er entdecken musste, dass Schwarzer »der fürchterlichste Judenfresser« war. Die Zeitung musste am 19. März eingestellt werden: zu liberal, zu fern der Regierungslinie, befand die Obrigkeit. Kewall beklagte das neue Pressegesetz, das es unmöglich mache, »ein freies Wort zu schreiben, denn auch der Mitarbeiter ist verantwortlich, wenn der Redacteur erklährt, er habe den Aufsatz nicht recht gelesen [...] Rechnet man noch dazu die starken Geldstrafen, so wird jeder den H. Seldnitzky wieder zurückwünschen.« Regierungskritische Zeitungen konnten unter solchen Rahmenbedingungen schwer überleben – und genau das bezweckte die Staatsführung mit solchen Gesetzen.

Aus den vielen Diskursen soll nur ein Thema herausgegriffen werden, das die Verknüpfung von veröffentlichter Meinung und Politik unterstreicht: Gleichberechtigung und Frauenwahlrecht. Letzteres wurde weder in den Parlamenten von Männern ernsthaft in Betracht gezogen, noch auf Seiten des weiblichen Geschlechts von einer tragfähigen Mehrheit gefordert. Beispielsweise war George Sand der Meinung, dass die Gesellschaft für ein Frauenwahlrecht einfach noch nicht reif sei. Was denn Emanzipation sei und auf welchen Wegen man diese ausdrücken könnte, war selbst unter Frauen umstritten, die sich dafür einsetzten. Entsprechend schimpfte Louise Otto über »Zwittergeschöpfe, wie George Sand, Mrs. [Louise] Aston und Konsorten, die Mann und Kind verlassen, um in der Welt herumzuirren und die Emancipation zu predigen«, die hosentragend und rauchend jedoch zu einer Karikatur von Männern würden.

Zwar gelang es 1848/49 nicht, Gleichberechtigung und Frauenwahlrecht durchzusetzen, doch ist es ein großes Verdienst hartnäckiger Publizistinnen (Männer sind hier mitgemeint), das Thema in den öffentlichen Diskurs eingebracht zu haben. Dessen Gegner konnten es nicht mehr ignorieren, sondern sahen sich zu Stellungnahmen gezwungen, die oft genug als verzweifelte Rückzugsgefechte erkennbar waren: Wo sachliche Argumente fehlten, griffen die Autoren zu gehässigen Polemiken.

Als Vorkämpferin für das Frauenwahlrecht trat in Frankreich Jeanne Déroin auf. Sie entstammte einer verarmten Pariser Arbeiterfamilie und erlebte in ihrer Kindheit, wie sie selbst sagte, nur wenige Freuden. Der Schulbesuch blieb ihr verwehrt, sie war Näherin, bildete sich durch Lektüre weiter und fand Anschluss an frühsozialistische Zirkel. In den 1830er Jahren begründeten Henri Saint-Simon und Charles Fourier in Frankreich einen romantischen oder utopischen Sozialismus; Fourier befasste sich zudem mit der Gleichberechtigung der Geschlechter und bejahte zum Schrecken der Moralisten die Liebe in all ihren Formen. Mit solchen Ansichten waren die Saint-Simonianer für manche Frauen attraktiv, die sich politisch engagierten. Aber in der Regel waren Frauen selbst im fortschrittlichen Paris in den meisten politischen Clubs maximal als stille Zuhörerinnen willkommen; oft nicht einmal das. Jeanne heiratete 1832 in einer zivilen Zeremonie einen Saint-Simonianer namens Descroches und bekam drei Kinder. Da ihr Gleichberechtigung in der Ehe wichtig war, nahm sie seinen Namen bewusst nicht an – sie wollte am liebsten nur Jeanne genannt werden. Mit dem Argument der Mütterlichkeit forderte sie politische Rechte für Frauen ein: Wenn schon Freiheit, Gleichheit und Brüderlichkeit für alle gelte, dann könnten die Frauen, Schwestern, Mütter von Söhnen doch keine Sklaven sein.

Wie Jeanne schloss sich die Schriftstellerin und Publizistin Eugénie Niboyet den Saint-Simonianern an; sie gab bereits in den frühen 1830er Jahren feministische Zeitungen heraus. Am 19. März 1848 gründete sie mit *La Voix des Femmes* (›Die Stimme der Frauen‹) die »erste und einzige ernst zu nehmende Tribüne, auf der Frauen sich äußern können«, wie es in der ersten Nummer hieß. In dieser Zeitung wurden »ihre moralischen, geistigen und materiellen Interessen […] mit Nachdruck verteidigt«. Der Redaktion gehörten Arbeiterinnen wie Jeanne Déroin und Désirée Gay an, selbst die Druckerei war im Besitz einer Frau. In Artikelserien widmete man sich den Rechten der Frauen in der Gesellschaft, aber auch der sozialen Frage, wozu u. a. zwei Texte von Bettina von Arnim über die Lage in Deutschland veröffentlicht wurden. Die Redaktionsräume dienten tagsüber zudem als Treffpunkt für den Verein *Société de la Voix des Femmes.*

Jeanne wurde vom Mut Olympe de Gouges' inspiriert: Die frühe Feministin hatte der im Zuge der Französischen Revolution verfassten »Erklärung der Menschen- und Bürgerrechte«, bei der Frauen wiederum nicht mitgemeint waren, eine »Erklärung der Rechte der Frau und Bürgerin« entgegengestellt; die Verfasserin endete unter der Guillotine. Jeanne führte 1848 den Gedanken weiter und verknüpfte das von der Revolutionsregierung im Februar deklarierte »Recht auf Arbeit« mit dem Frauenwahlrecht: Wenn das Recht auf Arbeit selbstverständlich Arbeiterinnen einschließe, müsse in logischer Konsequenz ebenso das am 16. März dekretierte Wahlrecht für beide Geschlechter gelten. Wenn Frauen nicht ausdrücklich ausgenommen würden, müsse das doch im Umkehrschluss heißen, dass sie mitgemeint seien. Sie führte am 22. März eine Frauendelegation zu Armand Marrast, dem Pariser Bürgermeister und Mitglied der provisorischen Regierung, und forderte eine Antwort auf diese Frage. Mannhaft verwies Marrast auf die Geschichte und dass die provisorische Regierung ja nur die Rechte der letzten republikanischen Verfassung von 1793 wiederherstellen, aber kein neues Recht schaffen könne; das sei Aufgabe der neuen Nationalversammlung, die freilich dem aktuellen Wahlrecht nach nur von Männern gewählt wurde und in der nur Männer vertreten waren. Jeanne protestierte: Wie könne eine ausschließlich von Männern besetzte Versammlung Gesetze für eine aus Frauen und Männern bestehende Gesellschaft schaffen? Eine nur aus Reichen bestehende Versammlung würde ebenso unglaubwürdig die Interessen der armen Arbeiter vertreten.

Nach der politischen Niederlage der Linken wurde im Sommer 1848 auch der Handlungsspielraum politisch engagierter Frauen empfindlich eingeschränkt. Ein Ende Juli erlassenes Gesetz schloss sie als Mitglieder wie als Beobachter von politischen Klubs aus. Jeanne gab den Kampf nicht auf; sie kandidierte im

Mai 1849 auf der Liste der *Démocrates-Socialistes* (lieber hätte sie die berühmte George Sand bei der Kandidatur unterstützt, welche die entsprechende Anfrage Niboyets jedoch empört ablehnte) für die gesetzgebende Nationalversammlung, da dies einer Frau laut Novemberverfassung nicht explizit verboten war.

Heftige frauenfeindliche Attacken in den Medien und bitterböse Karikaturen waren ihr sicher. In der vom Sozialisten Pierre-Joseph Proudhon herausgegebenen Zeitung *Le Peuple* (›Das Volk‹) wurde vor emanzipierten Frauen gewarnt; Proudhon betonte, dass eine Frau als Abgeordnete ebenso wenig Sinn ergäbe wie eine männliche Amme. Jeanne forderte ihn daraufhin auf, doch zu zeigen, welche Organe die Männer, aber nicht die Frauen hätten, die ausschließlich Erstere für politische Funktionen befähigten. Diese ihre Antwort druckte Proudhon in seiner Zeitung nicht ab. Wie reagierte die Regierung auf die provozierende Aktion Déroins? Sie erklärte die Kandidatur für verfassungswidrig und etwaige Stimmen für Jeanne für ungültig. Damit war der Versuch schon vorab zum Scheitern verdammt; was blieb, war der symbolische Akt.

In Printmedien wurden auch in Wien politische Rechte für Frauen gefordert. »Eine Dame« trat dafür im *Freihmüthigen* ein und wies darauf hin, dass auf der Seite der Reaktion Frauen sehr wohl »entscheidende Stimmen« zugestanden würden: nämlich Erzherzogin Sophie. Sie führte weiter aus, dass es »keine Frau von Geist [gäbe], die nicht ein bißchen George Sand wäre. Wir beanspruchen Gleichheit der Politischen Rechte. Weshalb sollen Frauen nicht in den Reichstag gewählt werden?« Eine Flugschrift mit dem Titel *Gleichstellung aller Rechte der Männer mit den Frauen oder: Die Frauen als Wähler, Deputirte und Volksvertreter* beanstandete zudem, dass man das Stimmrecht nicht allgemein nennen könne, »wenn von dessen Ausübung wenigstens die Hälfte der Untertanen ausgeschlossen« bleibe.

Es war wohl Blum selbst, der 1843 in einem Leitartikel der *Sächsischen Vaterlandsblätter* unter dem Titel »Die Theilnahme der weiblichen Welt am Staatsleben« danach fragte, wie diese

An Vorurteilen und Frauenfeindlichkeit schwer zu überbieten ist der am 10. November 1848 in der Berliner *Locomotive* veröffentlichte Brief an eine »demokratische Närrin«, unterzeichnet von Robert Springer. »Ihr Weiber wollt an den Urwahlen teilhaben? Wohl, aber versichert uns erst, daß Ihr nicht denjenigen bevorzugt, der Euch bei den Fensterpromenaden am süßesten zulächelt [...]. Wir haben genug von den Weiberherrschaften im Hause zu leiden, wir haben von denen auf den Thronen und in den Kabinetten gelitten [...]. Wir wollen nicht die Volksherrschaft auch noch durch Weiberherrschaft trüben.

Oder wollt ihr Kriegsdienst tun? Dann müssen wir versichert sein, daß Ihr nicht die Waffen vor dem Feind streckt und buhlerisch in seine Arme stürzt [...].

Ich würde sagen, Ihr seid noch nicht reif, wenn ich Euch überhaupt für fähig hielte, reif zu werden. Ich würde sagen, ehe Ihr Euch von den Männern emanzipieren wollt, möchtet Ihr Euch zuerst von Euren Schwächen und Gebrechlichkeiten frei machen, wenn diese nicht gerade Eure Wesenheit bildeten. Ihr Weiber seid Kinder, liebenswürdige göttliche Kinder. Ihr greift nach allem, was glänzt. Ihr liebt den Genuß und das Vergnügen, das Spiel und den Tanz. Ihr liebt mehr, als Ihr denkt, und schwärmt mehr, als Ihr urteilt. [...]

Seid Ihr unzufrieden mit meinem Urteil? O, dann will ich Euch erst die volle Wahrheit sagen. Dann sage ich, daß Ihr gefährlich seid, daß Ihr ränkesüchtig und rachsüchtig seid, daß Ihr eine Verletzung Eurer Eitelkeit mit Gift rächt, daß Ihr fähig seid, einen Haß jahrelang in der Brust zu nähren und zu pflegen, daß Ihr Lächeln im Gesicht und Wut in der Brust tragt, daß Ihr am liebsten die krummen Wege mit Schlangenlist verfolgt.«

Teilnahme denn aussehen solle. Damals noch etwas »schüchtern« antwortete ihm Louise Otto, die bis dato schon einige Romane veröffentlicht hatte, Politisches allerdings unter dem Pseudonym Otto Stern. Sie machte in ihrem Leserbrief vor allem die mangelhafte Bildung des weiblichen Geschlechts dafür verantwortlich, wenn Frauen der Politik zu wenig Aufmerksamkeit schenken würden: Mädchen würden zu »Puppen der Männer

[...] gemacht und sollten doch ihre Gefährtinnen sein«. Weitere Artikel unter ihrem Namen folgten, ihre nunmehr selbstbewusste Haltung war klar: »Die Teilnahme der Frauen an den Interessen des Staates ist nicht nur ein Recht, sondern auch eine Pflicht.«

Seit April 1849 gab die Pionierin der deutschen Frauenbewegung unter dem Motto »Dem Reich der Freiheit werb' ich Bürgerinnen« ihre *Frauen-Zeitung* heraus, wobei sie »von Anfang an auch Männer«[5] zur Mitarbeit einlud. Meinungsstark und selbstbewusst setzte sie sich darin für die Rechte der Frauen und die Belange der Arbeiterinnen ein, machte aber ebenso auf das harte Los der Revolutionäre aufmerksam, die in politischer Gefangenschaft darbten.

Ein weiteres großes Thema war nicht nur für Otto eine zeitgemäße Mädchenbildung, die unverheirateten Frauen die notwendigen Kompetenzen vermitteln sollte, um sich selbst – unabhängig von einem Ehepartner – zu erhalten. Konservative Geister lehnten zu viel Bildung für Frauen allerdings ab, weil sie um deren Weiblichkeit fürchteten. Nach dem Sieg der Gegenrevolution wurde gern versucht, die Uhr zurückzudrehen, etwa in Wilhelm Heinrich Riehls 1855 erschienenem Werk *Die Familie*: »Der erste Schritt zu einer politischen Erziehung des Volkes scheint mir vielmehr darin zu suchen, daß man das weibliche Geschlecht gründlich in seine eigene Art zurückführt.« Es gelte, die »jungen Mädchen wieder zu Hüterinnen der Sitte« zu bilden und sie zu lehren, »wieder Selbstbeschränkung im Haus« zu finden.

Bildung galt des Weiteren als Schlüssel zur politischen Teilhabe. Diskussionen über das Wahlrecht waren meist mit einer Bildungsdebatte verbunden. Gemäßigte Liberale, die die Unterschichten durch das Zensuswahlrecht von der Mitbestimmung fernhalten wollten, argumentierten mit deren mangelnder Bildung – dadurch seien diese unfähig, kompetente Entscheidungen zu treffen. Die Demokraten sahen das grundsätzlich gar nicht anders – sie forderten aber als Konsequenz daraus mit Nachdruck bessere Bildungsmöglichkeiten, beispielsweise durch

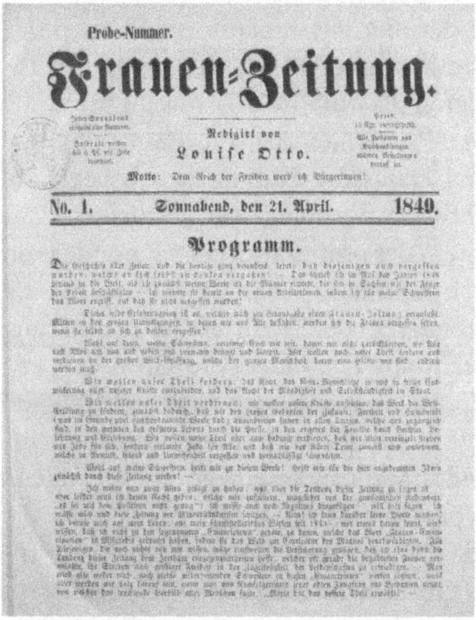
Probe-Nummer.

Frauen-Zeitung.

Redigirt von Louise Otto.

Motto: Dem Reich der Freiheit werb' ich Bürgerinnen!

No. 1. Sonnabend, den 21. April. 1849.

Programm.

Auch in der Probenummer ihrer Zeitung erinnert Louise Otto die Frauen daran, nicht sich selbst zu vergessen, sondern ihre Rechte einzufordern.

kostenlosen Schulbesuch. Dieselben »Schulforderungen« wurden seitens der Arbeiterbewegung vorgebracht, zumal die Vereine auf eigene Weiterbildungsangebote setzten. Lehrer beratschlagten auf Versammlungen wie im Berliner Tivoli über Bildungsreformen und die Verstaatlichung der Schulen. Eine bessere Bezahlung bzw. die Gleichstellung mit Staatsbeamten wünschten sich viele junge Privatdozenten und Extraordinarien an den Hochschulen, zudem mehr Mitbestimmung – Virchow etwa träumte von einer »demokratischen Universität« –, doch scheiterte man am Widerstand der privilegierten ordentlichen Professoren und des Ministeriums.

»Trotz der nur geringen ereignisgeschichtlichen Folgen im Bildungswesen, die Revolution von 1848/49 ist von eminenter Bedeutung für die Bildungsgeschichte.«[6] Paradebeispiel hierfür sind Fröbels Kindergärten, die im Revolutionsjahr jene Wertschätzung fanden, die er sich seit Jahren gewünscht hatte, und zwar in der demokratischen sowie in der dieser nahe stehenden freireligiösen Bewegung der 1840er Jahre. Für beide hatte Bildung einen hohen Stellenwert, und Fröbels Konzept der frühkindlichen Erziehung, deren Ziel die freie Entfaltung und die Selbstbestimmung sein sollte, deckte sich mit ihren Bildungsidealen. Schriftsteller und Demokrat Ludwig Storch begrüßte die Kindergärten als »ächte Pflanzschulen« der (künftigen) Demokratie. Sowohl der Verein der protestantischen Freunde (von Gegnern spöttisch »Lichtfreunde« genannt) wie auch der Deutschkatholizismus standen in der Tradition der Aufklärung und zeichneten sich durch eine demokratische Grundhaltung aus; beide Vereine standen allen unabhängig von ihrer Religion (auch Juden) offen. Um 1850 hatten die freireligiösen Gemeinden etwa 150 000 Mitglieder. Mehr als 40 Prozent waren Frauen, die aktives und teilweise passives Wahlrecht besaßen.

Auch Fröbel wollte, dass seine Kindergärten allen Kindern – unabhängig von Religion und sozialer Herkunft – offen standen; das gemeinsame Spiel sollte alle verbinden. Er stand der Märzrevolution aufgeschlossen gegenüber, war selbst aber kein Radikaler, und seine Kindergartenidee war unpolitisch angelegt. Im Revolutionsjahr nutzte er die Chance, auf jene zuzugehen, die seiner Idee zum Durchbruch verhelfen konnten: Mitte Juli 1848 schrieb er dem Paulskirchenabgeordneten Karl Hagen: »Ich erziehe und bilde seit einem Menschenalter für die Republik und zu ihr hin.« Bei einer von Fröbel organisierten mehrtägigen Lehrerversammlung in Rudolstadt im August 1848 wurde über seinen Kindergarten diskutiert. Fröbel sah darin die erste wichtige Stufe des Bildungsweges. Am Ende der Tagung konnte er sich über folgende Resolution freuen: »Alle deutschen Regierungen sowie der deutsche Reichstag zu Frankfurt möchten die Idee der öffentlichen Kleinkindererziehung und der Kindergärten mehr und mehr in Erwägung ziehen.«

Die Unterstützung der Demokraten und der einschlägigen Presse – auch Louise Otto warb für die Kindergärten – fruchtete jedenfalls. Allein 1848 wurden 44 neue Kindergärten gegründet, und seine Ausbildungskurse waren gut besucht.

Marseillaise und Radetzky-Marsch

Was bedeutete die Revolution für die Kunst- und Kulturschaffenden? Die revolutionären Ereignisse inspirierten die einen dazu, sich künstlerisch damit auseinanderzusetzen; andere wiederum gingen auf die Barrikaden wie Richard Wagner. Er war 1842 nach Dresden gekommen und im Jahr darauf zum Königlichen Sächsischen Hofkapellmeister ernannt worden. Die Anstellung hatte der Freigeist, der als selbstständiger Komponist leben wollte (aber mit seiner Kunst nicht genug verdiente), lediglich auf Drängen seiner Frau Minna (Christine Wilhelmine Planer) angenommen. So ein stattliches Gehalt dürfe man doch nicht ausschlagen!

1848 war das »Geburtsjahr seiner Nibelungendichtung«,[7] aber er stürzte sich ebenso begeistert in die Revolution, schrieb Gedichte wie den »Gruß aus Sachsen an die Wiener« und hielt im Juni vor dem Dresdener Vaterlandsverein eine Rede zur Frage »Wie verhalten sich republikanische Bestrebungen dem Königtum gegenüber?« Befreundet war er mit dem Musiker und Publizisten August Röckel, der die radikaldemokratischen *Volksblätter* herausgab, für die auch Wagner schrieb. Röckel machte ihn zudem mit dem russischen Anarchisten Mikhail Bakunin bekannt. Am 8. April 1849 erschien in den *Volksblättern* anonym Wagners Aufsatz »Die Revolution«, in dem es hieß: »Ja, wir erkennen es, die alte Welt, sie geht in Trümmer, eine neue wird aus ihr erstehen, denn die erhabene Göttin *Revolution*, sie kommt dahergebraust auf den Flügeln der Stürme.« Während des Dresdner Maiaufstands bezog er u. a. einen Beobachtungsposten auf dem Turm der Kreuzkirche. Nach der Niederschlagung desselben hatte er Glück im Unglück: Knapp verpasste er die Kutsche, mit der Röckel und Bakunin flohen – sie wurden verhaftet. Wagner hingegen gelang die Flucht.

Zurück blieb seine Ehefrau Minna, wütend und verbittert darüber, dass er mit seiner Beteiligung an der Revolution seine Anstellung und damit sein Gehalt verloren hatte. Die in Dresden geplante Uraufführung seiner romantischen Oper *Lohengrin*, die er im April 1848 fertiggestellt hatte, kam ebenfalls nicht zustande. Der steckbrieflich gesuchte Komponist schlug sich nach Paris durch, wo ihn Opernkomponist Giacomo Meyerbeer mit ironischem Ton gefragt haben soll: »Wollen Sie Partituren für die Revolution schreiben?«

Andere Künstler hingegen wollten tun, was sie auch in den letzten Jahren getan hatten: Für ihre und von ihrer Kunst leben, was in Zeiten des Umsturzes nicht einfach war. »Zufällig sprach ich heute zwei in Prag früher sehr bekannte Musiker, die Herren Prosnitz und Basch«, schrieb Kewall Ende September 1848. »Ihr klimperndes Reich ist zu Ende und die armen Narren, die sich jahrelang mit dieser Kunst abgemühet, sind jetzt sehr schlecht daran. [...] Die Politik absorbirt alle Kräfte.« Die Revolution minderte das Interesse an Veranstaltungen wie Konzerten und Bällen sowie Theateraufführungen erheblich. Andererseits stieg die Nachfrage nach aktueller Gebrauchsmusik wie Märschen und Liedern für die Nationalgarde und die Armee. In Wien passten sich Johann Strauß Vater und Sohn dem Zeitgeist an: 1848 gab es von ihnen sowohl Revolutionsmusik wie auch den *Radetzky-Marsch* zu Ehren der österreichischen Armee und ihres gegenrevolutionären Erfolgs zu hören. Wie passt das zusammen? Ganz einfach: »In Wirklichkeit waren beide Sträuße weder für noch gegen Habsburg, weder für noch gegen die Revolution, sondern für sich selbst und ihre Musik« (Marcel Prawy).

Auf der Bühne standen die Sträuße getrennt: Die beiden bildeten kein harmonisches Vater-Sohn-Gespann, sondern waren nicht zuletzt aufgrund der zerrütteten Familienverhältnisse Rivalen auf einem heiß umkämpften Markt. Johann Strauß Vater hatte sich vom »Bratlgeiger« – diese Musiker erhielten in den Wirtshäusern als Lohn meist nur eine Mahlzeit – hochgearbeitet. Eine wichtige Karrierestufe war seine Aufnahme in das Terzett Joseph Lanners, das dadurch zum Quartett wurde. Als Lanners Ensemble stetig anwuchs, dirigierte Strauß als Konzertmeister einen Teil des Orchesters, 1825 machte er sich selbstständig. Mit ihren Kompositionen machten die beiden »Walzerkönige« den Wiener Walzer berühmt. Nach Lanners Tod 1843 war Strauß unangefochtener Lokalmatador und glänzte zudem auf Europatourneen; selbst in Paris erntete er stürmischen Applaus.

Was neben einer solchen Karriere auf der Strecke blieb, war das Familienleben, zumal dem berühmten Star die Frauenherzen zuflogen. Im selben Jahr 1835, in dem seine Ehefrau Anna den jüngsten gemeinsamen Sohn Eduard gebar, brachte die junge Modistin Emilie Trampusch das erste gemeinsame Kind zur Welt. Seinen Söhnen wollte er eine unsichere Karriere, wie es die Laufbahn eines Musikers war, ersparen. Sie sollten etwas Gescheites erlernen, beispielsweise einen kaufmännischen Beruf. Eduards ältester Bruder, Johann – gemäß dem Trend seiner Zeit Jean genannt, woraus im Wiener Dialekt Schani wurde –, wollte jedoch in die Fußstapfen seines Vaters treten. Mutter Anna förderte ihn und ermöglichte ihm eine Musikausbildung – ohne Wissen des Gatten, der ohnehin kaum noch zu Hause war, und vielleicht auch mit dem Hintergedanken, ihm für seine bekannte Untreue eines auszuwischen.

1843 wurden klare Familienverhältnisse geschaffen: Johann Strauß zog zu seiner Nebenfamilie. Obwohl er erst neunzehn Jahre alt war, ersuchte Schani im Jahr darauf um eine Lizenz zur Leitung eines Orchesters: Er musste ins Berufsleben eintreten, um die vaterlose, aber kinderreiche Familie zu unterstützen – und gewiss war auch der Wunsch dabei, es sich und dem Senior zu beweisen. Am 15. Oktober 1844 gab er im Etablissement *Dommayer* in Hietzing sein Debüt, was bei seinem Vater, der dort auch häufig gespielt hatte, weniger Stolz als Sorge angesichts der Konkurrenz weckte. Die ersten Pressemeldungen verstärkten dies: »Gute Nacht, [Joseph] Lanner! Guten Abend, Johann Strauß Vater! Guten Morgen, Johann Strauß Sohn!« Später sollte es aber doch noch zu einer Aussöhnung der beiden kommen; Wien war groß genug für beide.

Im Revolutionsjahr komponierten und spielten sie, was gerade gefragt war. Der »k. k. Hofballmusikdirektor« Johann Strauß

Vater kreierte den *Marsch der Studenten-Legion,* aber auch den *Radetzky-Marsch*; Johann Strauß Sohn, der erst im März von einer mehrmonatigen Tournee zurückkam, wurde zunächst (Militär-)Kapellmeister eines Bürgerregimentes und dann der Nationalgarde. Er komponierte u. a. einen *Revolutions-Marsch* und den Walzer *Freiheits-Lieder,* der zuerst unter dem Titel *Barrikaden-Lieder* aufgeführt wurde. Im Dezember 1848 leistete sich der Junior einen politischen Ausrutscher, für den er sich bei der Polizeibehörde rechtfertigen musste: Er hatte bei einer musikalischen Abendunterhaltung am 3. Dezember – da saß Kaiser Franz Joseph gerade einen Tag auf dem Thron – das Revolutionslied schlechthin, die *Marseillaise,* gespielt, und zwar nicht nur einmal, nein, sogar dreimal. Er rechtfertigte sich damit, dass er das nicht aus eigener Motivation, sondern lediglich auf drängenden Wunsch des Publikums getan habe. Ja, er habe sogar mehrmals abgelehnt, aber dann widerstrebend doch nachgegeben. Wie revolutionär der junge Strauß gesinnt war, ist heute nicht mehr festzustellen. Vermutlich waren sowohl Vater wie Sohn »im Herzen […] wohl beide in erster Linie Musiker«.[8]

Eines ist klar: Die Künstler durchlebten eine schwierige Phase; der wetterwendische Zeitgeist machte es ihnen nicht leicht, immer den richtigen Ton zu treffen. Das hatte vor Strauß schon der Dichter und Dramatiker Franz Grillparzer zu spüren bekommen. Nachdem Windisch-Graetz den Prager Pfingstaufstand niedergeschlagen hatte, lobte Grillparzer dessen hartes Vorgehen in seinem Gedicht »Der gute Hirte«. Es zu veröffentlichen, wagte er jedoch nicht, nachdem er sich zuvor mit einer Huldigung Radetzkys heftige Vorwürfe eingehandelt hatte. Von seiner politischen Haltung her war Grillparzer kein entschiedener Reaktionär, aber auch kein Befürworter der Revolution, in der er eine Gefahr für den Fortbestand seiner geliebten Habsburgermonarchie sah. Die Armee erschien ihm unter diesem Gesichtspunkt als fester Anker wichtig. Im Juni 1848 zog er sich aus Wien nach Baden zurück, wo er sich Gedanken zu seinem Drama *Ein Bruderzwist in Habsburg* machte.

Per Flugblatt wurde das neueste Stück aus der Feder Johann Nestroys angepriesen, in dem der Sänger und Schauspieler wie immer auch selbst auftrat: »Nestroy hat mit diesem seinem letzten Produkte *eine Geschichte, ein Dokument von Österreich* geliefert.« In der Tat hatte er alle wichtigen Daten und Ereignisse der Wiener Revolution – den 13. und 15. März, den 26. Mai – darin verarbeitet. Es handelt sich also um ein Stück Zeitgeschichte und »zweifellos die bedeutendste literarische Reaktion auf die erste Phase der Wiener Revolution«[9]. Das Stück *Freiheit in Krähwinkel* greift die großen Ereignisse wie Fischhofs Rede, Metternichs Flucht und den Barrikadenkampf, aber auch den Sturz des französischen Bürgerkönigs auf. Was Wien im Großen hatte, hatten die fiktiven Krähwinkler im Kleinen: ein Tyrannerl, ein Ministeriumerl, ein Zensurerl. Der routinierte Lustspieldichter Nestroy bewies erneut seinen scharfen Blick auf die Gesellschaft und hielt dieser, in dem er beispielsweise die Hörigkeit der Krähwinkler gegenüber reaktionären Figuren herausstrich, einen Spiegel vor. Obwohl das Stück mit dem Sieg der Revolution endet, ging die Musik im Schlussakt anfangs bedeutungsschwanger in einen russischen Marsch über – das hat Nestroy aber sofort nach der Uraufführung am 1. Juli 1848 gestrichen.

Dass er die jüngsten Ereignisse als Satire darstellte, sorgte für eine durchwachsene bis ablehnende Aufnahme durch Publikum und Kritik. »Abends [28. Juli] Nestroys ›Freiheit im Krähwinkel‹ angesehen«, notierte Mayr in seinem Tagebuch. »Ein sonderbarer Galimathias [Kauderwelsch], der sehr stark den Charakter unserer Gassenliteratur trägt und ziemlich klar zeigt, dass Nestroy von Anfang bis zum Ende nicht wusste, was er machen wollte und das auf die Schaubühne kommt wie der Pontius ins Credo. Ein Machwerk, das weder Handlung, Charaktere noch Situationen enthält außer einem gelungenen Couplet.«

Der Theaterkritiker Julius März von der Zeitschrift *Humorist* nahm die Sache bitterernst und fragte empört: »Wer oder was ihn dazu berechtigte, die Sache unserer Freiheit, eine Sache, die wir mit unserem Blute bezahlten, in's Lächerliche, Gemeine, herab zu zerren! Wir fragen Herrn Nestroy weiter: Ob ein dramatischer Schriftsteller, der auch nur eine blasse Idee von einer constitutionellen Gesinnung hat, ob sich der so weit vergessen darf, ja, nur kann, mit einer solchen Missgeburt den Pfad der Oeffentlichkeit zu betreten!!«

Nestroy war mit seinem Stück zu früh gekommen – vielen fehlte noch der notwendige Abstand zum Geschehen, zu einer Revolution, für die sie bluteten, für die sie brannten, als dass sie über die Persiflage hätten lachen können. Genauso schlecht dran war freilich, wer mit seinem Stoff der Zeit hinterherhinkte. Ein Lied davon singen konnte der gebürtige Berliner Albert Lortzing, der als Schauspieler, Sänger und Komponist auf zahlreichen deutschen Bühnen agierte, zuletzt Kapellmeister in Leipzig und ab 1846 am Theater an der Wien angestellt war. Unter dem Eindruck des Barrikadenbaus am 26. Mai begann er ein ambitioniertes Werk: die Revolutionsoper *Regina*.

Im Unterschied zu anderen Dramatikern wie Nestroy, die gern vorhandene Stoffe umarbeiteten und dadurch natürlich viel schneller waren, war Lortzings Werk wirklich originell: Schauplatz war eine Fabrik, wobei er den Arbeiterkampf thematisierte und die Geschichte mit streikenden Fabrikarbeitern beginnen ließ, die man bis dato noch nie auf der Bühne gesehen hatte – und auch 1848 nicht sehen sollte. Denn als Lortzings Drama Ende November endlich fertig war, winkte jeder Theaterdirektor ab; ein solches Stück schien nach dem Sieg der Gegenrevolution nicht mehr opportun. Treffend bemerkte Kewall Ende November, dass alle Theater nur noch Stücke ohne politische Tendenz spielten. Noch im selben Jahr musste Lortzing Wien verlassen und aus Geldnot wieder als Schauspieler auftreten, bis er 1850 in Berlin erneut als Kapellmeister unterkommen konnte. Die eigentliche Uraufführung der nach seiner Frau benannten Freiheitsoper *Regina* erlebte Lortzing nicht mehr: Sie fand erst 1998 anlässlich des 150. Jubiläums der Revolution in Gelsenkirchen statt.

Freiheitsopern und Revolutionslieder waren nach 1848 nicht mehr gefragt. In Wien versuchte Johann Strauß Sohn mit seinem *Kaiser-Franz-Joseph-Marsch* den neuen (alten) Machtverhältnissen gerecht zu werden. Sein Vater war im September 1849 verstorben, und Schani übernahm nicht nur dessen Orchester, sondern wollte auch seine Nachfolge als Hofballmusikdirektor antreten. Doch er musste eine Erfahrung machen, die er mit vielen Zeitgenossen teilte: Das »tolle« Jahr ließ sich nicht einfach aus seiner Biographie ausradieren. Am Wiener Hof bestärkte Erzherzog Ludwig Sophie in ihrer unversöhnlichen Haltung dem rebellierenden Volk gegenüber, das ruhig eine Zeit lang in »heilsamer Furcht« leben solle. Dementsprechend zeigte man sich nachtragend: Noch 1856 warf man dem Walzer- und späteren Operettenkönig seine revolutionären Kompositionen vor, und erst 1863 erhielt er den begehrten Titel des Hofballmusikdirektors.

Was vom Aufstand übrig blieb

Die Revolution war gescheitert. Abgesehen von der Schweiz, in der die 1847/48 geschaffenen neuen politischen Verhältnisse erhalten blieben, trug quer durch Europa die Gegenrevolution den Sieg davon. Sogar im Mutterland der Revolution, in Frankreich, war der Zweiten Republik keine lange Lebenszeit beschieden. Stattdessen erlangte Napoleons Neffe zuerst als Präsident die Macht, bevor er 1851 seinen dritten und endlich erfolgreichen Putschversuch unternahm. Viele Franzosen protestierten zwar dagegen, aber Louis-Napoleon ging durch die Armee unterstützt mit Gewalt gegen Massendemonstrationen vor. Gegnerische Stimmen wurden brutal zum Schweigen gebracht, wie Johannes Willms schreibt: »Jeder, der sich kritisch zu den neuen Verhältnissen äußerte, lief Gefahr, verhaftet zu werden.«

Das musste auch sein einstiger Fürsprecher Hugo erkennen, der ihn inzwischen mit zunehmend scharfen Worten kritisierte, was Louis-Napoleon sehr persönlich nahm. Im September 1851 wurden beide Söhne Hugos wegen Pressevergehen verhaftet, er selbst bestieg am 11. Dezember mit falschem Namen und als Arbeiter verkleidet den Zug nach Brüssel. Aus seinem Exil auf den britischen Kanalinseln Jersey und Guernsey verspottete er ihn in seiner gleichnamigen Schrift als »Kleinen Napoleon«. 1870 tauschten die beiden sozusagen die Rollen: Hugo konnte zurück nach Frankreich, Louis-Napoleon – seit Ende 1852 Kaiser Napoleon III. – beschloss sein Leben in England.

Fragen wir danach, wie die Zeitgenossen das »tolle« Jahr in Erinnerung behielten, so stand zunächst dieser Eindruck des Scheiterns im Vordergrund. Die folgende rund zehn Jahre dauernde Phase der Reaktion machte ihrem Namen alle Ehre, die nunmehr wiedereinsetzende Repressionspolitik, die neuerliche Umsturzversuche verhindern sollte, erinnerte stark an frühere Jahrzehnte. »Wir leben wieder in den guten alten Zeiten, und fehlt bloß der Fürst Metternich, um alle Erinnerung an den vorjährigen März zu verbannen«, schrieb Kewall am 2. Februar 1849 in sein Tagebuch.

Vor allem radikale Demokraten und Republikaner wurden als Gegner verfolgt sowie politische Vereine und Organisationen der Arbeiter verboten, was für die deutsche Arbeiterverbrüderung ebenfalls das offizielle Aus bedeutete. Stephan Born floh nach dem Dresdener Aufstand in die Schweiz, studierte dort Literaturgeschichte und arbeitete als Journalist. Als Marx ihn fragte, ob er an einer Emigrantenzeitung mitwirken wolle, lehnte er frustriert ab: »Ich besitze nicht den Heroismus, für etwas zu leiden, für das ich in meinem Jahrhundert nicht den entferntesten Hoffnungsschimmer einer Verwirklichung entdecken kann.«

Selbst in Frankreich mit seinen weit stärkeren sozialistischen Strömungen wurde das Streikrecht der Arbeiter aufgehoben. Den gemäßigten Liberalen hingegen hielten die Regierungen die ausgestreckte Hand entgegen, u. a. durch die Beibehaltung der Verfassung. Zudem blieb die Pressefreiheit als eine der wichtigsten Märzerrungenschaften bestehen; aber auch wo die Zensur nicht wieder eingeführt wurde, konnte man nur bedingt von einer Freiheit der öffentlichen Meinung sprechen. Die Publikationen wurden scharf überwacht, unbotmäßige Autoren und Verleger disziplinierte man mittels hoher Strafen. »Jetzt bei Preßfreiheit sind wir viel schlimmer dran als früher unter der Censur«, stöhnte ein preußischer Buchhändler im Herbst 1850.

Schon im Jahr zuvor hatte Kewall aus Wien von der dortigen strengen Aufsicht über die Presse berichtet. Die 1848 neugegründete liberale Zeitung *Die Presse* wurde Ende 1849 von der Militärregierung verboten, da sie zu oppositionell erschien. Kewall vermutete jedoch, dass ein skandalöser Bericht über die Liebschaft Erzherzog Franz Karls, Sophies Gatten, mit einer Schauspielerin den Ausschlag dafür gegeben hatte: »Das Faktum mag vielleicht richtig sein; aber es war unzart, es dem großen Publikum mitzutheilen.« Doch wie schon in den Jahrzehnten zuvor war es auch nach 1848 möglich, unter der Hand verbotene Schriften zu erhalten.

Der Grundrechtskatalog der Paulskirche wurde 1851 aufgehoben, die Bauernbefreiung allerdings nicht. Abgesehen davon, dass eine moderne Agrarverfassung als notwendig und zeitgemäß erkannt wurde, dürften die Fürsten wohl auch an die Exzesse der elementaren Revolution im Frühjahr 1848 zurückgedacht und deshalb versucht haben, die Bauern auf ihrer Seite zu behalten. Einspruch dagegen erhoben manche Adelige: Wenn der Grundrechtskatalog in seiner Gesamtheit aufgehoben werde, müssten doch auch die Regelungen zur Bauernbefreiung wie die Aufhebungen und Ablösungen bäuerlicher Abgaben und Dienste rückgängig gemacht oder zumindest zugunsten des Adels nachverhandelt werden.

Im Grundrechtskatalog wie in der oktroyierten österreichischen Verfassung von 1849, die Ende 1851 durch die Silvesterpatente ebenfalls aufgehoben wurde, war darüber hinaus die volle Emanzipation der Juden festgeschrieben worden. Auch in den italienischen Staaten war die Gleichstellung der Juden in der Revolutionszeit nahezu eine Selbstverständlichkeit, sowohl in Sardinien-Piemont wie auch in der Republik Venedig wurde sie beschlossen. In Rom wurden Mitte April 1848 die Mauern des Ghettos niedergerissen, die Römische Republik erklärte im Februar darauf ebenfalls die Emanzipation. In der Reaktionszeit kam es jedoch zu schmerzlichen Rückschritten. In Italien behielt nur Sardinien-Piemont die Judenemanzipation bei, in Rom wurde gar das Ghetto wiedererrichtet und die Juden hineinverbannt; erst 1870 wurde es aufgelöst.

Reinhard Rürup deutet diese Entwicklung als »Nachhutgefechte«,[1] welche die Entwicklung auf rechtlicher Ebene verzögern, aber nicht mehr aufhalten konnten. Gabriel Riesser, der nach der Revolution nach Hamburg gezogen war, engagierte sich weiter für die Emanzipation. 1860 war er der erste Jude, der in Deutschland Richter wurde, als er zum Obergerichtsrat ernannt wurde. In einzelnen deutschen Staaten setzte sich die Gleichstellung der Juden in den 1860er Jahren durch, 1867 im Zuge des Ausgleichs mit Ungarn auch in der Habsburgermonarchie sowie unter der Federführung Preußens bei der Gründung des Norddeutschen Bundes und des Deutschen Kaiserreichs. »Eine seit mehr als neunzig Jahren andauernde Debatte ging zu Ende.«[2] Nicht beseitigt war hingegen der Antisemitismus, der durchaus im Widerspruch zur gesetzlich verankerten Judenemanzipation im ausgehenden 19. Jahrhundert »wieder salonfähig« wurde. Ein Beispiel dafür ist die antisemitische Polemik *Das Judentum in der Musik*, die Richard Wagner 1850 zunächst anonym publizierte, die 1869 jedoch unter seinem mittlerweile berühmten Namen erschien.

Die Revolution führte vielerorts zu einem Wechsel an der Staatsspitze, der von den Betroffenen als Ende einer oft langen Karriere und persönliches Scheitern empfunden wurde. In Frankreich wurden Bürgerkönig Louis-Philippe sowie dessen Ministerpräsident Guizot gestürzt. In ganz Europa für Aufsehen sorgte jedoch der Fall Metternichs. Der »Kutscher Europas«, der einer ganzen Ära seinen Stempel aufgedrückt hatte, sah sich von einem Tag auf den anderen zur Flucht nach England gezwungen. In hämischen Karikaturen und Spottgedichten machte man sich über den zuvor so gefürchteten Staatskanzler lustig. Im Exil zeigte er sich weiterhin politisch interessiert und traf sich gern mit Guizot und Prinz Wilhelm, der ebenfalls für kurze Zeit ins Exil gehen musste. Wilhelm berichtete über eine Begegnung im Mai 1848: »Sein erstes Wort war: ›Wir beiden in London, das ist Geschichte des Tages!‹ – Er ist in seiner Ruhe grandios. Seine Ansicht über sich ist sehr richtig, indem er sagt: ›Ich habe nur eine Vergangenheit und keine Zukunft.‹ Von mir sagte er, sei es gerade umgekehrt, indem meine Zukunft vielleicht reicher als die Vergangenheit sein könne!« Als sich das Blatt wendete und die Reaktion triumphierte, waren es die prominenten Revolutionäre, die zwischenzeitlich erlangte Führungspositionen im Staat (oder aber gar ihr Leben) verloren. Giuseppe Mazzini stand nur kurz an der Spitze der Römischen Republik; in Ungarn konnte Kossuth, anders als viele Generäle und auch der ehemalige Ministerpräsident Batthyány, die hingerichtet wurden, rechtzeitig fliehen: Er wurde lediglich *in effigie*, also in einem symbolischen Akt, gehängt. Vielen, die sich in der Revolution engagiert hatten, blieb nach deren Scheitern nur das Gefühl bitterer Enttäuschung.

Mit welcher Begeisterung hatte George Sand ihre sozialistischen Freunde und die provisorische Regierung Frankreichs unterstützt! Doch nach dem Staatsstreich Mitte Mai, dem Skandal rund um ihr 16. Bulletin sowie dem niedergeschlagenen Juniaufstand zeigte sie sich von der Politik enttäuscht. Verbittert war sie über den Einsatz französischer Truppen gegen die Römische Republik und zur Wiederherstellung der päpstlichen Herrschaft. Mazzini befand sich schon wieder in seinem Londoner Exil, als ihn Sands bedauernde Zeilen erreichten: »Und ich war so stolz auf Frankreich im Februar [1848]!« Zwar war sie nach dem Staatsstreich Napoleons III. selbst nicht von Repressionen betroffen, auch wenn ihr Tun von der Geheimpolizei misstrauisch beobachtet wurde. Doch nicht zuletzt die mangelnde Wertschätzung seitens früherer Mitstreiter wie Louis Blanc, der sie aufgrund ihrer Bemühungen um Gnadengesuche gar als Verräterin der guten Sache bezeichnete, führte dazu, dass sie sich resigniert von der Politik abwandte. Rückblickend äußerte sie sich mit einer erkennbaren Portion Zynismus über das Revolutionsjahr und die Akteure; sie distanzierte sich nun von Idealisten wie Blanc, die von einer sozialen, teils auf einem verklärten Christentum beruhenden Ordnung träumten.

Dass die angestrebten nationalen Einigungen Italiens und Deutschlands 1861 und 1871 doch noch stattfanden, konnten sich die Revolutionäre von einst nicht unbedingt als Erfolg auf die Fahnen schreiben. Denn sie fanden unter anderen Vorzeichen statt, sie kamen nämlich nicht wie 1848 angestrebt in den Volksvertretungen, sondern unter Führung der Monarchen und durch Krieg zustande. Interessant sind jedoch manche personellen Kontinuitäten. Beispielsweise sahen die »Erbkaiserlichen« der Paulskirche, die überwiegend der Casino-Fraktion, dem rechten Flügel der gemäßigten Liberalen, angehört hatten, noch 1849 eine Chance, ihren Traum von einem kleindeutschen Reich mit

Friedrich Wilhelm als Kaiser zu verwirklichen. Während im Süden Deutschlands noch erbittert um die Reichsverfassung gekämpft wurde – erst der Fall der Festung Rastatt am 23. Juli 1849 beendete dieses Kapitel –, trafen sich im Juni knapp 150 ehemalige liberale Abgeordnete der Frankfurter Nationalversammlung in Gotha, darunter Gagern, Mathy und Dahlmann. Sie beschlossen, an einem neuen Projekt der deutschen Einigung mitzuwirken, das diesmal nicht von Parlamentariern, sondern vom preußischen König ausging.

Friedrich Wilhelm hatte sich zwar gegen das »Hundehalsband« der Paulskirche verwahrt. Als ihm jedoch sein Freund und Berater Radowitz die Idee eines deutschen Kaiserreiches unter preußischer Führung (aber unter Ausschluss Österreichs) unterbreitete, zögerte er nicht. Noch im Mai begannen die Verhandlungen, am Ende des Monats schloss man mit Sachsen und Hannover ein Dreikönigsbündnis, und es wurde ein Verfassungsentwurf zur *Erfurter Union* vorgelegt. Weitere deutsche Staaten schlossen sich an. Skeptisch zeigte sich Prinz Wilhelm, der am 20. Mai einem Freund schrieb: »Wer Deutschland regieren will, muß es sich erobern; à la Gagern geht es nun einmal nicht. Ob die Zeit zu dieser Einheit schon gekommen ist, weiß Gott allein! Aber daß Preußen bestimmt ist, an die Spitze Deutschlands zu kommen, liegt in unserer ganzen Geschichte.«

Der Erfurter Reichstag – gewählt wurde nach einem Dreiklassenwahlrecht, gegen das viele Demokraten protestierten – konnte am 20. März 1850 zusammentreten, aber inzwischen hatten sich die Zeiten geändert: Nach der Niederschlagung der Revolutionen in Italien und Ungarn war die Habsburgermonarchie gestärkt und trat den preußischen Plänen entschlossen entgegen. Da sich zudem Bayern, Württemberg, Hannover und Sachsen der Union verweigerten, ein Vierkönigsbündnis schlossen und ein Deutsches Reich unter Einschluss Österreichs forderten, sah die Sache für Berlin nicht gut aus. Wollte man den Unionsplan weiterverfolgen, drohte Krieg. Um das zu vermeiden, gab Berlin am 29. November 1850 in der »Olmützer Punktation« nach. Da eine politische Neuordnung Deutschlands vorläufig nicht erreicht werden konnte, küsste man den Deutschen Bund aus seinem Dornröschenschlaf wach.

Jetzt zog sich auch Dahlmann endgültig auf sein Lehramt zurück. Es fiel ihm nicht leicht, sich wieder an den Alltag an der Bonner Universität zu gewöhnen, wo ihn die Studenten zwar herzlich empfingen, viele Professoren dem in der Politik gescheiterten Kollegen jedoch mit Schadenfreude begegneten. Heinrich von Gagern wiederum stürzte sich in den noch laufenden Schleswig-Holsteinischen Krieg, bevor auch er ins Privatleben wechselte.

Da die *Erfurter Union* in ihren Grundzügen der kleindeutschen, erbkaiserlichen Lösung der Paulskirche entspricht, stellt sich die Frage: Hätte sich der Plan durchsetzen lassen? Dieter Langewiesche kommt in seiner kontrafaktischen Überlegung, was geschehen wäre, wenn die Revolution von 1848 »als eine *Glorreiche* in die Geschichte eingegangen wäre«,[3] zu dem Schluss: Es wäre wohl zum Bruch mit Österreich, das sich nicht ausschließen lassen wollte, und folglich zu einem Entscheidungskrieg gekommen. Anders hätte die Sache nur ausgesehen, wenn die nationalen Unabhängigkeitsbewegungen in Italien und Ungarn erfolgreich gewesen wären. Denn dann wäre die Habsburgermonarchie von innen heraus zerbrochen und entweder zu schwach gewesen, um gegen die kleindeutsche Lösung vorzugehen, oder aber die übrig gebliebenen österreichischen Erblande, die ja auch zuvor schon Teil des Deutschen Bundes gewesen waren, wären in das Deutsche Reich aufgenommen worden, was in der Paulskirche ursprünglich auch vorgesehen gewesen war.

Auf dem italienischen Schauplatz waren die Zusammenhänge zwischen der Revolution und dem 1859 beginnenden Zweiten Unabhängigkeitskrieg unverkennbar. Wiederum übernahm Sardinien-Piemont die Führung, aber nun war eine Republik kein Thema mehr. Die italienische Einigung erfolgte »von oben«, und 1861 konnte das Königreich Italien ausgerufen werden. Eine führende Rolle spielte der bereits 1848 überaus aktive, mittlerweile zum Ministerpräsidenten aufgestiegene Cavour; zudem bildete das *Statuto Albertino* die verfassungsmäßige Grundlage des italienischen Nationalstaates. Zum Erfolg des Vorhabens trug Garibaldis Sizilienexpedition 1860 bei, die er übrigens gegen den Willen Cavours begonnen hatte. Erneut gelang es ihm, zahlreiche Freiwillige zu begeistern und die bourbonische Herrschaft im Königreich beider Sizilien sowohl auf der Insel wie auch auf dem Festland zu Fall zu bringen. Der leidenschaftliche Freiheitskämpfer war jedoch kein Politiker und mit der Verwaltung überfordert; Cavour misstraute ihm. Garibaldis Wunsch, Gouverneur von Neapel zu werden, wurde ihm daher abgeschlagen, Geldgeschenke wiederum lehnte er stolz ab und zog sich auf sein Landgut auf der Insel Caprera zurück.

Durch einen Krieg, nämlich den Deutsch-Französischen Krieg 1870/71, wurde auch die Einigung Deutschlands möglich. Dabei fällt jedoch auf, dass sich deren Architekten um Distanzierung von den 1848er Revolutionären bemühten. Sowohl die Zeitgenossen als auch die frühe nationale Geschichtsschreibung wollten verhindern, dass doch noch der »Ludergeruch der Revolution« an der Kaiserkrone haftete. Die angebotene Deutung war klar: Die Revolution 1848/49 war schmählich gescheitert, umso heller sollten davon losgelöst die Leistungen des genialen Reichskanzlers Otto von Bismarck sowie der preußischen Armee erstrahlen.

Wie wenig Bismarck als frischgebackener preußischer Ministerpräsident von der früheren Paulskirche hielt, machte er im September 1862 in seiner vor der Budgetkommission des preußischen Abgeordnetenhauses gehaltenen Grundsatzrede mehr als deutlich. Dabei griff er in seiner Verachtung für die Demokratie mit ihrem Diskurs und ihrer Mehrheitsfindung das alte vorurteilsbeladene Bild des Parlaments als geschwätziges Professorenparlament auf, das nichts zustande bringe. Auch enthielten seine Worte eine deutliche Spitze gegen die anwesenden Abgeordneten, denen er erklärte: »Nicht durch Reden und Majoritätsbeschlüsse werden die großen Fragen der Zeit entschieden – das ist der große Fehler von 1848 und 1849 gewesen – sondern durch Eisen und Blut.«

Auf dem Weg zur Reichseinigung wurde zunächst die »Schleswig-Holstein-Frage« militärisch gelöst. Sie wurde 1864 wieder aktuell, nachdem die dänische Regierung durch eine Verfassungsreform im Vorjahr Schleswig in den dänischen Nationalstaat eingegliedert und damit von Holstein getrennt hatte, was ihr laut Londoner Vertrag von 1852 untersagt war. Das lieferte dem Deutschen Bund bzw. Preußen und Österreich – die noch im Verein agierten, aber die Rivalität trat immer schärfer hervor – den Kriegsgrund. Nachdem Dänemark unterlegen war, musste es die Herzogtümer Schleswig, Holstein und Lauenburg abtreten. 1866 wurde außerdem in der Schlacht bei Königgrätz geklärt, welche der beiden deutschen Großmächte im Deutschen Bund das Sagen hatte. Preußen setzte sich durch, und der Deutsche Bund wurde aufgelöst. Von 1866 bis zum Deutsch-Französischen Krieg bestand stattdessen der Norddeutsche Bund, woraufhin 1871 das Deutsche Reich gegründet und Prinz Wilhelm als Wilhelm I. erster deutscher Kaiser wurde. Mit den Idealen von 1848 hatte der nun entstandene Fürstenbund aber wenig gemein.

Gegründet wurde das Reich ausgerechnet im Spiegelsaal von Versailles, womit wir von den Siegern zum großen Verlierer kommen: Napoleon III. Als Regent war er »vor allem Opportunist«[4] gewesen, entsprechend schwankte der innenpolitische Kurs zwischen links und rechts bzw. pendelte zwischen Demokratie und Autokratie. Er konnte zwar gewisse Erfolge bei der Modernisierung Frankreichs erreichen – unübersehbar ist der bleibende Eindruck, den seine Herrschaft durch die »Transformation von Paris« unter dem Architekten Baron Georges Eugène Haussmann in der französischen Hauptstadt hinterließ. Aber seine Karriere endete im Deutsch-Französischen Krieg. Nach der Kapitulation von Sedan Anfang September 1870 begab er sich in preußische Gefangenschaft.

In Paris wurde nun die bereits Dritte Republik ausgerufen, der Kaiser wurde abgesetzt und allen Mitgliedern der Familie Bonaparte der Aufenthalt in Frankreich verboten. Den Krieg gegen die Deutschen führte die neue Regierung allerdings fort. Auf ihre Hilferufe reagierten Freunde der Republik in Spanien, Polen, England, Italien und selbst in Amerika. Mit dabei war auch der bereits über sechzigjährige, u. a. an Rheumatismus leidende Garibaldi. In der Presse wurde er als Kämpfer für die unterdrückten Völker gefeiert, während französische Kommandanten ihn eher als fragwürdigen Charakter betrachteten. Er befehligte im Osten Frankreichs eine Truppe Freiwilliger, doch seine militärischen Operationen waren Fehlschläge, und er zog sich nach dem Krieg wieder auf seine Insel zurück.

Auf einer (wenngleich größeren) Insel landete auch Napoleon III. In seinem Exil in Camden Place in der Grafschaft Kent führte er das typische Leben eines britischen *country gentleman*, Cricketspiele inklusive. Denn seiner Gattin, Kaiserin Eugénie, war es gelungen, einen Großteil des gemeinsamen Vermögens nach England zu bringen. Dass seine Anhänger und Gegner der Republik ihn in Anlehnung an die »Herrschaft der 100 Tage« Napoleons I. dazu überreden wollten, eine Wiederholung des »Adlerflugs« zu wagen, war angesichts seiner schlechten Gesundheit allerdings illusorisch.

Wie in der Außenpolitik hinterließ die Revolution auch in den innenpolitischen Verhältnissen deutliche Spuren, denn die Erfahrungen mit ihr hatten auch die Fürsten geprägt. Wohl nicht nur für den Preußenkönig Friedrich Wilhelm war sie ein traumatisches Erlebnis gewesen; er beschrieb die Revolutionsjahre als jene Zeit, »als wir alle auf dem Bauch lagen«. Danach schloss er sich noch enger der ultrakonservativen Kamarilla an. Er wagte jedoch nicht, die im November 1848 oktroyierte Verfassung zurückzunehmen, die sogar das demokratische allgemeine und gleiche Wahlrecht enthielt. Stattdessen versprach er in einer Proklamation, »mit *Gottes Hülfe* ein *guter* constitutioneller *König*« sein zu wollen. Ganz ehrlich meinte er es damit aber nicht, denn die Verfassung sollte aus Sicht der Reaktion nur eine Zwischenlösung sein und wurde 1850 zugunsten des monarchischen Prinzips revidiert. Dass in der Verfassungsurkunde die Formel des Königtums »von Gottes Gnaden« enthalten war, entsprach schon eher Friedrich Wilhelms Herrschaftsverständnis.

Nachdem die *Erfurter Union* gescheitert war, konzentrierte er sich in seinen letzten Regierungsjahren auf das »Herausarbeiten Preußens aus dem Schlamm des Jahres 1848«, wie er es nannte. Ein besonderer Dorn im Auge waren ihm die Pädagogen mit ihrem vermeintlich verderblichen Einfluss auf die Jugend. Er warf Seminarlehrern und -direktoren Anfang 1849 bei der Eröffnung einer Konferenz vor: »All das Elend, das im verflossenen Jahr [1848] über Preußen hereingebrochen, ist Ihre, einzig Ihre Schuld, die Schuld der Afterbildung, der irreligiösen Massenweisheit [...]. Nicht den Pöbel fürchte ich, aber die unheiligen Lehren einer modernen frivolen Weltweisheit vergiften und untergraben mir eine Bureaukratie, auf die ich stolz zu sein glaubte.«

Die von den Demokraten gefeierten Kindergärten Fröbels gerieten ebenfalls ins Visier der Reaktion. In ihren Memoiren schrieb Malwida von Meysenbug, eine Vertreterin der frühen deutschen Frauenbewegung, die sich ebenfalls für eine Reform der Mädchenerziehung einsetzte, dass das zuständige Ministerium behaupte, über Dokumente zu verfügen, »welche deutlich darlegten, wie die Pädagogen schon in die kleinen Kinder den Keim der Freiheit und der Unabhängigkeit legen wollten! Das wurde in meiner Gegenwart wörtlich von einem im Ministerium beschäftigten Herrn, mit dem ich zufällig einmal zusammenkam, gesagt.« Dem preußischen Staat waren (zu) freie und unabhängige Bürger suspekt; 1851 wurden die Kindergärten verboten. Auch die 1850 gegründete Hamburger Frauenhochschule – keine Universität im eigentlichen Sinn, sondern eine Ausbildungsstätte für Kindergärtnerinnen und Lehrerinnen, die auch Meysenbug besucht hatte – wurde bald geschlossen. Entsetzt über das Kindergartenverbot, schrieb Fröbel im Oktober

1851 an den König: »Die Sache der Kindheit kann keiner Parthei angehören.« Einen Vorwurf konnte er sich nicht verkneifen: »Wird die Kindergartensache aber von der conservativen Parthei verworfen, ist die Folge, daß die Gegenparthei sie annimmt, und sie damit zur Partheisache gestempelt wird. In ihr selbst liegt es nimmermehr!« Einzelne Kindergärten wurden von der Obrigkeit teils mit Gewalt geschlossen, Pädagoginnen durch die Polizei aus den Räumlichkeiten vertrieben. Louise Otto berichtete empört, dass Kindergärtnerinnen durch die Reaktion ähnlich unerbittlich verfolgt würden wie männliche Revolutionäre.

Interessant ist, wie sich der als Hardliner und »Kartätschenprinz« bekannte Wilhelm unter dem Eindruck der (gegen)revolutionären Ereignisse entwickelte. Bei seinem doch eher unfreiwilligen Aufenthalt in England 1848 erlebte er, wie eine konstitutionelle Monarchie im Bündnis mit Adel und Bürgertum funktionierte: »Nach diesem tiefen Einschnitt begann er sich politisch umzuorientieren und neue, gemäßigtere Konzepte zur Positionierung des monarchischen Prinzips im Verfassungsstaat zu entwickeln.«[5] Nach dem Sieg über die Reichsverfassungskampagne wurde er Militärgouverneur von Rheinland und Westfalen, wo er immer öfter mit gemäßigt liberal und fortschrittlich Gesinnten ins Gespräch kam. Auch seine Ehefrau Augusta, der das liberale Klima am Rhein gut tat, förderte sein behutsames Umdenken. Ein Vollblutliberaler wurde aus Wilhelm deshalb freilich nicht, der seiner Schwester Charlotte noch am 11. März 1850 aus Koblenz schrieb: »Es gibt wohl keinen größeren Antagonisten der Konstitution als mich, und wahrlich, die Neuzeit hat dies nicht vermindert. Aber kann man immer gegen den Strom schwimmen?«

Er erkannte, dass Liberalismus und Konstitutionalismus zu stark an Gewicht gewonnen hatten, als dass man sie ignorieren und zu vorrevolutionären Verhältnissen zurückkehren könnte. »Nach großen Zeitbegebenheiten« komme man nicht umhin, »das Alte mit dem Neuen [zu] liieren«; man müsse dem Bürgertum angemessene politische Mitbestimmung einräumen und ja, sogar das Parlament als einen Machtfaktor anerkennen. Friedrich Wilhelm und seine konservativen Berater wie Leopold von Gerlach waren schockiert von der aus ihrer Sicht schon fast oppositionell anmutenden Haltung Wilhelms; doch der blieb dabei und warf seinerseits den »Ultrarechten« vor, »nichts gelernt« zu haben. Mit der Kamarilla sei kein Staat zu machen.

Stellvertretend für seinen aus gesundheitlichen Gründen regierungsunfähigen Bruder übernahm Wilhelm 1857 die Regierungsgeschäfte. Als im Jahr darauf klar war, dass Friedrich Wilhelm nicht auf den Thron zurückkehren konnte, forderte er die volle Regierungsgewalt ein. Jetzt läutete Wilhelm – von den Liberalen freudig begrüßt – die sogenannte »Neue Ära« mit einer Abkehr vom allzu reaktionären Kurs ein. Die Kamarilla gab es nun nicht mehr; die Wahlen stärkten die Liberalen im Abgeordnetenhaus. Wilhelm war bereit für einen zeitgemäßen politischen Kurs, nur den radikalen Liberalismus lehnte er ab. 1862 holte er den »Lotsen« Bismarck an Bord – und der Rest ist Geschichte.

Einen anderen politischen Weg als Wilhelm, nämlich jenen des Neoabsolutismus, beschritt Franz Joseph in Wien. Die Märzverfassung von 1849 wurde durch die Silvesterpatente aufgehoben, doch seine Mutter Sophie jubelte darüber, dass »die guten Gesetze der alten Zeiten« wieder herrschten und Gott die Kaiserfamilie »schnell aus der Schande des Unglücks dieses unerfreulichen Jahres [1848] befreit« habe. Nach dem Tod seines Ministerpräsidenten Schwarzenberg Anfang 1852 besetzte Franz Joseph dessen Amt nicht neu, sondern agierte als sein eigener Staatskanzler. Der mittlerweile nach Österreich zurückgekehrte Metternich erhielt keine offizielle Funktion mehr, war jedoch – obwohl schwerhörig – nicht nur für den Kaiser ein geschätzter Gesprächspartner. Er kritisierte allerdings das Versagen der Wiener Regierung in der Revolutionszeit, welche eine große Chance vertan habe: »Die kaiserliche Regierung konnte die Revolution zum Besten der benötigten Reformen benützen, indem sie das Feld zum neuen Benötigten vorbereitet fand!« Diese Gelegenheit habe sie nicht zu nutzen verstanden. Dem neoabsolutistischen Kurs Franz Josephs konnte Metternich wenig abgewinnen.

Tatsächlich neigte der junge Kaiser zur Selbstüberschätzung und bewies innen- und außenpolitisch ein wenig glückliches Händchen. Verlorene Kriege zwangen ihm einen Kurswechsel auf: Die Niederlage gegen Italien 1859 kostete ihn die Lombardei und brachte die Monarchie an den Rand des Staatsbankrotts, was den Herrscher zu innenpolitischen Zugeständnissen zwang. 1860 wurde Österreich mit dem Oktoberdiplom (erweitert durch das darauffolgende Februarpatent) wieder ein Verfassungsstaat.

Die Niederlage gegen Preußen bei Königgrätz entlockte dem nicht zuletzt von Erzherzogin Sophie als Trottel bezeichneten Ex-Kaiser Ferdinand angeblich den Ausruf: »Na, des hätt' i a noch z'sammbracht!« Franz Joseph bezahlte dafür mit dem Verlust Venedigs und musste zudem den Forderungen der Ungarn nachgeben. Der Ausgleich von 1867 brachte diesen im Grunde das, was sie bereits 1848 begehrt hatten: einen im Inneren zentralisierten Einheitsstaat und weitgehende Unabhängigkeit von Wien. Sogar die meisten der zwischenzeitlich abgeschafften Aprilgesetze der Revolutionszeit wurden erneuert, was die überwiegend aus der Generation der »Achtundvierziger« stammenden Unterhändler besonders gefreut haben dürfte. Kossuth war allerdings nicht dabei, der den Ausgleich als Verrat ablehnte und die völlige Unabhängigkeit Ungarns von den verhassten Habsburgern wünschte. Österreich wurde nun als »Kaiserliche und königliche Monarchie Österreich-Ungarn« zur Doppelmonarchie, vom habsburgischen Kaiser in Personalunion regiert. Der Habsburgermonarchie sollte aber genauso zum Verhängnis werden wie 1848/49 den ungarischen Revolutionären, dass sie die Ansprüche und Wünsche anderer Nationalitäten nicht berücksichtigt hatte.

Erzherzogin Sophie, die anfangs noch mit mütterlichen Ratschlägen auf Franzi eingewirkt hatte, nahm 1854 einen neuen Erziehungsauftrag an: Nach ihrem Gatten Franz Karl und ihren leiblichen Kindern widmete sie sich nun ihrem »fünften Kind«, ihrer blutjungen Schwiegertochter Elisabeth (»Sisi«), die sie zum Wohle der Dynastie auf ihre Rolle als Kaiserin vorbereiten wollte. In populären Darstellungen wie den schmalztriefenden Sissi-Filmen der 1950er Jahre brachte ihr das den Ruf der bösen Schwiegermutter ein.

In manchen anderen deutschen Staaten wurden die Verfassungen in der Reaktionszeit ebenfalls »gehörig gerupft«,[6] blieben aber außer in Mecklenburg bestehen. Beispielsweise wurden in Sachsen, Hessen-Darmstadt und Württemberg 1850 die neuen Kammern aufgelöst sowie die liberalen Wahlgesetze zurückgenommen. Auch Hannover und etliche Kleinstaaten ließen sich auf einen reaktionären Kurs drängen, nachdem der Deutsche Bund die Grundrechte aufgehoben hatte. Das waren zwar Rückschritte, aber der Prozess der Konstitutionalisierung ließ sich insgesamt nicht aufhalten. Es waren nicht zuletzt viele Revolutionäre von einst, die sich schnell vom Schock des Scheiterns erholten und wieder aktiv in der Politik mitmischten, entschlossen, ihre Ideale weiterhin zu vertreten und der Reaktion Paroli zu bieten.

Damit wären wir bei der letzten großen Frage: Was taten die Revolutionäre nach ihrem gescheiterten Umsturz? Jene, die sich als Demokraten und Republikaner einen Namen gemacht und sich an den Aufständen wie den Kämpfen im Zuge der Reichsverfassungskampagne beteiligt hatten, wurden von der Reaktion mit aller Härte verfolgt. Im schlimmsten Fall drohte ihnen wie Blum eine Aburteilung im Schnellverfahren und das Erschießungskommando, meist aber wurden sie in einem regulären Prozess zu langen Haftstrafen verurteilt. In Wien wurde Adolf Fischhof wegen Hochverrat und der angeblichen Beteiligung an der Ermordung des Kriegsministers Latour angeklagt, konnte aber nachweisen, dass er wie auch Goldmark diesen zu retten versucht hatte. Das Verfahren wurde aus Mangel an Beweisen eingestellt; er übersiedelte nach Emmersdorf bei Klagenfurt und betrieb dort eine Praxis.

Sein Kollege Goldmark emigrierte nach Amerika; er wurde in Abwesenheit zum Tode verurteilt, konnte sich aber in einem neuen Verfahren 1868 rehabilitieren. Dem Bauernbefreier Hans Kudlich und seinem Freund Violand gelang ebenfalls die abenteuerliche Flucht, denn auch gegen sie wurde wegen Hochverrats ermittelt. Kudlich gelang es, sich in den USA als Arzt eine solide bürgerliche Existenz aufzubauen. Nicht so Violand, der sich zuerst als Tabakarbeiter in Hamburg und Kiel über Wasser hielt und dann in der neuen Welt in einer Zigarrenfabrik in Virginia schuftete.

»Ich würde nicht noch ein solches Gefängniß aushalten, wie ich es von 1824 bis 1830 erduldet habe«, war Arnold Ruge überzeugt, der ebenfalls steckbrieflich wegen Hochverrat gesucht wurde. Nach dem Maiaufstand in Dresden hielt er sich in Paris auf, wo er im Juni 1849 wohl in eine Erhebung der Linken unter Ledru-Rollin gegen Napoleon verwickelt war, und floh schließlich nach England. Verfolgung und Flucht war jedoch nicht allein das Los der Revolutionäre, sondern auch von deren Ehefrauen und Familien. Beispielsweise wurde ihre Korrespondenz überwacht, und sie wurden ebenfalls als politische Kriminelle behandelt. Fern der Heimat (über)leben zu müssen, aus Gründen politischer Verfolgung nicht mehr nach Hause zu können und einen Neuanfang zu beginnen, fiel ihnen in der Regel nicht leicht.

»Als wir im Sept. 1850 zuerst hier (in England) ankamen, waren wir ganz fremd. Wir wählten Brighton statt London als Wohnort«, erzählt Arnold Ruges Gattin Agnes in ihren Erinnerungen. Ihre finanzielle Lage war angespannt, die beiden lebten u. a. von Ruges journalistischen Aufträgen sowie Übersetzungen und Sprachunterricht. Seinem Traum von der Zusammenarbeit aller Völker blieb er treu. Er schloss sich in London dem Europäischen Demokratischen Zentralkomitee an und arbeitete dabei u. a. mit Ledru-Rollin, Mazzini – dieser strebte weiterhin ein als Republik geeintes Italien an – und Kossuth zusammen. Ihr gemeinsames Ziel war es, von London aus eine erneute europäische Revolution zu starten, allerdings waren die Mitglieder untereinander sehr uneinig, und das Zentralkomitee löste sich 1853 auf.

Was die Zukunft Deutschlands betraf, richtete Ruge seine Hoffnungen auf Bismarck und die kleindeutsche Lösung. Allerdings sah er sich von dessen Politik bereits Ende 1866 enttäuscht, da sie sich als unvereinbar mit den Idealen der Paulskirche erwies: »Es sei zwar viel erreicht, aber es sei kaum [...] die Hälfte, denn es fehlt an der Volksbeteiligung. Der Geist ist nicht so weit entwickelt, als es 1848 den Anschein hatte: denn wollte 1848 der König nicht, so will jetzt das Volk nicht«, schrieb Ruge einem Kollegen. Er verwarf die Idee, nach Berlin zurückzukehren, und kaufte sich lieber ein Haus in Brighton. Immerhin erhielt er, obwohl er sich »trotz einer vorübergehenden Annäherung nie als ›Bismarckianer‹ verstanden«[7] hatte, 1877 auf Bismarcks Anweisung einen »Ehrensold« von 3000 Reichsmark zum Lohn für sein publizistisches Engagement für die preußische Politik.

Für das idealistische Projekt des Europäischen Demokratischen Zentralkomitees hatte Marx, obwohl er früher mit Ruge in enger Freundschaft zusammengearbeitet hatte, ebenso wie Engels nur spöttische Worte übrig. Schließlich vereinigten sich darin Demokraten, die mit kommunistischen Ideen wenig anfangen konnten. Auch die beiden Revolutionäre hatte es ins englische Exil verschlagen, und sie gingen in den ersten Jahren ebenfalls davon aus, dass es zu einer erneuten Revolution kommen würde. Kommen musste. Wie Marx 1850 durchaus richtig erkannte, war »eine neue Revolution [...] nur möglich im Gefolge einer neuen Krisis«; aber er irrte sich mit seiner Einschätzung, dass eine solche »ebenso sicher« sei. Der Bund der Kommunisten zerbrach an inneren Auseinandersetzungen – viele führende Mitglieder fielen zudem durch eine Verhaftungswelle im Zuge des Kölner Kommunistenprozesses aus, mit dem die Reaktion die politische Opposition empfindlich schwächen konnte. Er wurde 1852 auf Marx' Antrag hin als »nicht mehr zeitgemäß« aufgelöst.

Die soziale Frage und der Pauperismus sowie die der 1848er Revolution vorangegangenen Krisenjahre waren entscheidende

Auslöser des Umsturzes gewesen. Diese Gründe fielen nach 1848 zwar nicht schlagartig weg, wurden aber durch die weltwirtschaftliche Entwicklung doch erkennbar abgeschwächt: Denn kurz danach begann eine Zeit des Aufschwungs, angefeuert durch die Goldfunde in Kalifornien noch im Revolutionsjahr und kurz darauf in Australien. Selbst die Textilindustrie in Manchester, wo der gelernte Industriekaufmann Engels notgedrungen wieder in den väterlichen Betrieb eingestiegen war, war kaum wiederzuerkennen und verlockte Queen Victoria 1851 zu einem Besuch. Die Hochkonjunktur führte nicht nur in England zum sogenannten »großen viktorianischen Boom«, sondern mit etwas Verzögerung auch auf dem Festland, wo sich Industrialisierung und Kapitalismus verstärkten, zu einer spürbaren Verbesserung der Arbeitslosigkeit und der Lebenssituationen. Kürzere Wirtschaftskrisen wie in den ausgehenden 1850er Jahren konnten den Trend nicht umkehren, und die Regierungen, die in den Krisenzeiten unter Beschuss geraten waren, gewannen mit ihrer Wirtschaftspolitik sowie dank der Modernisierung wieder an Vertrauen.

Die Kehrseite dieser Entwicklung soll angesichts unserer heutigen Umwelt- und Klimakrisen nicht verschwiegen werden: Es entstanden im Namen des Fortschritts und zum Wohle des Gewinns massive Schäden in der Natur. Gewässer und Böden wurden durch giftige Schwermetalle wie Blei und Cadmium verseucht und durch die rege Bautätigkeit große Flächen versiegelt. Vor allem der Energieverbrauch stieg durch die expandierende Industrie sprunghaft an; schon damals sorgte man sich um eine ausreichende Energieversorgung: Was, wenn fossile Brennstoffe wie Braun- und Steinkohle knapp würden?

Diese Frage griff Jules Verne in seinem Roman *20 000 Meilen unter den Meeren* (1869/70) auf. Da es sich als unmöglich erwiesen hatte, zugleich Autor und Anwalt zu sein, war er 1851 zu einer Entscheidung gelangt: »Die Literatur geht vor, nur dort kann ich erfolgreich sein, denn mein Geist ist ganz auf sie fixiert!« Die Übernahme der väterlichen Kanzlei lehnte er ab; wenige Jahre später heiratete er eine wohlhabende Witwe und konzentrierte sich auf seine schriftstellerische Karriere. Er war fasziniert vom Fortschritt und schrieb von technischen Neuerungen seiner Zeit inspirierte wissenschaftliche Romane. Auf der zweiten Pariser Weltausstellung 1867 bewunderte er neuartige Taucheranzüge, riesige Aquarien und das Modell des Unterseebootes Le Plongeur – bald schickte er seinen Kapitän Nemo mit der Nautilus auf abenteuerliche Fahrten. Das Problem der Kohleversorgung löste er in seiner Romanhandlung durch in Urzeiten im Meer versunkene Wälder, die sich in Kohle verwandelt hatten, die nun unterirdisch abgebaut werden konnten. Sein Verleger Pierre-Jules Hetzel drängte ihn dazu, Nemo als Kämpfer gegen den Sklavenhandel auftreten zu lassen, was Verne jedoch ablehnte: »Ich will nicht politisch werden, dazu bin ich nicht geeignet, und Politik hat darin nichts zu suchen!«

Mit politischen Fragen befassten sich andere wie Karl Marx. Da eine neue Revolution angesichts der allgemeinen wirtschaftlichen und politischen Lage immer weiter in die Ferne rückte, konzentrierte er sich auf seine *Kritik der politischen Ökonomie.* Daneben schrieb er als Korrespondent für die *New York Tribune*, wobei von seinen rund 500 Beiträgen etwa 170 in Wahrheit von Engels stammten, die dieser neben seiner Arbeit in der Fabrik verfasste, wenn sich Marx wieder einmal verzettelt hatte. Die Einkünfte aus seiner journalistischen Tätigkeit reichten für Marx jedoch nicht aus, um seine Familie zu ernähren, zumal weder er noch Jenny gut haushalten konnten. Mehrmals musste sie Teile ihrer Aussteuer, beispielsweise wertvolle Wäsche aus Damast, ins Pfandhaus geben und ebenso wie Karl Freunde um Unterstützung anbetteln. Wie gut, dass Engels durch seinen Beruf über ein regelmäßiges Einkommen verfügte, von dem er, was er konnte, für seinen Freund Marx abzweigte. »Zwanzig lange Jahre führte er [Engels] in der Blüte seines Lebens in Manchester voller Selbstverleugnung das Leben eines Fabrikanten, damit Marx die nötigen Mittel und die Muße hatte, um das *Kapital* zu vollenden.«[8] Motivationsarbeit leistete Engels ebenfalls; beispielsweise riet er dem allzu selbstkritischen und von Zweifeln in Bezug auf seine Texte geplagten Marx Anfang 1860 aufmunternd: »Sei endlich einmal etwas weniger gewissenhaft Deinen eignen Sachen gegenüber; es [*Das Kapital*] ist immer noch viel zu gut für das Lausepublikum. Dass das Ding geschrieben wird und erscheint, ist die Hauptsache; die Schwächen, die Dir auffallen, finden die Esel doch nicht heraus.«

1869 konnte sich Engels, der dank glücklicher Börsengeschäfte zu einem ansehnlichen Vermögen gekommen war, ins Privatleben zurück- und nach London in die Nähe seines Freundes ziehen; nach dessen Tod 1883 machte er es sich zur Lebensaufgabe, dessen unvollendet gebliebenes *Kapital* auf Basis der nachgelassenen Manuskripte zusammenzuführen und zu veröffentlichen.

Politische Flüchtlinge, die so bald wie möglich in ihr Heimatland zurückkehren wollten, blieben oft in Europa und wählten u. a. London, Paris, Brüssel, Genf oder Zürich als (Zwischen)Station. Einige Exilanten wie Mazzini und Marx hofften auf eine baldige neue Revolution, in der sie sich erneut engagieren konnten. Andere vollzogen einen schärferen Bruch mit ihrem bisherigen Leben und reisten ans andere Ende der Welt, um als Emigranten in der Ferne eine neue Heimat zu finden.

Viele radikale Demokraten und Republikaner des Jahres 1848 landeten als sogenannte *Forty-Eighters* in den USA. Hecker etwa versuchte, sich in der von deutschen Auswanderern geprägten Gemeinde Belleville südöstlich von St. Louis eine Existenz als Farmer aufzubauen, war damit aber wenig glücklich und laut seinen Zeitgenossen entsprechend übellaunig. Zufriedener war er, als er sich wieder politisch engagieren konnte, und zwar für die damals neue Partei der nordstaatlichen Republikaner, die sich dem Kampf gegen die Sklaverei verschrieb. Er engagierte sich bereits 1856 im Präsidentschaftswahlkampf, den noch ein Demokrat gewann; 1860 wurde dann ›sein‹ Kandidat gewählt: Abraham Lincoln. Im Amerikanischen Bürgerkrieg meldete er sich freiwillig und wurde »Oberst der Hecker-Jäger«; jedoch zeigte sich, dass er zwar mutig war, aber nichts von militärischen Belangen verstand. Auch beschwerten sich seine Untergebenen bei Vorgesetzten über seine Wutausbrüche, so dass er bald um seine Entlassung bat. 1873 kehrte Hecker als Kultfigur kurz nach Deutschland zurück, irritierte aber viele, indem er die Zustände seiner neuen Heimat lobte, aber jene im Deutschen Reich scharf kritisierte.

Mathilde und Fritz Anneke emigrierten ebenfalls in die USA, wo Erstere sich mit ihrem Engagement für Mädchenbildung und Frauenrechte einen Namen machte. Die Ehe wurde aber durch den Tod zweier Kinder, die 1858 an den Pocken starben, nachhaltig belastet. Fritz hatte sich »aus Prinzip«, wie er sagte, geweigert, sie impfen zu lassen. Mathilde und Fritz gingen fortan meist getrennte Wege.

Amalie und Gustav Struve wollten eigentlich nicht nach Amerika auswandern. Sie waren in die Schweiz geflohen, wurden aber ausgewiesen und durch Polizeikräfte an die französische Grenze gebracht. In London verfasste Amalie ihre *Erinnerungen aus den badischen Freiheitskämpfen*, die 1850 in Hamburg erschienen und sofort verboten wurden. »Fehlende Verdienstmöglichkeiten, Geldnot und mangelnde Kontakte zu Gesinnungsgenossen ließen die Struves aus London nach Amerika weiterziehen«,[9] wo sie 1851 ankamen.

»Wenn sie ihre ganze geistige Kraft auf ihre eigenen Werke verwendet, hätte sie vermutlich bedeutenderes leisten können. Doch sie arbeitete am liebsten mit mir zusammen«, berichtete Struve in seinen Erinnerungen, aber nun fand sie als Schriftstellerin ihre eigene Stimme, auch wenn sie weiter an Projekten ihres Mannes mitarbeitete. Sie veröffentlichte Romane und Zeitschriftenartikel, in denen sie die Stellung der Frau in der Gesellschaft behandelte. Wichtig war ihr, dass Frauen selbst aktiv wurden, um ihre Lage zu verbessern. Amalie starb 1862 – noch keine vierzig Jahre alt – nach der Geburt ihrer dritten Tochter. Gustav kehrte später nach Europa zurück.

Im Beispiel der Struves klingt es bereits an: Nicht alle, die nach der Revolution auswanderten, taten dies aus freien Stücken. Nach der Niederschlagung des badischen Aufstandes 1849 wurden Angeklagte vor allem in Baden und Württemberg, wenn sie sich dazu bereit erklärten, zu einer Auswanderung, »begnadigt«. Damit entfielen für den Staat die Kosten für Prozesse sowie Inhaftierung, und man war die potentiellen Unruhestifter los. Voraussetzung dafür war freilich, dass die USA bereit waren, Emigranten aufzunehmen; die damaligen Asyl- und Einwanderungsgesetze waren günstig. Viele der Ausgewanderten wollten jedoch wieder nach Hause zurück bzw. bemühten sich ihre Familien, ihnen das über Gnadengesuche zu ermöglichen. Dank den Generalamnestien der 1860er konnten viele tatsächlich zurückkehren.

Zum Vergleich: Frankreich deportierte politische Gegner jener Zeit bevorzugt nach Algerien; das von der Revolution nicht direkt betroffene England verfrachtete u. a. irische Rebellen in seine Kolonien. Allerdings war man in einigen britischen Kolonien nicht länger bereit, als Gefängnis missbraucht zu werden. 1848/49 protestierten Tausende in Australien, Neuseeland und Südafrika gegen Sträflingstransporte. Das British Empire stand damit vor dem Dilemma, dass es mittels Deportation zwar Problemfälle aus Großbritannien entfernen konnte, dafür aber an anderen Ecken des Empire neue Krisenherde erzeugte. Gerade nach Australien (zum Nachteil der indigenen Bevölkerung) wanderten nach der Revolution aber viele Menschen freiwillig aus, vor allem, nachdem dort 1851 Gold gefunden worden war.

In den USA erfuhr angesichts der durch die irische Hungersnot und die Revolution gestiegenen Zuwanderungszahlen aus Europa die ausländerfeindliche sogenannte Know-Nothing-Partei (*American Party*) um die Mitte des 19. Jahrhunderts verstärkten Zulauf: Sie sprach sich gegen einen weiteren Zuzug vor allem irischer und deutscher Katholiken sowie eine Beschneidung der Rechte der Immigranten aus. Als Gabriel Riesser nach dem Amerikanischen Bürgerkrieg die Vereinigten Staaten besuchte, konnte er dort zwar viele alte Bekannte aus den Tagen der Revolution treffen und wusste die US-Verfassung zu schätzen; aber die negativen Seiten wie Rassentrennung und Nativismus blieben ihm ebenso wenig verborgen. Freiheit gab es im Land der unbegrenzten Möglichkeiten eben nicht für alle.

Über den Rhein ins französische Lauterbourg war 1849 das Ehepaar Obermüller geflohen, das sich durch die Unterstützung von badischen Freiheitskämpfern kompromittiert hatte und damit auch nicht aufhörte. So nahe der Heimat konnten »wir [...] manchen Flüchtigen retten, der verweifelnd am Ufer stund und den Gustav schnell im Kahn abholte«, schrieb Henriette in ihren Erinnerungen. Bereits im November kehrten die beiden in ihre Heimat zurück und stellten sich einem Prozess, da ihr Vermögen eingezogen zu werden drohte. Henriette kam mit Hausarrest davon; Gustav wurde zwar schon bald aus der Haft entlassen, starb aber an deren gesundheitlichen Folgen 1853. Ihr Glück fand Henriette in ihrer zweiten Ehe, die wohl über die Vermittlung von Itzstein angebahnt wurde: Sie heiratete 1854 den von ihr schon lange geschätzten Demokraten Jakob Venedey – er hatte sich zwischenzeitlich als Publizist am Schleswig-Holsteinischen Krieg beteiligt und eine ethnisch-sprachliche Grenze gefordert, die nach einer Volksabstimmung 1920 gezogen wurde.

Die beiden gingen in die Schweiz, wo er sich als Historiker habilitieren konnte, aber keine Professur erhielt. Daher kehrten sie in den Schwarzwald zurück, wo sie in Oberweiler das »Gast- und Rasthaus Venedey« betrieben. In der Ehe mit Gustav hatte der ausbleibende Kindersegen für viel Unmut gesorgt; nun wurde Henriette doch noch Mutter. Beide blieben an der demokratischen Sache interessiert; Venedey war u. a. im Deutschen Nationalverein aktiv, Henriette machte sich für die Frauenrechte stark und vernetzte sich mit dem Zentralkomitee der Genfer *Association internationale des femmes*, an deren Zeitschrift sie mitwirkte.

Emma und Georg Herwegh hatte die Revolution Geldsorgen beschert, nachdem das Paar lange gut von ihrer jährlichen Mitgift in Höhe von 6000 Talern hatte leben können. Nun aber hatte Emmas Vater durch die Revolution einen Großteil seines Vermögens verloren, und er war verärgert darüber, wie sich Tochter und Schwiegersohn an der badischen Revolution beteiligt hatten. Nicht nur strich er ihnen den Unterhalt, er enterbte sie auch zugunsten der Enkelkinder. Von 1849 an führten die beiden ein von vielen Umzügen geprägtes Leben, das durch Georgs Affären noch zusätzlich verkompliziert wurde und zu einer zwischenzeitlichen Trennung der beiden führte. In Zürich führten sie einen (bescheideneren) Salon, in dem u. a. die Kämpfer aus Dresden, Richard Wagner und Gottfried Semper, verkehrten. Nach der Generalamnestie konnten die Herweghs 1866 nach Baden zurückkehren. Doch erst als Witwe gelang es Emma, eine kleine Pension für Georg zu erreichen und damit ein bescheidenes Auskommen zu finden. Sie starb in Paris.

Clotilde Koch-Gontard schrieb im Juli 1849 an Josefine Buhl: »Weißt Du wohl, daß mir bisweilen ernstlich Auswanderungsgedanken kommen? Wenigstens erwacht der alte Wunsch, von Frankfurt fort zu sein.« Tausende verließen nach der Revolution wirklich ihre Heimat, auch wenn viele von ihnen keiner direkten politischen Verfolgung ausgesetzt waren. Sie erwarteten sich beispielsweise in den USA, die sie als vorbildliches Land der Freiheit wahrnahmen, ein besseres Leben als im reaktionären Europa. In die Staaten verschlug es 1851 übrigens auch Lola Montez, die im Jahr darauf am Broadway mit dem Stück *Lola Montez* in Bavaria Erfolge feierte. Darin gab sie die Münchner Ereignisse zum Besten – freilich stark in ihrem Sinn geschönt.

Die meisten Menschen aber blieben, darunter auch Koch-Gontard. Und nicht nur bei ihr war die Enttäuschung über die jüngste Vergangenheit unverkennbar. Rüdiger Hachtmann weist darauf hin, wie sehr Revolutionen – erfolgreiche anders als gescheiterte – die »Mentalitäten und Verhaltensmuster der Zeitgenossen« prägten. Während siegreiche Revolutionäre den alten Eliten geradezu frech begegnen könnten und den Bruch mit Traditionen wagen würden, sei »anhaltender Respekt vor der Obrigkeit und ein vielfach wenig ausgeprägtes Selbstbewußtsein, abzulesen etwa am devoten Tonfall«,[10] kennzeichnend für erfolglose Umsturzversuche. Da sie ernüchtert vom Fehlschlag und eingeschüchtert durch staatliche Repressionen seien, zeige sich bei den Zurückbleibenden eine verstärkte Bereitschaft, sich mit dem politischen System zu arrangieren und sich diesem unterzuordnen. Sichtbarer Ausdruck der Anpassung waren abrasierte Bärte und das Abschneiden der langen Haare, beide hatten zuvor die revolutionäre Gesinnung signalisiert; in Wien trugen brave Bürger nun wieder vermehrt Zylinder, von manchen durchaus treffend »Angströhren« genannt.

Aber Jellinek hatte Recht: »Ideen können nicht erschossen werden!« Das Scheitern der Revolution versetzte zwar den Liberalen und mehr noch den Demokraten sowie den Republikanern einen Dämpfer, aber der im Vormärz begonnene Kampf (vorrangig des Bürgertums) um politische Mitbestimmung war damit keineswegs beendet. Bis etwa 1851 ging nicht nur Marx davon aus, dass es zu neuen Umsturzversuchen kommen würde. Die Revolution wurde von vielen noch als unentschieden betrachtet, so auch von Kewall in Wien, der im April 1850 in sein Tagebuch schrieb: »Die Lage der Dinge in Europa wird sich nur dann friedlich gestalten, bis eines der beiden extremen Principien, der Absolutismus und die Demokratie, besiegt sein werden. Die Gegner sind gleich stark, so lange sie sich keine Uebergriffe erlauben.«

Die meisten »Achtundvierziger« blieben nach 1848 politisch aktiv. Gerade bei den gemäßigten Liberalen zeigten sich nicht nur in Gotha, wo sich viele zur Zusammenarbeit an der Erfurter Union bereit fanden, personelle Kontinuitäten. Beispielsweise wurden in der Reaktionszeit manche Ministerposten mit bekennenden Liberalen besetzt, die sich in der Revolution »kompromittiert« hatten, aber dennoch ihre Karrieren fortsetzen konnten. Dazu zählte etwa in Österreich unter Schwarzenberg der nunmehrige Innenminister Alexander von Bach.

Ab 1852 lässt sich »ein folgenreicher Wandlungsprozeß innerhalb der Opposition«[11] feststellen, nämlich hin zum neuen Leitbegriff »Realpolitik«. Der politische Idealismus der Revolutionszeit wurde von deutschen Liberalen wie Demokraten rück-

Wie schwer es oppositionelle Politiker in der Reaktionszeit hatten und welchen Schikanen sie ausgesetzt sein konnten, zeigt das Beispiel Jodocus Temmes. Der unbotmäßige Jurist hatte schon vor der Revolution Erfahrung mit Strafversetzungen gesammelt. Zwei Verfahren wegen Hochverrats scheiterten, aber 1851 wurde er in einem fragwürdigen Disziplinarurteil aus dem Staatsdienst entlassen, womit der Ehemann und Vater von sechs Kindern zugleich seine Pensionsansprüche verlor. Wovon sollte er leben?

»Es herrschte zu jener Zeit eine wahrhaft schimpfliche Furcht vor der Regierung in allen denjenigen Kreisen, mit denen in Verbindung zu treten ich hätte versuchen können. Mit dem von der Regierung verfolgten, verurtheilten, geächteten Demokraten wagte Niemand sich einzulassen. Kein Rechtsanwalt durfte mir Beschäftigung geben; kein Kaufmann hatte den Muth, meinen juristischen Rath in Anspruch zu nehmen; kein Buchhändler nahm etwas von mir in Verlag«, schrieb er in seinen Erinnerungen. Weder bei Kaufleuten noch Rechtsanwälten fand er eine Anstellung. »Je reicher die Herren waren, desto mehr fürchteten sie die Regierung« und wiesen dem der Regierung verhassten Demokraten die Tür.

»Und doch wurde mir Hülfe. Von den Juden in Breslau! Sie allein hatten Muth«, betonte Temme. Der Buchhändler Boos bat ihn um eine Schrift über ein neues Strafgesetzbuch, ebenso wurde er als Rechtskonsulent hinzugezogen. Doch auch Breslau musste Temme bald verlassen; erst nach dem Tod Friedrich Wilhelms erhielt er den Heimatschein, mit dem er ausreisen durfte. Er zog nach Zürich und wurde 1860 Stephan Borns Schwiegervater.

blickend kritisch betrachtet; fortan wollte man die realen Machtverhältnisse stärker berücksichtigen. Die Neuorganisation der Opposition begann also noch vor dem Anbruch der »Neuen Ära«, wobei interessant ist, dass sich Liberale und Demokraten unter dem Druck der reaktionären Verfolgung wieder annäherten und gerade auf den unteren Ebenen wie in den Gemeinden durchaus gut zusammenarbeiten konnten. Das Straucheln und Scheitern der Reaktionspolitik in den 1850ern stärkte die Opposition.

Die Beschränkung auf die Politik des Möglichen engte überzeugte Idealisten oft ein, so erging es beispielsweise Temme. Zum Revolutionsjahr sagte er: »Wir haben damals viele Fehler gemacht, wir Alle und die äußerste Linke nicht am wenigsten. [...] Wir waren freilich Neulinge in dem neuen politischen Leben, und, noch einmal, wir hatten uns abhängig von der Berliner Straßendemokratie gemacht.« Nachdem er 1863 – ohne dafür zu kandidieren – ins Preußische Abgeordnetenhaus gewählt wurde, nahm er den Posten an, konnte und wollte dem realpolitischen Kurs der Fortschrittspartei jedoch nicht folgen. Er wollte für die »Wiederherstellung einer alten Linken, einer ›äußersten‹ Linken« wirken, wie er in seinen Erinnerungen schrieb.

Der ebenfalls linksdemokratische Benedikt Waldeck hingegen war der Ansicht, »die Demokratie, eine äußerste Linke könne nur Prinzipien geltend machen wollen, die heute keine Berechtigung hätten und nur Ziele erreichen wollen, die in weiter, jetzt noch nebliger Ferne lägen«. Daher müsse ein guter Politiker nur »das jedesmal Mögliche erreichen wollen«. Temme hielt dagegen, dass die äußerste Linke Ideale aufstellen müsse, »die eben nicht zu erreichen seien«, damit das Volk nicht einschlafe, sondern »rüstig bleibe, für Freiheit und Recht einzustehen und zu handeln; darum dürfte auch eine äußerste Linke ebenso wenig zum Regieren kommen wie eine äußerste Rechte«. Bereits 1864 zog sich Temme wieder in die Schweiz zurück.

Anders erlebte es der Arzt Rudolf Virchow: Nachdem er im Februar 1849 seine politische Stellung hatte aufgeben wollen und angesichts von Repressionen Berlin verlassen hatte, um nach Würzburg zu gehen, sah er sich in der »Neuen Ära« gerade als Mediziner erneut in der Pflicht, politisch tätig zu werden: Wer, wenn nicht der Arzt und vor allem der praktische Mediziner, der aus tagtäglicher Anschauung die sozialen Missstände kannte, wäre fähig, an deren Behebung mitzuwirken? Nach seinem Schlüsselerlebnis in Oberschlesien gab er 1848/49 die Wochenschrift *Die medicinische Reform* heraus, in der er schrieb: »Die Medizin ist eine soziale Wissenschaft, und die

Politik ist weiter nichts als Medizin im Großen.« Er wünschte sich neben Regierung und Volksvertretung einen Gesundheitsrat als anerkannten »Congress der Sachverständigen«, der in politischen Fragen die »Herrschaft der Vernunft« garantieren sollte, indem er »der gesetzgebenden Gewalt überhaupt die Grundlagen ihrer Berathungen vorbereitete«. 1859 wurde Virchow Abgeordneter der Berliner Stadtverordnetenversammlung, 1862 zog er in das Preußische Abgeordnetenhaus ein und war später Mitglied des Deutschen Reichstages. Als Hygieneexperte setzte er sich u. a. für die Berliner Kanalisation sowie die Trichinenuntersuchung in den Schlachthöfen ein, plädierte aber auch für eine europäische Entwaffnung statt ständig neuer Rüstung.

Wie die andauernden oder nach kurzer Unterbrechung fortgesetzten Karrieren einzelner »Achtundvierziger« zeigen, konnten diese mehr oder weniger an die Revolutionszeit anknüpfen. Ihre Erfahrungen prägten eine ganze Politikergeneration; ihre Netzwerke erwiesen sich in manchen Fällen als sehr langlebig und konnten in den 1860er Jahren Keimzellen für die neuen Parteien darstellen.

»Ideen können nicht erschossen werden« galt auch für die Arbeiter- und Frauenbewegung, deren Anfänge in der Revolution gemacht wurden und die nach ihrer Zwangspause erneut auflebten. 1863 wurde auf Initiative Ferdinand Lassalles, der in der Revolutionszeit als Demokrat in Erscheinung getreten war und sich anfangs für kommunistische Ideen interessiert hatte, der Allgemeine Deutsche Arbeiterverein gegründet. Stephan Born richtete in seinen kurz vor seinem Tod 1898 erschienenen *Erinnerungen eines Achtundvierzigers* den deutschen Arbeitern aus: »Ihr Unterdrückten, Übersehenen, Vergessenen [...] Ihr wurdet [1848/49] niedergeschlagen.« Doch hätten sich die Arbeiter aus ihrer Niederlage erhoben und würden nun eine Macht darstellen, mit der man rechnen müsse. »So dürfen wir, die Achtundvierziger, in unseren alten Tagen mit Beruhigung aussagen: Wir haben nicht vergeblich gerungen.«

Die Vorkämpferin für Frauenrechte, Louise Otto, ließ sich von Rückschlägen nicht entmutigen – beispielsweise verbot die sächsische Regierung in ihrem Pressegesetz 1850 Frauen die Herausgabe wie auch die Redaktionsleitung von Zeitungen, was sich unmissverständlich gegen ihre *Frauen-Zeitung* richtete und daher als »Lex Otto« bezeichnet wurde. »Welche Beleidigung und Zurücksetzung eines ganzen Geschlechts in dieser Bestimmung liegt«, prangerte sie in einer öffentlichen Stellungnahme dazu an, bevor sie Anfang 1851 ihre Zeitung einstellen musste.

Sie fand 1849 in dem revolutionären Publizisten und Autor August Peters ihr Gegenstück, auch wenn die beiden erst 1858 heiraten konnten, da er mehrere Gefängnisstrafen verbüßen musste. 1865 wurde sie Vorsitzende des auf ihre Initiative gegründeten Allgemeinen Deutschen Frauenvereins, dessen Schwerpunkt auf Bildung und Erwerbstätigkeit lag. Ebenso forderte er das Frauenwahlrecht, das in Deutschland erst 1918 eingeführt wurde. Im Allgemeinen Deutschen Frauenverein wurde Männern die volle Mitgliedschaft verwehrt, was ihm prompt den Vorwurf der Männerfeindlichkeit einbrachte. Als Ehrenmitglieder waren jene Herren, die sich für die Rechte aller Menschen einsetzten, aber sehr wohl gern gesehen und gehört.

Die Aufhebung des Kindergartenverbotes im Jahr 1860 erlebte Friedrich Fröbel nicht mehr. Für diese hatte sich Baronin Bertha von Marenholtz-Bülow stark gemacht. Nach der Revolution hatte sie u. a. in Frankreich und England für den Kindergarten geworben und sich nach ihrer Rückkehr nach Berlin 1859 dort für sein Wiederaufleben eingesetzt. Hilfreich dürfte gewesen sein, dass sie dem revolutionär-demokratischen Grundgedanken von 1848 eine klare Absage erteilte: Nachdem es Fröbel und seinen Unterstützern aus dem Kreis der Demokraten sowie der Lichtfreunde und Deutsch-Katholiken wichtig gewesen war, Kinder aller Schichten und Konfessionen aufzunehmen, lehnte Marenholtz-Bülow dies ab, u. a. mit dem Argument, bürgerliche Eltern würden ihre Kinder nicht gern zusammen mit dem Nachwuchs einfacher Arbeiter aufwachsen sehen. Je nach Herkunft sollten die Kleinen in Volks- oder Familienkindergärten betreut werden. Auch hielt sie nichts davon, Frauen aus der Arbeiterschicht zu Kindergärtnerinnen auszubilden: »Bis die Mütter der Unterschicht zu einem höher gebildeten Geschlecht geworden sind, muß die Erziehung ihrer Kinder Aufgabe der gebildeten Klasse bleiben.«

Eindeutig lässt sich das Revolutionsjahr weder aus einzelnen Biographien noch aus der großen Geschichte ausradieren. Und das ist gut so. Wenn man die Ereignisse in einen größeren Zusammenhang einbettet, erkennt man klar die große Bedeutung, die 1848 für die Entwicklung der modernen Demokratie hatte. In der modernen Geschichtsschreibung wurde schon im Zusammenhang mit der 150-Jahr-Feier dieser Revolution 1998 eine Neubewertung derselben vorgenommen. Nicht mehr das Scheitern steht seitdem im Vordergrund und damit eine Abwertung der vielfältigen Bestrebungen der »Achtundvierziger«, sondern die Anerkennung ihrer Pionierleistungen und die Wirkung der Revolutionszeit als Lehrjahre. Auch jüngere geschichtswissenschaftliche Darstellungen verweisen darauf: »In der recht kurzen Phase zwischen März 1848 und Sommer 1849 wurden dadurch entscheidende Weichenstellungen für die deutsche Geschichte vollzogen«[12], schreibt Eva-Maria Werner, Dieter Hein sieht die Revolution »als eine wichtige Durchgangsstation auf dem Weg in die Moderne«[13], und Rüdiger Hachtmann deutet sie als »Epochenschwelle«.[14]

Die so lange als gescheitert abgewertete Revolution ist ein »wichtiger Katalysator für europaweite und bis in die unmittelbare Gegenwart reichende Prozesse, denn hier entwickelten sich Positionen und politische Haltungen«.[15] Viele Europäer erlebten in der Revolution Vorstufen der Demokratie, es wurde öffentlich über Politik diskutiert und gewählt, man organisierte sich in Vereinen und richtete Petitionen an die Nationalversammlungen. Im Idealfall lernte man, politische Ziele auf friedlichem Weg zu erreichen. Man lernte Mitsprachemöglichkeiten kennen und schätzen – und diese ließ man sich langfristig nicht mehr nehmen.

Für Frankreich stellte die Revolution »ein Lehrstück in moderner demokratischer Politik dar und lenkte Französinnen und Franzosen in eine republikanische Richtung«,[16] so dass die Republik 1870 in ihrem dritten Anlauf Bestand hatte (zumindest bis 1940). In Deutschland knüpfte die Weimarer Republik an die liberal-demokratischen Ideen von 1848 an, der Grundrechtskatalog von damals wirkte vorbildlich.

Die Wurzeln der Demokratie reichen tief in die Geschichte zurück. Weder entstand sie von heute auf morgen, noch ist sie selbstverständlich; leider ist sie auch nicht unangreifbar. Angesichts gegenwärtiger Attacken durch Verfechter des autoritären Staates ist es umso wichtiger, sich mit ihrer Entstehung zu befassen – mit den Ideen, die ihr zugrunde liegen, und mit den Frauen und Männern, die für sie eintraten. Und wer sich heute fragt, wie wir unsere Welt ein Stück friedlicher, gerechter, gesünder und glücklicher machen können, findet die passenden anspornenden Worte bei Robert Blum: »Es hätte nie ein Christentum und nie eine Reformation und keine Staatsrevolution und überhaupt nichts Gutes und Großes gegeben, wenn jeder stets gedacht hätte: Du änderst doch nichts!«

Anmerkungen

Revolution! Revolution?

1 Adam Zamoyski, *Phantome des Terrors. Die Angst vor der Revolution und die Unterdrückung der Freiheit 1789–1848*, München 2016, S. 536.
2 Jürgen Osterhammel, *Die Verwandlung der Welt. Eine Geschichte des 19. Jahrhunderts*, München [4]2009, S. 778.
3 Alexander Hanisch-Wolfram, *Geschichte Kärntens 3/1. Die Neuzeit*, Klagenfurt 2015, S. 431.

Vor dem Sturm

1 Hartwig Brandt, *Europa 1815–1850. Reaktion – Konstitution – Revolution*, Stuttgart 2002, S. 170.
2 Alexa Geisthövel, *Restauration und Vormärz 1815–1847*, Paderborn [u. a.] 2008, S. 40.
3 Christian Jansen, »Vormärz und soziale Unruhen«, in: Beatrix Bouvier / Rainer Auts (Hrsg.), *Karl Marx, 1818–1883. Leben. Werk. Zeit*, Darmstadt 2018, S. 80.
4 Dieses und das vorhergehende Zitat aus Klaus Deinet, *Napoleon III. Frankreichs Weg in die Moderne*, Stuttgart 2019, S. 21 f.
5 Klaus Ries (Hrsg.), *Europa im Vormärz. Eine transnationale Spurensuche*, Ostfildern 2016, S. 12 f.
6 Heribert Prantl, »Philipp Jakob Siebenpfeiffer«, in: Frank-Walter Steinmeier (Hrsg.), *Wegbereiter der deutschen Demokratie. 30 mutige Frauen und Männer 1789–1918*, München 2021, S. 93.
7 Wolfram Siemann, *Metternich. Stratege und Visionär*, München [2]2017, S. 775.
8 Andrea Wulf, *Alexander von Humboldt und die Erfindung der Natur*, München [4]2016, S. 166.
9 Jürgen Schmidt, *Brüder, Bürger und Genossen. Die deutsche Arbeiterbewegung zwischen Klassenkampf und Bürgergesellschaft. 1830–1870*, Bonn 2018, S. 225.
10 Gabriele B. Clemens, *Geschichte des Risorgimento. Italiens Weg in die Moderne (1770–1870)*, Köln 2021, S. 86.

Europa in der Krise

1 Shulamit Volkov, *Deutschland aus jüdischer Sicht. Eine andere Geschichte. Vom 18. Jahrhundert bis zur Gegenwart*, München 2022, S. 65.

2 Andreas Reinke, *Geschichte der Juden in Deutschland 1781–1933*, Darmstadt 2007, S. 2 f.

3 Julius H. Schoeps, *Gabriel Riesser. Demokrat – Freiheitskämpfer – Vordenker*, Berlin/Leipzig 2020, S. 6.

4 Stefan Rohrbacher, *Gewalt im Biedermeier. Antijüdische Ausschreitungen im Vormärz und Revolution (1815–1848/49)*, Frankfurt a. M. / New York 1993, S. 153, 136.

5 Osterhammel, *Die Verwandlung der Welt*, S. 916.

6 Wolfgang J. Mommsen, *1848. Die ungewollte Revolution. Die revolutionären Bewegungen in Europa 1830–1849*, Frankfurt a. M. 1998, S. 308.

7 Jürgen Herres, »Meine unsterblichen Werke«, in: Eberhard Illner / Norbert Koubek / Hans A. Frambach (Hrsg.), *Friedrich Engels. Das rot-schwarze Chamäleon*, Darmstadt 2020, S. 28.

8 Jonathan Beecher, *Writers and Revolution. Intellectuals and the French Revolution of 1848*, Cambridge 2021, S. 83 f.

9 Manfred Botzenhart, *1848/49. Europa im Umbruch*, Paderborn [u. a.] 1998, S. 43.

Vulkanausbrüche

1 Helge Berger / Mark Spoerer, »Nicht Ideen, sondern Hunger?«, in: Dieter Langewiesche (Hrsg.), *Demokratiebewegung und Revolution 1847 bis 1849. Internationale Aspekte und europäische Verbindungen*, Karlsruhe 1998, S. 171.

2 Christian Giordano, »1989. Ist es angebracht, von Revolution zu sprechen?«, in: *EthnoScripts* 9 (2007), S. 16 f.

3 Simonetta Soldani, »Annäherung an Europa im Namen der Nation. Die italienische Revolution 1846–1849«, in: Dieter Dowe / Heinz-Gerhard Haupt / Dieter Langewiesche (Hrsg.), *Europa 1848. Revolution und Reform*, Bonn 1998, S. 139.

4 Frank Lorenz Müller, *Die Revolution von 1848/49*, Darmstadt [4]2012, S. 30.

5 Carola Lipp, »Frauen und Öffentlichkeit«, in: C. L. (Hrsg.), *Schimpfende Weiber und patriotische Jungfrauen. Frauen im Vormärz und in der Revolution 1848/49*, Bühl-Moos 1986, S. 272.

6 Christian Jansen, »Selbstbewußtes oder gefügiges Parlament? Abgeordnetendiäten und Berufspolitiker in den deutschen Staaten des 19. Jahrhunderts«, in: *Geschichte und Gesellschaft* 25 (1999) S. 59.

7 Hans-Peter Becht, »Adam von Itzstein«, in: Steinmeier, *Wegbereiter der deutschen Demokratie*, S. 122.

8 Irmtraud Götz von Olenhusen, »Gustav Struve – Amalie Struve«, in: Sabine Freitag (Hrsg.), *Die 48-er. Lebensbilder aus der deutschen Revolutuion 1848/49*, München 1998, S. 66.

9 Franz X. Vollmer, »Baden gerät in Bewegung«, in: *1848/49. Revolution der*

deutschen Demokraten in Baden, hrsg. vom Badischen Landesmuseum Karlsruhe, Baden-Baden 1998, S. 139.

Pariser Funkenflug

1 Michael Brenner, »Zwischen Revolution und rechtlicher Gleichstellung«, in: M. B. / Stefi Jersch-Wenzel / Michael A. Meyer, *Emanzipation und Akkulturation 1780–1871*, München 1996, S. 288.
2 Eva Maria Werner, *Kleine Geschichte der deutschen Revolution von 1848/49*, Wien/Köln/Weimar 2009, S. 35.
3 Osterhammel, *Die Verwandlung der Welt*, S. 781.

Herrschaftszeiten

1 Siemann, *Metternich*, S. 830.
2 Dieses und das folgende Zitat aus Martin Achatz, *Das Haus Rothschild 1848. Krise und Transformation eines europäischen Bankennetzwerkes*, Wiesbaden 2019, S. 137, 143.
3 Rainer Liedtke, N M Rothschild & Sons. *Kommunikationswege im europäischen Bankenwesen im 19. Jahrhundert*, Köln/Weimar/Wien 2006, S. 19.
4 Ingrid Haslinger, *Erzherzogin Sophie*, Salzburg/Wien 2016, S. 37.
5 Siemann, *Metternich*, S. 814.
6 Clemens, *Geschichte des Risorgimento*, S. 170.
7 Botzenhart, *1848/49*, S. 87.
8 Robert-Tarek Fischer, *Wilhelm I. Vom preußischen König zum ersten Deutschen Kaiser*, Wien/Köln/Weimar 2020, S. 96.
9 Manfred Gailus, »Die Revolution von 1848 als ›Politik der Straße‹«, in: Dowe/Haupt/Langewiesche (Hrsg.), *Europa 1848*, S. 1034.
10 Christoph Nonn, *Bismarck. Ein Preuße und sein Jahrhundert*, München [2]2015, S. 64.
11 Constantin Goschler, *Rudolf Virchow. Mediziner, Anthropologe, Politiker*, Wien/Köln/Weimar [3]2021, S. 91.
12 Christian Andree, *Rudolf Virchow. Leben und Ethos eines großen Arztes*, München 2002, S. 16.

Die Stunde der Parlamentarier

1 Wilhelm Bleek, *Vormärz. Deutschlands Aufbruch in die Moderne. 1815–1848*, München 2019, S. 36.
2 Theo Jung, »Die Stimme des Volkes und sein Schweigen«, in: *Archiv für Sozialgeschichte* 59 (2019) S. 105–107.

3 Ute Gerhard, *Frauenbewegung und Feminismus. Eine Geschichte seit 1789*, München [4]2020, S. 40 f.

4 Lothar Gall (Hrsg.), *1848. Aufbruch zur Freiheit*, Berlin 1998, S. 18.

5 Helmut Reinalter, *Arnold Ruge (1802–1880). Junghegelianer, politischer Philosoph und bürgerlicher Demokrat*, Würzburg 2020, S. 101.

6 Mattias Schulz, *Normen und Praxis. Das europäische Konzert der Großmächte als Sicherheitsrat 1815–1860*, München 2009, S. 223 f.

7 Wilhelm Bleek, *Friedrich Christoph Dahlmann*, München 2010, S. 41.

8 Martin Rackwitz, *Märzrevolution in Kiel 1848. Erhebung gegen Dänemark und Aufbruch zur Demokratie*, [o. O.] 2011, S. 74.

9 Barbara Sichtermann, *Ich rauche Zigarren und glaube nicht an Gott*, Berlin 2014, S. 19.

10 Rackwitz, *Märzrevolution in Kiel 1848*, S. 97.

11 Schoeps, *Gabriel Riesser*, S. 34.

12 Kathrine E. Kogler, *»... die Heilärzte des kranken Staates«. Die Beteiligung von Medizinern an der Revolution 1848 in Wien*, Wien 2012, S. 37–39.

13 Reinhard Rürup, »Der Fortschritt und seine Grenzen«, in: Dowe/Haupt/Langewiesche, *Europa 1848*, S. 1003 f.

14 Helmut Rumpler, *Eine Chance für Mitteleuropa. Bürgerliche Emanzipation und Staatsverfall in der Habsburgermonarchie*, Wien 1997, S. 296.

15 Alexander Maxwell, »Hungaro-German Dual Nationality«, in: *German Studies Reviews* 39/1 (2016) S. 17.

16 Gabriella Hauch, »›Wir hätten ja gern die ganze Welt beglückt‹. Politik und Geschlecht im demokratischen Milieu 1848/49«, in: *Österreichische Zeitschrift für Geschichtswissenschaften* 9 (1998), S. 476.

Mit vereinten Kräften

1 Ralf Junkerjürgen, *Jules Verne*, Darmstadt 2018, S. 23.

2 Wolfgang Gasser in: Benjamin Kewall, *Erlebte Revolution 1848/49*, Wien/München 2010, S. 80.

3 Christian Jansen, »Vormärz und soziale Unruhen«, in: Bouvier/Auts (Hrsg.), *Karl Marx*, S. 82.

4 Beecher, *Writers and Revolution*, S. 44.

5 Nikolaus Back, *Revolution in Württemberg 1848/49. Schwaben im politischen Aufbruch*, Karlsruhe 2014, S. 36.

6 Hans-Joachim Behr, »Revolution auf dem Lande. Bauern und ländliche Unterschichten 1848/49«, in: *Westfälische Zeitschrift* 150 (2000), S. 95.

7 Werner, *Kleine Geschichte*, S. 43.

8 Gabriella Hauch, *Frau Biedermeier auf den Barrikaden. Frauenleben in der Wiener Revolution 1848*, Wien 1990, S. 86.

9 Renate Wagner, *Der Störenfried. Johann Nestroy. Ein Theaterleben*, Wien 2012, S. 173.
10 Kogler, »*Heilärzte des kranken Staates*«, S. 129.
11 Hauch, *Frau Biedermeier auf den Barrikaden*, S. 132.
12 Sabine Kienitz, »›Aecht deutsche Weiblichkeit‹. Mode und Konsum als bürgerliche Frauenpolitik 1848«, in: Lipp (Hrsg.), *Schimpfende Weiber*, S. 310.
13 Rüdiger Hachtmann, *Epochenschwelle zur Moderne. Einführung in die Revolution von 1848/49*, Tübingen 2002, S. 76.
14 Wolfgang Kos, Der Semmering. Eine exzentrische Landschaft, Salzburg/Wien 2021, S. 69.
15 Ebd., S. 80.

Triumph und Niederlage

1 Armin Strohmeyr, *George Sand. Glauben Sie nicht zu sehr an mein satanisches Wesen*, Freiburg i. Br. 2016, S. 146.
2 Johannes Willms, *Napoleon III. Frankreichs letzter Kaiser*, München [2]2014, S. 106.
3 Ebd., S. 108.
4 Hauch, *Frau Biedermeier auf den Barrikaden*, S. 206.
5 Peter Sprengel, *Geschichte der deutschsprachigen Literatur 1830–1870. Vormärz – Nachmärz*, München 2020, S. 266.
6 *Werner*, Kleine Geschichte, S. 93.
7 Mommsen, *1848. Die ungewollte Revolution*, S. 306.
8 Rumpler, *Eine Chance für Mitteleuropa*, S. 302.
9 Ralf Zerback, *Robert Blum*, Leipzig 2007, S. 298.
10 Hauch, »›Wir hätten ja gern die ganze Welt beglückt‹«, S. 491.
11 Rüdiger Hachtmann, »Johann Jacoby (1805–1877). Bürgermut vorm Königsthron«, in: Steinmeier (Hrsg.), *Wegbereiter der deutschen Demokratie*, S. 220.
12 Michael Kotulla, *Deutsche Verfassungsgeschichte. Vom alten Reich bis Weimar (1495–1934)*, Berlin/Heidelberg 2008, S. 455.
13 Paul Müller, *Feldmarschall Fürst Windischgrätz. Revolution und Gegenrevolution in Österreich*, Wien/Leipzig 1934, S. 190.
14 Botzenhart, *1848/49*, S. 238.
15 Schulz, *Normen und Praxis*, S. 180.
16 Ebd., S. 182.
17 Sprengel, *Geschichte der deutschsprachigen Literatur*, S. 282.

Revolutionsschauplatz Medien

1 Sprengel, *Geschichte der deutschsprachigen Literatur*, S. 125.
2 Vorhergehendes Zitat und dieses aus Zerback, *Robert Blum*, S. 143.
3 Gabriele B. Clemens, *Zensur im Vormärz. Pressefreiheit und Informationskontrolle in Europa*, Ostfildern 2013, S. 16.
4 Rüdiger Hachtmann, *Berlin 1848. Eine Politik- und Gesellschaftsgeschichte der Revolution*, Bonn 1997, S. 321.
5 Johanna Ludwig, *Eigner Wille und eigne Kraft. Der Lebensweg von Louise Otto-Peters bis zur Gründung des Allgemeinen Deutschen Frauenvereins 1865*, Leipzig 2014, S. 196.
6 Heinz-Elmar Tenorth, »Bildungsreform als Gesellschaftsreform«, in: Dowe/Haupt/Langewiesche, *Europa 1848*, S. 964.
7 Dieter Borchmeyer, *Richard Wagner. Werk – Leben – Zeit*, Stuttgart 2013, S. 127.
8 Kurt Pahlen, *Johann Strauß. Die Walzerdynastie*, München 1975, S. 154.
9 Sprengel, *Geschichte der deutschsprachigen Literatur*, S. 242.

Was vom Aufstand übrig blieb

1 Reinhard Rürup, »Der Fortschritt und seine Grenzen«, in. Dowe/Haupt/Langewiesche, *Europa 1848*, S. 997.
2 Volkov, *Deutschland aus jüdischer Sicht*, S. 129.
3 Dieter Langewiesche, »Die Glorreiche Deutsche Revolution von 1848/49«, in: Christoph Nonn / Tobias Winnerling (Hrsg.), *Eine andere deutsche Geschichte 1517–2017. Was wäre wenn …*, Paderborn 2017, S. 120.
4 Willms, *Napoleon III.*, S. 113.
5 Fischer, *Wilhelm I.*, S. 20.
6 Kotulla, *Deutsche Verfassungsgeschichte*, S. 463.
7 Reinalter, *Arnold Ruge*, S. 190.
8 Tristan Hunt, *Friedrich Engels. Der Mann, der den Marxismus erfand*, Berlin [3]2020, S. 16.
9 Monica Marcello-Müller (Hrsg.), *Frauenrechte sind Menschenrechte! Schriften der Lehrerin, Revolutionärin und Literatin Amalie Struve*, Herbolzheim 2002, S. XXV.
10 Hachtmann, *Epochenschwelle zur Moderne*, S. 190.
11 Christian Jansen, »Der Anteil der Liberalen und Demokraten an der deutschen Nationsbildung«, in: *Jahrbuch zur Liberalismus-Forschung* 16 (2004) S. 60.
12 Werner, *Kleine Geschichte*, S. 9.

13 Dieter Hein, *Die Revolution von 1848/49*, München [6]2019, S. 135.

14 Hachtmann, *Epochenschwelle zur Moderne*.

15 Hartmann Wunderer, *Die Revolution von 1848/49*, Stuttgart 2013, S. 9 f.

16 Edward Berenson, »Organisation und Modernisierung in den Revolutionen von 1848«, in: Dowe/Haupt/Langewiesche, *Europa 1848*, S. 740.

Literaturverzeichnis

Quellen

Akstinat, Björn / Akstinat, Simon: Marx & Engels intim. Erstaunliches aus dem unzensierten Briefwechsel von Karl Marx und Friedrich Engels. Berlin 2017.

Börner, Karl-Heinz (Hrsg.): Prinz Wilhelm von Preußen an Charlotte. Briefe 1817–1860. Berlin 1993.

Bublies-Godau, Birgit (Hrsg.): »Dass die Frauen bessere Democraten, geborene Democraten seyen …« Henriette Obermüller-Venedey. Tagebücher und Lebenserinnerungen 1817–1871. Karlsruhe 1999. (Forschungen und Quellen zur Stadtgeschichte 7. Schriftenreihe des Stadtarchivs Karlsruhe.)

Denkler, Horst (Hrsg.): 1848. Adolf Streckfuß. Die März-Revolution in Berlin. Ein Augenzeuge erzählt. Köln 1983.

Fenske, Hans (Hrsg.): Vormärz und Revolution 1840–1849. Darmstadt ³2002.

Grab, Walter (Hrsg.): Die Revolution von 1848. Eine Dokumentation. München 1980.

Hauptmann, Ferdinand: Gedanken über Staat und Revolution Das Tagebuch des Grafen Ferdinand Egger aus dem Jahre 1848. Graz 1976.

Hugo, Victor: 1848. Ein Revolutionsjournal. Hrsg. von Jörg W. Rademacher. Berlin 2002.

Hummel-Haasis, Gerlinde (Hrsg.): Schwestern zerreißt eure Ketten. Zeugnisse zur Geschichte der Frauen in der Revolution von 1848/49. München 1982.

Jessen, Hans: Die Deutsche Revolution 1848/49 in Augenzeugenberichten. München 1968.

Kewall, Benjamin: Erlebte Revolution 1848/49. Das Wiener Tagebuch des jüdischen Journalisten Benjamin Kewall. Hrsg. von Wolfgang Gasser. Wien/München 2010. (Quelleneditionen des Instituts für Österreichische Geschichtsforschung 3.)

Klötzer, Wolfgang (Hrsg.): Clotilde Koch-Gontard an ihre Freunde. Briefe und Erinnerungen aus der Zeit der deutschen Einheitsbewegung 1843–1869. Frankfurt a. M. 1969.

Körner, Klaus (Hrsg.): Dear Frederick! Lieber Mohr! Friedrich Engels und Karl Marx in Briefen. Darmstadt 2020.

Marcello-Müller, Monica (Hrsg.): Frauenrechte sind Menschenrechte! Schriften der Lehrerin, Revolutionärin und Literatin Amalie Struve. Herbolzheim 2002.

Matzerath, Josef (Hrsg.): Der sächsische König und der Dresdner Maiaufstand. Köln/Weimar/Wien 1999.

Möhrmann, Renate (Hrsg.): Frauenemanzipation im deutschen Vormärz. Texte und Dokumente. Stuttgart 1978.

Obermann, Karl (Hrsg.): Flugblätter der Revolution 1848/49. München 1972.

Schelling, Friedrich Wilhelm Joseph: Das Tagebuch 1848. Rationale Philosophie und demokratische Revolution. Hrsg. von Hans Jörg Sandkühler. Hamburg 1990.
Temme, J[odocus] D[onatus] H[ubertus]: Augenzeugenberichte der deutschen Revolution 1848/49. Ein preußischer Richter als Vorkämpfer der Demokratie. Hrsg. von Michael Hettinger. Darmstadt 1996.
Virchow, Rudolf: Mittheilungen über die in Oberschlesien herrschende Typhus-Epidemie. Aus dem Archiv für path. Anatomie und Physiologie und für klinische Medicin. Bd. II. H. 1. Berlin 1848.
Wagner, Maria (Hrsg.): Mathilde Franziska Anneke in Selbstzeugnissen und Dokumenten. Frankfurt a. M. 1980.

Literatur

1848/49. Revolution der deutschen Demokraten in Baden. Hrsg. vom Badischen Landesmuseum Karlsruhe. Baden-Baden 1998.
Achatz, Martin: Das Haus Rothschild 1848. Krise und Transformation eines europäischen Bankennetzwerkes. Wiesbaden 2019.
Albrecht, Jessica: Gendered Citizenship, Suffrage and Reproduction in the Writings and Lives of Nineteenth Century French Feminists Jeanne Deroin and Jenny P. d'Héricourt. In: Engendering the Past 1:1 (2018) S. 66-77.
Almasy, Karin: Wie aus Marburgern ›Slowenen‹ und ›Deutsche‹ wurden. Ein Beispiel zur beginnenden nationalen Differenzierung in Zentraleuropa zwischen 1848 und 1861. Bad Radkersburg 2014. (Wissenschaftliche Schriftenreihe des Pavelhauses 16.)
Andree, Christian: Rudolf Virchow. Leben und Ethos eines großen Arztes. München 2002.
Back, Nikolaus: Revolution in Württemberg 1848/49. Schwaben im politischen Aufbruch. Karlsruhe 2014.
Bayly, Christopher A.: Die Geburt der modernen Welt. Eine Globalgeschichte 1780–1914. Studienausgabe. Frankfurt / New York 2008.
Beecher, Jonathan: Writers and Revolution. Intellectuals and The French Revolution of 1848. Cambridge 2021.
Behr, Hans-Joachim: Revolution auf dem Lande. Bauern und ländliche Unterschichten 1848/49. In: Westfälische Zeitschrift 150 (2000) S. 43–147.
Bennewitz, Susanne: Gewalt gegen Juden während der Revolution 1848 in Baden. Quellen zur Dynamik eines Pogroms. Heidelberg 2016.
Berger, Helge / Spoerer, Mark: Economic Crises and the European Revolutions of 1848. In: The Journal of Economic History 61/2 (2002) S. 293–326.
Bleek, Wilhelm: Friedrich Christoph Dahlmann. Eine Biographie. München 2010.
– Vormärz. Deutschlands Aufbruch in die Moderne. 1815–1848. München 2019.

Bleyer, Alexandra: Auf gegen Napoleon! Mythos Volkskriege. Darmstadt 2013.
– Das System Metternich. Die Neuordnung Europas nach Napoleon. Darmstadt 2014.
Borchmeyer, Dieter: Richard Wagner. Werk – Leben – Zeit. Stuttgart 2013.
Botzenhart, Manfred: 1848/49. Europa im Umbruch. Paderborn [u. a.] 1998.
Bouvier, Beatrix / Auts, Rainer (Hrsg.): Karl Marx. 1818–1883. Leben. Werk. Zeit. Darmstadt 2018.
Brandt, Hartwig: Europa 1815–1850. Reaktion – Konstitution – Revolution. Stuttgart 2002.
Brenner, Michael / Jersch-Wenzel, Stefi / Meyer, Michael A.: Emanzipation und Akkulturation 1780–1871. Deutsch-Jüdische Geschichte in der Neuzeit. Bd. II. München 1996.
Bublies-Godau, Birgit / Meyer-Eisenhut, Anne (Hrsg.): Deutschland und die USA im Vor- und Nachmärz. Politik – Literatur – Wissenschaft. Bielefeld 2018.
Bublies-Godau, Birgit: »Das Fest gab den Deutschen eine Fahne, … die Fahne der Freiheit, die Fahne Deutschlands. … Das Fest sprach den Namen Republik aus und nannte die Zukunft Deutschlands und Europas.« Der Demokrat Jakob Venedey (1805–1871), seine Sicht auf das Hambacher Fest und sein Kampf für Freiheit, Einheit, die Menschenrechte und die Völkergemeinschaft auf dem alten Kontinent. Koblenz 2018.
Chvojka, Michal: Zwischen Konspiration und Revolution. Entstehung und Auswirkungen der Revolution von 1846 in Krakau und Galizien. Wahrnehmung und Aktionsradius der Habsburger Polizei. In: Jahrbücher für Geschichte Osteuropas 58/4 (2010) S. 481–507.
Clark, Christopher: Why Should We Think About the Revolutions of 1848 Now? In: London Review of Books 41/5 (2019).
Clemens, Gabriele B.: Geschichte des Risorgimento. Italiens Weg in die Moderne (1770–1870). Köln 2021.
– (Hrsg.): Zensur im Vormärz. Pressefreiheit und Informationskontrolle in Europa. Ostfildern 2013. (Schriften der Siebenpfeiffer-Stiftung 9.)
Deinet, Klaus: Napoleon III. Frankreichs Weg in die Moderne. Stuttgart 2019.
Dowe, Dieter / Haupt, Heinz-Gerhard / Langewiesche, Dieter (Hrsg.): Europa 1848. Revolution und Reform. Bonn 1998.
Ehrlich, Anna / Bauer, Christa: Erzherzogin Sophie. Die starke Frau am Wiener Hof. Franz Josephs Mutter. Sisis Schwiegermutter. Wien 2016.
Eke, Norbert Otto: Einführung in die Literatur des Vormärz. Darmstadt 2005.
Fischer, Robert-Tarek: Wilhelm I. Vom preußischen König zum ersten Deutschen Kaiser. Wien/Köln/Weimar 2020.
Freitag, Sabine (Hrsg.): Die 48-er. Lebensbilder aus der deutschen Revolution 1848/49. München 1998.

Gall, Lothar (Hrsg.): 1848. Aufbruch zur Freiheit. Berlin 1998.
Geisthövel, Alexa: Restauration und Vormärz 1815–1847. Paderborn [u. a.] 2008.
Gerhard, Ute / Meunier, Valentine: Civil Law and Gender in Nineteenth-Century Europe. In: Clio. Women, Gender, History 43 (2016) S. 250–275.
Giordano, Christian: 1989. Ist es angebracht, von Revolution zu sprechen? In: EthnoScripts 9 (2007) S. 8–36.
Görtemaker, Manfred [u. a.] (Hrsg.): Zwischen Königtum und Volkssouveränität. Die Revolution von 1848/49 in Brandenburg. Frankfurt a. M. [u. a.] 1999.
Goschler, Constantin: Rudolf Virchow. Mediziner, Anthropologe, Politiker. Wien/Köln/Weimar [3]2021.
Götz von Olenhusen, Irmtraud (Hrsg.): 1848/49 in Europa und der Mythos der Französischen Revolution. Göttingen 1998.
Grab, Walter: Stephan Born. Organisator der deutschen Arbeiterschaft in der Revolution von 1848. In: Juden und deutsche Arbeiterbewegung bis 1933. Soziale Utopien und religiös-kulturelle Traditionen. Hrsg. von Ludger Heid / Arnold Paucker. Tübingen 1992. S. 19–34.
Hachtmann, Rüdiger: Berlin 1848. Eine Politik- und Gesellschaftsgeschichte der Revolution. Bonn 1997.
– Epochenschwelle zur Moderne. Einführung in die Revolution von 1848/49. Tübingen 2002.
Hanisch-Wolfram, Alexander: Geschichte Kärntens 3/1. Die Neuzeit. Klagenfurt 2015.
Haslinger, Ingrid: Erzherzogin Sophie. Eine Biografie nach den persönlichen Aufzeichnungen der Mutter Kaiser Franz Josephs. Salzburg/Wien 2016.
Hauch, Gabriella: Frau Biedermeier auf den Barrikaden. Frauenleben in der Wiener Revolution 1848. Wien 1990.
– »Wir hätten ja gern die ganze Welt beglückt«. Politik und Geschlecht im demokratischen Milieu 1848/49. In: Österreichische Zeitschrift für Geschichtswissenschaften 9 (1998) H. 4. S. 471–495.
Häusler, Wolfgang: Ideen können nicht erschossen werden. Revolution und Demokratie in Österreich 1789 – 1848 – 1918. Wien/Graz/Klagenfurt 2017.
Heiland, Helmut: Friedrich Fröbel. Reinbek bei Hamburg 1982.
Hein, Dieter: Die Revolution von 1848/49. München [6]2019.
Hippel, Wolfgang von / Stier, Bernhard: Europa zwischen Reform und Revolution 1800–1850. Wien/Köln/Weimar 2012. (Handbuch der Geschichte Europas 7.)
Hochstuhl, Kurt: Friedrich Hecker. Revolutionär und Demokrat. Stuttgart 2011.
Hunt, Tristan: Friedrich Engels. Der Mann, der den Marxismus erfand. Berlin [3]2020.
Illner, Eberhard / Koubek, Norbert / Frambach, Hans A. (Hrsg.): Friedrich Engels. Das rot-schwarze Chamäleon. Darmstadt 2020.

Jansen, Christian / Mergel, Thomas (Hrsg.): Die Revolutionen von 1848/49. Erfahrung – Verarbeitung – Deutung. Göttingen 1998.

Jansen, Christian: Selbstbewußtes oder gefügiges Parlament? Abgeordnetendiäten und Berufspolitiker in den deutschen Staaten des 19. Jahrhunderts. In: Geschichte und Gesellschaft 25 (1999) H. 1. S. 33–65.

– Politischer Streit mit harten Bandagen. Zur brieflichen Kommunikation unter den emigrierten Achtundvierzigern – unter besonderer Berücksichtigung der Kontroverse zwischen Marx und Vogt. In: Politische Netzwerke durch Briefkommunikation. Briefkultur der politischen Oppositionsbewegungen und frühen Arbeiterbewegungen im 19. Jahrhundert. Hrsg. von Jürgen Herres / Manfred Neuhaus. Berlin 2002.

– Der Anteil der Liberalen und Demokraten an der deutschen Nationsbildung. In: Jahrbuch zur Liberalismus-Forschung 16 (2004) S. 57–73.

Jung, Theo: Die Stimme des Volkes und sein Schweigen. 1848/49 als Kommunikationsrevolution zwischen Erwartung und Erfahrung. In: Archiv für Sozialgeschichte 59 (2019) S. 99–130.

Junkerjürgen, Ralf: Jules Verne. Darmstadt 2018.

Kemnitz, Heidemarie / Apel, Hans Jürgen / Ritzi, Christian (Hrsg.): Bildungsideen und Schulalltag im Revolutionsjahr 1848. Hohengehren 1999.

Kleinau, Elke / Opitz, Claudia (Hrsg.): Geschichte der Mädchen- und Frauenbildung. Bd. 2: Vom Vormärz bis zur Gegenwart. Frankfurt a. M. / New York 1996.

Kogler, Kathrine E.: »… die Heilärzte des kranken Staates«. Die Beteiligung von Medizinern an der Revolution 1848 in Wien. Wien 2012.

Kos, Wolfgang: Der Semmering. Eine exzentrische Landschaft. Salzburg/Wien 2021.

Kotulla, Michael: Deutsche Verfassungsgeschichte. Vom Alten Reich bis Weimar (1495–1934). Berlin/Heidelberg 2008.

Krauss, Marita: Ich habe dem starken Geschlecht überall den Fehdehandschuh hingeworfen. Das Leben der Lola Montez. München 2020.

Kreutz, Wilhelm (Hrsg.): Deutsche im politischen Exil nach dem Hambacher Fest und der Revolution von 1848/49. Ostfildern 2020. (Schriften der Siebenpfeiffer-Stiftung 11.)

Langewiesche, Dieter (Hrsg.): Demokratiebewegung und Revolution 1847 bis 1849. Internationale Aspekte und europäische Verbindungen. Karlsruhe 1998.

Langewiesche, Dieter: Die Glorreiche Deutsche Revolution von 1848/49. In: Eine andere deutsche Geschichte 1517–2017. Was wäre wenn …. Hrsg. von Christoph Nonn / Tobias Winnerling. Paderborn 2017. S. 120–139.

Leonhard, Jörn: Über Revolutionen. In: Journal of Modern European History 11 (2013) H. 2. S. 170–186.

Liedtke, Rainer: N M Rothschild & Sons. Kommunkationswege im europäischen Bankenwesen im 19. Jahrhundert. Köln/Weimar/Wien 2006.
Lipp, Carola (Hrsg.): Schimpfende Weiber und patriotische Jungfrauen. Frauen im Vormärz und in der Revolution 1848/49. Bühl-Moos 1986.
Ludwig, Johanna: Eigner Wille und eigne Kraft. Der Lebensweg von Louise Otto-Peters bis zur Gründung des Allgemeinen Deutschen Frauenvereins 1865. Nach Selbstzeugnissen und Dokumenten. Leipzig 2014.
Maxwell, Alexander: Hungaro-German Dual Nationality: Germans, Slavs, and Magyars During the 1848 Revolution. In: German Studies Review 39/1 (2016) S. 17-39.
Mayer, Anton: Johann Strauß. Ein Pop-Idol des 19. Jahrhunderts. Wien/Köln/Weimar 1998.
McKenzie, John R. P.: Political Satire in Nestroy's *Freiheit in Krähwinkel*. In: The Modern Language Review 75 (April 1980) H. 2. S. 322–331.
Mommsen, Wolfgang J.: 1848. Die ungewollte Revolution. Die revolutionären Bewegungen in Europa 1830–1849. Frankfurt a. M. 1998.
Müller, Frank Lorenz: Die Revolution von 1848/49. Darmstadt [4]2012.
Müller, Paul: Feldmarschall Fürst Windischgrätz. Revolution und Gegenrevolution in Österreich. Wien/Leipzig 1934.
Murr, Karl Borromäus: Ludwig I. Königtum der Widersprüche. Regensburg 2012.
Nemes, Robert: Women in the 1848–1849 Hungarian Revolution. In: Journal of Women's History 13/3 (2001) S. 193–207.
Nonn, Christoph: Bismarck. Ein Preuße und sein Jahrhundert. München [2]2015.
Osterhammel, Jürgen: Die Verwandlung der Welt. Eine Geschichte des 19. Jahrhunderts. München [4]2009.
Pahlen, Kurt: Johann Strauß. Die Walzerdynastie. München 1975.
Paletschek, Sylvia: Frauen im Umbruch. Untersuchungen zu Frauen im Umfeld der deutschen Revolution von 1848/49. Sonderdruck. Originalbeitrag erschienen in: Frauengeschichte gesucht – gefunden? Auskünfte zum Stand der historischen Frauenforschung. Hrsg. von Beate Fieseler. Köln [u. a.] 1991. S. 47–64.
Palmer, Alan: Metternich. Der Staatsmann Europas. Eine Biographie. Stuttgart 1972.
Piok, Maria: »Bearbeiter, Uebersetzer, Stükzuschneider«. Plagiatoren im Unterhaltungstheater des 19. Jahrhunderts. In: Mitteilungen aus dem Brenner-Archiv 35 (2016) S. 25–42.
Plaschka, Richard Georg: Avantgarde des Widerstands. Modellfälle militärischer Auflehnung im 19. und 20. Jahrhundert. Bd. 1. Wien/Köln/Graz 2000.
Pröve, Ralf: Stadtgemeindlicher Republikanismus und die »Macht des Volkes«. Civile Ordnungsformationen und kommunale Leitbilder politischer Partizi-

pation in den deutschen Staaten vom Ende des 18. bis zur Mitte des 19. Jahrhunderts. Göttingen 2000. (Veröffentlichungen des Max-Planck-Instituts für Geschichte 159.)
Puttkamer, Joachim von: Blicke auf ein gespaltenes Land. Die ungarische Nation und ihre Geschichte. In: Osteuropa 61/12 (2011) S. 9–28.
Rackwitz, Martin: Märzrevolution in Kiel 1848. Erhebung gegen Dänemark und Aufbruch zur Demokratie. Hrsg. von Jürgen Jensen. [o. O.] 2011. (Sonderveröffentlichungen der Gesellschaft für Kieler Stadtgeschichte 68.)
Rapport, Mike: 1848. Year of Revolution. London 2009.
Reinalter, Helmut: Arnold Ruge (1802–1880). Junghegelianer, politischer Philosoph und bürgerlicher Demokrat. Würzburg 2020.
Reinke, Andreas: Geschichte der Juden in Deutschland 1781–1933. Darmstadt 2007.
Rettenmund, Barbara / Voirol, Jeannette: Emma Herwegh. Die größte und beste Heldin der Liebe. Zürich 2000.
Riall, Lucy: Garibaldi. Invention of a Hero. New Haven / London 2008.
Richter, Hedwig: Demokratie. Eine deutsche Affäre. Vom 18. Jahrhundert bis zur Gegenwart. München 2020.
Ries, Klaus (Hrsg.): Europa im Vormärz. Eine transnationale Spurensuche. Ostfildern 2016. (Schriften der Siebenpfeiffer-Stiftung 10.)
Rohrbacher, Stefan: Gewalt im Biedermeier. Antijüdische Ausschreitungen im Vormärz und Revolution (1815–1848/49). Frankfurt a. M. / New York 1993.
Rumpler, Helmut: Eine Chance für Mitteleuropa. Bürgerliche Emanzipation und Staatsverfall in der Habsburgermonarchie. Wien 1997. (Österreichische Geschichte 1804–1914.)
Sandgruber, Roman: Rothschild. Glanz und Untergang des Wiener Welthauses. Wien/Graz/Klagenfurt 2018.
Sauerbrey, Ulf / Winkler, Michael / Zipf, Claudia (Hrsg.): Elementarpädagogik in Briefen. Studien zu Friedrich Fröbel und zur Geschichte der öffentlichen Kleinkindererziehung im 19. Jahrhundert. Würzburg 2015.
Schaper, Rüdiger: Alexander von Humboldt. Der Preuße und die neuen Welten. München 2018.
Scheichl, Sigurd Paul / Brix, Emil (Hrsg.): »Dürfen's denn das?« Die fortdauernde Frage zum Jahr 1848. Wien 1999.
Schima, Stefan: Die Revolution von 1848 und die Rechtsstellung der Juden. In: Mitteilungen des Instituts für Österreichische Geschichtsforschung 118 (2010) S. 415–449.
Schmidt, Jürgen: Brüder, Bürger und Genossen. Die deutsche Arbeiterbewegung zwischen Klassenkampf und Bürgergesellschaft. 1830–1870. Bonn 2018.
Schoeps, Julius H.: Gabriel Riesser. Demokrat – Freiheitskämpfer – Vordenker. Berlin/Leipzig 2020. (Jüdische Miniaturen 256.)

Schulz, Matthias: Normen und Praxis. Das Europäische Konzert der Großmächte als Sicherheitsrat 1815–1860. München 2009. (Studien zur Internationalen Geschichte 21.)
Schulze-Wegener, Guntram: Wilhelm I. Deutscher Kaiser, König von Preußen, nationaler Mythos. Hamburg 2015.
Schweigard, Jörg: Politische Turnvereine in Deutschland 1817–1849. In: Politische Vereine, Gesellschaften und Parteien in Zentraleuropa 1815–1848/49. Hrsg. von Helmut Reinalter. Frankfurt a. M. [u. a.] 2005. S. 51–77. (Schriftenreihe der Internationalen Forschungsstelle »Demokratische Bewegungen in Mitteleuropa 1770–1850« 38.)
Scott, Joan Wallach: Only Paradoxes to Offer. French Feminists and the Rights of Man. London 1996.
Seymour, Bruce: Lola Montez. Eine Biographie. München [2]2003.
Sichtermann, Barbara: Ich rauche Zigarren und glaube nicht an Gott. Hommage an Louise Aston. Berlin 2014.
Siemann, Wolfram: Die Adelskrise 1848/49. In: Adel und Bürgertum in Deutschland 1770–1848. Hrsg. von Elisabeth Fehrenbach. München 1994.
– Die deutsche Revolution von 1848/49. Frankfurt a. M. 1985.
– Metternich. Stratege und Visionär. Eine Biografie. München [2]2017.
Sked, Alan: Metternich and Austria. An Evaluation. Basingstoke 2008.
Sperber, Jonathan: The European Revolutions, 1848–1851. Cambridge [2]2005.
Sprengel, Peter: Geschichte der deutschsprachigen Literatur 1830–1870. Vormärz – Nachmärz. München 2020.
Steinmeier, Frank-Walter (Hrsg.): Wegbereiter der deutschen Demokratie. 30 mutige Frauen und Männer 1789–1918. München 2021.
Stekl, Hannes: Adel und Bürgertum in der Habsburgermonarchie 18. bis 20. Jahrhundert. Wien/München 2004.
Stöber, Rudolf: Die Revolution von 1848 in Bamberg. Zu Macht und Ohnmacht von Medien und Öffentlichkeit. In: Jahrbuch für Kommunikationsgeschichte 11 (2009) S. 60–81.
Strohmeyr, Armin: George Sand. Glauben Sie nicht zu sehr an mein satanisches Wesen. Biografie. Freiburg i. Br. 2016.
Tóth, Heléna: The Historian's Scales. Families in Exile in the Aftermath of the Revolutions of 1848. In: The Hungarian Historical Review 1 (2012) H. 3/4. S. 294–314.
Türk, Henning: »Ich gehe täglich in die Sitzungen und kann die Politik nicht lassen«. Frauen als Parlamentszuschauerinnen und ihre Wahrnehmung in der politischen Öffentlichkeit der Märzrevolution 1848/49. In: Geschichte und Gesellschaft 43 (2017) H. 4. S. 497–525.
Vocelka, Michaela / Vocelka, Karl: Franz Joseph I. Kaiser von Österreich und König von Ungarn. 1830–1916. München 2015.

Vogelsang, Reinhard / Westheider, Rolf (Hrsg.): Eine Region im Aufbruch. Die Revolution von 1848/49 in Ostwestfalen-Lippe. Bielefeld 1998. (9. Sonderveröffentlichung des Historischen Vereins für die Grafschaft Ravensberg.)
Volkov, Shulamit: Deutschland aus jüdischer Sicht. Eine andere Geschichte. Vom 18. Jahrhundert bis zur Gegenwart. München 2022.
Wadl, Wilhelm: Kärnten 1848. Revolution – Demokratie – Bauernbefreiung. In: Carinthia I (1998) S. 547–561.
Wagner, Renate: Der Störenfried. Johann Nestroy. Ein Theaterleben. Wien 2012.
Wehler, Hans-Ulrich: Deutsche Gesellschaftsgeschichte. Von der Reformära bis zur industriellen und politischen »Deutschen Doppelrevolution« 1815–1845/49. München 2008.
Werner, Eva Maria: Kleine Geschichte der deutschen Revolution von 1848/49. Wien/Köln/Weimar 2009.
Weyland, Kurt: The Diffusion of Revolution. ›1848‹ in Europe and Latin America. In: International Organization 63 (2009) H. 3. S. 391–423.
Willms, Johannes: Napoleon III. Frankreichs letzter Kaiser. München ²2014.
Winzen, Matthias (Hrsg.): Gediegener Spott. Bilder aus Krähwinkel. Oberhausen 2018.
Wulf, Andrea: Alexander von Humboldt und die Erfindung der Natur. München ⁴2016.
Wunderer, Hartmann: Die Revolution von 1848/49. Stuttgart 2013.
Zamoyski, Adam: Phantome des Terrors. Die Angst vor der Revolution und die Unterdrückung der Freiheit 1789–1848. München 2016.
Zerback, Ralf: Robert Blum. Eine Biografie. Leipzig 2007.

Abbildungsverzeichnis

Register